Barkowez / Fedorow / Krylow

„Geliebter Nicky…“

Der letzte russische Zar Nikolaus II. und seine Familie

Olga Barkowez / Fjodor Fedorow / Alexander Krylow

„Geliebter Nicky..."

Der letzte russische Zar
Nikolaus II.
und seine Familie

Aus dem Russischen
von
Bärbel und Lothar Lehnhardt

Mit 52 historischen Photographien

edition q

Die Deutsche Bibliothek – CIP-Einheitsaufnahme

Barkovec, Ol'ga:
„Geliebter Nicky ...“ : der letzte russische Zar Nikolaus II. und seine Familie / Olga Barkowez ; Fjodor Fjodorow ; Alexander Krylow. - Berlin : Ed. q in der Quintessenz-Verl.-Ges., 2002
ISBN 3-86124-548-5

Lektorat: Dr. Jürgen Schebera
Covergestaltung: Barlo Fotografik, Berlin
Umschlagabbildung: Archiv für Kunst und Geschichte, Berlin
Sämtliche Abbildungen im Buch stammen aus dem Staatlichen Archiv der Russischen Föderation, Moskau

Druck und Bindung: Ebner & Spiegel, Ulm
Printed in Germany

ISBN 3-86124-548-5

Inhalt

Vorwort 7

1 Nikolaus II. – Herrscher von ganz Russland 11

2 Alexandra Fjodorowna – die russische Landesmutter 53

3 Die vier Töchter 83

4 Thronfolger Alexej – der Sonnenstrahl 115

5 Der liebe Bruder Mischa 147

6 Alltag und Festlichkeiten 167

7 Kaiser Wilhelm II. – „Dein sehr ergebener Freund und Cousin“ 233

8 Der Erste Weltkrieg 255

9 Rasputin 301

10 Die Abdankung 326

Epilog: Verhaftung, Verbannung und Ermordung der Zarenfamilie 345

Vorwort

Dieses Buch handelt von Hochzeit und Geburt, Krankheit und Liebe, Festtagen und Feiern – von ganz normalen und alltäglichen Dingen also; freilich spielt auch der Krieg eine Rolle. Dokumentiert wird das Leben einer Herrscherfamilie zu Beginn des 20. Jahrhunderts, am Vorabend eines verhängnisvollen gesellschaftlichen Experiments, dessen opferreichen Ausgang nur ein großes Volk verkraften konnte.

Am 2. März 1917 wurde nach über dreihundertjähriger Herrschaft das Ende der Zarendynastie der Romanows besiegelt. Mit ihrem Namen sind viele Seiten von Russlands Geschichte verbunden – die Festigung des Staatswesens, die Reformen Peters I., die Gründung von Universitäten, der Vaterländische Krieg von 1812, die Aufhebung der Leibeigenschaft, die stürmische Entwicklung der Wirtschaft in der zweiten Hälfte des 19. Jahrhunderts.

Doch auf die hohe Politik und die Staatsgeschäfte jener Zeit soll hier nur am Rande eingegangen werden. Im Mittelpunkt des vorliegenden Buches über den letzten russischen Zaren Nikolaus II. stehen seine große Familie, seine eheliche Treue und Freundschaft, die das Glück aller Familien ausmacht.

Eine Bemerkung sei vorausgeschickt: Es handelt sich um ein sehr bitteres Thema, denn über allen Personen dieses Buches schwebt drohendes Unheil. Der Leser möge sich von der ersten Seite an bewusst sein, dass nur noch wenig Zeit verblieb, bis die hier beschriebenen und in persönlichen Dokumenten lebendig werdenden Menschen erschossen, in einem engen Keller mit Bajonetten erstochen oder lebendig in einen Schacht geworfen werden sollten. Er möge beim Betrachten der Kinderbilder des kleinen Zarewitsch und beim Lesen der Briefe der Töchter an ihre Eltern verinnerlichen, dass sie alle gemeinsam am 17. Juli 1918 ermordet wurden.

Die verdrängte Vergangenheit bringt sich, auch wenn es bitter ist, zumeist mit tragischen Begebenheiten in Erinnerung. Doch Tragödien rufen Mitleid und Mitgefühl hervor. Heute entsteht in Russland allmählich wieder, was eigentlich noch vor nicht allzu langer Zeit, vor vier bis fünf Generationen, für Reiche wie für Arme, für den Kaufmann und den Bauern, den Zaren und den Geistlichen eine Selbstverständlichkeit war. Mehr als siebzig Jahre wurde danach dem russischen Volk allerdings suggeriert, dass Güte ein Synonym von Schwäche sei und das Wort Barmherzigkeit nicht zum modernen russischen Sprachgebrauch gehöre. Nun aber, nach der erneuten politischen Wende, ist es an der Zeit, sich zu besinnen und zu erkennen, dass beides noch existiert, denn Güte ist die Norm menschlichen Verhaltens. Mit ihrer Hilfe kehren wir jetzt wieder zur Normalität zurück…

Über den letzten russischen Zaren Nikolaus II. liegen bereits nicht wenige Bücher vor: wissenschaftlichen Monografien, Biografien und auch Romane.

Im Zentrum des vorliegenden Sammelbandes aber – und das macht seinen Reiz wie seine Neuheit aus – stehen erstmals eine Vielzahl von persönlichen Briefen und Dokumenten aus den Privatarchiven der Zarenfamilie, die die menschliche Seite von Nikolaus II. und seiner Familie beleuchten und dem heutigen Leser eine sehr intime Sicht auf das letzte russische Herrscherhaus ermöglichen.

Die Überlieferungsgeschichte dieser Dokumente ist sehr bewegt. Nach der Erschießung der Zarenfamilie in Jekaterinburg übergab das Hinrichtungskommando das Privatarchiv Nikolaus II. und seiner Angehörigen dem Gesamtrussischen Zentralen Exekutivkomitee. Dorthin wurden auch die Privatarchive der Großfürsten gebracht.

1919 bildeten diese Bestände das „Neue Archiv der Romanows", das anfangs zum Staatsarchiv der RSFSR gehörte und dann, nach dessen Auflösung, in das Archiv der Oktoberrevolution überführt wurde, wo es die Sonderabteilung „Untergang des alten Regimes" bildete. 1923 bestimmte der Rat der Volkskommissare der RSFSR per Dekret, die „Archivunterlagen der Familie der Romanows (der früheren Zarenfamilie), sowie von Personen, die unter den beiden letzten Zaren und der Provisorischen Regierung höchste Staatsämter bekleideten oder enge Beziehungen zum Hof oder zu einzelnen Personen der ehemaligen Zarenfamilie unterhielten", den staatlichen Archivorganen zu übergeben.

Im weiteren Verlauf fand das „Neue Archiv der Romanows" lange keine feste Bleibe. Seine Dokumente wurden anfangs im Staatsarchiv für Feudalismus und Leibeigenschaft, dann im Zentralen Staatlichen Historischen Archiv aufbewahrt und gingen schließlich, mit letzterem, wieder in den Bestand des Staatlichen Zentralarchivs der Oktoberrevolution der UdSSR über.

Nach der politischen Wende in Russland gehört der Gesamtbestand heute zum Staatlichen Archiv der Russischen Föderation.

Die meisten Dokumente dieses Sammelbands werden hier erstmals veröffentlicht. Die Abbildungen im Buch stammen aus den Familienalben der Zarenfamilie; viele Aufnahmen hat Nikolaus II. selbst gemacht. Umfangsgründe sowie der chronologische Rahmen des Buches machten eine Auswahl unter den interessanten Archivdokumenten nötig. Einige Texte mussten darüber hinaus gekürzt werden.

Moskau, im Herbst 2001 Die Autoren

1 Nikolaus II. – Herrscher von ganz Russland

Der letzte russische Zar ist eine besonders tragische historische Persönlichkeit des 20. Jahrhunderts.

Nikolaus II., der älteste Sohn von Alexander III. und Zarin Maria Fjodorowna, wurde am 6. Mai 1868 in Zarskoje Selo geboren. Seine Kindheit verbrachte er im Elternhaus in der Obhut von Erziehern. 1877 übernahm der Direktor des Zweiten Petersburger Militärgymnasiums, Generaladjutant G. G. Danilowitsch, die Erziehung des jungen Nikolai. Die Ausbildung des Thronfolgers erfolgte nach einem Lehrplan für zwölf Jahre, der acht Jahre für die Gymnasialbildung und vier Jahre für die Hochschulbildung vorsah. Das Gymnasialprogramm war wesentlich erweitert worden. Große Aufmerksamkeit galt den praktischen Fächern. Der Zarewitsch und Thronfolger studierte Mineralogie, Botanik, Zoologie, Grundlagen der Anatomie und Physiologie. Das akademische Programm umfasste Disziplinen der Staatsrechts- und der Juristischen Fakultät.

Der Umfang der Studienfächer machte es erforderlich, die Ausbildungszeit um ein Jahr zu verlängern. Namhafte Professoren wie N. H. Bunge, J. J. Samyslowski, N. N. Beketow, N. N. Obrutschew, Z. A. Kjui und M. N. Dragomirow unterrichteten Nikolai.

Dank seine Begabung und seines erstaunlichen Gedächtnisses erzielte Nikolai hervorragende Studienergebnisse. Nach Aussagen von Zeitgenossen war er einer der gebildetsten Menschen seiner Zeit. Er beherrschte perfekt die französische, deutsche und englische Sprache.

Traditionsgemäß musste der Zar in erster Linie Militär sein. Deshalb wurde das Studium der militärischen Disziplinen im Rahmen eines Lehrgangs der Akademie des Generalstabs betrieben. Die theoretischen Kenntnisse wurden durch ein Praktikum gefestigt – um den Militärdienst und den Alltag der Truppen kennenzulernen, nahm der

Zar Alexander III. und seine Gattin Maria Fjodorowna (geborene Prinzessin Dagmar von Dänemark) mit ihrem zweijährigen Sohn Zarewitsch Nikolai Alexandrowitsch, dem künftigen Zar Nikolaus II. Aufnahme des Photoateliers Lewizki, St. Petersburg, 1870.

Die Kinder von Zar Alexander III., aufgenommen 1884. Von links Großfürst Michail Alexandrowitsch, Großfürstin Xenia Alexandrowna, Großfürst Georgi Alexandrowitsch und Thronfolger Zarewitsch Nikolai Alexandrowitsch. Der zweitgeborene Sohn Alexander war bereits im ersten Lebensjahr verstorben.

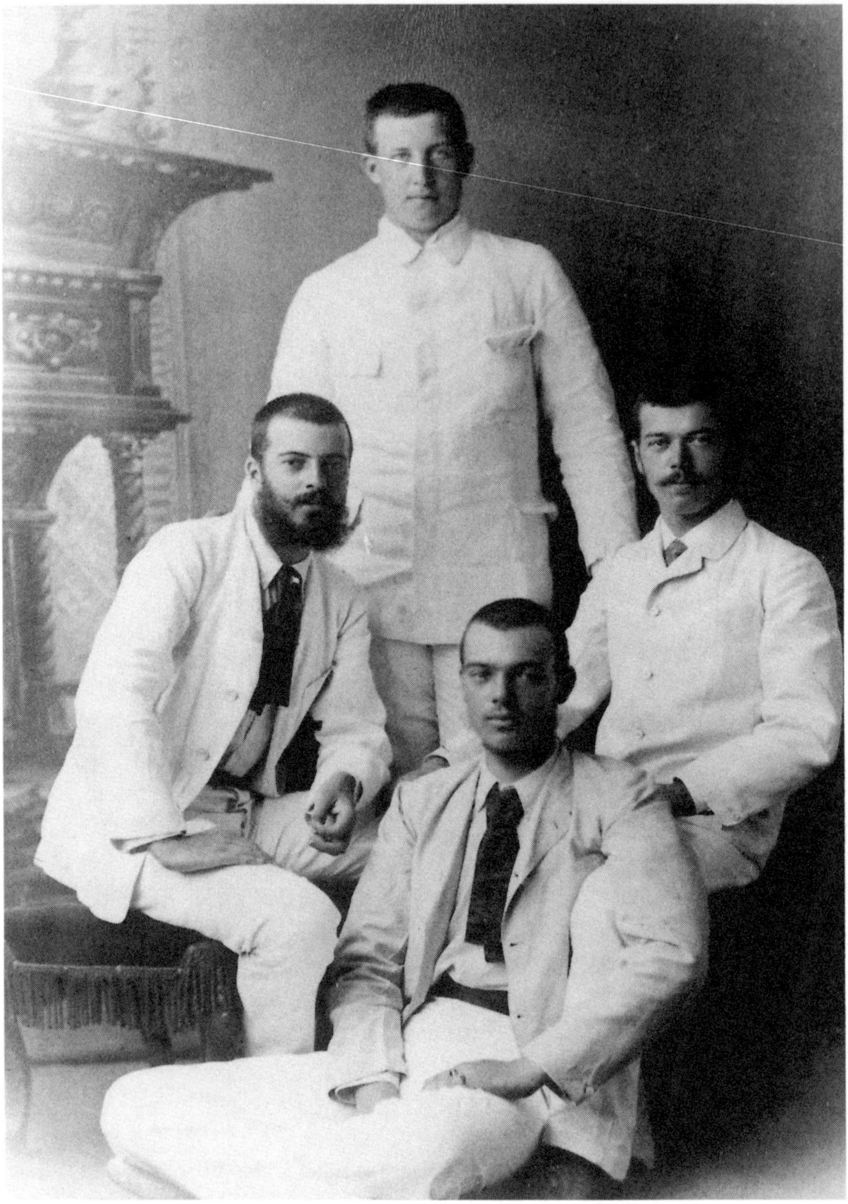

Gruppenfoto von einer Ostasienreise 1891, aufgenommen in Colombo (Ceylon): Thronfolger Nikolai Alexandrowitsch (Mitte rechts) und Prinz Georg von Griechenland (stehend).

Thronfolger Nikolai Alexandrowitsch in der Tracht eines Falkners. Aufnahme des Photoateliers des Kaiserlichen Theaters, St. Petersburg, 1894.

Thronfolger an zwei Sommerfeldlagern der Garderegimenter teil.

Mit dem Wunsch, die Bildung seines Sohns zu erweitern, schickte Alexander III. Nikolai Ende 1890 auf eine lange Reise in den Fernen Osten. Die Route führte über Griechenland, Ägypten und Indien nach China und Japan. In der japanischen Stadt Otsu wurde Nikolai am 29. April 1891 fast das Opfer des religiösen Fanatikers Sandso Zuda, der auf ihn ein Attentat verübte. Der Terrorist hieb mit einem Säbel auf den Kopf von Nikolai ein, doch Prinz Georg von Griechenland, der den Thronfolger begleitete, konnte ihn überwältigen.

Am 8. April 1894 verlobte sich Nikolai mit Prinzessin Alice von Hessen-Darmstadt, einer Enkelin der britischen Königin Victoria. Vor der Hochzeit trat die Prinzessin zum orthodoxen Glauben über und nahm den Namen Alexandra Fjorodorowna an. Die Ehe wurde geschlossen, nachdem Nikolai (nun als Nikolaus II.) den Thron seines am 20. Oktober 1894 verstorbenen Vaters geerbt hatte. Nach der üblichen offiziellen Trauerzeit erfolgte am 14. Mai 1896 in Moskau die Krönung des neuen Zaren. Anlässlich der Feierlichkeiten wurde ein Manifest erlassen, das verschiedene Steuerbefreiungen und die Amnestie von Gefangenen gewährte. Die Tragödie auf dem Chodynka-Feld, wo das Volk aus Anlass der Krönung bewirtet und beschenkt werden sollte, trübte allerdings die Feierlichkeiten erheblich. An diesem 18. Mai 1896 kamen bei dem schrecklichen Gedränge 1.138 Menschen ums Leben, einige Hundert wurden verletzt. Natürlich konnte man den jungen Zaren für diese Katastrophe nicht verantwortlich machen. Doch die Hofbeamten gaben sich alle Mühe, die Katastrophe zu verharmlosen. „Niemand aus der Umgebung des Herrschers besaß die Zivilcourage, ihm sofort die volle Wahrheit über das schreckliche Unglück zu berichten. Man ließ sich von der am Hof herrschenden Auffassung leiten, dass die Zeremonie nicht gestört werden darf und die Wahrheit dem Herrscher vorenthalten werden muss“, erinnerte sich General P. G. Kurlow.

Den betroffenen Familien wurden aus der Privatschatulle des Zaren je 1.000 Rubel Hilfe gewährt, und das Zarenpaar besuchte einige Tage lang Verletzte in Krankenhäusern und Hospitälern.

Die ersten Jahre der Herrschaft von Nikolaus II. verliefen ziemlich ruhig und erweckten die Hoffnung, dass es Russland auch weiterhin wohl ergehen würde. Nikolaus II. initiierte die Einberufung einer internationalen Konferenz über Rüstungsbeschränkung, die Schaffung einer Institution zur internationalen Regelung militärischer Konflikte und machte sich für die Festschreibung internationaler Regeln im Zuge

Moskau, 14. Mai 1896: Festzug anlässlich der Krönung von Zar Nikolaus II., vorn die kaiserliche Karosse.

Zar Nikolaus II. bei einem Spaziergang in Hamburg, mit seinen Töchtern Maria und Tatjana sowie Hofdame Anna Wyborowa. Aufnahme von 1910 mit handschriftlicher kyrillischer Bezeichnung des Zaren: „Hamburg".

Zar Nikolaus II. in Kosmodemjansk. Aufnahme vom Mai 1914, kurz vor Ausbruch des Ersten Weltkriegs.

Zar Nikolaus II. mit seiner Mutter, Zarenwitwe Maria Fjodorowna. Aufnahme von 1915.

der Kriegsführung sowie für die Stellung neutraler Länder stark. Diese Fragen wurden auf den Haager Konferenzen von 1899 und 1907 diskutiert und dazu Beschlüsse gefasst. Diese spielten eine große Rolle bei der Entwicklung der internationalen Beziehungen und legten die humanistischen Prinzipien der Koexistenz fest.

Der verlorene Krieg gegen Japan und die Revolution von 1905 leiteten dann das tragische Ende der Romanow-Dynastie ein. Auch wenn für viele die politische Ordnung in Russland noch fast ein Jahrzehnt lang als unerschütterlich galt, stand das Land doch bereits vor dem Abgrund, in den es dann 1917 stürzen sollte.

Die Tragödie Nikolaus II. bestand nach Aussagen vieler Zeitgenossen darin, dass der Zar, der menschliche Eigenschaften wie Größe, Uneigennutz und Feingefühl besaß, leider für die Rolle eines Staatsführers von Weltformat, zu der ihn das Schicksal mit seiner Geburt in der russischen Monarchenfamilie bestimmt hatte, überhaupt nicht bereit war. Seine Mission als Machthaber empfand er als schwere Pflicht, die aufzugeben oder der zu entsagen er jedoch bis zum bitteren Ende nicht wagte. Obwohl er sich bemühte, die Pflichten des Zaren und Obersten

Befehlshabers gewissenhaft zu erfüllen, war Nikolaus eigenlich nie ein Selbstherrscher wie Peter I. oder Nikolaus I., die aufrichtig an ihre eigene Unfehlbarkeit geglaubt hatten.

Die Zweifel hinter der zur Schau gestellten Beherrschung quälten die Seele von Nikolaus ständig und veranlassten ihn, unbedacht zu handeln oder aber die Entscheidung überfälliger Probleme hinauszuzögern.

Trost und Ruhe fand er in der Familie, bei den Kindern und der geliebten Gemahlin. Nur hier fühlte er sich wohl. Doch schon Lew Tolstoi hatte geschrieben: „Jede unglückliche Familie ist auf ihre Weise unglücklich." Der langerwartete Sohn, Thronfolger Zarewitsch Alexej, wurde unter einem Unglücksstern geboren – mit den Genen des englischen Königshauses erbte er auch die unheilbare Bluterkrankheit. Das Leiden des Sohns bestimmte die Lebenweise der Zarenfamilie, ihre Zurückgezogenheit, ihre Religiosität und die bange Erwartung des Unglücks. Alexej wurde von den besten Ärzten Europas behandelt, doch gegen diese Krankheit gab es kein Mittel. Sie trat schubweise auf und zwang den Jungen immer häufiger, das Bett zu hüten.

Nachdem die Eltern vergeblich Rettung bei der Medizin gesucht hatten, hofften sie auf ein Wunder. So kam Grigori Rasputin, der Starez, in den Zarenpalast. Er vermochte die Mutter und den Vater davon zu überzeugen, dass „der Thronfolger lebt, solange ich lebe". Diese Voraussage erwies sich als prophetisch. Drei Monate nach der Ermordung Rasputins brach in Russland die Revolution aus, und im Juli 1918 wurden Nikolaus II., seine Gemahlin, die Kinder und weitere Nahestehende in Jekaterinburg grausam ermordet. Einige Tage vor der Erschießung hatte sich die Krankheit des Thronfolgers nochmals verschlimmert.

Der Zar erinnerte oft daran, dass er an dem Tag geboren wurde, an dem die orthodoxe Kirche des Heiligen Hiob, des Leidgeprüften, gedenkt. Einmal sagte er kummervoll zu P. A. Stolypin: „Glauben Sie mir, Pjotr Arkadjewitsch, ich habe mehr als nur eine Vorahnung, ich bin fest davon überzeugt, dass ich für eine schreckliche Prüfung ausersehen bin. Aber ich werde meine Belohnung nicht in dieser Welt empfangen. [...] Wie oft habe ich die Worte von Hiob auf mich bezogen: Denn was ich gefürchtet habe, ist über mich gekommen, und was ich sorgte, hat mich getroffen."

Das Leben ist zuweilen grausamer als die schlimmsten Vorahnungen – auf dem Weg zur Erschießung trug Nikolaus seinen kranken Sohn auf den Armen.

Dokumente

ÜBER DAS WESEN DER HÖCHSTEN SELBSTHERRSCHAFT
Aus den Staatlichen Grundgesetzen des Russischen Reiches
Artikel von 1906

[...]

4. Dem Imperator von Russland gehört die höchste selbstherrliche Macht.

5. Die Person des Herrschers und Imperators ist heilig und unantastbar.

6. Die gleiche höchste selbstherrliche Macht gehört der Herrscherin und Imperatorin, wenn die Nachfolge auf dem Thron in hierfür festgelegter Weise an eine weibliche Person übergeht; doch ihr Gatte gilt nicht als Herrscher: Er genießt die gleichen Ehrungen und Privilegien wie die Gattinnen der Herrscher, mit Ausnahme des Titels.

7. Der Herrscher und Imperator übt die gesetzgebende Macht in Einheit mit dem Staatsrat und der Reichsduma aus.

8. Dem Herrscher und Imperator gehört die Initiative in allen Fragen der Gesetzgebung. Einzig auf Seine Initiative können die Staatlichen Grundgesetze im Staatsrat und in der Reichsduma revidiert werden.

9. Der Herrscher und Imperator bestätigt die Gesetze. Ohne Seine Bestätigung kann kein Gesetz verabschiedet werden.

10. Die Macht der Führung obliegt im vollen Umfang dem Herrscher und Imperator in den Grenzen des ganzen Russischen Staats. Auf höchster Ebene übt Er Seine Führung direkt aus, auf untergeordneter Ebene überträgt Er ein gewisses Maß der Führung, gemäß dem Gesetz, entsprechenden Instanzen und Personen, die in Seinem Namen und auf Sein Geheiß handeln.

11. Der Herrscher und Imperator erlässt, im Rahmen der Führung auf höchster Ebene, in Übereinstimmung mit den Gesetzen Dekrete zur Re-

gelung und Ordnung verschiedener Bereiche der staatlichen Führung, sowie Befehle, die für die Durchsetzung der Gesetze erforderlich sind.

12. Der Herrscher und Imperator entscheidet über die Gestaltung der Auslandsbeziehungen des Russischen Staats zu anderen Staaten. Er bestimmt auch die Ausrichtung der internationalen Politik des Russischen Staats.

[...]

59. Der vollständige Titel der Kaiserlichen Hoheit ist folgender: „Von Gottes Huld und Gnaden, Wir Nikolaus II., Imperator und Selbstherrscher von ganz Russland, Moskau, Kiew, Wladimir, Nowgorod; Zar von Kasan, von Astrachan, von Polen, von Sibirien, des Taurischen Chersones, von Georgien; Herrscher von Pskow und Großfürst von Smolensk, Litauen, Wolhynien, Podolien und Finnland; Fürst von Estland, Livland, Kurland und Semgallen, Samogitien, Bjelostok, Karelien, Twer, Jugorien, Permien, Wjatka, Bulgarien u. a. Länder; Herrscher und Großfürst von Nowgorod des niederen Landes, Tschernigow; Gebieter von Rjasan, Polosk, Rostow, Jaroslawl, Belosero, Udorien, Obdorien, Kondien, Witebsk, Mstislaw und aller nördlichen Länder; Herrscher der Länder Iwerien, Kartalanien und Karbardinien und der Provinz Armenien; Erbherr und Beherrscher der tscherkassischen und Gebirgsfürsten und anderer; Herrscher von Turkestan; Erbe von Norwegen, Herzog von Schleswig-Holstein, Stormarn, Dithmarschen und Oldenburg, et cetera, et cetera, et cetera."

[...]

61. Das Russische Staatswappen stellt einen schwarzen doppelköpfigen Adler auf goldenem Schild mit zwei kaiserlichen Kronen, darüber eine gleiche dritte Krone in Großformat mit zwei flatternden Enden des Bands des Ordens des Hl. Apostels Andreas des Erstberufenen dar. Der Reichsadler hält das goldene Zepter und den Reichsapfel. Das purpurne Brustschild des Adlers zeigt das Moskauer Wappen – den Hl. Großmärtyrer und Sieger Georg zu Pferde, mit goldenem Speer den Drachen tötend.

Im großen Staatssiegel ist der Schild mit dem oben beschriebenen doppelköpfigen Adler mit dem Helm des Hl. Großfürsten Alexander

Das Wappen des Russischen Zarenreichs.

Newski gekrönt und von der Kette des Ordens des Hl. Apostels Andreas des Erstberufenen umrahmt; neben ihm zu beiden Seiten befinden sich die Bilder des Hl. Erzengels und Heerführers Michael und des Hl. Erzengels Gabriel; alles umhüllt ein goldener, mit doppelköpfigen Adlern bestickter und mit Hermelin verbrämter Schutzumhang mit der Aufschrift: Gott mit uns. Über dem Schutzumhang befinden sich die Zarenkrone und die Staats- und Kirchenfahne. Um den Schild sind das Familienwappen Seiner Kaiserlichen Hoheit und die Wappen der Zarenreiche Kasan, Astrachan, Polen, Sibirien, Taurisches Chersones und Georgien sowie der Großfürstentümer Kiew, Wladimir, Nowgorod und Finnland abgebildet. Über dem Schutzumhang sind auf sechs Schildern die Wappen aller Fürstentümer und Länder vereint, die im vollständigen Kaiserlichen Titel genannt sind (Art. 59). Der vollständige Titel der Kaiserlichen Hoheit ist in der um den Rand des Siegels verlaufenden Inschrift angegeben.

Stundenplan für Zarewitsch und Thronfolger Nikolai Alexandrowitsch (Auszug März 1889)

St. Petersburg

6. März	8 1|2 - 9 1/2.	18. Std. Franz[ösisch]. Hr. Tormeyer[1]
Montag	9 1/2 - 10 1/2.	18. Std. Lektüre. Gen[eral] Ad[jutant] Dragomirow[2]
	10 1/2 - 11 1/2.	17. Std. Lektüre. Gen. Adj.
	12 - 1.	18. Std. Lektüre. Obrutschew[3]
	2 - 3.	Im Fotolabor von Hr. Lewizki[4].
	Zeichenstunde ausgefallen.	
7. März	9 1/2 - 10 1/2.	19. Std. Lektüre. Gen. Adj.
Dienstag	10 1/2 - 11 1/2.	40. Std. Militärgeschichte
	12 - 1.	41. Std. Militärgeschichte. G. L. Lejer[5]
	Abreise nach Gatschina um 3 Uhr.	

Gatschina

8. März	8 1/2 - 9 1/2.	Wiederholung Chemie
Mittwoch	9 1/2 - 10 1/2.	20. Std. Lektüre. Gen. Adj.
	10 1/2 - 11 1/2.	21. Std. Lektüre. Dragomirow
	12 - 1.	27. Std. Lektüre. Wirkl. GR Bunge[6]
	2 - 3.	30. Std. Musik. Hr. Kjundinger[7]
	6 - 6 1/2.	14. Std. Fechten. Hr. Smertschinki[8]
9. März	8 1/2 - 9 1/2.	Wiederholung Völkerrecht
Donnerstag	9 1/2 - 10 1/2.	42. Std. Militärgeschichte
	10 1/2 - 11 1/2.	43. Std. G. A. Lejer
	12 - 1.	21. Std. Völkerrecht. GR Kapustin[9]
	2 - 3.	Wiederholung Völkerrecht
10. März	8 1/2 - 9 1/2.	Vorbereitung auf Politische Ökonomie
Freitag	9 1/2 - 10 1/2.	22. Std. Völkerrecht
	10 1/2 - 11 1/2.	23. Std. GR Kapustin
	12 - 1.	28. Std. Polit. Ökon. Wirkl. GR Bunge
	2 - 3.	13. Std. Deutsch. Hr. Preis[10]
11. März	8 1/2 - 9 1/2.	Vorbereitung auf Militäradm.
Sonnabend	9 1/2 - 10 1/2.	13. Std. Religion. Oberpr. Janyschew[11]
	10 1/2 - 11 1/2.	28. Std. Militäradministration
	12 - 1.	29. Std. P. L. Lobko[12]
	5 1/2 - 6 1/2.	31. Std. Musik. Hr. Kjundinger

12. März, Sonntag

13. März Montag	Reise nach Petersburg. Beisetzung von Graf P. Andr. Schuwalow[13] und Besichtigung der Akademieausstellung	
	6 – 7.	14. Std. Zeichnen. K. Lemoch[14]
14. März Dienstag	8 1/2 - 9 1/2.	Vorbereitung auf Militäradministr.
	9 1/2 - 10 1/2.	Vorbereitung auf Polit. Ökon.
	10 1/2 - 11 1/2.	44. Std. Militärgeschichte
	12 - 1.	45. Std. G. A. Lejer
	2 - 3.	13. Std. Engl. Mr. Heath[15]
15. März Mittwoch	8 1/2 - 9 1/2.	Wiederholung Chemie
	9 1/2 - 10 1/2.	22. Std. Lektüre
	10 1/2 - 11 1/2.	23. Std. Gen. Adj. Dragomirow
	12 - 1.	29. Std. Polit. Ökon. Wirkl.GR Bunge
	2 - 3.	32. Std. Musik. Hr. Kjundinger
	Am Abend Fahrt nach Petersburg zur Oper „Der Ring des Nibelungen“.	

1 Tormeyer – Französischlehrer, Erzieher des Großfürsten Michail Alexandrowitsch.
2 Michail Iwanowitsch Dragomirow – Generaladjutant, Befehlshaber des Militärbezirks Kiew, unterrichtete den Zarewitsch in militärischer Truppenausbildung.
3 Nikolai Nikolajewitsch Obrutschew – Generaladjutant, Stabschef, unterrichtete den Zarewitsch in Militärstatistik.
4 Sergej Lewizki – Fotograf am Zarenhof.
5 Genrich Antonowitsch Lejer – General der Infanterie, Chef der Akademie des Generalstabs, unterrichtete den Zarewitsch in Militärgeschichte und Strategie.
6 Nikolai Christoforowitsch Bunge – Wirklicher Geheimer Rat, Vorsitzender des Ministerausschusses, unterrichtete den Zarewitsch in Statistik, Politischer Ökonomie und Finanzen.
7 Rudolf Kjundinger – Musiklehrer.
8 Anmerkung des Zarewitsch: „Herr Smertschinski hat verloren.“
9 Michail Nikolajewitsch Kapustin – Geheimer Rat, Kurator des Lehrbereichs St. Petersburg, unterrichtete den Zarewitsch in Völkerrecht.
10 M. Preis – Deutschlehrer des Zarewitsch.
11 Johann Leontjewitsch Janyschew – Oberpriester, Oberhaupt der Hofgeistlichkeit, Rektor der Geistlichen Akademie von St. Petersburg.
12 Pawel Ljwowitsch Lobko – Generaladjutant, Kanzleileiter des Kriegsministeriums, unterrichtete den Zarewitsch in Militäradministration.
13 Pjotr Andrejewitsch Schuwalow (1827-1889) – Diplomat, Leiter der Dritten Abteilung Seiner Kaiserlichen Hoheit Eigenen Kanzlei und Gendarmeriechef. Von 1867-1875 Botschafter Russlands in London.
14 Kirill (Karl) Wikentjewitsch Lemoch – Maler, Akademiemitglied.

15 Karl Jossifowitsch Heath (1826-1900) – Lehrer am Kaiserlichen Alexandrow-Lyzeum. 1877 wurde er Erzieher und Englischlehrer der Kinder von Alexander III. Der Historiker S. S. Tatischtschew schreibt dazu: „Er übernahm diese Funktion, als der Zar (Nikolaus II.) gerade 10 Jahre alt war, blieb dann fast ein Vierteljahrhundert bei seinen Zöglingen und hatte auf sie großen Einfluss. Was der Schweizer Lagarp für Alexander I. oder der namhafte russische Dichter Shukowski für Alexander II. war, das war Karl Heath in intellektueller und geistiger Hinsicht für seinen Zaren." (Times, 18. Dezember 1900).
Bestand 601/1/174, Bl. 211-212.

Aus dem Tagebuch von Zarewitsch Nikolai Alexandrowitsch (Einträge unter dem Datum seines Geburtstags, 1890-1894)

6. Mai 1890
Zarskoje Selo

Nun bin ich bereits 22 Jahre alt geworden, doch spüre ich praktisch keine Veränderung in mir. Am Morgen habe ich Glückwünsche entgegengenommen. [...]

6. Mai 1891, Montag

Hier in Japan wurde ich 23 Jahre; wenn ich mich auf dem Schiff auch wie zu Hause fühle, so ist es doch schwer, diesen Tag so fern von der Heimat, noch dazu nach den Ereignissen der letzten Tage, zu verbringen. [...][1]

6. Mai 1894, Freitag

Somit wurde ich heute 26 Jahre! Bereits näher an die 30 als an die 20 – doch dafür – Gott sei Dank – auch Bräutigam. Noch dazu ein auserwählter – eines solchen Schatzes, eines solchen wunderbaren Wesens wie Alix[2]!

Am Morgen regnete es in Strömen und es war kalt. Zur Mittagsmesse kam nur die Familie, wir frühstückten in der Waffenkammer. Am Nachmittag kamen mit einem Mal viele Telegramme. Das Wetter hat sie sehr gebessert. Ich erhielt einen Glückwunsch von Alix aus Windsor[3] und dazu den nächsten Brief von ihr. [...]

1 Am 23. Oktober 1890 war der Zarewitsch zu einer langen Seereise aufgebrochen, in deren Verlauf er Ägypten, Indien und Japan besuchte. Dort war auf ihn in der

Stadt Otsu ein Attentat verübt worden; zu den Einzelheiten siehe das folgende Dokument.

2 Alix – Alice Viktoria Helene Brigitte Luise Beatrice, Prinzessin von Hessen-Darmstadt.

3 Windsor – das britische Königsschloss, 30 km von London entfernt am rechten Themseufer, Residenz der englischen Könige seit dem 11. Jahrhundert, Lieblingsresidenz von Königin Victoria.

Bestand 601/1/244, Bl. 130/225, Bl. 202/232, Bl. 135-136.

Zarewitsch Nikolai Alexandrowitsch an seine Mutter, Zarin Maria Fjodorowna

Kobe, Fregatte „Pamjat Asowa" 2. Mai 1891

Meine herzallerliebste Mama,

ich schreibe Dir diese Zeilen, damit Du von mir selbst die Einzelheiten des unglücklichen Vorfalls erfährst, der sich in Japan ereignet hat, eben in dem Land, das mich am meisten interessierte und mir, als ich es kennenlernte, so gefiel. Nachdem wir zwei angenehme Tage in Kyoto verbracht hatten, fuhren wir am Morgen des 29. April mit Rikschas in die Nachbarstadt Otsu. Nach der Besichtigung des Tempels und dem Frühstück beim Gouverneur wollten wir nach Kyoto zurückkehren, und da geschah es. Wir waren noch keine zweihundert Meter gefahren, als plötzlich ein japanischer Polizist zur Straßenmitte stürzte und mit einem Säbel, den er mit beiden Händen hielt, von rechts hinten einen Hieb gegen meinen Kopf führte. Ich schrie ihn auf Russisch an: „Was soll das?" und sprang aus meiner Rikscha. Als ich mich umdrehte und sah, dass er mir mit immer noch erhobenen Säbel folgte, rannte ich so schnell ich konnte über die Straße, wobei ich die Hand auf die Kopfwunde presste. Ich versuchte, in der Menschenmenge Deckung zu finden, doch sie stob sofort auseinander. Mir blieb nur übrig, weiter vor dem Polizisten zu fliehen. Schließlich blieb ich stehen und sah, als ich mich umdrehte, den lieben Georgi[1] und neben ihm zehn Schritte von mir entfernt den am Boden liegenden Polizisten, den er mit seinem Spazierstock zu Fall gebracht hatte. Wenn Georgi nicht hinter mir in der Rikscha gefahren wäre, hätte ich Euch, liebe Mama, vielleicht nie wieder gesehen! Offensichtlich war Gott mir gnädig! Als dieses Scheusal hinfiel, stürzten sich die beiden Rikschafahrer auf ihn. Einer drückte ihm den Säbel an den Hals, er wurde gefesselt und ins nächste Haus gezerrt. Dann verband man mich und brachte mich ins Haus des Gouverneurs zurück. Ich war sehr gerührt, dass sich Japaner bei meiner Fahrt durch die Straße hinknieten und Trauer bekundeten. Mit der Eisenbahn kehrten wir dann nach Kyoto zurück, wo ich noch zwei Tage verbrachte. Ich erhielt tausend Telegramme von Japanern aller Schichten, die ihr Bedauern ausdrückten. Selbst der Kaiser[2] und alle Prinzen waren gekommen. Es war traurig anzusehen, wie sie alle wie betäubt und vor den Kopf geschlagen waren.

Aber nun ist es Zeit, zum Schluss zu kommen, liebe Mama. Gott sei Dank verlief alles gut und ich bin wieder auf der Fregatte. Ich küsse Papa.

Dein Nicky

1 Georgi – Georg Georgijewitsch, griechischer Thronfolger, Sohn der Großfürstin Olga Konstantinowna.
2 Mutsuhito (1852-1912), seit 1867 Kaiser von Japan (1867-1912). Seine Herrschaftszeit wird auch Meiji-Periode genannt.
Bestand 601/1/2321, Bl. 175-176.

Aus den Erinnerungen von Grossfürst Alexander Michailowitsch[1]

Jede Minute sterben Menschen, und wir sollten den Tod derer, die wir lieben, nicht überbewerten. Doch der Tod von Zar Alexander III.[2] hat das Schicksal Russlands endgültig entschieden. Allen Verwandten, Ärzten, Höflingen und Bediensten, die beim Ableben Alexander III. zugegen waren und sich um seinen leblosen Körper versammelten, war bewusst, dass unser Land mit dem Herrscher die Stütze verloren hat, die Russland davor bewahrte, in den Abgrund zu stürzen. Niemand begriff dies besser als Nicky selbst. In dieser Minute sah ich zum ersten und letzten Mal Tränen in seinen blauen Augen. Er fasste mich am Arm und führte mich hinunter in sein Zimmer. Wir umarmten uns und weinten gemeinsam. Er konnte sich nicht beherrschen. Ihm war bewusst, dass er Zar geworden war, und diese schreckliche Last der Macht drückte ihn nieder.

„Sandro, was soll ich tun?“ sagte er verzweifelt. „Was wird jetzt aus Russland? Ich bin nicht darauf vorbereitet, Zar zu sein! Ich kann das

Reich nicht führen. Ich weiß nicht einmal, wie man mit den Ministern spricht. Hilf mir, Sandro!"

Ihm helfen? Ich, der in Fragen der Staatsführung noch weniger Ahnung als er hatte! Ich konnte ihm Ratschläge auf dem Gebiet der Kriegsflotte geben, aber sonst... Ich versuchte, ihn zu beruhigen, und nannte die Namen von Personen, auf die sich Nikolaus II. verlassen konnte, obwohl ich innerlich eingestehen musste, dass seine Verzweiflung völlig berechtigt war und wir alle vor einer unvermeidlichen Katastrophe standen.

1 Alexander Michailowitsch (Sandro) (1866-1933) – Großfürst, Generaladjutant, Admiral, Sohn von Großfürst Michail Nikokajewitsch. 1894 heiratete er die Tochter von Zar Alexander III., Großfürstin Xenia Alexandrowna. Im Ersten Weltkrieg organisierte er die Fliegerei des Feldheeres. In der Emigration veröffentlichte er später das „Buch der Erinnerungen" (Paris, 1933).

2 Alexander III. (1845-1894) – Zar von ganz Russland, zweiter Sohn von Zar Alexander II. und der Zarin Maria Alexandrowna. Er hatte den Thron am 2. März 1881 bestiegen. Am 29. Oktober 1894 starb er in Liwadija an Nierenversagen.

Nach: Großfürst Alexander Michailowitsch. Buch der Erinnerungen. Paris 1933, S. 168-169.

Aus dem Tagebuch von Zarewitsch Nikolai Alexandrowitsch (1894)

20. Oktober, Donnerstag

Mein Gott, mein Gott! Was für ein Tag! Gott der Herr hat unseren angebeteten, teuren und herzlich geliebten Papa zu sich gerufen. Im Kopf dreht sich alles, man kann es nicht fassen – die schreckliche Tatsache erscheint unglaublich. Den ganzen Morgen haben wir oben bei ihm verbracht! Er atmete schwer, die ganze Zeit musste er Sauerstoff inhalieren. Gegen halb 3 erhielt er die Sterbesakramente; bald darauf begannen leichte Krämpfe [...] und das Ende kam schnell. Vater Johann[1] stand über eine Stunde lang am Kopfende des Betts und hielt seine Kopf. Das war der Tod eines Heiligen! Gott hilf uns in diesen schweren Tagen! Arme liebe Mama[2]!

Am Abend um 9 1/2 Uhr war die Totenmesse – im selben Schlafgemach! Ich fühlte mich wie erschlagen. Der lieben Alix taten erneut die Füße weh! Am Abend habe ich gebeichtet.

21. Oktober, Freitag

Auch in tiefer Trauer schenkt uns Gott der Herr stille und helle Freude: Um 10 Uhr wurde allein in Anwesenheit der Familie meine liebe teure Alix gefirmt, und nach der Mittagsmesse habe ich zusammen mit ihr, der lieben Mama und Ella[3] das heilige Abendmahl empfangen. Alix hat erstaunlich gut und vernehmlich ihre Antworten und Gebete vorgelesen! Nach dem Frühstück wurde eine Totenmesse abgehalten, um 9 Uhr abends eine weitere. Der Gesichtsausdruck des teuren Papa ist wundervoll, heiter, als wollte er lächeln! Den ganzen Tag haben ich und Alix Telegramme beantwortet, ich habe auch Angelegenheiten mit dem Kurier des kaiserlichen Hofs erledigt. Sogar das Wetter hat sich geändert – es wurde kalt und das Meer heulte!

22. Oktober, Sonnabend

Gestern abend mussten wir den Körper des teuren Papa nach unten bringen, leider begann er schnell zu verwesen. Deshalb wurden die Totenmessen am Morgen und Abend in der kleinen Kirche abgehalten. Gott sei Dank ist die liebe Mama ganz gefasst und trägt ihren Kummer tapfer! Ich war vollauf damit beschäftigt, auf die Flut von Telegrammen zu antworten. Es kam zu einem Meinungsstreit, wo meine Hochzeit stattfinden soll. Mama, einige andere und ich fanden, dass es am besten sei, sie hier in aller Stille abzuhalten, solange der teure Papa noch unter dem Dach des Hauses ist. Doch alle Onkel sind dagegen und sagen, dass ich nach der Bestattung in Piter heiraten soll. Mir scheint das vollkommen unangebracht! Tagsüber gingen wir ans Meer – die Brandung war gewaltig. Es wurde wärmer und der Himmel klarte auf. Am Abend erwarteten wir die Ankunft von O[nkel] Berti[4] und T[ante] Alix[5] aus Odessa, doch nachts erfuhren wir, dass sie in Sewastopol eingelaufen sind.

1 Vater Johann – Johann Iljitsch Sergijew (von Kronstadt) (1829-1908), Oberpriester, Prior der Andrejew-Kathedrale in Kronstadt.

2 Mama – Maria Fjodorowna (1847-1928), Zarin, Gemahlin Alexander III., geborene Prinzessin Dagmar von Dänemark. Nach der Abdankung Nikolaus II. lebte sie auf der Krim auf dem Landgut Ai-Todor. Im März 1919 verließ sie die Krim auf dem englischen Kreuzer „Marlborough“. Sie starb in Kopenhagen.

3 Ella – Elisabeth Fjodorowna (1864-1918), Großfürstin, geborene Prinzessin von Hessen-Darmstadt, ältere Schwester der Zarin Alexandra Fjodorowna. Sie war mit Großfürst Sergej Alexandrowitsch verheiratet. Nach der Ermordung ihres Gatten (1905) widmete sie sich ganz der Wohltätigkeitsarbeit, gründete das Martha-Marien-Kloster in Moskau. Im April 1918 wurde sie verhaftet und am 18. Juli 1918 in Alapajewsk ermordet.

4 Onkel Berti – Edward VII. (1841-1910), König von England, Sohn von Königin Victoria und Prinz Albert. Trat die Thronfolge 1900 an.
5 Tante Alix – Alexandra (1844-1924), Königin von England, geborene Prinzessin von Dänemark, Gemahlin von König Edward VII., Schwester der Zarin Maria Fjodorowna.
Bestand 601/1/233, Bl. 115-118.

Kaiser Wilhelm II. an Zar Nikolaus II.

Potsdam
Neues Palais 8. 11. 1894

Lieber Nicky!
Die schwere und verantwortungsvolle Aufgabe, die die Vorsehung für Dich bestimmt hat, wurde Dir überraschend, durch den unerwarteten und vorzeitigen Tod Deines lieben betrauerten Vaters, übertragen. Diese Zeilen sollen Ausdruck meines vollsten und herzlichsten Mitgefühls für Dich, Deine Alix und Deine arme leidende Mutter sein. Ich kann die Gefühle gut verstehen, die Dein Herz beim Anblick des allmählichen Dahinscheidens Deines Vaters bewegten. Seine Krankheit und sein plötzliches Ableben ähneln sehr dem meines eigenen lieben Papa, dem der verstorbene Zar in Charakter und Güte so ähnlich war. Ich bete ununterbrochen für Dich und Dein Glück. Möge der Himmel Dich in Deiner Trauer trösten und Dir Stärke für Deine schweren Aufgaben geben, und möge eine lange und friedliche Herrschaft Dich befähigen, für das Wohl Deiner Untertanen zu sorgen. Das Mitgefühl und die aufrichtige Trauer über den vorzeitigen Tod Deines betrauerten Vaters in meinem Land zeigen Dir, wie stark das Monarchiebewusstsein ist, wie Deutschland mit Dir und Deinen Untertanen mitfühlt. Was mich betrifft, so findest Du bei mir stets dieselbe unveränderte Freundschaft und Liebe für Dich. Wir beide kennen unsere politischen Ansichten genau, und ich habe zu unserem letzten Gespräch in Berlin nichts hinzuzufügen. Ich kann nur wiederholen, dass ich Dir absolut vertraue und Dir versichere, dass ich immer die alten Beziehungen der gegenseitigen Freundschaft zu Deinem Haus pflegen werde. Dazu wurde ich von meinem Großvater erzogen und ich war so glücklich, dass ich die Möglichkeit hatte, einige Beispiele dafür Deinem lieben Papa in den letzten sechs

Monaten seiner Herrschaft vor Augen zu führen, was von ihm, wie ich freudig vernahm, sehr geschätzt wurde. Ich wäre gern selbst zur Beisetzung gekommen, um mit Dir zu beten, aber ich habe zu Hause so viel mit Administration zu tun, dass es unmöglich ist. Henry[1] wird mich vertreten. Gen. von Plessen (Kommandant meines Hauptquartiers), Oberstleutnant von Moltke[2], mein Adjutant, und General von Villaume, Dein alter Freund, werden ihn an Bord seines Schiffs nach Kronstadt begleiten. Zur gleichen Zeit wird Oberst von Saussin vom Grenadierregiment der Kaiser-Alexander-Garde auf dem Landweg zu Dir reisen und Dir als neuem Regimentschef Rapport erstatten. Deinem Husarenregiment habe ich Deinen Namen verliehen, worauf es unermesslich stolz sein wird. Im erstgenannten Garderegiment wurde die Persönlichkeit des verstorbenen Zaren immer hoch verehrt, und am letzten Montag hat unter den Regimentsfahnen sein gesamtes Offizierskorps mit mir in der Kirche der Russischen Botschaft in Berlin gebetet. Nun, liebster Nicky, leb wohl, Gott segne und beschütze Dich und die teure Alix und gebe Euch Glück in Eurem neuen Eheleben. Das ist der herzliche Wunsch

Deines Dich liebenden und ergebenen
Freundes und Cousins William.

1 Henry – Heinrich Albert Wilhelm (1862-1929), Prinz von Preußen, zweiter Sohn Friedrich III., verheiratet mit Prinzessin Irene von Hessen-Darmstadt, Schwester der Zarin Alexandra Fjodorowna. Admiral der deutschen Flotte.

2 Helmut Johann Moltke (1848-1916) – Graf, Generaloberst, von 1906-1914 deutscher Generalstabschef, zu Beginn des Ersten Weltkriegs Stabschef des Hauptquartiers.

Bestand 601/1/1199, Bl. 1-3 (in Englisch).

Aus dem Tagebuch von Zar Nikolaus II. (1894)

13. November, Sonntag

Für mich ein Tag der Erholung – keine Berichte, keinerlei Empfänge. Um 11 Uhr gingen wir zur Mittagsmesse, zum ersten Mal in unsere liebe Kirche. Es ist traurig und schmerzlich, auf der alten Stelle zu stehen und zu wissen, dass ein Platz für immer leer bleiben wird. Mit Worten lässt sich nicht ausdrücken, wie schwer es ist und wie mir die liebe Mama leid tut. Wir frühstückten wie immer – die einen im Arbeitszimmer von Papa, die anderen im Speisezimmer. Wir gingen im Garten spazieren und fuhren Rad – die Sonne ließ sich sehen und es wurde kälter. Ich traf mich mit der lieben Alix beim Tee, dann fuhr ich zu ihr und verabschiedete mich um 8 Uhr – bis zur Hochzeit werden wir uns nicht mehr sehen!? Ich hatte den Eindruck, dass es sich um eine fremde Hochzeit handelt – unter diesen Umständen ist es absonderlich, an die eigene Heirat zu denken! Wir dinierten und verbrachten den Abend in aller Stille, ich saß mit Mama zusammen.

14. November, Montag

Der Tag meiner Hochzeit. Nach der gemeinsamen Kaffeetafel gingen wir uns ankleiden. Ich zog die Husarenuniform an und fuhr um 11 1/2 mit Mischa[1] zum Winterpalais. Auf beiden Seiten des Newski-Prospekts standen Truppen Spalier für die Durchfahrt von Mama und Alix. Während sie noch im Malachitzimmer[2] angekleidet wurde, warteten wir im Arabischen Zimmer. Zehn Minuten nach eins begann der Festzug in die Große Kirche, von wo ich als Ehemann zurückkehrte. Meine Trauzeugen waren Mischa, Georgi[3], Kirill[4] und Sergej[5]. Im Malachitzimmer überreichte uns die Familie einen großen silbernen Schwan. Nachdem Alix sich umgezogen hatte, setzte sie sich zu mir in die nach russischer Art angespannte Kutsche mit Vorreiter, und wir fuhren zur Kasaner Kathedrale. Die Straßen waren voller Menschen – es war fast kein Durchkommen! Bei der Ankunft in Anitschkow begrüßte uns im Hof eine Ehrenformation der Leibgarde des Ulanenregiments. Mama hieß uns in unseren Zimmern mit Brot und Salz willkommen. Wir saßen den ganzen Abend zusammen und beantworteten Telegramme. Wir dinierten um 8 Uhr, gingen zeitig schlafen, denn Alix hatte heftige Kopfschmerzen.

1 Mischa – Michail Alexandrowitsch (1878-1918), Großfürst, jüngster Sohn von Zar Alexander III.

2 Zimmer im Winterpalais.

3 Georgi – Georg V. (1865-1936), Sohn des Königs Edward VII., König von England seit 1910, Cousin von Nikolaus II.

4 Kirill Wladimirowitsch (1876-1938) – Großfürst, Enkel Alexander II., Kosakenataman, ab 1915 Konteradmiral. Er emigrierte 1917 nach Frankreich. Mit dem Manifest vom 31. August 1924 übernahm er im Exil den Titel Zar von ganz Russland.

5 Sergej Alexandrowitsch (1857-1906) – Großfürst, fünfter Sohn Alexander II., 1891-1905 Generalgouverneur von Moskau. Er wurde am 4. Februar 1905 von dem Terroristen und Sozialrevolutionär I. P. Kaljajew ermordet.

Bestand 601/1/233, Bl. 140-142.

Dienstakte Seiner Kaiserlichen Hoheit Zar Nikolaus II. (Funktionen, Ehrenämter, Orden) (Stand vom 1. Januar 1909)

Seine Kaiserliche Hoheit Herrscher Zar Nikolaus Alexandrowitsch.

Großkreuz (Großmeister) aller Russischen Kaiserlichen und Zarenorden, und zwar des Hl. Apostels Andreas des Erstberufenen, der Hl. Märtyrerin Katharina, des Hl. Alexander Newski, des Weißen Adlers, des Militärordens des Hl. Märtyrers und Siegträgers Georg, des Hl. Apostelgleichen Fürst Wladimir, der Hl. Anna und des Hl. Stanislaus.

Gehört an:

– dem russischen Kavaliergarderegiment Ihrer Hoheit Herrscherin Zarin Maria Fjodorowna und den Leibgarderegimentern: Kürassierregiment Ihrer Hoheit Herrscherin Zarin Maria Fjodorowna, Grodno-Husarenregiment und Atamanregiment Seiner Kaiserlichen Hoheit Thronfolger Zarewitsch, Bespannte Gardeartillerie, Garde-Equipage, 18. Sewersker-Dragonerregiment Seiner Hoheit König von Dänemark, 1. Eisenbahnbataillon und Konstantin-Artillerieschule.

Ehrenämter:

– Ehrenvorsitzender der Kaiserlichen Russischen Militärhistorischen Gesellschaft.

– Ehrenpräsident der Nikolajew-Ingenieurakademie und Michailkow-Artillerieakademie.

– Erstes Ehrenmitglied der unter Kaiserlicher Schirmherrschaft der Herrscherin Zarin Maria Fjodorowna stehenden Gesellschaft zur Fürsorge für Familien von Verbannten und Zwangsarbeitern.

– Ehrenmitglied des St.-Petersburger Binnengewässer-Yachtklubs.

– Gründer und Schirmherr des Ausschusses für die Pflege der Russischen Ikonenmalerei.

Schirmherr:

– der Orthodoxen Hl.-Bogorodizki- und Hl.-Troizki-Brüderschaften von Cholm und Podolsk; der Schlosserhandwerkschule in Moskau, gegründet von der Moskauer Gesellschaft zur Verbreitung technischer Kenntnisse; der Wilensker Hl.-Geist-Bruderschaft; der Besserungsanstalten für Minderjährige und der Bewahranstalten für Häftlingskinder; der Kungursker Technischen Gubkin-Lehranstalt der Kaiserlichen St.-Petersburger Mineralogiegesellschaft; der Kaiserlichen Gesellschaft zur Förderung der Künste; der Gesellschaft zur Verbreitung guter Bücher in Moskau; der Bewahranstalt der verstorbenen Großfürstin Jekaterina Michailowna für die Betreuung von Kindern während des Krankenhausaufenthalts ihrer Eltern in Bose; des Kaiserlichen Nikolajew-Gymnasiums in Zarskoje Selo; der Ostroshsker Hl.-Kyrill-Methodios-Bruderschaft; der Kaiserlichen Russischen Theatergesellschaft; des Russischen Marinehauses in Nagasaki; der Realschule des Zaren Nikolaus II. in Zarskoje Selo; des von W. W. Andrejew gegründeten Großrussischen Orchesters; der Gesellschaft für gegenseitige Hilfe der Kadetten des 1. Kadettenkorps; des Asyls für Kriegsversehrte und Kriegswaisen am Ort der Schlacht von Poltawa nahe des Schwedengrabs; des Generaladjutant-Skobolew-Ausschusses für die Unterstützung arbeitsunfähiger Kriegsveteranen; des in St. Petersburg am 21. Juli 1833 gegründeten Nikolajew-Hauses für die Betreuung hochbetagter und verstümmelter Bürger, einschließlich der zugehörigen Nikolajew-Schule und Alexander-Schule.

Kavalier Russischer Orden:
– des Hl. Apostels Andreas des Erstberufenen; des Hl. Alexander Newski; des Weißen Adlers; des Hl. Apostelgleichen Fürst Wladimir 4. Klasse, der Hl. Anna 1. Klasse und des Hl. Stanislaus 1. Klasse.
Medaillen:
– Bronzemedaille zur Erinnerung an die Krönung von Zar Alexander III.; Silbermedaille zur Erinnerung an Zar Alexander III.; Ehrenzeichen der Orthodoxen St.-Bogorodizki- und St.-Troizki-Bruderschaften von Cholm und Podolsk; Brustabzeichen der Konstantin-Artillerieschule und der Leibgarde des Semjonow-Regiments.

Bestand 601/1/1, Bl. 1-3.

Aus dem Tagebuch von Zar Nikolaus II. (1896)

6. Mai, Montag

Zum ersten Mal nach der Hochzeit mussten wir getrennt schlafen; sehr langweilig! Bin um 9 Uhr aufgestanden, trank Kaffee und beantwortete dann Telegramme; selbst während der Bahnfahrt gibt es keine Ruhe. In Twer waren einige Abordnungen und 60 Damen mit Blumen. Danach frühstückten wir. In Klin begrüßte uns Onkel Sergej[1]. Um 5 Uhr kamen wir in Moskau an, es war schreckliches Wetter – Regen, Wind und Kälte. Auf dem Bahnsteig empfingen uns die Familie und eine Ehrenformation des Ulanenregiments Ihrer Hoheit. Von hier fuhren wir in Begleitung aller Kavallerieoffiziere zum Petrowski[2]. Auf dem Hof stand die Ehrenformation des Jekateriner Leibregiments. In der Vorhalle des Palais wartete die weibliche Hälfte der Familie. In der Rotunde wurde ein kurzes Dankgebet gehalten, dann fuhren alle weg. Ich fühlte mich sehr ermüdet. Zu dritt mit Heinrich[3] hatten wir Diner. Wir legten uns zeitig schlafen.

7. Mai, Dienstag

Der erste schwere Tag für uns – unser Einzug in Moskau. Das Wetter war herrlich. Durnowo[4] erstattete Bericht. Gegen 12 Uhr versammelte sich die ganze Schar der Prinzen, mit denen wir frühstückten. Genau um 2 1/2 Uhr setzte sich der Festzug in Bewegung; ich ritt auf Norma[5]. Mama saß in der ersten vergoldeten Kutsche. Alix in der zweiten – ebenfalls allein. Über die Begrüßung kann man nicht klagen, sie war herzlich und feierlich, wie sie nur in Moskau sein kann! Der Anblick der Truppen war wunderbar! In der Uspenski-Kathdrale und der Archangelski-Kathdrale küssten wir die Reliquien. Um 5 Uhr zogen wir uns auf die Zimmer zurück. Nach dem Tee fuhren ich und Alix nach Alexandrija. Ich bezog mein früheres Zimmer. Ging spazieren. Wir hatten zusammen Diner und besichtigten das ganze Haus, an das ich mich kaum noch erinnerte.

14. Mai, Dienstag[6]

Ein großer, feierlicher, doch auch in moralischer Hinsicht bedrückender Tag für Alix, Mama und mich. Seit 8 Uhr morgens waren wir auf den Beinen; und unser Festzug setzte sich erst 1/2 10 in Bewegung. Das Wetter war glücklicherweise wunderbar; die Rote Treppe bot einen strahlenden Anblick. Dies alles geschah in der Uspenski-Kathedrale. Auch wenn es wie ein Wachtraum erschien, werde ich es mein Leben lang nicht vergessen!!! Halb zwei kehrten wir heim. Um 3 zogen wir erneut in gleicher Weise zur Granitkammer zum heiligen Abendmahl. Um 4 Uhr war alles glücklich zu Ende. Von ganzem Herzen dankte ich Gott und erholte mich wieder etwas. Wir hatten Diner bei Mama, die diese ganzen Strapazen glücklicherweise gut überstanden hatte. Um 9 Uhr gingen wir auf den oberen Balkon, wo Alix den Schalter der elektrischen Festbeleuchtung auf dem Iwan Weliki[7] betätigte, woraufhin dann nacheinander die Türme und Mauern des Kreml sowie die gegenüberliegende Uferstraße der Moskwa illuminiert wurden. Wir gingen zeitig schlafen.

18. Mai, Sonnabend

Bisher verlief alles, Gott sei Dank, reibungslos, doch heute ereignete sich ein großes Unheil. Die Menschenmenge, die sich auf dem Chodynka-Feld die Nacht um die Ohren geschlagen hatte, wartete ungeduldig auf die Verteilung von Speisen und den Zarenbecher. Sie drängte vorwärts gegen die Absperrung, und hierbei kam es zu einem fürchterlichen Gedränge, bei dem schrecklicherweise ungefähr 1300 Menschen totgetrampelt wurden!! Ich erfuhr davon 10 1/2 Uhr, noch vor dem Bericht von Wannowski[8]. Die Nachricht hinterließ einen schaurigen Eindruck. Um 12 1/2 Uhr gab es Frühstück, dann fuhren Alix und ich zum Chodynka, um an diesem traurigen „Volksfest“ teilzunehmen. Dort war praktisch nichts zu sehen. Wir schauten aus dem Pavillon auf die gewaltige Menschenmenge, die die Bühne umringte, auf der die ganze Zeit das Orchester die Hymne und „Heil Dir!“ spielte. Wir fuhren zurück zum Petrowski, wo wir am Tor einige Abordnungen empfingen und dann auf den Hof gingen. Hier war unter vier Zelten für die Amtsvorsteher eine Festtafel gedeckt. Ich musste eine Tischrede halten, auch für die versammelten Adelsmarschälle. Danach fuhren wir zum Kreml. Wir hatten bei Mama um 8 Uhr Diner. Fuhren dann zum Ball von Montevello[9]. Alles war sehr schön arrangiert, aber es war unerträglich heiß. Nach dem Bankett fuhren wir um 2 Uhr heim.

1 Onkel Sergej – Großfürst Sergej Alexandrowitsch.
2 Petrowski-Palais.
3 Heinrich – Prinz Heinrich von Preußen.
4 Iwan Nikolajewitsch Durnowo (1830-1903) – von 1889-1895 Innenminister, danach bis 1903 Vorsitzender des Ministerausschusses.
5 Das Lieblingspferd von Nikolaus.
6 14. Mai 1896 – Krönungstag von Zar Nikolaus II.
7 Iwan der Große, Glockenturm im Moskauer Kreml.
8 Pjotr Semjonowitsch Wannowski (1822-1904) – General der Infanterie. 1881-1897 Kriegsminister, später 1901-1902 Minister für Volksbildung.
9 Gustave Montebello (1891-1907) – Marquis, 1891-1903 Botschafter Frankreichs in Russland.

Bestand 601/1/236, Bl. 1, 2, 4, 9-11, 14, 15.

Zar Nikolaus II. an seine Mutter, Zarenwitwe Maria Fjodorowna

Dorf Iljinskoje[1] 31. Mai 1896

Meine liebe teure Mama,

ich weiß, dass ich Dir bisher noch keine Zeile von hier geschrieben habe, obwohl reichlich Zeit hierfür war. Doch es herrscht eine solche Hitze, dass wir uns tagsüber nur hinschleppen und erst gegen Abend fähig sind, spazieren zu gehen oder etwas zu unternehmen. Übrigens ist es schandhaft, sich über derart ideales Wetter zu beschweren. Ich freue mich natürlich am meisten über die Freiheit und fehlende Arbeit (zum ersten Mal seit dem Hochzeitstag) und genieße dies. Während der Spaziergänge wundert man sich geradezu, dass man nicht zu einem Empfang oder zur Berichterstattung erscheinen muss! Es fehlen nur Du und die Brüder und Schwestern, meine liebe Mama, dann wäre meine Freude über das ruhige Leben hier perfekt. Ich bin so froh, dass es in Gatschina jetzt so schön ist, das ist im Frühling wirklich der allerbeste Ort. Ich kann mir die Freude von Mischa und Olga[2] vorstellen.

Wir leben hier in großer Gemeinschaft. Tante Mary[3], Daisy[4], Erni[5], Viktoria[6] und Ludwig[7] sind einen Tag nach uns angekommen. Missi und ihr Mann[8] wohnen in Archangelskoje[9] bei den Sumarkows[10], Onkel Pawel[11] ist mit den Kindern in Ussowo[12], und die Damen und Herren wohnen dort in verschiedenen Häusern. Die ganze Gesellschaft trifft sich zum Frühstück und Mittagessen, und abends finden verschiedene Spiele statt.

Kostja[13] verbringt die Tage bis zur Rückkehr des Regiments aus Moskau mit uns; ebenso 4 Preobrashenski-Offiziere, meine früheren Untergebenen. Wir stehen früh auf; um 8 Uhr reiten wir aus. Ich bin glücklich, dass Alix wieder zu reiten begann, so dass wir zuweilen zu zweit ausreiten können, was ich angenehmer als die große Kavalkade empfinde.

Missi und Daisy sind sehr verwegene Reiterinnen, sie jagen jeden, und die Offiziere, mit denen sie ausreiten, sogar der kleine Hesse, kehren ermüdet und verschwitzt zurück. Alle nutzen die Gelegenheit, dass Kosaken hier sind, und daher sind die Ausflüge auf ihren Pferden lustig und lang.

Nach dem Frühstück unternimmt niemand etwas; einige lesen, die meisten erholen sich, d. h. sie schlafen. Bei dieser Hitze kann man wirklich nicht aus dem Haus gehen. Erst halb fünf zeigen sich die ersten verschlafenen Gestalten im Garten, die sich allmählich zum Tee einfinden. In dieser Zeit bade ich im Fluss. Bis zum Diner gehen wir gewöhnlich spazieren oder fahren Boot. Der Wald riecht wunderbar, wenn ihn die Sonne erwärmt hat, und abends wird die Luft herrlich aromatisch vom Duft des Flieders und der Maiglöckchen. Von diesen pflücken wir große Sträuße, sie sind hier von besonders großem Wuchs.

Unsere Tochter[14] fühlt sich ausgezeichnet, sie verbringt den ganzen Tag im Garten. Aus Ussowo bringen Erni und Daisy Baby zu ihr – ein prächtiges und hübsches Kind, das gerade laufen lernt.

In mein Inneres ist Ruhe eingekehrt, und ich muss sagen, dass ich mich hervorragend fühle, bereits beträchtlich besser und mehr bei Kräften als in Moskau. Am Tag nach unserer Ankunft hatten wir in der hiesigen Kirche ein Dankgebet; wir wollten aus innerstem Herzen dem Barmherzigen Gott für seine Hilfe und Stärkung in diesen Tagen der Prüfung danken. Möge Er Dich, meine liebe Mama, auf allen Deinen Wegen segnen! Alix und ich umarmen Dich fest und gratulieren Dir herzlich zum Geburtstag von Olga.

Dein Dich von ganzem Herzen liebender

Nicky.

1 Dort lag das Landgut des Fürsten Jussupow.

2 Olga Alexandrowna (1882-1960) – Großfürstin, jüngere Schwester Nikolaus II., zunächst verheiratet mit Prinz Pjotr Alexander von Oldenburg, heiratete nach der Scheidung den Rittmeister der Leibgarde des Kürassierregiments N. A. Kulikowski. Sie emigrierte 1919 und starb in Kanada.

3 Tante Mary – Maria Alexandrowna (1853-1920), Großfürstin, Tochter von Alexander II., Gattin des Prinzen Alfred Ernst von Großbritannien.

4 Daisy – Victoria Melita (1876-1936), Tochter der Großfürstin Maria Alexandrowna und des Prinzen Alfred Ernst von Großbritannien. Später 1905 in zweiter Ehe (1905) mit Großfürst Kirill Wladimirowitsch verheiratet.

5 Erni – Ernst Ludwig (1868-1937), Großherzog von Hessen-Darmstadt, Bruder der Zarin Alexandra Fjodorowna. Gatte der Prinzessin Victoria Melita von Sachsen-Coburg-Gotha, in zweiter Ehe verheiratet mit Prinzessin Eleonore (1871-1937).

6 Viktoria (1863-1950) – Prinzessin von Battenberg, geborene Prinzessin von Hessen-Darmstadt, Schwester der Zarin Alexandra Fjodorowna, Gattin von Prinz Ludwig von Battenberg.

7 Ludwig – Prinz von Battenberg.

8 Missi und ihr Mann – Maria, Prinzessin von Sachsen-Coburg-Gotha, Tochter von Großfürstin Maria Alexandrowna und Prinz Ernst von Großbritannien, und ihr Gatte, Prinz Ferdinand von Rumänien, ab 1914 König von Rumänien.

9 Landgut des Grafen Sumarkow-Elston in der Nähe von Iljinskoje.

10 Sumarkows – Graf Felix Felixowitsch Sumarkow-Elston (d. Ä.) (1856-1928),

Kommandeur des Kavaliergarderegiments, 1914-1915 Generalgouverneur von Moskau, und seine Gemahlin, Sinaida Nikolajewna, geborene Fürstin Jussupowa (1861-1939).

11 Onkel Pawel – Pawel Alexandrowitsch (1860-1919), Großfürst, jüngster Sohn von Zar Alexander II., Generaladjutant, General der Kavallerie. Erschossen im Januar 1919 in der Peter-Pauls-Festung. Kinder: Großfürstin Maria Pawlowna (geb. 1890) und Großfürst Dmitri Pawlowitsch (geb. 1891).

12 Landgut bei Moskau, Winterresidenz des Großfürsten Sergej Alexandrowitsch.

13 Kostja – Konstantin Konstantinowitsch (1858-1915), Großfürst, Generaladjutant, Generalleutnant, Chefinspekteur der militärischen Lehranstalten. Präsident der Gesellschaft für Naturwissenschaften, Anthropologie und Ethnografie. Dichter, Autor des Theaterstücks „Der Judenzar" u. a., veröffentlichte unter dem Pseudonym K. R.

14 Olga Nikolajewna (1895-1918), älteste Tochter Nikolaus II. Erschossen 1918 in Jekaterinburg.

Bestand 642/1/2323, Bl. 25-28.

Aus den Memoiren von A. A. Mordwinow[1]

Der junge Herrscher war sehr hübsch und aufgeweckt, etwas mädchenhaft; dann verlor er die weichen Züge und wurde männlicher, doch er blieb noch ebenso geschickt und stark wie in jungen Jahren. Ich lernte ihn in seiner Jugendzeit kennen, als er noch keinen Bart, sondern nur fast unsichtbare lange Koteletten unter den Schläfen trug. Damals erinnerte sein Gesicht, natürlich nicht seine Gestalt, an den jungen Grafen L. N. Tolstoi auf einem Bild aus den 50er Jahren als Artillerieoffizier mit über die Schulter geworfenem Mantel. Diese Ähnlichkeit war auch für mich sehr frappierend. Der Backenbart, auch wenn er nur klein war, machte den Herrscher beträchtlich älter und stand ihm meiner Meinung nach überhaupt nicht. Doch da er, wie sein Vater, fast krankhaft alles Nationale liebte, hielt er den Bart für ein Attribut jedes Russen. [...]

Wie sein Vater Zar Alexander III. ging Herrscher Nikolaus Alexandrowitsch gern leger gekleidet und bevorzugte zu Hause alte, getragene, deshalb oft ausgebesserte Kleidung. Besucher empfing er in seinem Arbeitszimmer sehr einfach gekleidet – entweder in grauer Bluse oder manchmal im karmesinroten Seidenhemd der Schützen der Kaiserlichen Familie, das er sehr liebte, denn es war nicht nur bequem, sondern auch national-russisch. In den Kriegstagen trug er stets ein sehr unschönes, feldgraues Soldatenhemd aus grobem dicken Tuch und einen ebensolchen Soldatenmantel.

Seine Bewegungen waren stets ruhig, irgendwie gemessen und langsam. Er hastete nie, doch kam er auch nie zu spät. Er war in allem exakt und liebte Ordnung in seinen Sachen und Papieren.

Er wirkte ausgeglichen und ruhig. Nur einmal in der langen Zeit, in der ich ihn kannte, erlebte ich ihn wütend mit erhobener Stimme – eine von ihm wiederholt erteilte persönliche Anweisung war nicht erfüllt worden. Auch wenn er innerlich erregt oder zornig war, wurde sein Gesicht nicht rot. Eine gewisse Schüchternheit, die ihn von Kindheit an begleitete, auch wenn sie durch besondere Liebenswürdigkeit verdeckt wurde, hat ihn bis in die letzten Jahre seiner Herrschaft nicht verlassen. Doch Zar Nikolaus II. konnte auch streng sein. Leider hat er diesem Wunsch nie freien Lauf gelassen, und wenn, dann meistens nur im Scherz oder wenn es schon nicht mehr notwendig war. [...]

Ein stark ausgeprägter Charakterzug des Herrschers Nikolaus Alexandrowitsch war seine Liebe zu einfachen Menschen, die hauptsächlich auf Mitleid beruhte, und Mitleid ist der Schmerz, den man empfindet, wenn man andere leiden sieht. Mit Ausnahme von Obszönitäten, bei denen sein Blick tatsächlich kalt wurde, interessierte er sich nahezu für alles und tauschte auch gern mit anderen seine Eindrücke aus. Er mochte vor allem alles Alltägliche und Volkstümliche. Von Natur aus war er ein guter Beobachter, er erfasste ungewöhnlich schnell die Eigenheiten des Gesprächspartners, die anderen, sonst sehr wahrnehmungsfähigen Menschen wegen ihrer Geringfügigkeit entgingen. In seinen Augen konnte man sehr oft, besonders in ungezwungener Atmosphäre, leichte Ironie erkennen, die jedoch immer gutmütig und, wie mir schien, freundlich war. Auch wenn er bei einem etwas unangenehmen Thema sein übliches, mit Nachdruck geäußertes „unerträglich“ einwarf, war kein wirklicher Zorn herauszuhören. Völlig falsch sind Behauptungen, dass der Herrscher es vermied, dem Gesprächspartner direkt in die Augen zu blicken. Jeder, der mit dem Herrscher direkt zu tun hatte, kannte auch seine Angewohnheit, einen ihm Unbekannten, dem er eine Gnade erweisen oder auch einen wichtigen Auftrag erteilen wollte, bei der ersten Begegnung nahe ans Fenster zu führen oder es so zu arrangieren, dass möglichst viel Licht auf das Gesicht des Gesprächspartners fiel, um ihn besser betrachten zu können. [...]

Der Herrscher war sein Leben lang davon überzeugt, dass er unter einem Unglücksstern geboren worden war. Wer wie ich Gelegenheit hatte, in die Augen des Herrschers zu sehen, die sogar dann, wenn es ringsum lustig und ungezwungen zuging, gewöhnlich nachdenklich, traurig und tiefsinnig waren, der wird verstehen, dass diese Augen nicht die Seele eines oberflächlichen Durchschnittsmenschen widerspiegelten. Außer seiner Tiefe hatte der Blick noch etwas, was meine Frau, eine Malerin, als sie zum erstenmal das Porträt Serows sah, veranlasste, unmittelbar auf der Ausstellung in Tränen auszubrechen.[2] [...]

Nur im Kreis der Familie fühlte sich der Herrscher nicht allein. Wenn er von ihr getrennt war, auch beim Kontakt mit einfachen Leuten in seiner freien Zeit und trotz seiner Anteilnahme, fühlte er ständig eine gewisse kalte Leere. Diese Leere hätten andere, ungeachtet aller trennenden Schranken, seiner Stellung und der frostigen Atmosphäre am Hof, mit freundschaftlicher Wärme füllen können. Es gab immerhin einige Leute, mit denen er herzlich und ungezwungen verkehrte, die er offensichtlich liebte und die ihn, wie er spürte, ebenfalls liebten. Sich ihnen noch mehr zu nähern, vermochte er offensichtlich nicht oder genierte er sich, und diesen ging es gleichermaßen, so dass es ihm nicht gelang, unter ihnen Vertraute oder einen guten Freund zu finden. Vielleicht auch deshalb, weil er sich ständig einredete: „Zu wem ich gut bin, dem schaffe ich nur Feinde." Der eigentliche Grund war wohl, dass er nur die Wärme des Familienlebens als wirkliche Wärme empfand, und da er in der Zarin einen wahrhaft liebenden Freund hatte, wünschte er sich keine anderen Freunde.

Der Herrscher war natürlich in seinem Privatleben glücklich, wie jeder Mensch sich glücklich schätzt, der eine solche ideale, festgefügte und harmonische Familie besitzt. Doch die ständige Krankheit der Gemahlin und die unaufhörliche Angst um das Leben des Sohns ließen kein vollkommenes Glücksgefühl in der Familie aufkommen.

1 Anatoli Alexandrowitsch Mordwinow (geb. 1870), Flügeladjutant, Oberst. Nach Abschluss des Kadettenkorps diente er im Kürassierregiment Ihrer Hoheit Kaiserin Maria Fjodorowna der Leibgarde. Absolvent der Akademie des Generalstabs. War mit der Tochter des Erziehers von Nikolaus II., Olga Karlowa Heath, verheiratet. Persönlicher Adjutant von Großfürst Michail Alexandrowitsch. Ab März 1913 Flügeladjutant von Nikolaus II. Im Ersten Weltkrieg war er ständig an der Seite des Herrschers. Am 2. März 1917, dem Tag der Abdankung Nikolaus II., war Mordwinow diensthabender Flügeladjutant. Wie durch ein Wunder überlebte er später die Gefängnisse der Tscheka und floh aus Sowjetrussland. Mordwinow ließ sich im Harz, in Deutschland nieder und schrieb 1922-1930 sein umfangreiches Memoirenwerk „Meine Erlebnisse". Einige „Auszüge aus den persönlichen Erinnerungen A. Mordwinows, Flügeladjutant von Herrscher Zar Nikolaus II." wurden in der Zeitschrift „Russkaja Letopis" veröffentlicht. In das vorliegende Buch sind Auszüge aus den bisher nicht veröffentlichten Teilen

1 und 4 der Memoiren aufgenommen: „Im Dienst beim Militär und am Hofe" sowie „Wie ich meinen Herrscher kannte und wie Ihn andere kannten".

2 W. A. Serow hat mehrere Porträts des Zaren Nikolaus II. gemalt, hier handelt es sich um das Bild des Herrschers in Uniformjacke von 1900, aus der Sammlung Ihrer Kaiserlichen Hoheit Zarin Alexandra Fjodorowna; ein Autorenduplikat des Porträts wurde für die Tretjakow-Galerie erworben.

Bestand 5881/2/517, S. 20-21, 53-54.

Grössenangaben für die Einkleidung Seiner Kaiserlichen Hoheit, Herrscher und Zar

Uniform		
Rücken	Länge bis zur Taille	43 cm
	Gesamtlänge (mit Jacke)	100 cm
Ärmel	von Obernaht bis Ellbogen	49 cm
	Gesamtlänge	79 cm
Borte	1/2 Länge von vorn	42 cm
	1/2 Länge bis Taille	54 cm
Brust	1/2 Breite	21 1/2 cm
	1/2 Gesamtumfang	49 cm
Taille	1/2 Gesamtumfang	40 cm
Kragen	1/2 Länge	22 1/2 cm
	Höhe	5 cm
Hose	Seite bis Knie	56 cm
	Seite Gesamtlänge	105 cm
	Gesamtlänge im Schritt	80 cm
	1/2 Umfang Oberschenkel	34 cm
	1/2 Umfang im Knie	22 cm
	Gesamtumfang unten	44 cm
	1/2 Umfang Gesäß	50 cm
	1/2 Umfang Taille	40 cm
Helm	Kopfumfang	58 cm
Säbel	vom Griff bis unteres Scheidenende des steckenden Säbels	101 cm

Bestand 601/1/1751, Bl. 1-2.

Aus dem Tagebuch von Zar Nikolaus II. (Einträge unter dem Datum seines Geburtstags, 1908 und 1911)

6. Mai 1908, Dienstag

Es klingt sonderbar, ich wurde 40 Jahre. Zu diesem erstaunlichen Ereignis gratulierten mir Abordnungen des 65. Moskauer Infanterieregiments, des Schützenregiments und des 17. Nishegorodski-Dragonerregiments der Leibgarde. Danach beglückwünschten mich unsere Leute und die Gärtner. Um 11 Uhr fuhren wir zum Palais zur Mittagsmesse, danach Glückwünsche und großes Frühstück. [...]

6. Mai 1911, Freitag

Ich wurde 43 Jahre! Das Wetter hat sich gebessert und es ist wärmer geworden. Am Morgen Papiere, Telegramme, Glückwünsche. Mittagsmesse im Großen Palais, wieder Glückwünsche und Frühstück mit kurzen Gesprächen. Kehrten um 2 1/2 heim. Alix hat alles prachtvoll ausgehalten. [...]

Bestand 601/1/252, Bl. 121 /256, Bl. 180.

Aus den Memoiren von W. N. Wojejkow[1]

Dem Zaren lag nach Seiner Heimat Seine Familie am meisten am Herzen. Das Verhältnis zwischen Ihren Hoheiten wie auch den Kindern und Eltern beweist am besten, dass der Zar ein Familienmensch wie kaum ein anderer war. Obwohl das Leben des Herrschers im engen Familienkreis verlief, verbrachte Er auch gern Zeit in Gesellschaft, besonders im militärischen Milieu. Eine Charaktereigenschaft des Zaren war seine Ausdauer. Weil Er von Natur aus sehr jähzornig war, hat Er von Kindheit an unter Anleitung Seines Erziehers, des Engländers Mr. Heath, sehr an sich gearbeitet und es zu großer Selbstbeherrschung gebracht. Mr. Heath erinnerte seinen Kaiserlichen Zögling oft an das englische Sprichwort, dass man als Aristokrat geboren, zum Gentleman aber erzogen wird.

Viele hielten die Selbstbeherrschung des Zaren für Gleichgültigkeit; tatsächlich war sie aber das Ergebnis Seines großen Beherrschungsvermögens. Er war sich der Bedeutung alles Geschehens voll bewusst, äußerte sehr selten Seine Gefühle, gewöhnlich verbarg Er sie. Der Herrscher war umfassend gebildet und fand sich schnell in allen Fragen zurecht. Diesen Eindruck hinterließ Er sowohl in Gesprächen über wissenschaftliche Themen als auch bei Berichten über Staatsangelegenheiten. Die Arbeitsfähigkeit des Herrschers war erstaunlich: Täglich bewältigte Er die Lektüre eines ganzen Stapels untertänigster Berichte von Ministern und Hauptabteilungsleitern und gab sie gewöhnlich noch am selben Tag mit Seinen Bemerkungen oder Entscheidungen zurück.

Der Herrscher hatte ein angeborenes außerordentliches Gedächtnis. Er vergaß nie, was Er gelesen oder gehört hatte, und erinnerte sich an alle, die Ihm einmal vorgestellt wurden, wobei Er überraschend Einzelheiten der damaligen Situation oder des letzten Gesprächs nannte.

Aufgrund Seines weichen Charakters und Seines sehr feinfühligen Umgangs mit Menschen konnte der Herrscher sich nicht überwinden, jemand offen Seine Unzufriedenheit ins Gesicht zu sagen. Viele machten Ihm zum Vorwurf, dass Er, wenn Er beschlossen hatte, einen Minister zu entlassen, diesem das nicht direkt sagte, sondern zur Feder griff, um ihm Seinen Beschluss nach der Berichterstattung schriftlich mitzuteilen. Das wurde als willensschwach oder unaufrichtig ausgelegt, während es jedoch nur die Folge davon war, dass der Herrscher schwer fremdes Leid sehen konnte.

Obwohl die Macht des Zaren uneingeschränkt war, ließ Er dies niemals spüren, sondern hütete im Gegenteil streng die Gesetze Russlands und zeichnete sich durch große Sparsamkeit aus, besonders im Privatleben. Er maß der äußeren Erscheinung wenig Bedeutung bei und war ungewöhnlich zugänglich. Man spürte, dass der Herrscher überhaupt nicht auf Eindruck bedacht und eher schüchtern war. Angesichts der hohen Stellung des Zaren überraschte Sein herzliches Verhältnis zu den Menschen, das sich in Seinem Umgang mit ihnen deutlich offenbarte, so dass mit Fug und Recht gesagt werden konnte: „Auch als Herrscher hat er den heiligsten aller Titel nicht vergessen – ein Mensch zu sein.“[2]

Die Hauptcharaktereigenschaften des Herrschers waren sein Edelsinn und seine Selbstaufopferung. Er meinte, dass Er sich dem Russischen Volk opfern müsse. In der Hoffnung, durch Seine Abdankung die Heimat vor dem inneren Aufruhr retten zu können, übergab er das von Ihm innig geliebte Russland voll und ganz der Macht der Revolution – dem Element des Hasses, der Bosheit und der Rache.

In Seiner moralischen Integrität ließ der Herrscher nicht einmal den

Gedanken zu, dass jemand die über Ihn verbreiteten Verleumdungen glauben und das Volk, das er so aufrichtig liebte und dem er grenzenlos vertraute, von dieser Psychose erfaßt sein könnte.

1 Wladimir Nikolajewitsch Wojejkow (1868-1941), Generalmajor der Suite Seiner Majestät. Kommandeur des Husarenregiments der Leibgarde, seit 1906 Flügeladjutant. Am 24. Dezember 1913 wurde er zum Palastkommandanten ernannt. Auf Allerhöchsten Befehl war er seit 1913 Chefinspekteur für die physische Entwicklung der Bevölkerung des Russischen Reichs. Nach der Februarrevolution wurde er von der Provisorischen Regierung verhaftet. Seit 1919 in der Emigration.

2 1817, in der Grußbotschaft an Zarin Alexandra Fjodorowna aus Anlass der Geburt seines künftigen Zöglings Zar Alexander II., hatte Wassili Andrejewitsch Shukowski den Wunsch geäußert: „Möge er als Herrscher den heiligsten aller Titel nicht vergessen – ein Mensch zu sein."

Nach: W. N. Wojejkow. Mit dem Zaren und ohne den Zaren. Helsingfors 1936, S. 336-340.

Zar Nikolaus II. an Grossfürst Wladimir Alexandrowitsch[1]

Winterpalais, St. Petersburg 26. November 1896

Lieber Onkel Wladimir,

nach unserem letzten Gespräch war ich sehr bestürzt, dass ich der Ernennung von Eugène[2] zugestimmt habe. Nachdem ich Dir meinen Wunsch mitgeteilt hatte, Fürst Obolewski[3] zum Kommandeur des Gardekorps zu ernennen, war ich vollkommen überzeugt, dass dies hinlänglich sei, zumal Eugène zugestimmt hatte, die 1. Gardedivision zu übernehmen. Für die Wahl der Korpskommandeure gibt es keine Regeln, sie werden nach dem persönlichen Ermessen des Herrschers ausgewählt; umso mehr bei der Wahl des Korpskommandeurs seiner Leibgarde. Das Dienstalter ist hierbei nebensächlich. Früher waren Großfürsten nahezu mit ihrer Taufe Generale. Soll das Dienstalter nun rechtmäßig seit den Kinderjahren oder wenigstens erst ab einem Alter bewertet werden, in dem einfache Menschen niemals so hohe Dienstgrade haben können. Ich komme zur Sache: An diesem ganzen Vorfall ist meine Güte schuld, ja, darauf bestehe ich, meine törichte Güte. Nur um nicht zu streiten und den Familienfrieden zu wahren, mache ich ständig Zugeständnisse und stehe letztendlich als Schwätzer, ohne Willen und ohne Charakter da. Jetzt bitte ich Dich nicht nur, sondern ordne an, meinen früheren Willen zu erfüllen, auf Befehlsebene die Ernennungen bekanntzugeben: Fürst Obolenski zum Kommandeur des Gardekorps, und Eugène zum Chef der 1. Gardeinfanteriedivision.

Ich bin überzeugt, dass Du mich verstehen wirst und unsere herzlichen Beziehungen sich niemals ändern werden!

Dein Dich aufrichtig liebender

Nicky.

1 Wladimir Alexandrowitsch (1847-1909) – Großfürst, dritter Sohn von Zar Alexander II., seit 1884 Oberbefehlshaber der Gardetruppen und des Militärbezirks St. Petersburg. Heiratete 1874 Großfürstin Maria Pawlowna, geborene Herzogin von Mecklenburg-Schwerin.

2 Eugène – Jewgeni Maximilianowitsch (1847-1901), Herzog von Leuchtenberg, Fürst Romanow, verheiratet in erster Ehe mit D. K. Opotschina, in zweiter mit Gräfin S. Bogarne, geb. Skobolewa.

3 Nikolai Dmitrijewitsch Obolenski – Fürst, Flügeladjutant, danach Generaladjutant.

Bestand 652/1/619, Bl. 51.

Zar Nikolaus II. an Grossfürst Wladimir Alexandrowitsch

Zarskoje Selo — 29. Januar 1897

Bei Durchsicht der Theaterpläne sah ich, dass demnächst wieder ein Maskenfest im Marientheater stattfinden wird. Deshalb möchte ich Dich, falls Ihr zu kommen beabsichtigt, wissen lassen, dass ich nicht wünsche, dass in unserer Loge noch verschiedene Gäste von Euch sitzen und dann in unserem Zimmer zu Abend essen. Meine Gattin und ich erachten dies als vollkommen unschicklich und wir hoffen, dass sich ein solcher Vorfall in einer Zarenloge nicht wiederholt! Für mich war es besonders kränkend, dass Ihr keinerlei Erlaubnis von mir eingeholt habt. Unter Papa hätte es das nicht gegeben. Und Du weißt, dass ich alles so beibehalten möchte, wie es unter Ihm war. Es ist unbillig, jetzt den Umstand auszunutzen, dass ich jung sowie Euer Neffe bin. Vergiss nicht, dass ich das Familienoberhaupt wurde und nicht das Recht habe, Handlungen von Familienmitgliedern, von wem auch immer, durchgehen zu lassen, die ich für falsch oder unangemessen halte. Mehr als je zuvor muss unsere Familie fest und geschlossen, gemäß dem heiligen Vermächtnis Deines Großvaters[1], auftreten. Und Du bist der erste, der mir dabei helfen sollte. Ich bitte Dich, lieber Onkel Wladimir, erspare mir in Zukunft solche Briefe, gegen die sich mein Innerstes sträubt!

Herzlich Dein Dich liebender

Nicky.

1 Nikolaus I. (1796-1855), ab 1825 Zar von Russland , dritter Sohn von Zar Paul I.
Bestand 652/1/619, Bl. 61-62.

Aus den Memoiren von S. S. Fabrizki[1]

Alle wissen, wie hartnäckig sich das Gerücht über die Trunksucht des Herrschers gehalten hat, selbst von Liebesaffären war die Rede. Auch die Herrscherin und Zarin blieb nicht verschont, Ihre Liebhaber wurden namentlich genannt, und den Großfürstentöchtern – bezaubernden und sehr bescheidenen Mädchen – wurde Unwahrscheinliches angedichtet.

Ich kann persönlich bezeugen, dass diese Geschichten unwahr und böswillig sind, denn der Zar trank nur manchmal vor dem Diner ein oder zwei Glas Wodka und während des Essens ein Glas des geliebten Portweins oder bei Banketten ein Glas Champagner. Von Liebesaffären des Zaren kann nicht die Rede sein, denn es ist schwerlich ein besserer Familienmensch und Ehemann zu finden, der seine Gemahlin so innig liebte. In den wenigen Fällen, in denen der Herrscher mit Damen ins Gespräch kam, spürte man immer, dass Er irritiert war, sich genierte und Ihm das Gespräch unangenehm war.

Was die Zarin und Ihr Verhältnis zu Ihrem Gatten betrifft, so kann zurecht gesagt werden, dass idealere Beziehungen kaum vorstellbar sind. Die Zarin liebte den Herrscher nicht nur innig, sondern verehrte Ihn zutiefst, zitterte um Ihn während Seiner Reisen, machte sich qualvolle Gedanken um Ihn, da sie Seine Gefühle, Sorgen und Kümmernisse kannte, lebte nur für Ihn und Ihre Kinder. Alles andere war Pflicht und Erfüllung Ihrer Aufgabe als Zarin, der Herrscher und die Familie aber Ihr Lebensglück.

Die Gerüchte über die Trunksucht des Zaren kamen bald nach Seinem Besuch der sogenannten Monatstreffen in einigen Garderegimentern auf. Diese Tafelrunden wurden traditionsgemäß einmal monatlich veranstaltet, um ehemaligen Offizieren des Regiments, in dem sie ihre ganze Jugend lang gedient und zu dem sie die Verbindung verloren hatten, die Gelegenheit zu geben, den derzeitigen Personalbestand kennenzulernen. Zu diesen Essen kamen altgediente Offiziere, die verantwortungsvolle Funktionen bekleideten und aus dem aktiven Dienst ausgeschieden waren. Und sie kamen gern, um die Zeit in der ihnen lange vertrauten Atmosphäre und in den Gemeinschaftsräumen zu verbringen, wo alles mit Erinnerungen an ihren früheren Regimentsdienst nach der Ernennung zum Offizier verknüpft war.

Die Regimenter der Zarskoselsker Garnison, der Seine Majestät angehörte, baten den Herrscher, ihnen die Ehe zu erweisen, an solchen Treffen teilzunehmen, und der Herrscher sagte zu. Daher fuhr der Zar zuweilen kurz von 8 Uhr abends aus dem Palast zu einem der Regimenter, zu einem solchen gemeinsamen Essen in dem von Ihm geschätzten militärischen Milieu im Kreise alter erfahrener Generäle, mit denen Ihn häufig Erinnerungen an Seinen früheren Dienst in diesem Regiment verbanden.

Anfangs dauerten diese Bankette nicht lange, und der Herrscher kehrte dann, nachdem Er sich kurz mit einigen Personen unterhalten hatte, in den Palast zurück. Allmählich und nahezu unmerklich wurden unter dem Vorwand, dass der Herrscher etwas aufgeheitert werden müssse, weil Sein Leben allzu monoton und fast wie im Kloster abliefe, zu diesen Abenden Künstler und Künstlerinnen eingeladen, die nach dem Essen ihre besten Darbietungen zeigten. Natürlich hat keiner von ihnen an dem Bankett selbst teilgenommen. Oft dauerten diese Darbietungen bis weit nach Mitternacht, und man muss gerechterweise sagen, dass sie den Herrscher, der immer so bescheiden lebte und stets mit dringender Arbeit überhäuft war, sehr amüsierten. [...]

Nachdem ich in den Dienst Seiner Majestät getreten war, äußerte der Herrscher einmal bei unserer Begegnung am Morgen Bedauern und gestand ein, dass Er sich heute sehr schäme, erst um 7 Uhr morgens, ich erinnere mich nicht mehr aus welchem Regiment, vom Monatstreffen zurückgekehrt zu sein. „Man könnte ja denken, dass ich betrunken war", sagte der Herrscher noch.

Wenn der Herrscher an diesen Treffen teilnahm, blieb Er Seiner Gewohnheit treu, fast nie etwas zu trinken, und Er saß den ganzen Abend, und mehrmals auch die ganze Nacht, bei einem Glas Champagner, und erfreute sich von ganzem Herzen an den fröhlichen Gesichtern der jungen Offiziere, die Er so liebte und denen Er stets so sehr vertraute.

Leider berichteten natürlich eben diese jungen Offiziere am nächsten Tag naiv ihren nächsten Angehörigen von diesen Treffen, wobei sie vielleicht unabsichtlich übertrieben, so dass herauskam, dass der Herrscher die ganze Nacht durchgezecht habe. Ich halte es für meine Pflicht klarzustellen, dass diese Treffen erst kurz vor dem Krieg begannen und der Herrscher vielleicht insgesamt fünf- bis zehnmal im Jahr teilgenommen hat, denn man muss den Sommeraufenthalt Ihrer Hoheiten auf der Krim und die Fastenzeit abziehen, während der Ihre Hoheiten dreimal (in der 1., 4. und 7. Woche) fasteten und in dieser Zeit von Vergnügungen nicht die Rede sein konnte.

1 Semjon Semjonowitsch Fabrizki (1874-?), seit 1907 Flügeladjutant, Konteradmiral der Suite Seiner Majestät, Kommandant des Zerstörers „Amurez" und Chef der 2. Zerstörerdivision der Baltischen Flotte. Im Ersten Weltkrieg Chef der Marinebrigade der Landfront der Meeresfestung Peters des Großen, Kommandeur der Baltischen Marineinfanteriedivision. Emigrierte 1919.

Nach: S. S. Fabrizki. Aus der Vergangenheit: Erinnerungen des Flügeladjutanten des Herrschers Zar Nikolaus II. Berlin 1926, S. 52-53, 56-57.

Aus dem Tagebuch von Zar Nikolaus II. (Einträge unter dem Datum seines Geburtstags, 1912- 1918)

6. Mai 1912, Sonntag

Ich wurde 44 Jahre! Der Tag war sonnig, doch mit frischem SW. Bin spazieren gegangen. Um 11 1/2 fand auf dem Vorplatz ein Kirchenumzug mit kurzem Gottesdienst statt. Danach die allgemeine Gratulationscour und großes Frühstück.

Gegen 2 Uhr kam das ganze Schwarzmeerschwadron und fuhr unter Salutschüssen Richtung Sewastopol. Um 2 1/2 gingen wir zum Tennisplatz. Wegen des Winds tranken wir Tee im Gartenhaus. Antwortete auf zahllose Telegramme. Nach dem Diner wurde oberhalb Liwadija ein großes Feuerwerk veranstaltet. Wir saßen beieinander und legten ein Puzzle.

6. Mai 1913, Montag

Mir wird seltsam bei dem Gedanken, dass ich 45 Jahre wurde!
Das Wetter war wunderbar. Leider fühlte Alix sich nicht wohl und blieb

den ganzen Tag im Haus. Um 11 Uhr fuhr ich zu Mama in den Palast. Messe, Gratulationscour und großes Frühstück, alles wie gehabt. Der Unterschied war nur, dass diesmal alle Töchter dabei waren. Kehrten um 2 1/2 heim. Mama fuhr gegen 3 Uhr mit den Kindern Rad und Paddelboot. Das Wetter wurde feucht, und gegen 7 Uhr fiel erfrischender Regen. Ich las und beantwortete eine Unmenge Telegramme.

6. Mai 1914, Dienstag

Ich wurde 46 Jahre! Dagegen kann man nichts tun! Zum Glück hat sich das Wetter gebessert. Ich habe Telegramme geschrieben. Um 11 Uhr war Kirchenumzug auf dem Vorplatz, danach großes Frühstück. Von 3 bis 5 Uhr spielten wir Tennis. Tranken Tee allein. Habe bis zur Verzweiflung Telegramme beantwortet. Um 7 1/2 fuhren wir zum Diner auf die Yacht. Am Abend waren die „Standart“ und alle Schiffe herrlich illuminiert. Wir sahen einen lustigen und interessanten Film im Speiseraum. Kehrten um 12 Uhr heim.

6. Mai 1915, Mittwoch

Nachts fiel starker Regen, es wurde kälter und der Tag war grau. Vor dem Morgentee gratulierten mir die Suite und das Personal zum Geburtstag. Um 10 Uhr ging ich zur Berichterstattung, dann zur Messe. Wir haben gemeinsam im Zelt hinter dem Zug von Nikolascha[1] gefrühstückt. Ich empfing Jengalytschew[2] zur Berichterstattung. Machte einen Spaziergang um den halben Wald. Las und antwortete auf Telegramme. Nach dem Diner spielte ich Domino.

6. Mai 1916, Freitag

48 Jahre sind vorbei. Vor dem Tee gratulierte mir das Personal und servierte Brezeln. Um 10 Uhr kamen Alix und die Kinder; wir gingen zur Messe. Dann im Haus gratulierten alle Angehörigen des Stabs, der Verwaltungen und Zivilisten. Die Berichterstattung dauerte eine Stunde. Nach dem Frühstück beantwortete ich Telegramme, und um 3 Uhr fuhr ich zum Zug. Auf dem Bahnsteig waren etwa 70 Mann des Eisenbahnregiments angetreten, denen ich verkündete, dass dem Regiment der Titel Garderegiment verliehen werde. Mit den Kindern machte ich einen Spaziergang um das frühere Hauptquartier. Draußen war es frisch. Um 6 Uhr fuhren wir zum Kino – ein sehr guter Film wurde gezeigt. Wir hatten Diner um 8 Uhr und kamen gegen 9 1/2 nach langer Reise zum Zug zurück. Mit den Töchtern ging ich noch etwas spazieren.

6. Mai 1917, Sonnabend

Ich wurde 49 Jahre. Es ist nicht mehr lange bis zum halben Hundert! Meine Gedanken waren besonders bei der teuren Mama. Es ist schwer, wenn man nicht einmal die Möglichkeit zum Briefwechsel hat. Ich weiß nichts von ihr, außer was in den dummen und widersprüchlichen Zeitungsartikeln steht. Der Tag verlief sonntäglich: Messe, Frühstück in den oberen Räumen, Puzzle, gemeinsame Arbeit im Gemüsegarten, Anlegen von kleinen Beeten, nach dem Tee Abendmesse, Diner, abendliche Lektüre – bei weitem mehr Zeit bei der lieben Familie als in früheren Jahren.

6. Mai 1918, Sonntag

Habe meinen 50. Geburtstag erlebt, wundere mich selbst darüber! Das Wetter war herrlich wie auf Bestellung. Um 11 1/2 hielten der Priester und ein Diakon einen kurzen Gottesdienst, was sehr gut war. Ich ging mit Maria bis zum Essen spazieren. Tagsüber saßen wir 1 1/2 Stunden im Garten in der wärmenden Sonne. Von den Kindern erhalten wir keinerlei Nachricht und beginnen zu zweifeln, ob sie aus Tobolsk abgereist sind?[3]

1 Nikolascha – Nikolai Nikolajewitsch (1856-1929), Großfürst, Generaladjutant, General der Kavallerie. Von Juli 1914 bis August 1915 Oberster Befehlshaber, dann Statthalter Seiner Majestät im Kaukasus, Oberbefehlshaber der Kaukasusarmee und Stellvertretender Hetman der Kosakentruppen. Er starb in der Emigration.

2 Pawel Nikolajewitsch Jengalytschew; Fürst, Generaladjutant, Generalleutnant, Kommandeur des Husarenregiments der Leibgarde, Chef der Nikolajew-Akademie, Generalgouverneur von Warschau.

3 Im April 1918 wurden Nikolaus II., Alexandra Fjodorowna und ihre Tochter aus Tobolsk nach Jekaterinburg gebracht; die in Tobolsk zurückgebliebenen Kinder Nikolaus II. reisten erst am 7. Mai nach Jekaterinburg.

Bestand 601/1/258, Bl. 100-101 /259, Bl. 198 /261, Bl. 93 /262, Bl. 195 /264, Bl. 69-70 /265, Bl. 111 /266, Bl. 106.

2 Alexandra Fjodorowna – die russische Landesmutter

Wahrscheinlich war keine russische Zarin jemals im Volk so unbeliebt wie die Gemahlin Nikolaus II. Man warf ihr übermäßigen Stolz, Hochmut, schlechte russische Sprachkenntnisse und zu schlichte Kleidung vor. Sie wurde des Verrats an Russland beschuldigt, und die Liebe zu ihrem Mann diente der Zarin angeblich nur zur Befriedigung ihrer Herrschsucht. Der Name Alexandra Fjodorownas war fest mit dem verhassten Namen Grigori Rasputin verbunden.

Aber mit der Zeit wird die Geschichte sicherlich Korrekturen an diesen Beurteilungen von Zeitgenossen vornehmen. Nunmehr zugängliche Dokumente zeigen den wahren Charakter der Worte und Taten von Menschen früherer Generationen. Und die Nachkommen werden eine ganz andere Vorstellung von Alexandra Fjodorowna als Zarin, Ehefrau und Mutter haben...

Sie wurde am 25. Mai 1872 in Darmstadt, der Hauptstadt des kleinen Herzogtums Hessen-Darmstadt, zwischen Rhein und Main, geboren. Bei der Taufe erhielt sie den langen und feierlichen Namen Alice Viktoria Helene Luise Beatrice. Alle nahen Verwandten nannten das Mädchen schlicht Alix, doch ihre Eltern – Herzog Ludwig IV. von Darmstadt und seine Gattin, geborene Prinzessin Alice – gaben ihr den noch zärtlicheren Namen Sunny, Sonnenschein.

Herzog Ludwigs Familie war groß – zwei Söhne und fünf Töchter. Prinzessin Alice, eine Tochter der englischen Königin Victoria, hatte aus London nicht nur Andenken an ihre Familie, die das Schloss schmückten, sondern auch die sittenstrenge, nahezu puritanische Lebensweise mitgebracht. Der Tagesablauf war für alle Schlossbewohner unabhängig von Alter und Titel bindend. Die Kinder erhielten Unterricht, gingen gewissenhaft zur Kirche, verteilten Geschenke an Bedürftige und besuchten Kranken- und Armenhäuser.

Thronfolger Nikolai Alexandrowitsch mit seiner Braut, Prinzessin Alice von Hessen-Darmstadt. Aufnahme des Photoateliers Uhlenhuth, Coburg, April 1894.

Prinzessin Alice von Hessen-Darmstadt, künftige Zarin Alexandra Fjodo-rowna. Aufnahme des Photoateliers Hughes & Mullins, London, mit handschriftlicher Bezeichnung der Prinzessin: „Mama 1894".

Ein charakteristisches Beispiel für diese Erziehung war, dass die Prinzessinnen selbst ihre Betten machten und die Kamine in ihren Zimmern heizten. Trotz des strengen Reglements und der äußerlichen Zurückhaltung der Gefühle lebte die Familie sehr harmonisch.

Das Unglück kam unerwartet. 1878 brach in Darmstadt eine Diphtherieepidemie aus. Die Krankheit verschonte auch die herzogliche Familie nicht. Ihr erstes Opfer wurde die vierjährige Tochter May. Zwei Wochen später starb auch die Mutter mit nur 35 Jahren.

Der Tod der Mutter veränderte den Charakter der sechsjährigen Alice einschneidend. Sie wurde verschlossen, schüchtern und misstrauisch. Schon damals machte sich bei ihr tiefe Religiosität bemerkbar. Das Mädchen konnte stundenlang vor dem Bild ihrer Mutter beten. Um den Verlust zu kompensieren und die Kinder abzulenken, versuchte der Vater, sie so oft wie möglich zur Großmutter nach England zu schicken.

Alix war eine fleißige Schülerin. Mit fünfzehn Jahren konnte sie hervorragende Ergebnisse in Geschichte und Geographie aufweisen. Ihre Kenntnisse in deutscher und englischer Literatur lagen über dem Niveau eines Collegestudenten. Sie spielte ausgezeichnet Klavier, musizierte jedoch fast nur im Kreise Nahestehender. Die Prinzessin belegte sogar Vorlesungen in Philosophie an der Heidelberger Universität.

1884 bereitete sich der Herzog von Darmstadt auf ein großes Ereignis vor: Seine zweite Tochter Ella heiratete den russischen Großfürsten Sergej Alexandrowitsch, den Bruder von Zar Alexander III. Die ganze Familie begab sich mit großem Gefolge in das ferne Petersburg.

Mit einem Vorbeimarsch von Garderegimentern und Orchesterklängen empfing die Hauptstadt des Russischen Reichs die Prinzessin aus Darmstadt. Ella standen das silberdurchwirkte Brokatkleid und die Brillantenkrone der russischen Großfürstinnen sehr gut. Neben der älteren Schwester nahm sich Alix in einem weißen Musselinkleid und Rosen im Haar wie ein kleines Mädchen aus.

Hier in der Hofkirche stand sie neben dem sechzehnjährigen Großfürsten Zarewitsch Nikolai, einem schlanken jungen Mann mit außerordentlich schönen und ausdrucksvollen Augen. Er verliebte sich in sie auf den ersten Blick, wie es nur in früher Jugend vorkommt. Einige Tage später schenkte er ihr eine kleine Brosche. Die verwirrte Alix gab sie Nikolai zurück, der sehr bestürzt war und die Brosche seiner Schwester Xenia gab.

Das nächste Mal begegneten sie sich fünf Jahre später, als Alix ihre Schwester in Sankt Petersburg besuchte. Sie war gerade siebzehn Jahre alt geworden, und mit ihr war ein natürliches Wunder geschehen: Das kleine goldblonde Mädchen war zu einem bezaubernden, etwas melancholischen jungen Fräulein, einer Prinzessin mit schwermütigen Augen, herangewachsen. Sie sahen sich jeden Tag, und dieser Aufenthalt von Alix in Russland bestimmte ihr weiteres Schicksal. Doch bis zur Verlobung sollten noch fünf Jahre vergehen. Nikolai und Alix mussten sich das Recht auf ihre Liebe ziemlich schwer erkämpfen...

Alexander III. brachte der Verliebtheit seines Sohnes nicht gerade Sympathie entgegen, denn die Heirat des Thronfolgers war ein zu schwerwiegendes politisches Ereignis, als dass dabei zarte Gefühle der Kinder Berücksichtigung finden konnten. Als eine der Heiratskandidatinnen für Nikolai galt die Tochter des Marquis de Paris, eines Vertreters der Dynastie der Bourbonen, potentieller Präsident von Frankreich. Diese Ehe hätte die russisch-französischen Beziehungen, die Alexander immer am Herzen lagen, beträchtlich stärken können. Eine weitere mögliche Braut des künftigen Zaren war Prinzessin Margarete von Preußen. Doch Nikolai, der dem Vater sonst immer gehorchte, blieb diesmal unnachgiebig. Er wollte nur Alix heiraten.

Nikolai war glücklich, als er endlich die Zustimmung des Vaters zur Verlobung mit Alix erhalten hatte. Möglicherweise wäre Alexander III. nicht so nachgiebig gewesen, hätte er nicht gespürt, dass seine Tage bereits gezählt waren. Eine schwere Krankheit, ein Nierenleiden, zehrte unerbittlich an den Kräften des Zaren. Die Sorge um das Land, den Thron, die notwendige Heirat des Thronfolgers veranlassten ihn schließlich, der Wahl des Sohnes zuzustimmen.

Nikolai reiste nach Coburg zur Hochzeit des älteren Bruders von Alix, und schon am Tag nach seiner Ankunft machte er ihr einen Heiratsantrag. Doch nun gab es ein neues Problem – Alice irritierte der erforderliche Glaubenswechsel. Die Annahme des orthodoxen Glaubens war Vorbedingung für die Heirat des Thronfolgers, denn nur eine Rechtgläubige konnte russische Zarin sein. Ein langes Gespräch mit der Großmutter, Königin Victoria von England, die Ratschläge Wilhelms II. und vor allem das Beispiel ihrer älteren Schwester Ella, die damals bereits freiwillig zum orthodoxen Glauben übergetreten war, überzeugten sie schließlich. Am 8. April 1894 schrieb Nikolai in einem Brief an seine Mutter: „Wir blieben allein, und ihre ersten Worte waren, dass sie einverstanden ist. [...] Ich weinte wie ein Kind, und sie auch, doch dann änderte sich ihr Gesichtsausdruck. [...] Sie hatte sich vollkommen geändert, wurde fröhlich, aufgeschlossen, gesprächig und zärtlich."

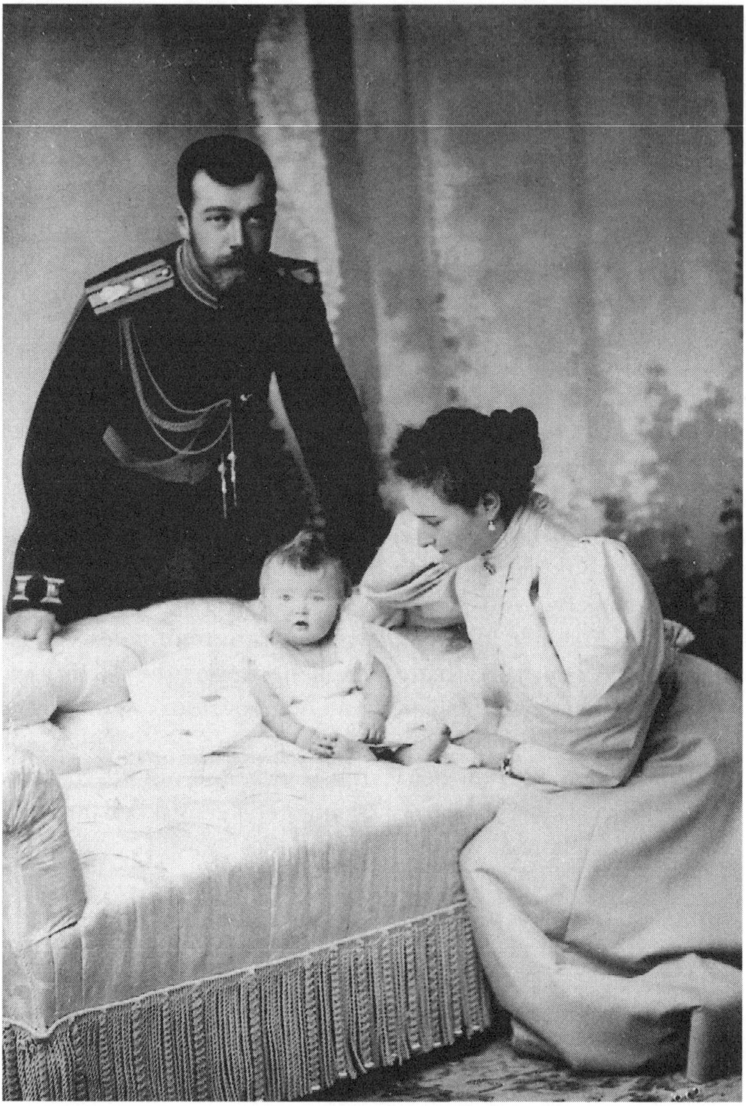

Glückliche Eltern: Zar Nikolaus II. und Zarin Alexandra Fjodorowna mit ihrem ersten Kind, Großfürstin Olga Nikolajewna. Aufnahme vom Mai 1896.

Zarin Alexandra Fjodorowna in altrussischer Festtracht. Aufnahme um 1908.

Jahre später sollten sie sich dieses Tages als eines ihrer glücklichsten erinnern…

Alexander III. und Maria Fjodorowna fanden die Kraft, ihre Antipathie gegen die künftige Schwiegertochter zu überwinden. Die Zarin bat Alix, sie von nun an „liebe Mama" zu nennen, und interessierte sich dafür, welche Schmuckstücke sie gern trug. Der offenherzige und gütige Alexander machte ihr ein wahrhaft königliches Geschenk – eine Perlenkette von Farbergé im Wert von 250.000 Goldrubel. Dieses Geschenk setzte selbst die englische Königin in Erstaunen.

In der Zwischenzeit hatte sich der Gesundheitszustand Alexanders III. katastrophal verschlechtert. Er wurde nach Lidwadija auf der Krim gebracht, in der Hoffnung, dass ihm das dortige Klima besser als Medikamente helfen könne. Alix reiste eilends nach Russland. Alexander III. zog zum letzten Mal die Paradeuniform an, um die Braut zu begrüßen. Zehn Tage später, am 20. Oktober, verstarb der Zar. Am Tag nach seinem Tod nahm Alix den orthodoxen Glauben an und wurde Großfürstin Alexandra Fjodorowna.

Am 14. November 1894 fand wegen des Trauerfalls nur eine sehr bescheidene Hochzeitszeremonie statt.

Trotz der traurigen Umstände zu Beginn ihres Ehelebens waren Nikolai und Alexandra glücklich. Ein Jahr nach der Hochzeit, am 3. November 1895, wurde ihre Tochter Olga geboren. Zwei Jahre später kam die Tochter Tatjana zur Welt, es folgten 1898 und 1901 Maria und Anastasia.

Bei jeder Schwangerschaft hoffte Alix auf die Geburt eines Sohnes, um, wie sie meinte, ihre Pflicht als Zarin gegenüber dem Vaterland zu erfüllen. Und jedes Mal stellte die Geburt einer Tochter den Fortbestand der Romanow-Dynastie im Russischen Reich in Frage.

Doch bei weitem nicht alle freute das Familienidyll des Zaren. Die Höflinge waren über die ständigen Schwangerschaften der Zarin, die das Hofzeremoniell störten, ihre Zurückgezogenheit, ihre Abneigung gegen Bälle und Maskenfeste verärgert. Die Schüchternheit der Zarin und ihre Angewohnheit, plötzlich zu erröten, veranlassten die aristokratische Jugend zu höhnischen Bemerkungen. Die bescheidene Prinzessin aus Darmstadt blieb weiterhin eine „Fremde" für die feine Petersburger Gesellschaft.

Nicht besser gestalteten sich die Beziehungen zu der verwitweten Zarin Maria Fjodorowna. Im Unterschied zu der jungen Zarin genoss die Mutter von Nikolaus II. große Autorität sowohl unter den Mitgliedern der Zarenfamilie als auch in der vornehmen Gesellschaft. Auf ihr ruhte noch der Abglanz der starken Persönlichkeit Alexanders III. Diese kleine und zarte Frau, die sechs Kindern das Leben geschenkt hatte, sah zuweilen jünger als ihre Schwiegertochter aus. Sie war fröhlich und lebenslustig, liebte Schmuck, Tanz, Unterhaltung und Tratsch.

Es ist nicht verwunderlich, dass zwei so willensstarke und in ihrem Geschmack und ihren Gewohnheiten so unterschiedliche Frauen bald einen unversöhnlichen Kampf um das Herz ein und desselben Mannes führten – des Sohns und des Ehemanns. Für Nikolaus war es nicht leicht, in diesem Konflikt zu vermitteln, doch verhielt er sich, das muss man würdigen, stets untadelig.

1904 trat das langerwartete Ereignis ein, das eine Zeitlang allen Streit vergessen ließ – der Thronfolger wurde geboren. Von nun an drehte sich das ganze Leben von Alix nur um die Kinder und in erster Linie um den Sohn. Seine Krankheit bestimmte ihr Handeln, ihre Wünsche und Gedanken. Jedes Jahr seines Lebens und der Kampf gegen die Krankheit des Sohnes zehrten an ihrer Gesundheit und ihren seelischen Kräften.

Mit dem Ausbruch des Weltkriegs begann ein neuer Abschnitt im Leben Alexandra Fjodorownas. Unerwartet geriet sie in den Mittelpunkt gesellschaftlichen Engagements, das wohltätigen Zwecken diente. Sie organisiert Hilfsfonds für Opfer des Krieges, Verwundete und Familien von Gefallenen. Viel Zeit verbrachte die Zarin in Lazaretten, in denen sie als einfache barmherzige Schwester arbeitete, Verbände anlegte und an Operationen teilnahm. Nach Aussagen von Zeitzeugen war Alix nie so energisch und konzentriert wie in diesen Tagen.

Doch zur gleichen Zeit kam es noch zu anderen Ereignissen, die den Niedergang der Macht des Zaren in Russland beschleunigten. Nikolaus II., der sich lange von Petersburg entfernt im Hauptquartier aufhalten musste, verlor mit jedem Tag immer mehr die Kontrolle über das Land.

Alexandra Fjodorowna träumte davon, ihren Sohn großzuziehen und ihn auf dem Thron des Russischen Reichs zu sehen. „Wir müssen Baby ein starkes Land übergeben und dürfen nicht schwach sein", schrieb sie an Nikolaus II. im Hauptquartier. Ihr mütterlicher Instinkt veranlasste sie, der drohenden Katastrophe entgegenzuwirken und einen Ausweg aus der politischen Sackgasse zu suchen. Da sie jedoch von Staatsführung nichts verstand und die politische Lage nicht erkannte, machte sie einen Fehler nach dem anderen.

Umso erstaunlicher war die Haltung von Nikolaus, der sich seiner Verantwortung als Zar wohl bewusst war und in dieser Zeit aus Mogiljow an Alexandra Fjodorowna schrieb: „Dir fällt es zu, Frieden und Harmonie unter den Ministern aufrechtzuerhalten, damit leistest Du einen großen Dienst für mich und das Land. […] Ich bin so glücklich, dass Du endlich eine lohnende Aufgabe gefunden hast. Jetzt kann ich beruhigt sein und brauche mir zumindest um die inneren Angelegenheiten keine Sorgen mehr zu machen."

Auf Betreiben der Zarin wurden der Premierminister Kokowzew, der Innenminister Graf Schtscherbakow und der Oberprokuror des Synods Samarin entlassen. Es begann eine ständige Kabinettsumbildung, was zu einer tiefen Regierungskrise führte. Kriterium für die Ernennung von Ministern war mehr und mehr allein die Meinung von Grigori Rasputin.

„Sie war schon früher nicht sehr beliebt, doch nun verlor sie allmählich den Rest an Popularität", schrieb der amerikanische Historiker R. Massie in einer grundlegenden Abhandlung über die Zarenfamilie. „Während des Kriegs, als sich Chauvinismus breitmachte, äußerten alle unzufriedenen Russen, wenn sie über die Zarin, ihre deutsche Herkunft, ihre Kälte und ihre Zuneigung für Rasputin sprachen, nur undifferenzierten Hass…"

Jede ihrer Handlungen, jeder neue Schritt vergrößerte nur die Kluft der obersten Macht zur Gesellschaft und zum Volk. Anfang Februar 1917 war Alexandra Fjodorowna schließlich völlig isoliert, von allen unverstanden und ungeliebt, mit Ausnahme ihres Mannes und ihrer Kinder.

Noch fast anderthalb Jahre sollten sie zusammen sein und sich in der Gefangenschaft in Zarskoje Selo und dann in der Verbannung in Tobolsk und Jekaterinburg gegenseitig stützen. Eltern und Kinder gingen gemeinsam in den Keller des Ipatjew-Hauses, wo die Mörder auf sie warteten. In der verhängnisvollen Nacht des 17. Juli 1918 verlosch der traurige Stern, der einst über der kleinen Prinzessin aus Darmstadt leuchtete, die zur Gemahlin des letzten russischen Zaren wurde.

Kurz nach dem Einzug der Weißen Armee in Jekaterinburg wurde im Ipatjew-Haus die Muttergottes-Ikone der Zarin gefunden, die sie besonders liebte. Obwohl das Schicksal der Zarenfamilie zu dieser Zeit noch nicht bekannt war, verstand der Oberkammerdiener der Zarin beim Anblick der Ikone sofort, dass sie alle tot waren, denn ihr Verlust war für Alexandra Fjodorowna gleichbedeutend mit dem Tod.

Das leidvolle Antlitz schmiegt sich an Jesus an. Die Augen drücken teils trauernde, teils strahlende Zärtlichkeit einer Mutter aus, die ihr Kind liebkost. Die Umarmung, die den Sohn in Schutz nimmt, ist Ausdruck des ureigenen Leids aller Mütter: Jede weiß um die kommenden Qualen ihres Kindes, die Schmerzen, die es erfahren wird, und den Tod, der früher oder später unausweichlich kommen wird...

Dokumente

Aus dem Tagebuch von Zarewitsch Nikolai Alexandrowitsch (Coburg 1894)

7. April, Donnerstag

[...] Tag der Hochzeit von Daisy und Erni[1]. Es begann damit, dass ich zum Frühstück bei Tante Mary[2], bei der sich die ganze Familie versammelte, eine halbe Stunde zu spät kam und allein als Nachzügler vor der auf dem Platz versammelten Menge einherstolzieren musste. Um 12 Uhr fanden sich alle in den oberen Räumen ein, und nach der Unterzeichnung der Eheurkunde gingen wir in die Kirche. Der Gottesdienst dauerte nicht lange. Erni und Daisy sind ein schönes Paar. Der Pfarrer hielt eine ausgezeichnete Predigt, deren Inhalt erstaunlich gut zu der mich bewegenden Frage passte. Ich hätte in dieser Minuten allzu gern Alix ins Herz geschaut! Nach der Trauung fand sich die Familie zum Mittagessen zusammen, und 3 1/2 fuhren die jungen Leute nach Darmstadt. Ich ging mit Onkel Wladimir[3] spazieren. Wir gingen schließlich zum Schloss hinauf und besichtigten ausführlich das Waffenmuseum. Wir hatten es gerade so bis nach Hause geschafft, als ein Gewitter niederging. Es hat dann die ganze Nacht geregnet. Wir haben bei Tante Mary wegen des Kaisers[4], der nie Zivil trägt, in Uniform diniert, und sind dann ins Theater gegangen oder vielmehr im strömenden Regen über die Straße gerannt. Gespielt wurden der 1. Akt des „Bajazzo" und ein interessantes Schauspiel. Im Billardzimmer tranken wir Bier und Sekt.

8. April, Freitag

Ein wunderbarer, unvergesslicher Tag in meinem Leben. Ich habe mich mit meiner guten, herzallerliebsten Alix verlobt. Nach 10 Uhr kam sie zu Tante Miechen[5], und nach dem Gespräch mit ihr nahm sie meine Liebeserklärung an. Mein Gott, was für ein Stein ist mir vom Herzen gefallen; was für eine Freude konnte ich meinem lieben Papa und meiner lieben Mama bereiten! Den ganzen Tag über war ich wie im Traum und konnte es noch gar nicht fassen, was mit mir geschehen war! Wilhelm saß im Nachbarzimmer und wartete auf das Ende unseres Gesprächs mit den Onkeln und Tanten. Ich ging mit Alix gleich zur Königin[6] und dann zu Tante Mary, bei der sich die ganze Familie von Herzen freute. Nach dem Frühstück gingen wir in Tante Marys Kirche zu einem Dankgebet. Anschließend begaben sich alle nach Rosenau, wo ein Ball für das kleine Baby „Bee" aus Anlass seines Geburtstags stattfand! Mir war nicht nach Tanzen zumute, ich saß mit meiner Braut im Garten und ging mit ihr spazieren.

Es ist kaum zu glauben, dass ich eine Braut habe. Wir kehrten 6 1/4 heim. Eine Menge Telegramme warteten bereits auf uns. Um 8 Uhr war Diner. Wir gingen bei Festbeleuchtung spazieren und begaben uns dann nach oben zum Hofkonzert. Das Bayerische Regimentsstreichorchester spielte ausgezeichnet. Spätabends saßen wir noch in unserem Salon zusammen.

1 Daisy und Erni – Viktoria Melita, geborene Prinzessin von Sachsen-Coburg-Gotha, und Ernst Ludwig, Großherzog von Hessen-Darmstadt.
2 Tante Mary – Maria Alexandrowna, Großfürstin, Gemahlin des Prinzen von England Alfred Ernst, Herzog von Sachsen-Coburg-Gotha, Mutter von Daisy.
3 Onkel Wladimir – Wladimir Alexandrowitsch, Großfürst.
4 Wilhelm II. (1859-1941), von 1888-1918 Kaiser von Deutschland und König von Preußen, gestürzt durch die Novemberrevolution 1918.
5 Tante Miechen – Maria Pawlowna (1854-1920), Großfürstin, geborene Prinzessin von Mecklenburg-Schwerin, Gemahlin von Großfürst Wladimir Alexandrowitsch. Ab 1919 in der Emigration.
6 Victoria – Alexandrina Victoria (1819-1901), seit 1837 Königin von England und Irland. Letzte Vertreterin der Hannoverschen Dynastie.

Bestand 601/1/232, Bl. 101-103.

Zarewitsch Nikolai Alexandrowitsch an seine Mutter, Zarin Maria Fjodorowna

Palais Edinburg, Coburg 10. April 1894

Meine liebe, gute Mama,

ich weiß nicht, wie ich diesen Brief beginnen soll, weil ich Dir so viel sagen möchte, so dass mir die Gedanken nur so im Kopf herumschwirren. Also, dank der Gnade Gottes des Herren kam meine Sache zum guten Ende, nachdem ich ihren Ausgang schon für völlig hoffnungslos gehalten hatte!

Am Tag nach unserer Ankunft hatte ich mit Alix ein langes und nicht leichtes Gespräch, in dem ich ihr zu erklären versuchte, dass sie gar nicht anders könne, als ihr Einverständnis zu geben! Sie weinte die ganze Zeit und warf nur bisweilen „No! I cannot" ein. Ich redete weiter auf sie ein und erklärte ihr eindringlich, was ich ihr schon zuvor gesagt hatte. Obwohl das Gespräch länger als zwei Stunden dauerte, führte es zu nichts, weil weder sie noch ich nachgegeben haben. Am nächsten Morgen sprachen wir wesentlich ruhiger miteinander; ich gab ihr Deinen Brief, worauf sie nichts mehr erwidern konnte. Bereits das war für mich ein Zeichen, dass der in ihrem Inneren seit unserem ersten Gespräch stattfindende Kampf zu Ende geht.

Die Hochzeit von Erni und Daisy war der letzte Tropfen im Kelch ihres Kummers und Schwankens. Sie wollte mit Tante Miechen sprechen; das hatte ihr auch Erni geraten.

Bei der Abreise flüsterte er mir zu, dass Hoffnung auf einen guten Ausgang bestehe. Ich muss jedoch sagen,dass ich mich in diesen drei Tage sehr elend fühlte. Alle Verwandten fragten mich vertraulich nach ihr, wünschten mir alles Gute, kurzum, jeder drückte mir sehr rührend sein Mitgefühl aus. Doch das alles weckte in mir noch mehr Furcht und Zweifel, dass es irgendwie doch noch schief gehen könnte.

Der Kaiser mühte sich auch, er führte sogar mit Alix ein Gespräch und brachte sie am Morgen des 8. April zu uns ins Haus. Dann ging sie zu Tante Miechen und kam bald darauf in das Zimmer, in dem ich mit den Onkeln[1], Tante Ella[2] und Wilhelm saß. Man ließ uns allein, und bereits bei den ersten Worten stimmte sie zu! Oh Gott, was geschah da mit mir! Ich begann zu weinen wie ein Kind, sie ebenfalls, doch ihr Ausdruck änderte sich sofort: Sie strahlte und ihr Gesicht drückte Ruhe aus. Nein, liebe Mama, ich kann Dir nicht sagen, wie glücklich und gleichzeitig traurig ich war, dass ich nicht bei Euch war und Dich und den lieben Papa in dieser Minute nicht umarmen konnte. Für mich hat sich die ganze Welt verwandelt, alles, die Natur, die Menschen und die Gegend, alles erscheint mir freundlich, gut und angenehm. Ich konnte überhaupt nicht schreiben, meine Hände zitterten, und dann hatte ich tatsächlich nicht eine Minute Zeit. Ich musste das tun, was der Rest der Familie getan hat, nämlich Hunderte von Telegrammen beantworten, und wollte doch viel lieber allein mit meiner lieben Braut in einer Ecke sitzen. Sie hat sich völlig gewandelt, ist lustig und schalkhaft, gesprächig und lieb. Ich weiß nicht, wie ich Gott für diese seine Güte danken soll.

Am gleichen Tag wurde in der Kirche von Tante Mary ein kurzer Gottesdienst abgehalten. Alix und alle ihre Schwestern nahmen ebenfalls teil.

Auf Bitten von Alix fahren wir für eine Nacht nach Darmstadt, nun wird sie ihre Heimat mit anderen Gefühlen sehen. Ich hatte Dich gebeten, für zwei Wochen bleiben zu dürfen, doch ich werde wohl später, in der Mitte der Karwoche, ankommen. Ich möchte mit ihr noch zusammensein. Nun, meine liebe Mama, muss ich schließen. Ich lege ihren Brief für Dich bei. Ich umarme den lieben Papa und alle anderen fest.

Dein Nicky

1 Die Onkel – Wladimir Alexandrowitsch, Sergej Alexandrowitsch, Pawel Alexandrowitsch; Großfürsten und Söhne von Alexander II.
2 Tante Ella – Jelisaweta Fjodorowna.
3 Wilhelm – Kaiser Wilhelm II.
Bestand 642/1/2323, Bl. 2-5.

Zarewitsch Nikolai Alexandrowitsch an seine Mutter, Zarin Maria Fjodorowna

Palais Edinburg, Coburg 18. April 1894

Meine liebe, gute Mama,

ich kann mit Worten nicht ausdrücken, wie glücklich mich Dein lieber Brief mit der Nachricht gemacht hat, dass Ihr glücklich und zufrieden seid. Nun bin auch ich vollkommen glücklich und ruhig.

Alix ist bezaubernd und hat sich nach ihrer ständigen Schwermut völlig verändert. Sie ist so lieb und rührend zu mir, dass ich völlig außer mir bin. Wir sitzen tagelang beieinander, und wenn die Familie eine Spazierfahrt unternimmt, fahren wir beide in einem kleinen, mit einem Pferd bespannten Wagen hinterher, entweder sie oder ich halten die Zügel. Sie war wie vom Donner gerührt, als ich ihr Euer unvergleichliches Geschenk überreichte. Sie trug es zum ersten Mal am Abend bei einem Essen mit geladenen Gästen. Ich habe Dir so selten und nur kurz geschrieben, liebe Mama, weil wir uns bald sehen werden und ich wirklich wenig freie Zeit habe. Die Telegramme haben wir alle erledigt. Alix und ich schreiben sie gemeinsam und helfen uns gegenseitig dabei. Bisher erhielten wir 220 Depeschen! Den Tag in Darmstadt haben wir ruhig zusammen mit Daisy und Erni verbracht, der Empfang am Vorabend war festlich und sehr bewegend. Sie wird dort wirklich von allen geliebt und ist allen in bester Erinnerung geblieben.

Nun muss ich schließen, liebe Mama. Alix und ich umarmen Dich ganz fest und zärtlich. Nochmals vielen Dank für den lieben Brief und die Eier. Gott beschütze Euch. Auf baldiges Wiedersehen!

Dein Nicky

Bestand 642/1/232, Bl. 6-7.

PRINZESSIN ALICE VON HESSEN-DARMSTADT AN IHREN BRÄUTIGAM, THRONFOLGER NIKOLAI ALEXANDROWITSCH

Palais Edinburg, Coburg — Mittwoch[1]

Mein Lieber,

ich möchte Dir einige Zeilen schreiben, die Du lesen kannst, wenn ich schon weg bin. Ach, es ist so schwer, für so lange Zeit getrennt zu sein, aber Du wirst mir doch oft schreiben, nicht wahr? Das wird ein kleiner Trost sein, aber mir werden die Küsse meines Liebsten fehlen!!! Ich weiß nicht, was ich ohne Dich tun werde. Was für eine Freude diese Tage gewesen sind, und ich danke Dir immer wieder für all Deine Güte und Liebe. Eine solche Liebe zu besitzen, ist wirklich ein Geschenk des Himmels. […]

Vergiss nicht, mit Deinem Vater darüber zu sprechen, worum ich Dich gebeten habe, dass ich meinem alten Glauben nicht abschwören muss. Liebling, Du wirst es mir leicht machen, nicht wahr – es wird schwer für mich, wie Du weißt, aber mit Gottes Hilfe werde ich lernen, Deine Religion zu lieben, und versuchen, eine bessere Christin zu sein. Mit Dir an meiner Seite wird alles leichter sein. Oh, wenn Du nur wüsstest, wie innig ich Dich liebe und verehre, mein lieber Junge – Gott segne Dich und schütze Dich und halte alle Sorgen von Dir fern.

Küsse alle Deine Lieben zu Hause von mir, danke Ihnen nochmals herzlich für ihre lieben Geschenke und die Eier, die sie mir geschickt haben – ich war davon sehr gerührt.

Für immer und immerdar

Deine Alix.

Gott segne Dich.
Ich küsse Dich zärtlich.

1 Der Brief ist undatiert. Er entstand offenbar am Morgen des 2. Mai 1894, kurz bevor Alix zu einer Reise nach England aufbrach..

Bestand 601/1/1147, Bl. 511-512 (in Englisch).

Thronfolger Nikolai Alexandrowitsch an seine Braut, Prinzessin Alice von Hessen-Darmstadt

Coburg
Am traurigen Mittwoch, 2. Mai 1894

Meine teure, geliebte Alix!

Ach, es war schrecklich, Abschied nehmen zu müssen, wenn so viele Leute von allen Seiten zuschauen! Ich werde niemals den süßen, traurigen und doch lächelnden Ausdruck Deines Engelsgesichts im Fenster des abfahrenden Zugs vergessen. Der Gedanke daran, dass Du neun Stunden völlig allein in diesem kleinen Abteil verbringen musst, war für mich schrecklich, vor allem, dass ich Dir nicht mehr helfen kann. Die Heimkehr vom Bahnhof war mehr als schmerzlich, und als ich meinen kleinen Raum betrat, in dem Du noch wenige Minuten zuvor gewesen warst, konnte ich meine Tränen nicht mehr zurückhalten. Aber dann –

oh welch freudige Überraschung – auf dem Tisch im Schlafraum lag eine Nachricht von Dir, meinem lieben kleinen Mädchen. Vielen Dank, ich danke Dir für die lieben und beruhigenden Worte, die Du mir geschrieben hast. Oh, diese wenigen Zeilen taten wirklich gut! Selbstverständlich, meine Liebste, werde ich mit Papa über diese Frage sprechen, und ich bitte Dich, immer daran zu denken, dass Du immer, wenn Du meine Hilfe brauchst, sicher sein kannst, dass ich an Deiner Seite sein werde und immer ein innig liebendes und dankbares Herz, wo auch immer es ist, im Takt mit Deinem, mein Liebling, schlagen wird!

Die ganzen Tage war ich von der Freude und dem Glück, an der Seite meines Lieblings zu sein, so überwältigt, dass ich Dir nicht einmal ein Hundertstel dessen sagen oder mitteilen konnte, was ich Dir hätte sagen können. Ich habe sehr tiefe Gefühle, und dann bringe ich es nicht fertig, sie in Worten auszudrücken. Es ist dumm und belastend, aber es ist so. Ich hoffe, dass diese Schüchternheit oder was immer es ist, vergehen wird, und wir bei unserem nächsten Treffen mehr voneinander wissen werden. Oh, wie geduldig warte ich auf den Augenblick, da ich mit meinen Lippen wieder Dein zartes Gesicht berühren kann! Alix, mein Liebling, Du weißt nicht, wie du mich verändert hast, indem Du eine gnädige Hand ausgestreckt und mich zu Dir emporgehoben hast – ein Zeichen wirklicher reiner Liebe und des Glaubens! Nein, ich halte das nicht für leere Worte; nein, sie kommen aus dem innersten Gefühl der Bewunderung, des Vertrauens und der Liebe, das Du in mir entfacht hast. Ich muss erneut die gleichen Worte wiederholen, die ich meinem lieben kleinen Mädchen am Tag unserer Verlobung gesagt habe, dass mein ganzes Leben Dir gehört und ich niemals Dir, meine Liebste, für all das, was Du getan hast, tust und für mich tun wirst, genug danken kann. Möge Gott Dir helfen und Dich schützen auf Deinem schweren Weg! Meine Gebete, mein Segen und meine Gedanken sind stets bei meinem kleinen Liebling. [...]

Ich hoffe nur, dass die Fahrt gut verlaufen ist, meine kleine Eule nicht allzu sehr gelitten hat und von der Reise ermüdet ist. Grüße Granny[1] lieb von mir. Und nun auf Wiedersehen, meine Liebste, meine liebe Alix. Nochmals Gottes Segen! Mein liebes Mädchen.

Immer und für ewig
Dein Dich innig liebender und dankbarer Nicky.

1 Victoria (1819-1901) – Königin von Großbritannien und Irland seit 1837.

Bestand 640/1/89, Bl. 1-2 (in Englisch).

Zar Nikolaus II. an seine Mutter, Zarenwitwe Maria Fjodorowna

Alexandrija[1] 2. September 1895

Meine liebe, teure Mama,

soeben habe ich die Nachricht erhalten, dass Georgi[2], Xenia[3] und Sandro[4] wohlbehalten in Liwadija angekommen sind und er sich wohl fühlt. Jetzt bleibt zu hoffen, dass die Reise mit der Bahn ihn nicht zu sehr angestrengt hat und, vor allem, dass es nicht heiß und staubig wird! Bitte bedanke Dich in meinem Namen sehr herzlich bei der lieben Amama[5] für den lieben Brief, der mich tief gerührt hat. Ich möchte sie so gern für alle die zärtlichen Worte umarmen, mit denen sie mich bedacht hat. Sie kann sich völlig auf mich, und wie ich hoffe, auch auf alle ihre Enkel verlassen!

Es macht allerdings traurig, Euch so weit zu wissen und diesen Herbst getrennt zu sein, doch was soll man machen, wenn sich die Umstände so ergeben haben? Sehr ungewöhnlich ist es, so lange in Peterhof zu bleiben; zum Glück ist es noch warm und klar, alles erinnert an den Sommer, allein Alexandrija scheint verödet, und die Blätter beginnen, gelb zu werden! Seit 1886 habe ich diesen Monat nicht mehr hier verbracht, seitdem ich nach Eurer Rückkehr aus Ljubochna krank war. Da ich jetzt mehr Muße habe, überkommen mich unwillkürlich immer öfter und stärker alte trübe Erinnerungen, zeitweise empfinde ich eine derartige Traurigkeit und Sehnsucht, dass ich nicht weiß, wie das alles enden würde, wenn ich nicht verheiratet wäre! Ich kann nicht genug für den Schatz danken, mit dem Er mich mein Leben lang beglückt hat und mit dem ich mich jetzt in den Tagen unserer unendlichen Trauer etwas tröste! Das Unglück ist Anlass für uns, nach dem Verlust eines heiß und grenzenlos verehrten Menschen jene, die wir lieben, noch mehr zu schätzen und zu lieben. Täglich sprechen wir miteinander, ich über den lieben Papa und sie über ihren Vater. Ich möchte, dass sie Ihn besser und genauer kennenlernt, und ich hoffe, dass mir das auch bald gelingen wird!

Heute, am 4. September, schreibe ich weiter. Die „Polarstern" ist bereits zurück in Dänemark, was ich soeben aus einem Telegramm von Jakow Iwanowitsch[6] erfahren habe. Alix hat gerade Deinen lieben Brief erhalten, für den sie sich herzlich bedankt und Dich zärtlich küsst. Baby[7] hat mir einen Brief in Russisch mit groben Fehlern geschrieben; man merkt, wie schwer der Armen die Muttersprache fällt – sie hat ihn extra ganz allein geschrieben, ohne jemand um Hilfe zu bitten. Liebe Mama, umarme sie bitte in meinem Namen als Dank für ihr Bemühen! Deine kleine Enkelin[8] wird von Tag zu Tag niedlicher und lieber; wir besuchen sie jeden Morgen. Abends, wenn sie gebadet wird, fährt Alix um 7 Uhr zu ihr. Ich habe Xenia bereits geschrieben, dass sie uns besser kennen wird als euch und wir sie so sehr lieb haben, dass wir sie nicht mehr hergeben werden, wenn sie vom Kaukasus zurück sind! Ich habe selten ein so ruhiges Kind gesehen, sie weint sehr selten, und wenn schon, dann nur kurz. Besonders Sonntags ist sie lieb zu mir, weil wir dann vor der Messe zu ihr fahren, und dann lässt sie kein Auge von meinem Gehrock! Sie lacht die ganze Zeit, wenn sie auf den roten Kragen und die Knöpfe sieht. Heute bin ich zum vierten Mal mit Alix zum Babigon[9] gefahren, wo ich nun schon 70 Enten geschossen habe! Auf Wiedersehen, meine liebe gute Mutter. Ich umarme Dich sowie die lieben Apapa und Amama herzlich. Gott beschütze Euch!

Dein Dich von Herzen liebender Niki.

1 Palast in Zarskoje Selo.
2 Georgi Alexandrowitsch (1871-1899), Großfürst, dritter Sohn von Alexander III. Starb in Abas-Tuman (Kaukasus) an Schwindsucht. Alexander, der zweite Sohn von Alexander III., starb 1870 im Säuglingsalter.
3 Xenia Alexandrowna (1875-1960), Großfürstin, älteste Tochter von Alexander III., verheiratet mit Großfürst Alexander Michailowitsch. Emigrierte im März 1919.
4 Sandro – Alexander Michailowitsch, Großfürst.
5 Amama – Luise Charlotte (1817-1899), Tochter des Landgrafs von Hessen-Kassel, Schwester von Christian IX., König von Dänemark.
6 Jakow Iwanowitsch Schachowski, Fürst, Flügeladjutant, Kapitän 1. Ranges, Kommandant der Yacht „Polarstern“.
7 Baby – Olga Alexandrowna, jüngste Tochter von Alexander III.
8 Irina Alexandrowna (1895-1970), älteste Tochter von Großfürst Alexander Michailowitsch und Xenia Alexandrowna, heiratete 1914 Graf Sumarokow-Elston.
9 Babigon – Palast Belvedere in Peterhof, 1853 errichtet von Zar Nikolaus I. für Zarin Alexandra Fjodorowna.

Bestand 642/1/2322, Bl. 70-73.

Aus den Memoiren von W. I. Gurko[1]

Es ist schwer, die Zarin richtig zu beurteilen, da ihr Charakter kompliziert, vielschichtig und in gewisser Beziehung sogar widersprüchlich war. Besonnenheit und Leidenschaft, Mystizismus und stures Festhalten an von ihr verinnerlichten abstrakten Theorien und Prinzipien waren so seltsam zu einer Einheit verschmolzen, dass es mitunter völlig unerklärlich war, was zu mancher ihrer Entscheidungen geführt hatte – eine Aufwallung ihres leidenschaftlichen Charakters, blinder Glaube, den sie von einer Person übernahm, die sie für die Personifizierung der absoluten Wahrheit hielt, oder strikte Einhaltung ihrer unumstößlichen Prinzipien?

Nur eines kann mit Sicherheit gesagt werden, nämlich dass Alexandra Fjodorowna vom Charakter her vor allem eine leidenschaftliche, engagierte Frau war, die mit ungewöhnlicher Beharrlichkeit und Elan ihr einmal gestecktes Ziel verfolgte. Ihre Besonnenheit verdankte sie jedoch ihrer englisch-protestantischen Erziehung, die ihr rationales Denken wie auch die hohen und unerschütterlichen Prinzipien des Puritanismus vermittelt hat. So zeigte sie in allen Dingen des Alltags, die nicht ihre ureigensten persönlichen Interessen betrafen, Besonnenheit. Doch sobald es sie selbst direkt betraf, gewann ihre unzügelbare Leidenschaft die Oberhand.

In einer Hinsicht stimmten allerdings ihr Charakter und ihre Erziehung völlig überein – Alexandra Fjodorowna zeichneten absolute Wahrheitsliebe und daraus resultierende Offenheit sowie definitive Entscheidungen aus. In dieser Hinsicht unterschied sich die Zarin charakterlich von ihrem Gatten, der in seiner Verschlossenheit und Fähigkeit, seine wirklichen Gefühle und Absichten zu verbergen, an das byzantinische Verhalten von Alexander I. erinnerte.

Im Privatleben, in der Familie, war Alexandra Fjodorowna ein Musterbeispiel aller Tugenden. Eine tadellose, leidenschaftlich liebende Gattin, vorbildliche Mutter, die aufmerksam die Erziehung ihrer Kinder verfolgte und alle Kraft dafür einsetzte, dass sie sich allseitig entwickelten und sich hohe moralische Prinzipien aneigneten, eine häusliche, praktische und sogar sparsame Hausfrau – so wird Alexandra Fjodorowna von allen ihr Nahestehenden beschrieben. Gleichzeitig interessierte sie sich stets für umfassende abstrakte, selbst philosophische Fragen. Weibliche Eitelkeit war ihr absolut fremd, für Mode interessierte sie überhaupt nicht.

1 Wladimir Iossifowitsch Romejko-Gurko (1864-1937). Absolvierte das Pagenkorps und die Generalstabsakademie (1892). Teilnehmer am Russisch-japanischen Krieg. Ab 1911 Kommandeur der 1. Kaukasischen Division, ab November 1914 des 6. Armeekorps, dann der 5. und (seit August 1916) der Sonderarmee. Von Oktober 1916 bis Februar 1917 amtierender Stabschef des Obersten Befehlshabers. Nach der Februarrevolution Kommandeur der Truppen der Westfront. Wurde am 23. Mai 1917 wegen Kritik an der Provisorischen Regierung und monarchistischer Äußerungen zum Divisionschef degradiert, im Juli 1917 wegen Korrespondenz mit Zar Nikolaus II. verhaftet und im August 1917 des Landes verwiesen. Er starb in Rom.

Nach: W. I. Gurko. Zar und Zarin. Paris 1927, S. 6-7.

Zarin Alexandra Fjodorowna an ihren Gemahl, Zar Nikolaus II.

Zarskoje Selo 21. Oktober 1914

Mein Liebster,

Dein liebes Telegramm hat mir eine ganz unerwartete Freude bereitet, und ich möchte Dir von ganzem Herzen dafür danken. Es ist sehr gut, dass Du mit N. P.[1] auf einer Bahnstation einen Spaziergang gemacht hast, das wird Dich erfrischt haben. Mir war so traurig zumute, als ich Dich so einsam an der Tür des Waggons sah. Es scheint so unnatürlich, dass Du allein abreist – alles ist so befremdlich ohne Dich, unseren Mittelpunkt, unseren Sonnenschein. [...]

1 Nikolai Pawlowitsch Sablin, Flügeladjutant, Kapitän 1. Ranges, 1912-1915 Erster Offizier der Zarenyacht „Standart“, ab 1916 Kommandeur des Marinebataillons der Garde Equipage, danach Kommandant der „Standart“.

Bestand 61/1/1148, Bl. 274 (in Englisch).

ZARIN ALEXANDRA FJODOROWNA AN IHREN GEMAHL, ZAR NIKOLAUS II.

Zarskoje Selo 8. April 1915

Mein sehr geliebter Mann,

an diesem teuren Jahrestag[1] sind meine Gebete und dankbaren Gedanken voll aufrichtiger Liebe bei Dir. Wie die Jahre vergehen – schon 21 Jahre! Weißt Du, ich habe noch immer das graue Prinzess-Kleid, das ich an jenem Morgen trug. Heute werde ich Deine liebe Brosche tragen. Mein Lieber, wieviel haben wir in diesen Jahren durchlebt, was für schwere Prüfungen haben wir überstanden, aber zu Hause in unserem Nest war stets heller Sonnenschein! [...]

1 Am 8. April 1894 hatte in Coburg die Verlobung von Zarewitsch Nikolai Alexandrowitsch, künftiger Zar Nikolaus II., mit Prinzessin Alice von Hessen-Darmstadt stattgefunden.

Bestand 601/1/1149, Bl. 76 (in Englisch).

ZARIN ALEXANDRA FJODOROWNA AN IHREN GEMAHL, ZAR NIKOLAUS II.

Zarskoje Selo 10. Juni 1915

Mein unschätzbarer Liebling,

diesmal lasse ich Dich mit schwerem Herzen gehen – alles ist so ernst und gerade jetzt besonders schmerzlich, und ich möchte so gern bei Dir sein, Deine Sorgen und Ängste mit Dir teilen. Du trägst alles allein, mit soviel Mut! Erlaube mir, Dir zu helfen, mein Schatz. Sicher gibt es Dinge, bei denen eine Frau hilfreich und nützlich sein kann. Mir verlangt so danach, es Dir leichter zu machen, aber die Minister liegen nur untereinander im Streit in einer Zeit, da alle zusammenarbeiten und ihre persönlichen Kränkungen vergessen müssen, zum Wohle des Zaren und des Vaterlands. [...]

Bestand 601/1/1149, Bl. 140 (in Englisch).

Aus den Memoiren von S. S. Fabrizki

Zarin Alexandra Fjodorowna war eine außerordentlich gebildete und aufgeklärte Frau. Sie verfügte über enzyklopädisches Wissen, spielte Klavier, zeichnete ausgezeichnet, kannte sich in Handarbeiten aus und beherrschte perfekt mehrere Sprachen. Ihre Lieblingssprache nach Russisch, das Sie nach einigen Jahren der Herrschaft Ihrer Hoheit fließend sprechen und schreiben konnte – und Sie las auch unsere Klassiker –, war Englisch, danach Französisch. Deutsch wurde im Palast nie gesprochen, obwohl Ihre Hoheit diese Sprache natürlich perfekt beherrschte. Miteinander sprachen der Herrscher und die Zarin in der Regel englisch, und zwar nur, damit Seine Hoheit diese Sprache nicht vergaß. Mit den Kindern wurde anfangs viele Jahre nur russisch gesprochen und dann abwechselnd englisch und französisch, um den Kindern die Möglichkeit zu geben, diese beiden Sprachen in der Praxis zu lernen.

Ihre Hoheit hatte ein selten ausgeprägtes Pflichtgefühl, und das veranlasste Sie, in vielen Fällen auf Ihrem Standpunkt zu beharren, wenn es nach Ihrer Auffassung Ihre Pflicht verlangte.

Wie der Herrscher war die Zarin sehr gläubig und orthodox, nachdem Sie die Besonderheiten unserer Religion gründlich kennengelernt hatte. Ihre Religiosität artete, besonders in den letzten Jahren wegen Ihres schweren Herzleidens und nach Ihren Ängsten um Mann und Sohn während der ersten Revolution von 1905 bis 1906, zeitweise in Mystizismus aus. Während aller Gottesdienste blieb Ihre Majestät von Anfang bis Ende stehen, ließ sich nicht ablenken und betete inbrünstig. Erst als es die Gesundheit Ihrer Hoheit nicht mehr erlaubte, lange zu stehen, saß Sie während der Gottesdienste, doch Sie besuchte diese gewissenhaft.

Zur Charakterisierung der Herrscherin und Zarin Alexandra Fjodorowna ist noch zu sagen, dass Sie im wahrsten Sinne des Wortes eine Schönheit war, die alles in sich vereinte: majestätische Haltung, ebenmäßige Gesichtszüge, große und schlanke Figur, edlen Gang, Grazie, exzellenten Verstand, große Belesenheit, hohe Bildung, künstlerische Veranlagung, ein ausgezeichnetes Gedächtnis, Herzensgüte usw. Doch Sie vermochte nicht zu bezaubern, konnte und wollte der Menge nicht gefallen. Und das ist offenbar für Zarinnen unerlässlich.

Nach: S. S. Fabrizki. Aus der Vergangenheit. Erinnerungen des Flügeladjutanten des Herrschers Zar Nikolaus II. Berlin 1926, S. 121-122.

Zar Nikolaus II. an seine Gemahlin, Zarin Alexandra Fjodorowna

Hauptquartier des Zaren 31. Dezember 1915

Meine über alles Geliebte,

ich danke Dir von ganzem Herzen für Deinen lieben Brief, den Du Teter[1] gegeben hast und den ich zu meiner Überraschung vorfand, als ich zu Bett ging! Allerherzlichsten Dank für all Deine Liebe und Zärtlichkeit während der sechs Tage, in denen wir zusammen waren. Wenn Du nur wüsstest, wie mich das beflügelt und wie es mich für meine Arbeit, Verantwortung, Sorge etc. belohnt. Ich weiß wirklich nicht, wie ich das alles hätte durchhalten können, wenn es nicht Gottes Wille gewesen wäre, Dich mir als Frau und Freund zur Seite zu geben!

Ich meine dies in vollem Ernst. Mitunter ist es schwer, eine solche Wahrheit auszusprechen, und ich finde es leichter, dies dem Papier anzuvertrauen – aus törichter Schüchternheit. [...]

Gott segne Dich, meine Geliebte, und die lieben Kinder.

Für immer, meine liebe Sunny, Dein alter Ehemann

Nicky.

1 Teter – Nikolai Kusmitsch Teterjanikow, Kammerdiener von Zar Nikolaus II.

Bestand 640/1/106, Bl. 106 (in Englisch).

Aus den Memoiren von A. A. Mordwinow

Zarin Alexandra Fjodorowna nahm lebhafter und irgendwie impulsiver als der Herrscher die Ereignisse um sich herum wahr, doch viele Außenstehende hielten sie aufgrund ihrer großen Schüchternheit für kälter und verschlossener als den Herrscher. Sie war wirklich nicht in der Lage, ein nichtssagendes Höflichkeitsgespräch zu führen, was für Personen in ihrer Stellung in vielen Fällen obligatorisch ist; sie vermochte auch nicht, nach allen Seiten freundlich zu lächeln. Sie tat dies alles offensichtlich ohne Herzensbedürfnis. Wer sie wenig kannte, hielt sie für stolz, und einige Damen der Gesellschaft unterstellten ihr, dass sie ihnen allzu arrogant die Hand zum Kuss entgegenstreckte, und rühmten sich (natürlich nur in Worten), nie wieder zu ihren Hofempfängen zu gehen. Von hochmütigem Stolz, der in diesen Fällen vermutet wurde, konnte jedoch nicht die Rede sein. Der Grund dafür lag einfach in ihrer Verlegenheit und Ungeschicklichkeit, in dem Bestreben, sich tapfer zu verhalten, trotz der ihr eigenen ungewöhnlichen weiblichen Schwäche. Sie besaß aber auch ein starkes Gefühl für Gerechtigkeit und Würde, was sie und ihre Familie betraf. Sie war selten beleidigt, und wenn sie sich beleidigt fühlte, dann nur in ihrem Rang und im Rang ihres Gemahls. Ihr religiöses Gefühl verbot ihr, sich persönlich beleidigt zu fühlen. Da sie von Natur aus impulsiv war, reagierte sie manchmal heftig, doch sie fing sich schnell wieder und fügte hinzu: „Das ist freilich nicht christlich, möge Gott ihnen verzeihen und sie veranlassen, Buße zu tun."

Die Zarin war oft, allzu oft, in Gedanken versunken, und selbst im Familienleben, wenn sie nichts bedrückte, konnte sie nicht lange fröhlich sein. Ein trauriger, irgendwie demütiger Ausdruck wich dann nicht von ihrem Gesicht. Sie dachte offenbar viel über den Sinn und die Pflichten des Lebens und ihrer Stellung nach, und in diesen Fragen war sie bei weitem aufgeschlossener und gewissenhafter als der Herrscher. Aber der Herrscher war in Geschichte erheblich belesener als sie.

Die Zarin im Kreis der Familie und nächsten Bekannten und die Zarin bei Empfängen oder in ihr fremder Gesellschaft – das waren zwei unterschiedliche Rollen. In der ersten zeigte sie sich von ihrer besten Seite, vor allem, wenn sie sich gesundheitlich besser fühlte. Sie war dann eine strahlende Schönheit und sah sehr jugendlich aus. Zu Hause legte sie ihre übliche Schüchternheit ab, scherzte, lachte mit den Kindern und den Gästen, beteiligte sich lebhaft an Spielen und war eine schlagfertige Gesprächspartnerin.

Die Unterhaltung fand größtenteils auf Russisch statt, das die Zarin in den letzten Jahren fließend sprach. Nur selten wechselte sie mit dem Herrscher oder ihren Kindern kurze Sätze auf Englisch.

Bestand 5881/2/512, Bl. 72,73.

Zarin Alexandra Fjodorowna an ihren Gemahl, Zar Nikolaus II.

Zarskoje Selo 8. April 1916
Christus ist auferstanden!

Mein geliebter Nicky!

An diesem Tag, dem Tag unserer Verlobung, sind alle meine zärtlichen Gedanken bei Dir und erfüllen mein Herz mit unendlicher Dankbarkeit für das Glück und die tiefe Liebe, die Du mir immer geschenkt hast, seit jenem denkwürdigen Tag vor 22 Jahren. Möge mir Gott helfen, Dir alle Deine Zärtlichkeit hundertfach zu vergelten!

Ich bezweifle, und das meine ich vollkommen aufrichtig, dass es viele Frauen gibt, die so glücklich sind wie ich – so viel Liebe, Vertrauen und Hingabe hast Du mir in diesen langen Jahren in Glück und Leid erwiesen. Für allen Kummer, Verdruss und meine Unentschlossenheit hast Du mir unendlich viel gegeben, mein herzallerliebster Verlobter und Gemahl. Diese Art eheliche Verbundenheit ist heute selten geworden. Deine erstaunliche Geduld und unendliche Vergebung sind nicht zu beschreiben. Ich kann nur den allmächtigen Gott auf Knien bitten, dass er Dich segnet und Dich für alles belohnt – nur er allein vermag das. Ich danke Dir dafür, mein Schatz, und möchte, dass Du spürst, wie wohl ich mich in Deinen Armen fühle und gern die wunderbaren Tage erneut erleben möchte, die uns immer wieder neue Beweise unserer Liebe und Zärtlichkeit beschert haben. Heute lege ich die kostbare Brosche an. Ich spüre Deine Kleidung, Deine Nähe – damals am Fenster im Schloss Coburg. Dies alles ist mir noch in bester Erinnerung! Die süßen Küsse, von denen ich geträumt hatte, nach denen ich mich gesehnt hatte und auf die ich schon nicht mehr zu hoffen wagte. Wie Du siehst, schon damals spielten Glaube und Religion eine große Rolle in meinem Leben. Ich kann dieses Problem nicht leicht nehmen, und wenn ich mich für etwas entscheide, dann für immer; dasselbe gilt auch für meine Liebe und Zuneigung. Mein Herz ist groß – es verschlingt mich. Gleichfalls die Liebe zu Christus – sie war in diesen 22 Jahren immer fest mit unserer Liebe verbunden! [...]

Bestand 601/1/1151, Bl. 26, 27 (in Englisch).

Für Politik begann sie sich, wie auch alle anderen, erst in den unruhigen Tagen unseres ersten Aufruhrs und vor allem in den Tagen des Kriegs zu engagieren, als der selbstmörderische „Belagerungszustand der Macht" begann und der Zarenfamilie selbst bereits Gefahr drohte. Keine Frau und Mutter vermochte und hatte das Recht, in dieser Zeit gleichgültig zu bleiben. Doch die Zarin, ich sage das aufrichtig, war in diesen Tagen weitaus weniger darauf erpicht „den Staat zu lenken" als Frauen anderer Männer der Öffentlichkeit und vor allem der damaligen vornehmen Gesellschaft.

Es ist zutreffend, dass bei ihr, wenn auch äußerst selten, zwei bis drei Minister und mit gewissen Regierungsvollmachten betraute Personen verkehrten, doch die hatte sie nicht zu sich beordert, um sie unter Druck zu setzen, sie kamen vielmehr in Abwesenheit des Herrschers selbst zu ihr mit ihren Sorgen, Beschwerden, Informationen und in der geheimen Hoffnung auf ihre Hilfe, um einige von ihnen gewünschte Maßnahmen durchzusetzen.

Sie empfing sie, hörte mehr zu als sie anzuleiten, stimmte den meisten ihrer Argumente zu, sprach mit dem Herrscher darüber oder schrieb ihm diesbezüglich, wie sie ihm auch über alle kleinen Bitten schrieb, die man ihr vorgetragen hatte und die mit Politik nichts zu tun hatten. Später war sie dann bereits machtlos, weil ihre Ratschläge, nach ihren eigenen Worten, „nur schlecht" oder aus tausend verschiedenen Gründen „überhaupt nicht mehr befolgt wurden".

Um sie herum rumorte es, man regte sich auf, verurteilte, drohte, tratschte und intrigierte. Alles das fühlte sie, alles das bekam sie mit. Bis dahin hatte sie alles mit ihrem Rang entsprechender Würde und stoischer Gelassenheit einer ehrbaren Frau zur Kenntnis genommen; doch nun, im Krieg, ging es bereits nicht mehr um sie allein, sondern um etwas, was ihr heilig und teuer war.

Aber auch in diesen Tagen ihrer unwillkürlichen Empörung trachtete sie, obwohl anderslautende absurde Gerüchte über einen von ihr geplanten Umsturz kursierten, nicht danach, zu herrschen und zu regieren. Sie wollte lediglich dem Herrscher nachdrücklich vor Augen führen, dass er mehr Macht zeigen musste und weniger Nachsicht üben durfte. Diesbezüglich ist natürlich zu Recht festzustellen: Wer selbst herrschen und Macht ausüben will, der setzt sich natürlich nicht so nachdrücklich für die Stärkung der Macht eines anderen ein, auch wenn es sich um den

Menschen handelt, der einem am nächsten steht. Doch die Zeit, wo der hauptsächlich durch Intrigen und Verleumdungen angestachelte Aufruhr noch mit starker Hand hätte niedergeschlagen werden können, war längst vorbei. Eine sich wie eine Seuche ausbreitende allgemeine Autosuggestion, die selbst über weite Entfernung wirkte, hatte bereits fast alle erfasst.

Bestand 5881/2/512, Bl. 394-395.

Zarin Alexandra Fjodorowna an ihren Gemahl, Zar Nikolaus II.

Zarskoje Selo 22. Februar 1917

Mein Liebster,

voll Wehmut und tiefer Sorge lasse ich Dich gehen – allein, ohne die Begleitung unseres lieben, sonnigen Baby. Was für eine furchtbare Zeit müssen wir jetzt durchmachen. Noch schwerer ist sie getrennt zu ertragen – ich kann Dich nicht liebkosen, wenn Du müde und gequält aussiehst. Gott hat Dir wirklich auferlegt, ein schrecklich schweres Kreuz zu schultern. Wie gern würde ich Dir helfen, diese Last zu tragen! Du bist tapfer und geduldig – von ganzem Herzen fühle und leide ich mit Dir, viel mehr, als ich mit Worten sagen kann. [...]

Du hast immer Deine Liebe und Güte walten lassen – lass sie jetzt von Zeit zu Zeit Deine Faust spüren. Sie bitten selbst darum – wieviele haben mir vor kurzem gesagt: Wir brauchen die Knute! Das ist seltsam, aber so ist der slawische Charakter – größte Härte, sogar Grausamkeit, und zugleich heiße Liebe. Seitdem sie nun Dich und Kalinin[1] „zu spüren" bekommen, beruhigen sie sich langsam. Sie müssen lernen, Dich zu fürchten – Liebe allein tut es nicht. Ein Kind, das seinen Vater vergöttert, muss trotzdem Furcht davor haben, ihn zu erzürnen, zu verärgern oder ungehorsam zu sein! Man muss mit den Menschen spielen – zeige ihnen ihre Grenzen und beziehe sie ein, aber stets müssen sie die harte Hand fühlen. Dann werden sie Güte auch mehr schätzen, Sanftmut allein verstehen sie nicht. Die Herzen der Menschen sind eigenartig. Und seltsamerweise sind die Herzen der höheren Klassen der Gesellschaft nicht weicher und empfindsamer. Hier ist entschlossenes Vorgehen erforderlich, vor allem jetzt. [...]

Wieviel Kummer und Leid gibt es auf der Welt, der ungeheure Gram nagt ständig am Herzen! Ich wünsche mir so sehr Ruhe und Frieden, um wenigstens etwas Kraft zu schöpfen, um weiter zu kämpfen auf diesem dornigen Weg zum ersehnten Ziel! [...]

1 Kalinin – so wurde in der Zarenfamilie Alexander Dmitrijewitsch Protopowitsch (1866-1917) genannt, Adelsmarschall von Simbirsk, Mitglied der Oktjabristenpartei, Deputierter der III. und IV. Reichsduma, ab September 1916 Innenminister. Nach der Oktoberrevolution 1917 kämpfte er aktiv gegen die Sowjetmacht. Von der Tscheka erschossen.

Bestand 601/1/1151, Bl. 479-481 (in Englisch).

Aus den Erinnerungn von G. I. Schawelski[1]

Wenn Historiker die Epoche des russischen Lebens vor der Revolution analysieren, üben sie vielleicht harte Kritik an der gebieterischen Zarin. Als schwere Schuld lasten sie ihr an, dass sie es nicht vermochte, religiösen Glauben von Staatspolitik zu trennen, zwischen wahrer und religöser Scharlatanerie, wirklichen Staatsmännern sowie ehrlosen und käuflichen Emporkömmlingen und Lügnern, Freunden und Feinden zu unterscheiden. Vielleicht wirft man ihr vor, durch ihre skrupellose Einmischung in die Leitung des Staates, durch die eigenwillige Ernennung von Versagern und Dilettanten für höchste Ämter, die ihr schmeichelten oder sich ihrer Stimmung anpassten, durch ihre unduldsame Haltung gegenüber allen, die ihre Ansichten und Vorlieben nicht teilten, ihren extremen Hang zum Mystizismus, mit dem sie den Herrscher ansteckte, mit all diesem das staatliche Leben zerrüttet und die Katastrophe beschleunigt zu haben, weil sie damit eine gütliche Lösung der herannahenden Krise behinderte. Aber die Historiker werden es nicht wagen, sie der Unaufrichtigkeit oder unlauterer Absichten zu bezichtigen. Sie werden in der zu dieser Zeit im Staat und in der Zarenfamilie herrschenden Atmosphäre vieles finden, was ihr leidenschaftliches Handeln und sogar ihre verhängnisvollen Fehler weitgehend entschuldigt. Ihre Haltung in der Gefangenschaft, als sie Erniedrigungen und Leiden voller Größe und Würde ertrug, wird nicht nur ihre Freunde, sondern auch ihre Feinde beeindrucken.

Auf dem Thron war es Zarin Alexandra Fjodorowna nicht vergönnt, Größe zu entfalten, aber in der Erniedrigung zeigte sie Größe.

1 Georgi Ioannowitsch Schawelski (1871-1951), seit 1911 Oberpriester der Geistlichkeit des Heeres und der Flotte. Er absolvierte das Witebsker Geistliche Seminar und die Petersburger Geistliche Akademie, wo er als Doktor der Theologie promovierte. Während des Russisch-japanischen Krieges wurde er im Dezember 1904 zum obersten Feldgeistlichen in der 1. Mandschurischen Armee ernannt. Religionslehrer am Smolny-Institut und Theologieprofessor am Historisch-Philologischen Institut. Von 1918-1920 übte er das Amt des Oberpriesters der Freiwilligenarmee aus. Ab Ende 1920 lebte er in Bulgarien, wurde 1924 Dozent an der Theologischen Fakultät der Universität Sofia. Er war Vorsitzender der von ihm gegründeten „Gesellschaft der Bewahrer des Andenkens an Zar Nikolaus II."

Bestand 1486/1/6, Bl. 580-581.

Ein Gedicht von Graf Alexej Konstantinowitsch Tolstoi, variiert von Großfürstentochter Olga Nikolajewna als Geschenk für ihre Mutter, Zarin Alexandra Fjodorowna

Zarskoje Selo 23. April 1917

Für fremdes Leid hast du stets ein großes Herz
Und jeder Kummer findet bei dir Trost.
Nur zu dir selbst bist du immer hart,
Allzeit ohne Erbarmen und ewig teilnahmslos.
Ach, wenn du nur einmal aus fremder Sicht
Voll Mitgefühl den eigenen Kummer sehen könntest,
Wie leid würdest du dir selber tun
Und in Wehmut und Trauer dich selbst beweinen.

To my beloved Mama

Bestand 673/1/73.

3 Die vier Töchter

Sie schrieben gern Briefe und unterzeichneten mit den vier Buchstaben OTMA – Olga, Tatjana, Maria und Anastasia. Die vier Töchter Nikolaus II. teilten am Ende das schreckliche Schicksal ihrer Eltern. Ihre Schuld war in den Augen der Henker die kaiserliche Herkunft der jungen Großfürstentöchter. Sie weilten nur kurz auf dieser Welt: Die Älteste war am Tag der Ermordung 22 Jahre, und Anastasia, die Jüngste, gerade 17 Jahre alt...

Am 3. November 1895 schrieb Nikolaus II. in sein Tagebuch: „Das ist ein ewig denkwürdiger Tag für mich, an dem ich sehr gelitten habe! Schon um ein Uhr nachts setzten bei der lieben Alix Schmerzen ein, die sie nicht schlafen ließen. Den ganzen Tag lag sie im Bett und hat sich sehr gequält, die Arme. Sie hat mir sehr leid getan. Gegen 2 Uhr nachts kam die liebe Mama aus Gatschina. Zu dritt mit ihr und Ella blieb ich die ganze Zeit bei Alix. Um neun Uhr morgens hörten wir Kinderweinen und atmeten befreit auf! Wir nannten das von Gott gesandte Töchterchen im Gebet Olga."

Diese Besorgnis eines jungen unerfahrenen Vaters bei der Geburt des ersten Kindes geht zu Herzen. Es war ein kräftiges und gesundes Mädchen – reichlich vier Kilogramm schwer und 55 Zentimeter groß. Eine russische Amme und eine englische Kinderfrau umhegten es. Am 14.November, dem ersten Hochzeitstag der Eltern, wurde das kleine Mädchen feierlich getauft.

Olga kam ganz nach ihrem Vater. Sie hatte von ihm die Augenform, die Stupsnase der Romanows und die bemerkenswerte physische Konstitution geerbt. Als das Mädchen älter wurde, bildete sich ihr starker, unnachgiebiger Charakter heraus, der mitunter zu einem beachtlichen Starrsinn führte, gegen den die Mutter machtlos war.

Die einzige unangefochtene Autorität für Olga war der Vater. Ihm vertraute sie in jeder Hinsicht. Einmal besuchte Nikolaus mit der kleinen

Die drei erstgeborenen Töchter von Zar Nikolaus II., die Großfürstinnen Olga Nikolajewna (geb. 1896), Tatjana Nikolajewna (geb. 1898) und Maria Nikolajewna (geb. 1899). 1901 folgte ihnen noch Anastasia Nikolajewna. Aufnahme des Photoateliers Jasvoine, St. Petersburg, 1900.

Die Zarentöchter Olga, Tatjana und Maria in Zarskoje Selo, 1901.

Olga, Tatjana, Maria und Anastasia mit ihrem freudig begrüßten Brüderchen, Thronfolger Alexej Nikolajewitsch. Aufnahme vom Juli 1904.

Olga das Smolny-Lyzeum für höhere Töchter, in dem Mädchen armer Adliger auf Staatskosten erzogen wurden. Die Schülerinnen standen neben Olga am Tisch mit den Geschenken und neckten sie: „Wieso bist du denn Großfürstentochter, wenn du nicht einmal auf den Tisch sehen kannst?“ „Das weiß ich selbst nicht“, sagte das Mädchen nachdenklich und zuckte mit den Schultern. „Fragt Papa, der weiß alles.“ Dann lief sie zu ihrem Vater, um Einzelheiten ihres Titels zu klären.

Olga bekam noch drei Schwestern: Anderthalb Jahre später wurde Tatjana geboren, 1899 Maria und 1901 Anastasia.

Die Eltern teilten sie ihrem Alter entsprechend paarweise in die älteren und die jüngeren Töchter ein. Olga und Tatjana hatten ein gemeinsames Schlafzimmer, ebenso die beiden anderen. Alle Mädchen hatten gleiche einfache Betten, über denen zahlreiche Ikonen hingen. Im Wohnzimmer der Fürstentöchter stand ein kleines Ecksofa mit einem Spiegel darüber. Das war der Lieblingsplatz der Mädchen.

Wenn die Fürstentöchter gesund waren, mussten sie morgens ein kaltes und abends ein warmes Wannenbad nehmen. Die Mutter kleidete die Töchter als Geschwisterpärchen und achtete darauf, dass die Kleidung für die jüngeren und die älteren die gleichen Farben hatte. Am liebsten trugen sie aber Matrosenkleider, weil ihr Herz an der Yacht „Standart“ hing, mit der ihre schönsten Tage verbunden waren.

Jedes Mädchen hatte eine eigene Kinderfrau, später dann ein Stubenmädchen. Die Erzieherin der älteren Mädchen war Sofia Iwanowna Tjutschewa, die Hofdame der Zarin und Enkelin des namhaften russischen Dichters F. I. Tjutschew. Als offene Gegnerin Rasputins wurde sie 1912 des Hofs verwiesen.

Das Leben in Zarskoje Selo unterlag einem festen Rhythmus. Zum Frühstück fand sich die ganze Familie ein, dann folgte der Unterricht. Anschließend war Aufenthalt im Freien angesagt. Im Winter liefen die Mädchen Schlittschuh oder rodelten, im Sommer fuhren sie gern mit dem Fahrrad. Wie es die Zarin von Kind an gewohnt war, erlaubte sie es auch ihren Töchtern nicht, müßig herumzusitzen. Nach dem Aufenthalt im Freien beschäftigten sie sich unter ihrer Anleitung mit Handarbeiten, lernten stricken und wurden in Hausarbeit unterwiesen. Um 5 Uhr wurde Tee getrunken, und dann unternahmen die Mädchen einen Abendspaziergang. Gegen acht Uhr kam die Familie zum Abendessen zusammen. Wenn Gäste anwesend waren, durften allerdings nur die älteren Mädchen teilnehmen. Die jüngeren aßen mit den Gouvernanten im Kinderzimmer. Nach dem Essen las Nikolaus vor, sofern er Zeit hatte.

Er liebte besonders Gogol. Die Kinder freuten sich immer sehr auf diese Stunde.

Die Großfürstentöchter wurden ziemlich früh in den Gymnasialfächern unterrichtet: drei Fremdsprachen, Russisch und Literatur, dazu Klavierunterricht. Trotz einer gewissen Freiheit des Lehrplans, den Alexandra Fjodorowna mit P. Gilliard und P. W. Petrow ausgearbeitet hatte, erhielten die Großfürstinnen eine gediegene Ausbildung. Das von Nikolaus II. selbst formulierte Grundprinzip des Erziehungsprozesses, das bis an das Lebensende der Zarenfamilie genau befolgt wurde, lautete: „Je höher die Stellung eines Menschen ist, um so eher muss er allen helfen und darf dabei niemals seine Stellung hervorkehren; so müssen sich auch meine Kinder verhalten."

Wie Zeitzeugen bekundeten, zeichneten die Großfürstentöchter Bescheidenheit und Natürlichkeit aus. Diese Eigenschaften hatten ihnen die Eltern seit früher Kindheit anerzogen. Sie betrafen den gesamten Alltag der Mädchen, von der anspruchslosen Einrichtung ihrer Zimmer bis zu ihrer Kleidung. Die jüngeren Schwestern trugen gern die Kleider der älteren auf. In der häuslichen Umgebung wurden die Mädchen bei ihrem Namen genannt, und wenn sie bei offiziellen Anlässen mit ihrem vollständigen Titel angesprochen werden mussten, machte sie das sehr verlegen.

Der Erziehung in der Zarenfamilie lag die tiefe Religiosität der Eltern zugrunde, die sie auch den Kindern vermittelten. Ihr Glaube war frei von Bigotterie und religiösem Fanatismus. Gebete, Kirchgänge und die Einhaltung der komplizierten Rituale der orthodoxen Kirche stärkten die jugendlichen Seelen und ließen sie erhaben werden.

Die othodoxe Religion lehrt, dass Glaube ohne gute Taten tot ist. Mit ihrer Mutter und den Tanten, den Großfürstinnen Olga Alexandrowna und Jelisaweta Fjodorowna, engagierten sich die Mädchen sehr für Wohltätigkeit. Ihr bescheidenes monatliches Taschengeld von 15 Rubel verwendeten sie zur Hälfte darauf, es Armen zu spenden.

Vor Ausbruch des Ersten Weltkriegs war zum ersten Mal die Rede von einer möglichen Heirat Olgas mit dem rumänischen Erbprinzen Carol. Er kam mit seiner Mutter Königin Maria nach Petersburg. Eine Ehe war für beide Seiten von politischem Interesse, und bald folgte der Gegenbesuch des russischen Zaren in Rumänien. Doch es kam nicht zur Brautwerbung. Olga wollte Russland und die Familienangehörigen nicht verlassen, und die Eltern wollten keinen Druck auf das junge Mädchen ausüben. Es gab auch noch andere Anwärter – die Großfür-

Die Zarentöchter Olga Nikolajewna und Tatjana Nikolajewna in den Uniformen ihrer Patenregimenter. Aufnahme von 1911.

Olga und Tatjana in festlicher Ballrobe. Aufnahme von 1913.

sten Dmitri Pawlowitsch und Boris Wladimirowitsch sowie Prinz Christophor von Griechenland, aber Olga wollte nicht so schnell heiraten.

Tatjana war anderthalb Jahre jünger als ihre ältere Schwester und in vieler Hinsicht genau das Gegenteil von ihr. „Tatjana Nikolajewna, von Natur aus eher zurückhaltend, war nicht so offenherzig und direkt wie ihre Schwester", erinnerte sich P. Gilliard. „Sie war auch nicht so begabt, machte das aber durch größere Konsequenz und charakterliche Ausgeglichenheit wett. Sie war sehr hübsch, doch nicht so anmutig wie Olga Nikolajewna. Mit ihrer Schönheit und ihrer natürliche Begabung, sich in der Gesellschaft zu bewegen, stellte sie die Schwester in den Schatten, die weniger an ihrer Persönlichkeit arbeitete und sich gewissermaßen im Hintergrund hielt. Beide Schwestern waren einander sehr zugetan."

Die große, schlanke Tatjana kam nach der Mutter, in ihrem Verhalten war stets zu spüren, dass sie eine Zarentochter war. Im Duett der älteren Schwestern wollte sie stets die erste Rolle spielen, was Olga ohne weiteres akzeptierte.

Nach Kriegsausbruch absolvierten Olga und Tatjana unter Leitung von Fürstin Dr. med. Gedroiz, der Leiterin des Schlosshospitals, einen zweimonatigen Lehrgang für barmherzige Schwestern. Danach arbeiteten sie als Krankenschwestern in Hospitälern. Olga schrieb am 3. Januar 1917 in ihr Tagebuch: „Wir sind beide im Lazarett. Fähnrich des 438. Ochtensker Regiments Abaschidse wurde operiert, aus dem Hals wurde ein Granatsplitter entfernt. Ich habe viele Betten gemacht, überall geholfen. Es gab viel zu tun." Ähnliches notierte auch Schwester Tatjana: „Wir sind ins Lazarett gefahren. Zwei von Olgas Offizieren wurden operiert, ein Finger amputiert, eine Kugel aus der linken Ferse entfernt. Ich habe drei Offiziere verbunden."

Es war ihnen nicht vergönnt, auch nur einen großen Hofball zu erleben, aber sie konnten menschliches Leid und Schmerzen kennenlernen, sahen Kranke sterben. Das musste sich zwangsläufig auf ihren Charakter und ihre Lebensansichten auswirken. Die Zarin beklagte sich in einem Brief an ihren Mann: „Dieses ständige Alleinsein, die Kinder haben bei all ihrer Liebe dennoch vollkommen andere Ansichten, und sie verstehen selten meine Sicht der Dinge, selbst bei nichtigen Fragen. Sie halten sich immer für im Recht, und wenn ich ihnen sage, wie ich erzogen wurde und was man unter Erziehung versteht, dann verstehen sie mich nicht. Nur wenn ich ruhig mit Tatjana spreche, dann sieht sie es ein. Olga weist stets jeden Vorschlag brüsk zurück, obwohl sie mit-

Gruppenporträt der vier Töchter von Zar Nikolaus II. Aufnahme von 1914, mit den eigenhändigen kyrillischen Namenszügen „Maria“ und „Anastasia“ (oben) sowie „Tatjana“ und „Olga“.

unter letztlich doch das macht, was ich möchte. Aber wenn ich streng bin, dann pfeift sie auf mich. [...] Olga ist immer mürrisch und unzufrieden, dass sie sich für das Lazarett ordentlich anziehen und nicht die Schwesterntracht tragen soll [...], wegen ihrer Launen wird es immer schwieriger mit ihr."

Das ist der übliche Konflikt in einer Familie mit erwachsenen Kindern. Natürlich kann man die Mutter verstehen, die traurig ist, weil die Töchter groß geworden und keine kleinen Kinder mehr sind, und sie selbst immer älter wird...

In dem Maße, wie Olga und Tanja erwachsen wurden, zog es die jüngeren Töchter immer stärker zu den Eltern hin.

Alle Großfürstentöchter waren Paten verschiedener Regimenter. Am meisten Stolz darüber verspürte wahrscheinlich Maria, die dritte Tochter des Zaren, die bezauberndste der vier Schwestern. Sie hatte große dunkelblaue Augen, blondes Haar und eine hübsche Figur – wie Olga war sie nach den Romanows geraten.

Die gutmütige und sanfte Maria merkte sich nicht nur die Geburts- und Namenstage der Dienerschaft, sondern auch von deren Kindern sehr gut. Die Schwestern machten sich manchmal über sie lustig und nannten sie „le bon gros Toutou".

Die jüngste Tochter von Nikolaus und Alexandra, Anastasia, wurde am 5. Juni 1901 geboren. Sie war ein untersetztes, zur Fülle neigendes Mädchen, das Liebreiz durch Frohsinn und äußerste Lebhaftigkeit kompensierte. Anastasia besaß den eigensinnigen und ungehorsamen Charakter des „Nesthäkchens" der Familie. Sie war nicht besonders fleißig und ausdauernd beim Unterricht, für Spiele und Streiche war sie eher zu haben. Anastasia konnte sehr gut andere nachahmen, ein Talent, das sie von Zeit zu Zeit erfolgreich nutzte.

Die vier Zarentöchter waren in ihren Gewohnheiten, Vorlieben und schlichten Umgangsformen typische junge russische Mädchen aus einer gebildeten Adelsfamilie. Ihre Bescheidenheit, ihre Güte und ihre Fähigkeiten ließen erwarten, dass sie sich zu vortrefflichen Frauen entwickeln würden, die lieben und geliebt werden sollten. Aber sie erwartete ein anderes Schicksal...

Der alte Diener der Zarin Alexej Wolkow äußerte über seine Lieblinge: „Ich kann die Zarenfamilie nicht im einzelnen charakterisieren, weil ich ein ungebildeter Mensch bin. Ich sage es daher einfach so: Das war eine sehr heilige und reine Familie."

Dokumente

Zar Nikolaus II. an seine Mutter, Zarenwitwe Maria Fjodorowna

Zarskoje Selo 28. September 1895

Meine liebe Mama,

eben habe ich Deine Antwort auf mein Telegramm erhalten, in dem ich vom Tod des armen Woron[1] berichtete, über den ich so betrübt war. Ich habe ihn auf der Donskoi-Insel, an einer anderen Stelle als Alice und Beauty[2], begraben und werde ihm ein Denkmal setzen. Nun muss ich traurig und oft allein spazierengehen, wenn Alix mich nicht begleitet. Vor drei Tagen bekam sie Halsschmerzen; die sind dann wieder vergangen und die Erkältung hat sich auf den Magen gelegt. Die Leibschmerzen waren ziemlich heftig, besonders wenn sich das Kind bewegte. Wir haben beide beschlossen, für alle Fälle nach Gjunst[3] zu schicken; sie übernachtet nun im Haus. Gjunst hat ihrerseits Doktor Ott[4] gerufen, der zweimal bei Alix war, ihr irgendwelche Pillen gegen die Schmerzen gegeben und uns beide völlig beruhigt hat. Nach seinen Worten verläuft bei Alix, Gott sei Dank, alles normal, sie selbst sieht sehr gut aus; er hat ihr nur empfohlen, in den nächsten Tagen nicht so viel herumzulaufen, weil sowohl er als auch Gjunst finden, dass „dort" schon alles so weit ist und das Kind auf Gottes Welt kommen kann. Es ist sehr groß geworden und strampelt ganz schön!

Die kleine Irina wird zweimal am Tag zu Alix gebracht, und diese Besuche enden dann immer damit, dass sie in ihren Armen oder auf dem Diwan einschläft.

Ich schreibe Dir deshalb so ausführlich darüber, liebe Mama, weil ich befürchtet habe, dass möglicherweise verschiedene dumme Gerüchte zu Euch dringen. Es besteht, Gott sei Dank, kein Anlass zu Besorgnis! Wir erwarten das gewisse freudige Ereignis in zwei bis drei Wochen, etwa am 15. Oktober.[5]

Es ist wieder warm geworden, geeignetes und angenehmes Wetter für die Jagd. Auf Wiedersehen, liebste Mama. Alix und ich umarmen Dich herzlich. Love to all. Der Herr sei mit Euch!

Dein Dich von ganzem Herzen liebender Nicky.

1 Woron – Name eines Pferds.
2 Alice, Beauty – Pferdenamen.
3 Gjunst – Hebamme.
4 Dmitri Oskarowitsch Ott (1855-1929) – Prof. Dr. med., Leibgeburtshelfer, Direktor der Kaiserlichen Universitätsklinik für Geburtshilfe und Gynäkologie. Ehrenmitglied der Berliner Wissenschaftlich-medizinischen Gesellschaft.
5 Großfürstentochter Olga Nikolajewna wurde am 3. November 1895 geboren.
Bestand 642/1/2322, Bl. 78-79.

Aus den Memoiren von A. A. Mordwinow

Schon damals, im Mädchenalter, waren sie außerordentlich hübsch, fraulich und elegant, aber jede auf ihre Weise schön, natürlich und zurückhaltend. Die zahlreichen Photographien, die die äußerlichen Eigenschaften der Schwestern ziemlich gut wiedergeben, konnten trotzdem die lebhafte Frische nicht erfassen, die ihre Gesichter stets ausstrahlten. Bei jedem Stimmungswechsel, auch wenn sie gereizt oder sehr betrübt waren, konnten ihre Gesichter schön bleiben.

Am meisten verwunderte mich, dass keine der Schwestern sich zu ihrer Schönheit bekennen wollte und etwas unternahm, um anderen zu gefallen, was doch sonst jedem jungen Mädchen und sogar Backfisch eigen ist. Jeder Anflug von Koketterie war ihnen fremd, und sie dachten nicht an ihr Äußeres.

Sie kleideten sich zum Abendessen und bei anderen festlichen Anlässen auf Drängen der Mutter zwar mit erlesenem Geschmack, scheuten sich jedoch nicht, sonst noch sehr lange sehr einfache, unansehnliche und aus billigem Stoff gefertigte Kleider anzuziehen, und bei den beliebten Spaziergängen mit dem Vater trugen sie sogar plumpe hohe Männerstiefel und sehr hässliche Hüte. Aber auch das stand ihnen, wie eben Glücklichen, die sich auch als Jugendliche die ganze Frische und Unbefangenheit der Kindheit bewahrt haben, alles steht.

Trotz ihrer völlig unterschiedlichen Charaktere verband sie eine sehr zärtliche Freundschaft.

Ich habe in meinem Leben viele gute und harmonische Familien gesehen, doch ein solcher Zusammenhalt und eine derart starke Liebe zueinander, die sofort jeder verspürte, der Zugang zur häuslichen Atmosphäre der Zarenfamilie hatte, sind mir ehrlich gesagt noch nie begegnet.

Als hübscheste von den Schwestern galt allgemein die zweite Tochter des Herrschers, Großfürstentochter Tatjana Nikolajewna, die mit ihrer Figur und dem ernsten und hitzigen Charakter mehr als die anderen nach der Mutter kam.

Die jüngste Großfürstentochter, Anastasia Nikolajewna, war besonders ausgelassen und einfallsreich und besaß die Gabe, andere zu parodieren und zum besten zu halten. Sie hatte auch einen sehr regen Verstand. Sie war im Alter meiner Tochter und mein wahrer Freund. Ich habe sie sehr geliebt und ihre Zuneigung für mich geschätzt.

Die älteste Großfürstentochter, Olga Nikolajewna, war besonders unabhängig, außerordentlich lernbegierig, erfasste alles sehr leicht und las wie ihr Vater sehr gern. Sowohl äußerlich als auch in ihrer Mentalität ähnelte sie sehr ihrem Vater, wenn ihr auch seine übliche Nachdenklichkeit abging.

Geistig rege, ungewöhnlich gütig und sehr schüchtern waren sie ausnahmslos alle.

Die dritte Großfürstentochter, Maria Nikolajewna, war nicht so schlank wie die anderen, nicht ganz so flink in ihren Bewegungen, jedoch die gütigste, mitfühlendste und unkomplizierteste aller Schwestern.

Jede von ihnen war, wie ich bereits sagte, eine Schönheit für sich, und es fiel schwer, einer den Vorzug zu geben. Von besonderer Anziehungskraft war für mich jedoch Großfürstentochter Maria Nikolajewna. Mit ihren großen grauen strahlenden Augen, ihrem zwar rundlichen, aber ebenmäßig ovalen Gesicht und ihren ruhigen, fast bedächtigen Bewegungen schien sie mir das Urbild einer echten slawischen Schönheit mit allen attraktiven Merkmalen zu sein, die nur ein besonders ehrenswertes junges russisches Mädchen auszeichnen. Ihre Schwestern verdienten alle den Titel russische Großfürstentöchter, doch ihr allein hätte der Name russische Zarentochter zugestanden. In ihr war unwillkürlich sowohl unser alter Terem[1] mit seinen guten Sitten als auch unsere frühere orthodoxe Seele zu spüren. Ihre ganze innere Welt war trotz ihrer Jugend erfüllt von diesem stillen Geist des religiösen Alltags unseres Volkes, was sie so ausnehmend sanftmütig und mitfühlend machte.

Untereinander und mit dem Vater sprachen die Kinder nur russisch. Mit der Mutter sprachen die Mädchen häufig englisch, in der letzten Zeit dann ebenfalls meistenteils russisch. [...]

In der Gesellschaft wurde viel von der angeblich mangelnden Bildung der Zarenkinder und ihren schlechten Manieren gesprochen. Man wunderte sich, dass den Großfürstentöchtern keine besonderen Erzieherinnen und Gouvernanten zugeordnet waren. Tatsächlich stand ihnen nach der Entlassung der Hofdame Tjutschewa[2] niemand zur Seite.

Ich gestehe ein, dass es mir seinerzeit ebenfalls seltsam vorkam, dass die Großfürstentöchter ohne eigene ständige Aufsicht, nur in der Obhut ihrer guten, aber kränkelnden Mutter aufwuchsen. So stark orientierte man sich bereits an den Gepflogenheiten in den wohlhabenden Familien.

Diese Mutter, Zarin Alexandra Fjodorowna, kannte man trotz aller Neugierde, die man ihr entgegenbrachte, kaum, und deshalb war sie auch nicht beliebt. Leider wollte, wie ich bereits ausführte, die Gesellschaft sie auch gar nicht näher kennenlernen. Und wenn man ihr die erforderlichen Eigenschaften einer russischen Herrscherin absprach, billigte man ihr die Qualifikation zur Erzieherin erst recht nicht zu.

Sie aber war vor allem und in erster Linie nur Mutter, und zwar Mutter im wahrsten Sinne dieses heiligen Worts, die ihre Kinder nicht blind liebte, sondern sich ihrer Pflicht ihnen und ihrer neuen Heimat gegenüber bewusst war. Mitunter zeigte sie sich allerdings ziemlich nachsichtig gegenüber ihren Unarten, ergriff manchmal aber auch sehr strenge Maßnahmen. Trotz ihrer Strenge vermochte sie es, wie auch der Herrscher, bis zum Ende der geliebte Freund ihrer Kinder zu bleiben – ein Glück, das nicht vielen Eltern beschieden ist.

Ich wurde oft gefragt, wie sich die unter solchen Umständen erworbene Bildung bei den Zarenkindern ausgewirkt hat. Besaßen sie die angemessene Bildung? Darauf antwortete ich mit einer Gegenfrage: Was ist unter angemessener Bildung zu verstehen und was bewirkt sie?

Meiner Meinung nach verfügt niemand über angemessene Bildung – sie ist immer und bei jedem unzureichend: Je mehr man weiß, umso stärker erkennt man die Notwendigkeit, noch mehr wissen zu müssen, und man wird sich zugleich bewusst, dass auch dieses Wissen nicht imstande ist, das den Menschen am meisten bewegende Geheimnis zu lüften, und man muss es durch etwas anderes ersetzen.

Ich spürte nur, dass sowohl die Großfürstentöchter als auch der Thronfolger fest an Gott glaubten und nahezu vorbehaltlos die Menschen liebten. Diese sittliche Reife, das Wichtigste im Leben, hätten ihnen auch die besten Universitäten nicht vermitteln können. Dieser Glaube, die Liebe und das Mitgefühl offenbarten sich bei ihnen mitunter naiv, doch stets besonders liebenswürdig und rührend. Das konnte ich bei vielen Gelegenheiten selbst erleben. Einfallsreich taten sie Gutes und gingen erstaunlich offen und herzlich auf die Menschen zu. Am stärksten zog es sie zu Kindern hin, hauptsächlich zu Kindern vom Lande oder Sprößlingen einfacher Bediensteter.

Übrigens sind sie im Herzen, trotz ihres bereits jugendlichen Lebensalters, ihrer Umsicht und mitunter tiefen Nachdenklichkeit, Kinder geblieben. [...]

1 Terem – Frauengemächer, Kemenate.
2 Sofia Iwanowna Tjutschewa (1869-1957) – bis 1912 Hofdame der Zarin Alexandra Fjodorowna, danach aus dem Hofdienst entlassen, da sie den Einfluss Rasputins bekämpfen wollte. Nach der Revolution 1917 lebte sie auf dem Stammgut der Tjutschews in Muranowo als Pensionärin.

Bestand 5881/2/512, S. 439-446.

Olga Konstantinowna[1], Königin von Griechenland, an Zar Nikolaus II. und Zarin Alexandra Fjodorowna

Charaks[2] 26. November 1913

Lieber Nicky und liebe Alix!

Ich habe mich entschlossen, anstatt eines persönlichen Gesprächs Euch lieber zu schreiben, damit es für Euch leichter ist, wenn Ihr mir eine Absage erteilen möchtet. Lediglich Georgi[3] und Minni[4] wissen, dass ich Euch schreibe.

Es geht um folgendes. Ich merke, dass Eure vortreffliche Olga meinem Christophor[5] zu gefallen beginnt. [...]

Ich möchte nur prinzipiell wissen, ob mein Junge an sie denken und sich Hoffnung machen kann, dass Ihr seinem Traum geneigt seid?

Wenn Ihr nicht einverstanden seid, dann hat die Sache sich von selbst erledigt, zumal wir in den nächsten Tagen nach Griechenland zurückkehren werden.

Eure Euch herzlich liebende

Olga.

1 Olga Konstantinowna (1851-1926) – Tochter von Großfürst Konstantin Nikolajewitsch, Witwe von Georg I., König von Griechenland.
2 Charaks - Gut des Großfürsten Georgi Michailowitsch auf der Krim.
3 Georgi Michailowitsch(1863-1919) – Großfürst, Generaladjutant, im Ersten Weltkrieg im Hauptquartier des Oberkommandierenden. Er wurde im Januar 1919 in der Peter-Pauls-Festung erschossen.

4 Maria Georgijewna (1876-1940) – Großfürstin, geborene Prinzessin von Griechenland, Gattin von Großfürst Georgi Michailowitsch.
5 Prinz Christophor von Griechenland, jüngster Sohn von Georg I., König von Griechenland.

Bestand 601/1/1315, Bl. 178-179.

Zarin Alexandra Fjodorowna an ihren Gemahl, Zar Nikolaus II.

Zarskoje Selo 1. November 1916

Geliebter Nicky!

[...] Am Donnerstag wird unsere Olga 21 Jahre alt! So ein ehrbares Alter! Ich denke ständig darüber nach, wen unsere Mädchen heiraten werden, und kann mir nicht vorstellen, welches Schicksal sie erwartet. – Wenn es ihnen doch gegeben wäre, eine so tiefe Liebe und ein solches Glück zu finden, wie Du, mein Engel, sie mir in diesen 22 Jahren gegeben hast! Ach, das ist heutzutage eine solche Seltenheit! [...]

Bestand 601/1/1151, Bl. 377 (in Englisch).

Grossfürstentochter Tatjana Nikolajewna an ihren Vater, Zar Nikolaus II.

Zarskoje Selo 22. Oktober 1914

Papa, mein Lieber. Heute habe ich es leider nicht geschafft, einen Brief an Dich dem Feldjäger mitzugeben, aber das ist nicht so schlimm, weil alle anderen Dir geschrieben haben und Du auch so genug zu lesen hast. Olga und ich sind heute mit dem Zug 1 Uhr 20 nach Petrograd gefahren. Dort haben uns Madame Suchomlinowa[1] und Mantaschew abgeholt. Sage Nikolai Pawlowitsch[2], dass sie sehr nett war, natürlich nicht beim Kriegsminister selbst. Olga und ich haben unsere Lazarettzüge besichtigt. Sie sind sehr gut und wohnlich eingerichtet, darin würde ich auch selbst reisen. – Danach sind wir in das Winterpalais gefahren, wo Olga Spenden entgegengenommen hat. Ich habe daneben gesessen und wie immer gearbeitet. Dann wollte irgendein idiotischer Photograph uns aufnehmen, aber weil es schon dunkel war, benutzte er Magnesium, und durch das Blitzlicht war das ganze Zimmer voll von beißendem Rauch, wir wären fast erstickt. Alle mussten natürlich gehen, und damit hatte es sich. Ha! Ha!

Ich freue mich schrecklich, dass Nikolai Pawlowitsch bei Dir ist, und beneide ihn natürlich sehr. Draußen ist es trüb, ab und zu fällt leichter Regen oder auch Schnee, es ist sehr ungemütlich.

Gestern kamen drei verwundete Offiziere zu Mama, um sich zu verabschieden, sie kehren zu ihren Regimentern zurück. Uns war traurig zumute, doch nur einer war aus unserem Palastlazarett, die anderen zwei vom Roten Kreuz. – Gerade ist Alexej[3] nach unten gekommen und wird mit Mama beten. Mein Hündchen Ortipo ist durch das Zimmer gelaufen und hat gespielt, als wir Tee tranken. Er ist sehr lustig und lieb. Entschuldige bitte die krakelige Schrift, aber ich sitze in Mamas Zimmer auf dem Fußboden, und das ist nicht sehr bequem. Nun auf Wiedersehen, lieber Papa, Gott beschütze Dich. Grüße in meinem Namen Nikolai Pawlowitsch und Drenteln[4]. Ich liebe und umarme Dich innig und lieb.

Deine Dir treue Wosnessenskerin[5]

Zarskoje Selo 28. März 1916

Mein lieber, guter Papa,

heute sind wir auf dem Eis gelaufen, das hat Spaß gemacht. Mama hat eine Weile in ihrem Sessel bei uns gesessen. Wir haben gehört und gesehen, wie eine Hundertschaft der Eskorte an uns vorbeizog. Sie haben sehr gut gesungen. Sie haben natürlich sofort aufgehört, als sie uns bemerkten, doch ich habe sie aufgefordert, weiter zu singen; das hättest Du doch auch so gemacht, nicht wahr!?

Mama war heute mit uns im Lazarett und hat drei Offiziere verbunden, die gerade erst aus Proskurow angekommen waren. Ein Oberst mit amputierter linker Hand. – Ich wollte Dir mehr dazu schreiben und mitteilen, wo er zuvor gedient hatte, doch Mama sagte mir, dass sie Dir schon alles über ihn geschrieben hat. Also gut! Ich habe mich sehr verlassen und einsam gefühlt, als ich in der Kirche allein auf unserem Platz stand. – Ortipo liegt jetzt auf dem Fußboden und beißt sich in seinem Football fest. Das Abendessen haben wir soeben beendet. Mama liest, Olga und Maria verfassen boshafte Verse über die Schwestern des Großen Palasts. Gereimt sind sie natürlich nicht, weil sie gesungen und nicht rezitiert werden sollen. – Hast Du das kleine Buch zuende gelesen und fandest Du es interessant? Liest Dmitri[6] sein Buch? Wenn Du unsere Sotnja[7] und die Krimzer[8] siehst, grüße sie von uns.

Ich habe mit Olga zusammen eine Zigarette geraucht. Ich danke Dir sehr. – Nun gut. Auf Wiedersehen, lieber Papa. Gott schütze Dich. Ich küsse Dich ganz herzlich. Dmitri auch.

Deine dich liebende Wosnessenskerin

1 Jekaterina Viktorowna Suchomilowna – Gattin von General W. A. Suchomilow, geb. Gaschkewitsch, in erster Ehe Butowitsch.
2 Nikolai Pawlowitsch Sablin - Flügeladjutant von Zar Nikolaus II.
3 Alexej Nikolajewitsch (1904-1918) – Thronfolger, Zarewitsch, Großfürst.
4 Alexander Alexandrowitsch Drenteln (1868-1922) – Generalmajor der Suite Seiner Majestät, ab September 1915 Kommandeur der Leibgarde des Preobrashenski-Regiments; Stabsoffizier z. b. V. beim Hauptquartier des Zaren.
5 Tatjana Nikolajewna war Patin des 8. Wosnessensker Ulanenregiments.
6 Dmitri Pawlowitsch (1891-1942) – Großfürst, Flügeladjutant, Stabsrittmeister der Leibgarde des Reiterregiments. Nach der Ermordung Rasputins nach Persien versetzt. Ab Februar 1917 diente er im Britischen Expeditionskorps.
7 Sotnja – Kosakenhundertschaft der Leibgarde.
8 Krimzer – das 73. Krim-Infanterieregiment.
Bestand 601/11359, Bl. 3-5, 38-39.

Zarin Alexandra Fjodorowna an ihren Gemahl, Zar Nikolaus II.

Zarskoje Selo 21. Oktober 1914

Lieber Nicky!

[…] Olga und Tanja sind jetzt in Olgas Ausschuss[1]. Zuvor hat Tanja Neidhardt[2] mit seinem Bericht, der eine ganze halbe Staunde dauerte, allein empfangen. – Das ist sehr gut für die Mädchen. Sie lernen, selbständig zu handeln, und es dient ihrer Entwicklung sehr, da sie für sich, ohne meine ständige Hilfe, denken und sprechen müssen. […]

1 Ausschuß des Versorgungslagers von Zarskoje Selo der Großfürstin Olga Nikolajewna.
2 Alexej Borissowitsch Neidhardt – Hofmeister, Mitglied des Staatsrats, Vorsitzender des Ausschusses von Tatjana, Mitglied des Obersten Fürsorgerats für die Familien von Einberufenen sowie Familien von Verwundeten und Gefallenen.

Bestand 601/1/1148, Bl. 257 (in Englisch)

Grossfürstentochter Tatjana Nikolajewna an ihren Bruder, Thronfolger Alexej Nikolajewitsch

Zarskoje Selo 3. Dezember 1914

Alexej, mein Lieber,

Ortipo ist ganz wild, tobt wie ein Verrückter durch das Zimmer. Jetzt liegt er im Sessel neben mir.

Wir waren in vielen Lazaretten. In einem lagen ziemlich viele seelisch Gestörte, sie waren von den anderen unten getrennt, und in jedem Raum steht ein Sanitäter für den Fall, dass sie unruhig werden oder sich übermäßig aufregen. – Mama ist zu einem hingegangen und hat ihn angesprochen. Er lag mit dem Kopf unter der Decke und hat nicht geantwortet, man hat ihm trotzdem das Gesicht aufgedeckt. Doch als Mama ihm eine Ikone auf den Hals legen wollte, versteckte er sich unter der Decke, zog die Beine an sich und wollte sich nicht sehen lassen. Man versuchte, ihn hervorzuziehen, aber er wollte nicht. Ein anderer küsste Mama die Hand, als sie zu ihm kam. Als sie ging, schrie er: „Gib mir noch einmal die Hand." Er machte einen komischen Eindruck, der Arme. Viele verstehen überhaupt nichts und sprechen nicht. Das kommt von einer Gehirnquetschung, und sie leiden viel mehr als andere Verwundete.

Nun auf Wiedersehen, mein Lieber. Ich muss zum Abendessen. Ich umarme Dich so fest, wie ich dich liebe.

Deine Wosnessenskerin

Zarskoje Selo 4. Oktober 1915

Mein lieber kleiner Alexej!

Ich küsse Dich ganz, ganz herzlich und gratuliere Dir zum Feiertag. Alle unsere Verwundeten danken Dir herzlich für den Gruß, und Solowjow von Deinem Moskauer Regiment gratuliert Dir. Es ist sehr langweilig ohne Dich, lieber Alexej. Ist es gemütlich, mit Papa in einem Zimmer zu schlafen? Was treibst Du den ganzen Tag? Wir fahren den ganzen Tag mit Mama und Anja[1] herum. Am Morgen ist der Teich leicht zugefroren, aber tagsüber taut es, es ist ziemlich kalt, aber die Sonne scheint noch warm. Heute waren wir tagsüber im Lazarett bei einer Operation, Wladimir Nikolajewitsch[2] hat operiert, er hat es sehr gut gemacht. Fürstin Gedroiz[3] ist nämlich krank und liegt im Bett. Heute ist Popow Eriwanez aus dem Kaukasus gekommen, erinnerst Du Dich an ihn, so ein Kleiner, der so komisch spricht und den linken Arm verloren hat. – Unsere Verwundeten fragen nach Dir. Freust Du Dich, dort zu sein und wie gefällt es Dir? Alexej, mein Lieber, schreibe mir, ob Du meine Handschrift entziffern und lesen kannst? Wenn nicht, werde ich versuchen, noch deutlicher zu schreiben.

Nun auf Wiedersehen, mein lieber Kleiner. Gott schütze Dich! Ich drücke Dich fest und küsse Dich. Gib Papa einen Kuß. Grüße Kolja[4], Derewenko[5], Monsieur Gilliard[6] und Nagorny[7].

Ortipo ist gesund.

Deine Dich liebendeTanja

1 Anja – Anna Alexandrowna Wyrubowa (1884-1964), geb. Tanejewa, Hofdame und enge Freundin der Zarin Alexandra Fjodorowna. Nach dem Februar 1917 wurde sie wiederholt von der Provisorischen Regierung und dann von der Petrograder Tscheka verhaftet. Im Dezember 1920 floh sie aus Sowjetrussland. In der Emigration veröffentlichte sie ihre Memoiren „Aus meinem Leben" wie auch Briefe der Kaiserlichen Hoheiten an sie.

2 Wladimir Nikolajewitsch Derewenko (1879-nach 1933) – Ehrenleibchirurg. Er absolvierte 1904 die Petersburger Militärmedizinische Akademie und arbeitete danach in der Klinik von Professor S. P. Fjodorow. 1912 wurde er zum Privatdozenten ernannt und im Oktober des gleichen Jahres nach Spala zur Behandlung des Thronfolgers abkommandiert. Er blieb bis 1917 beim Thronfolger. Als Arzt der Abteilung für besondere Verwendung begleitete er die Zarenfamilie in die Verbannung nach Tobolsk und Jekaterinburg. Nachdem die Zarenfamilie erschossen worden war, arbeitete er in Lazaretten der Roten Armee. Er wurde wiederholt von Organen der GPU verhaftet und zu fünf Jahren Freiheitsentzug verurteilt. Seine letzte bekannte Arbeitsstelle war 1933 die Medizinische Verwaltung von Dneprostroi.

3 Vera Ignatjewna Gedroiz – Fürstin, Dr. med., Oberärztin des Lazaretts in Zarskoje Selo.
4 Kolja – Sohn von W. N. Derewenko.
5 Andrej Jeremejewitsch Derewenko – Bootsmann auf der Yacht „Standart", Betreuer des Thronfolgers Alexej Nikolajewitsch. Starb 1921 an Typhus.
6 Pierre (Pjotr Andrejewitsch) Gilliard – Erzieher des Thronfolgers.
7 Klementi Grigorjewitsch Nagorny – Matrose, gleichfalls Betreuer von Thronfolger Alexej Nikolajewitsch. Ging mit der Zarenfamilie in die Verbannung nach Tobolsk und Jekaterinburg. In Jekaterinburg Ende Mai oder Anfang Juni 1918 ermordet.

Bestand 628/1/59, Bl. 1-3, 4-5.

Aus den Memoiren von A. A. Mossolow[1]

Die Erziehung der Hochwohlgeborenen Kinder

[...] Mit den Hofdamen, ausgenommen Fürstentochter Orbeliani[2] und der Oberhofmeisterin, anfangs der durchlauchten Fürstin Golyzina[3], dann Jelisawjeta Alexejewna Naryschkina[4], hatte ich keinen besonders nahen Umgang. Deshalb kann ich über die Erziehung der jungen Generation der Zarenfamilie keine umfassende Auskunft geben, dennoch aber anhand zahlreicher persönlicher Begegnungen urteilen.

Ich hatte den Eindruck, dass sich die Zarin in den ersten Jahren meines Diensts eifriger mit den Kindern beschäftigte als später, als sich der Gesundheitszustand der Zarin verschlechterte und die Neurasthenie Ihrer Hoheit fortschritt. Was mich an den Kindern erfreute, waren die gänzliche Natürlichkeit und Offenheit im Umgang mit allen Personen, die sie häufiger bei Hofe sahen. [...]

Was die Ausbildung betraf, so wurden sie, soweit ich weiß, von der Zarin selbst in englischer Grammatik unterrichtet. Französisch und einige allgemeinbildende Fächer lehrte Herr Gilliard, der Schweizer Erzieher des Zarewitsch und Thronfolgers; Deutsch – die Hofvorleserin Schneider[5], und für russische Literatur und andere Fächer war Petrow[6], ein namhafter Gymnasiallehrer, zuständig. Gilliard und Petrow waren sehr erfahrene Lehrer und fähige Pädagogen, besonders ersterer.

Ich beschreibe den allgemeinen physischen und geistigen Stand der Hochwohlgeborenen Kinder, als die Großfürstentöchter zwischen 12 und 18 Jahren und der Zarewitsch 9 Jahre alt waren.

Olga Nikolajewna war vom Alter her bereits ein Fräulein, benahm sich aber noch immer wie ein Mädchen. Sie hatte schönes blondes Haar, ein breites ovales, typisch russisches Gesicht, nicht besonders ebenmäßig, doch ihre erstaunlich zarte Hautfarbe und ihr liebenswürdiges Lächeln, bei dem sie ihre sehr gleichmäßigen weißen Zähne zeigte, verliehen ihr viel Frische.

Tatjana war etwas größer, schlanker und eleganter, ihr Gesicht etwas länglicher, ihre Figur rassiger und aristokratischer. Die Haare waren etwas dunkler als die der älteren Schwester, und sie lächelte nicht so oft. Meiner Meinung nach war sie die hübscheste der Schwestern.

Maria Nikolajewna war zu dieser Zeit ein sehr stämmiges Mädchen mit einem lustigen russischen Gesicht und ungewöhnlicher Kraft.

Anastasia, die jüngste, war noch ein Kind. Ihr Aussehen als kleines Mädchen versprach, dass sie eine Schönheit werden würde, doch das hat sich nicht bewahrheitet. Ihr Gesicht war weniger ebenmäßig als das der Schwestern, dafür aber sehr lebendig. Wenn man neben ihr bei Tisch saß, musste man ständig auf irgendeine unerwartete Frage gefasst sein. Sie war mutiger als die Schwestern und sehr scharfsinnig.

Ich kann nicht persönlich über den Charakter der Hochwohlgeborenen Töchter urteilen. Bei einer Reise hatte ich die Hofvorleserin zu begleiten und ich begann, sie auszufragen. Wie Frau Schneider ausführte, besaß Olga einen ausgeglichenen, guten Charakter von reiner Engelsgüte, wohingegen Tatjanas Charakter schwierig, eher verschlossen war, sie aber mehr innere Werte hatte als ihre Schwestern. Wenn sie ein Gymnasium besucht hätten, wären sie mit ihren Fähigkeiten ohne Bevorzugung unter den zehn besten Schülerinnen gewesen. Allerdings mit Ausnahme des Fachs, das die Hofvorleserin selbst unterrichtete, nämlich Deutsch, in dem die Leistungen aller vier Mädchen ungenügend waren, weil sie es nicht mochten.

Über Maria Nikolajewna sagte Frau Schneider, dass sie gütig, aber etwas eigensinnig und weniger begabt als ihre beiden älteren Schwestern sei. Anastasia Nikolajewna sei charakterlich noch nicht gefestigt, sei sehr begabt und als einzige der Großfürstentöchter launisch, was Jekaterina Adolfowna jdoch ihrem Alter zuschreibt.

Die Mädchen wurden elegant gekleidet, und wenn strenge Modedamen mitunter auch den Geschmack der Zarin Alexandra Fjodorowna bei ihren Toiletten, ausgenommen natürlich die Paradekleider, kritisierten, erkannten sie doch alle übereinstimmend an, dass die Kinder nicht besser gekleidet sein konnten. Obwohl sie in der Regel die gleichen Kleider trugen, hatte jede doch eine gewisse persönliche Note, die zu ihr passte – ein Bändchen oder eine unmerkliche Veränderung des

Schnitts. Die Zarin und die Großfürstentöchter ließen vorwiegend bei der Schneiderin Lamanowa in Moskau arbeiten.

Alle Kinder liebten die „Standart"[7]. Natürlich hatten die Großfürstentöchter dort Abwechslung, alle jungen Leute umschwärmten sie, jede hatte ihren Flirt. Allerdings sei gesagt, dass die Offiziere von ihrem Ranghöchsten speziell vergattert wurden, mit dem die Zarin selbst geflirtet haben soll. Bei dem Wort Flirt muss ich allerdings einschränkend sagen, dass ich hierunter nicht Flirt im herkömmlichen Sinne verstehe, sondern eher das Minnespiel in mittelalterlichen Schlössern. Häufig liefen diese lustigen jungen Leute an Deck an mir vorbei. Ich hörte ihre Gespräche, doch kein einziges ihrer Worte erinnerte an den Flirt von heute. Es war laut und lustig. Selbst die älteren Fürstentöchter erzählten mir mitunter bei Tisch Dinge, die in die Gedankenwelt von zehn- bis zwölfjährigen Mädchen gehört hätten. [...]

Außer der Suite kamen mit den Großfürstentöchtern nur die engsten Verwandten, die Kinder der Großfürstin Xenia Alexandrowna, der Gattin von Alexander Michailowitsch, in Berührung. Sie wohnten auf der Krim in Ai-Todor, der Villa ihres Großvaters, Großfürst Michail Nikolajewitsch[8], nur zwei Werst von Liwadija entfernt. Wenn der Große Hof auf der Krim weilte, trafen sie sich oft mit den Großfürstentöchtern. Sie wurden häufig zum Mittagstee und zum Tennis eingeladen. Xenia Alexandrowna hatte eine Tochter, Irina, heute Fürstin Jussupowa, und sechs Söhne[9], die in den ersten zehn Jahren nach ihrer Heirat geboren wurden. In der Nähe von Ai-Todor wohnten außerdem Großfürst Georgi Michailowitsch mit Gattin, Prinzessin Maria Gretscheskaja[10] und ihren beiden Töchtern, Nina[11] und Xenia[12], die damals 10 und 12 Jahre alt waren, und die Fürstentöchter Tatjana[13] und Vera Konstantinowna[14], die allerdings schon etwa 20 Jahre alt waren. Ganz in der Nähe wohnten auch die Kinder der Fürstinnen Anastasia[15] und Miliza[16] Tschernogorskaja. Doch von allen diesen Verwandten wurden vorwiegend nur die Kinder von Xenia Alexandrowna nach Liwadija eingeladen, und auch die nicht alle auf einmal.

Trotzdem fanden es die Hochwohlgeborenen Kinder in Liwadija sehr abwechslungsreich, wie sie selbst sagten. Zum Tennis wurden manchmal ein oder zwei Offiziere der „Standart", Damen der großfürstlichen Höfe und Gräfin Sina Wladimirowna, die Tochter des Grafen Frederiks[17], eingeladen, aber keiner von ihnen war im Alter der Fürstentöchter.

Ich bin fest davon überzeugt, dass die Kinder gar nicht auf den Gedanken gekommen sind, dass man anders leben kann. Sie waren anspruchslos. Eine Filmvorführung am Sonnabend reichte als Gesprächsstoff für die ganze Woche.

1913, wenn ich nicht irre, richteten die Zarin und die beiden älteren Großfürstentöchter einen Ball aus. Tanzpartner waren wieder die Herren von der „Standart" und einige Offiziere der Krim-Reiterdivision mit ihrem Kommandeur Graf Keller[18]. Hofmarschall Benkendorf[19] hielt sich zu dieser Zeit in Liwadija auf und übernahm persönlich die Vorbereitung des Balls. Die Kinder waren sowohl in Erwartung des Balls als dann auch auf dem Ball unbeschreiblich aufgeregt.

Von den anderen Festivitäten möchte ich die jährliche Maskerade mit Tombola erwähnen, die die Zarin selbst organisierte und auf der sie mit den Kindern die Lose verkaufte. Für Alexandra Fjodorowna war das zwar unglaublich anstrengend, doch die Kinder amüsierten sich prächtig.

Mit Kriegsbeginn legten die älteren Großfürstentöchter das Examen der barmherzigen Schwestern ab und arbeiteten dann mit der Zarin als einfache Schwestern im Hospital Ihrer Hoheit in Zarskoje Selo.

1 Alexander Alexandrowitsch Mossolow (1854-nach 1934) – Berater des Leiters der Warschauer Verwaltung, Kanzleichef im Mininisterium des Kaiserlichen Hofs, Botschafter in Rumänien.

2 Sofia Iwanowna Dshambakurian-Orbeliani – Fürstentochter, Hofdame der Zarin Alexandra Fjodorowna. Gestorben am 1. Dezember 1915.

3 Maria Michailowna Golizyna – Fürstin, Oberhofmeisterin am Zarenhof.

4 Jelisaweta Alexejewna Naryschkina – Hofmeisterin der Zarin Alexandra Fjodorowna.

5 Jekaterina Adolfowna Schneider (1856-1918) – Hofvorleserin der Zarin Alexandra Fjodorowna. Am 22. August 1918 in Perm erschossen.

6 Pjotr Wassiljewitsch Petrow (1858-1918) – Geheimrat, Literaturlehrer der Kinder von Zar Nikolaus II.

7 „Standart" – Zarenjacht, 1893 im Auftrag von Zar Alexander III. in Dänemark gebaut.

8 Michail Nikolajewitsch (1832-1909) – Großfürst, vierter Sohn von Zar Nikolaus I., ab 1852 Generalfeldzeugmeister, 1855 Mitglied des Staatsrats, 1863-1880 Statthalter im Kaukasus und Oberbefehlshaber der Kaukasustruppen, ab 1881 Vorsitzender des Staatsrats.

9 Söhne von Großfürstin Xenia Alexandrowna und Großfürst Alexander Michailowitsch: die Fürsten Andrej (1897-1981), Fjodor (1898-1968), Nikita (1900-1974), Dimitri (1901-1980), Rostislaw (1902-1977) und Wassili (1907-1989).

10 Maria Gretscheskaja – Maria Georgijewna, Großfürstin, geb. Prinzessin von Griechenland.

11 Nina Georgijewna (1901-1974) – Fürstentochter. Heiratete 1922 Fürst P. A. Tschawtschawadse (1899-1971).

12 Xenia Georgijewna (1903-1965) – Fürstentochter. Heiratete 1921 William Bateman Leeds (geschieden 1930), ab 1946 verheiratet mit Hermann Jud.

13 Tatjana Konstantinowna (1890-1970) – Tochter von Großfürst Konstantin Konstantinowitsch. Sie heiratete 1911 Fürst K. A. Bagration-Muchranski (1889-1915).
14 Vera Konstantinowna (1906-1991) – Tochter von Großfürst Konstantin Konstantinowitsch.
15 Anastasia Nikolajewna (1868-1935) – Großfürstentochter, geborene Prinzessin von Montenegro, Gattin von Großfürst Nikolai Nikolajewitsch (d. J.). Die Ehe blieb kinderlos.
16 Miliza Nikolajewna (1866-1951) – Großfürstin, geborene Prinzessin von Montenegro, Gattin von Großfürst Pjotr Nikolajewitsch. Kinder: Marina (geb. 1892), Roman (1896) und Nadeshda (1898).
17 Wladimir Borissowitsch Frederiks (1838-1927) – Baron, Generaladjutant, General der Kavallerie, 1897-1917 Minister des Kaiserlichen Hofs und der Apanagen der Zarenfamilie.
18 Fjodor Arturowitsch Keller – Graf, Generalleutnant. Während des Krieges Kommandant der 10. Kaukasusdivision und des 3. Kaukasuskorps.
19 Pawel Konstantinowitsch Benkendorf – Graf, Generaldajutant, General der Kavallerie, Oberhofmarschall.

Bestand 1001/2/1, S.336-340.

Grossfürstentochter Maria Nikolajewna an ihren Vater, Zar Nikolaus II.

Zarskoje Selo 21. September 1914

Ich gratuliere Dir, mein lieber Papa, zum Sieg. Heute morgen waren wir zu viert mit Mama zur Messe. Batjuschka[1] und Diakon Schawelski[2] haben die Messe gehalten. Wir haben allein gefrühstückt, weil wir zu einem Verwundetenzug gefahren sind. Wir waren bei Anja und haben mit ihr Tee getrunken. Von dort aus sind wir in das große Lazarett im Palast gefahren. Mama, Olga und Tatjana haben Verbände angelegt. A.[3] und ich sind durch alle Krankenzimmer gegangen, in denen Soldaten lagen, und haben fast mit jedem gesprochen. Dann sind Mama, A. und ich nach Hause gefahren, weil Mama barmherzige Schwestern empfangen hat, die an die Front fahren. Dann sind wir in das kleine Lazarett gefahren, in dem Dein Schütze liegt. Dort hat Mama mit den Schwestern wieder Verbände angelegt, und wir sind mit Anastasia zu den Offizieren gegangen. Ich habe mit Popow irgendein Spiel gespielt. Nach dem Verbinden haben die Schwestern und Mama auch mit den Offizieren Spiele gespielt, so dass wir erst zum Abendessen zu Hause waren. Wir haben zu viert mit Mama gegessen. Alexej geht es, Gott sei Dank, gut.

Ich küsse Dich herzlich, mein lieber, guter Papa. Ich liebe Dich sehr als

Deine Tochter
Maria Demenkowa[4].

Das nächste Mal nimm mich unbedingt mit, sonst springe ich selbst in den Zug, weil mir ohne Dich langweilig ist. Schlafe gut.

Zarskoje Selo 2. September 1914

Mein lieber Papa!

Ich danke Dir sehr für das Telegramm, das du uns geschickt hast. Ich war gerade bei Alexej, um zu beten, aber es stellte sich heraus, dass Anastasia genau vor mir da war und betete. Das ist gemein. Meine Lippe ist entzündet. Mascha läßt Sascha (d. h. ich Drenteln) grüßen und kneift ihn gedanklich. Tatjana telephoniert mit der Tochter der unermüdlichen Gräfin Gendrikowa[5]. Ich küsse und liebe meinen Papa von ganzem Herzen und fahre gedanklich mit Demenkow zu Dir, wenn nicht jetzt, so doch später, bestimmt mit eigenem [...[6]].

Deine Kasanscha[7].
Mit künftigem Familiennamen Demenkowa.

1 Batjuschka – Alexander Petrowitsch Wassiljew, Oberpriester, Beichtvater der Zarenfamilie, Vorsteher der Hofkathedrale zur Verklärung Christi beim Winterpalais.
2 Georgi Ioannowitsch Schawelski – Oberpriester der kaiserlichen Armee und Flotte.
3 A. – Großfürstentochter Anastasia Nikolajewna.
4 Demenkowa – Maria Nikolajewna empfand offene Sympathie für Nikolai Dmitrijewitsch Demenkow, Leutnant der Garde-Equipage, Offizier der Zarenjacht „Standart".
5 Sofia Petrowna Gendrikowa – Gräfin, geb. Fürstentochter Gagarina, Witwe des Oberzeremonienmeisters Graf W. A. Gendrikow. Starb am 10. September 1916.
6 Unleserliches Wort.
7 Großfürstentochter Maria war Patin des 9. Kasaner Dragonerregiments.
Bestand 601/1/1291, Bl. 31-34.

Grossfürstentochter Anastasia Nikolajewna an ihren Vater, Zar Nikolaus II.

Zarskoje Selo 8. Mai 1913

Mein lieber, guter Papa!!!

Ich möchte Dich sehr gern wiedersehen. Gerade ist die Arithmetikstunde zuende gegangen, ich glaube, ich war ganz gut. Wir fahren jetzt in die Schwesternschule. Ich freue mich sehr. Bei uns regnet es heute, und es ist grau in grau. Ich bin bei Tatjana im Zimmer, Tatjana und Olga sind da. Sage Bobby[1], wenn du ihn siehst, dass mir die Hand juckt, ihn zu hauen. Ich gebe mir große Mühe, Würmer zu züchten, aber Olga sagt, ich stinke, das stimmt aber nicht. [...] Wenn Du kommst, werde ich in Deiner Wanne baden. Ich hoffe, dass Du den Witz nicht vergessen hast, den ich Dir beim Spaziergang erzählt habe. Ich sitze da und bohre mit der linken Hand in der Nase. Olga wollte mir eine Ohrfeige geben, aber ich bin ihrer harten Hand ausgewichen. [...] Wenn Du kommst, werde ich Dich vom Bahnhof abholen. Bleibe lustig und gesund.

Ich drücke Dich fest. Ich liebe Dich immer und überall. [...]

Anastasia

Zarskoje Selo 21. September 1914

Papa, mein Goldstück,

ich gratuliere Dir zum Sieg. Wir waren gestern im Zug von Alexej. Wir haben viele Verwundete gesehen. Unterwegs sind drei Offiziere gestorben. Madame Kublizkaja[2] ist dort gewesen. Wir haben Porezki[3] getroffen, er ist sehr gealtert. Die Verwundungen sind ziemlich schwer, in zwei Tagen wird wahrscheinlich ein Soldat sterben, sie haben sehr gestöhnt. Mama und die Schwestern haben Verbände angelegt, ich bin mit Maria zu allen Verwundeten gegangen, wir haben mit jedem gesprochen. Einer hat mir einen großen Granatsplitter gezeigt, den haben sie ihm aus dem Bein gezogen. Alle sagen, dass sie zurück und es dem Feind heimzahlen wollen!

[...] Schlafe gut und träume von mir. Ich küsse Dich tausend Mal.

Deine dich liebende dreizehnjährige

Nastasja.

Zarskoje Selo 23. September 1914

Papa, mein Brillant!

Ich schreibe Dir wieder, während Schura[4] mich für die Nacht kämmt. Olga hat jetzt Sitzung, und Tanja ist auch dort. Anja hat mit uns gegessen und liegt jetzt auf der Schlafcouch, Maria schreibt Dir, und Mama war bei Alexej. Heute hatten wir Unterricht und waren dann alle vier im Lager. Wir haben viel gearbeitet und außerdem war es sehr lustig. [...]

Ich möchte überhaupt noch nicht ins Bett. Ich möchte dort sein, wo Du jetzt bist, weil ich nicht weiß, wo Du bist. Alexej geht es besser, er liegt im Bett und ist fröhlich. Pjotr Wassiljewitsch und M. Gilliard lesen ihm vor oder spielen mit ihm verschiedene Spiele. Es tut mir leid, dass ich so schlecht schreibe, aber meine Hand will nicht so. [...]

Ich muss schlafen. Ich küsse Dich viele, viele tausend Mal. Ich grüße Dich. Deine Dir ergebene dreizehnjährige Schülerin mit Namen

Nastasia (Schwybsik)[5],

Patin des Popsker Atamanregiments[6].

Schlafe süß und träume von mir, ich träume auch von Dir und dann sind wir quitt.

Zarskoje Selo 28. Oktober 1914

Mein lieber Papa, mein Goldstück!

Wir sind gerade mit dem Essen fertig. Ich schicke Dir nun ein schönes Bild von mir. Ich bin sicher, dass Du Dich darüber freuen wirst. Ich habe heute bei unserem Soldaten gesessen und ihm beim Lesen geholfen, das hat mir sehr gefallen. Er hat bei uns angefangen, schreiben und lesen zu lernen. Noch zwei arme Männer sind gestorben, gestern hatten wir noch bei ihnen gesessen. Mama fährt heute abend mit Olga, Tatjana, Olja[7] und Anja[8] nach Pskow. Heute waren fünf Grad plus und Schneeregen, außerdem starker Wind. [...] Eben saust Ortipo mit Tanja durch die Zimmer. Maklakow[9] und Malama[10] werden um neun Uhr bei Mama sein. Toni kommt, das wird sehr schön. Ich habe dieses Foto im Spiegel aufgenommen und das war sehr schwer, weil meine Hände gezittert haben. Wie geht es Nikolai Pawlowitsch[11]? [Tintenfleck] Nun hat es einen Klecks gegeben, weil Olga mich gestört hat. Ich hatte heute sieben Stunden Unterricht, morgen vier oder fünf. [...]

Olga haut Maria, und Maria schreit wie am Spieß. Und so was will ein echter Dragoner sein. Malama ist gerade gekommen und sitzt auf dem Stuhl bei den Schwestern. Olga hat noch einmal gebeten, Dich herzlich zu küssen. Ich habe mich schon gewaschen und muss nun ins Bett. Morgen werde ich Dir zuende schreiben. [...]

Guten Tag, Eure Kaiserliche Hoheit! Einen guten Morgen! Ich gehe jetzt Tee trinken. Ich habe gut geschlafen, ohne Mama und die Schwestern. Ich habe jetzt eine Stunde Russisch. Pjotr Wassiljewitsch liest uns „Aufzeichnungen eines Jägers" von Turgenjew vor. Sehr interessant. Maria und ich machen Handarbeiten, ich stricke und Maria häkelt. [...]

Ich wünsche Dir alles Gute. Grüße N. P. Ich küsse Dich 1 000 000 Mal. Deine ergebene und Dich treu liebende Tochter, die dreizehnjährige Sklavin Gottes

Nastasia (Schwybsik)
Gott behüte Dich.

1 Siegismund-Wilhelm (Bobby), Prinz von Preußen, Neffe von Zarin Alexandra Fjodorowna.
2 Gattin von Oberleutnant der Garde-Equipage Alexander Iwanowitsch Kublizki.
3 Alexander Nikolajewitsch Porezki – Generalleutnant, Kommandeur der Leibgarde des Ismailowski-Regiments und des Vereinten Gardebataillons, gestorben am 25. März 1915.
4 Schura – Alexandra Alexandrowna Teglewa, Kinderfrau der Zarenkinder.
5 Schwybsik – Spitzname der Großfürstentochter Anastasia Nikolajewna im Familienkreis.
6 Ein Scherz von Anastasia.
7 Olja – Olga Jewgenija Bjuzowa, Hoffräulein der Zarin Alexandra Fjodorowna.
8 Anja – Anna Alexandrowna Wyborowna.
9 Nikolai Alexejewitsch Maklakow (1871-1918) – Hofmeister, Mitglied des Staatsrats, Innenminister, 1912-1915 Chef des Gendarmeriekorps. Im August 1918 von der Tscheka erschossen.
10 Boris Sacharowitsch Malama – Ehrenleibarzt.
11 Nikolai Pawlowitsch Sablin.
Bestand 601/1/1156/Bl. 18-20, 27-28, 31-32, 44-45.

A. A. Mordwinow an die Großfürstentochter Anastasia Nikolajewna

Mogiljow 14. Oktober 1916, 6 1/2 abends

Von ganzem Herzen danke ich Ihnen, meinem lieben, „vierten" und wichtigsten „Quälgeist", dass Sie so nett an mich gedacht haben, und für Ihren lieben Brief, den soeben zu erhalten ich die Freude hatte.

Wenn Sie nur wüssten, wie ich mich darüber gefreut habe, und wie mich Ihre freundlichen, netten und scherzhaften Worte erneut in Ihren Zug, der Mogiljow verlassen hat, und in die vergangene aber schöne Zeit zurückversetzten, als dieser Zug noch bei den gestapelten Baumstämmen, dem feuchten, nie austrocknenden Graben, dem Häuschen mit dem kleinen „Tolja"[1] usw. stand und in diesem Zug das Leben voller Überraschungen, Ängste und Grobheiten, die auf das Konto des betrunkenen und törichten Zugkommandanten gingen, pulsierte.

Nun sind Sie schon weit weg von hier und erreichen bald Zarskoje; für Sie beginnt wieder der normale, wahrscheinlich monotone Alltag, der für uns gleich nach Ihrer Abreise begonnen hat.

Im Leben ist es nun einmal so – auf Sonne folgt Regen und auf Regen wieder Sonne, diesem Wechsel kann man nicht entgehen.

Aber wir alle, zumindest ich, sind voller Erinnerungen an Ihren Aufenthalt. Gestern sind wir noch einmal den Weg entlang gegangen, auf dem wir am Tag Ihrer Abreise spazierten. Und wir haben den kleinen feuchten Hügel mit dem Pfahl, an dem Sie sich festhielten, als Sie plötzlich ausrutschten, und den Wald wieder gesehen, in dem wir vergeblich versuchten, Swetschin[2] in die Irre zu führen.

Ihre Grüße habe ich sofort Ihrer Hoheit und Alexej Nikolajewitsch übermittelt, welcher mich wie üblich scherzhaft streng dafür rügte, dass ich ihm Ihre Küsse nicht richtig übermittelt hätte. Ich hatte einfach zu ihm gesagt: „Die Schwestern küssen Sie ganz herzlich und denken an Sie", und dabei zerstreut wie immer das Wort „Ihre" (Schwestern) vergessen. – „Wie können Sie es wagen, so zu reden! Das sind meine und nicht Ihre Schwestern. Ihre Schwestern wagen es nicht, mich zu küssen!" Ich erkenne in dieser scharfen Kritik an meiner Zerstreutheit die Position von Olga Nikolajewna und Ihnen allen, meine lieben Quälgeister, wieder, und die einzige Möglichkeit zu meiner Verteidigung war, Al[exej] Nikol[ajewitsch] feierlich zu versichern, dass ich leider keine Schwestern habe und überzeugt sei, dass er genau wisse, wovon die Rede ist. Als Antwort erhielt ich nur einen derben Schlag gegen die Brust und musste schweigen. Nach dem Frühstück habe ich Marsengo[3] gesehen. Er erklärte mir mit jubelndem Blick, dass er von Ihnen Ihre Fotos erhalten hat oder erhält, was bedeutet, dass Ihnen allen seine Musik gefällt. Er strahlte richtig vor Begeisterung.

Sergej Georg[iejewitsch], Alex[ander] Alexand[rowitsch], Viktor Erastowitsch und Nikolai Wassiljewitsch[4] (habe ich das nicht gut gelernt?!)

habe ich noch nicht gesehen. Sowie ich sie sehe, werde ich natürlich alles genau erledigen und allen vier Ihre Grüße usw. übermitteln. Vorläufig auf Wiedersehen, ich muss zu Tisch. Ich danke Ihnen, meine lieben Quälgeister, noch einmal ganz herzlich für Ihre Güte mir gegenüber. Besonders herzlich danke ich Ihnen für die Blumen und Ihr nettes, herzliches und freundschaftliches Verhalten mir gegenüber, das mir stets viel Freude bereitet und das ich nie vergessen werde.

Nun, auf Wiedersehen! Von ganzem Herzen Ihr

A. Mordwinow

1 Während der Reise der Großfürstentöchter in das Hauptquartier (Mogiljow) hatten sie auf einem kleinen Bahnhof die Familie eines Eisenbahners und dessen Sohn Tolja kennengelernt.
2 Wladimir Wladimirowitsch Swetschin – Flügeladjutant, Oberst der Leibgarde des Preobrashensker-Regiments.
3 Marsengo – Oberst, Chef der italienischen Militärmission im Hauptquartier.
4 Offiziere der Suite Ihrer Hoheit.

Bestand 638/1/8/Bl. 44-46.

Nikolai Gumiljow[1]
Zum Geburtstag Ihrer Kaiserlichen Hoheit, Grossfürstentochter Anastasia Nikolajewna (1916)

Heut ist der Ehrentag von Anastasia.
Möge es uns mit unserem Glückwunsch gelingen,
Die von ganz Russland für Euch empfundene
Liebe und Huldigung zum Ausdruck zu bringen.

Es ist uns eine große Freude und ein Bedürfnis,
Dem Wunschbild unserer Träume zu gratulieren,
Und mit unserer Unterschrift
Die Glückwunschverse zu signieren.

Vergessen ist, dass wir noch tags zuvor
Im heftigen Gefecht erlitten Pein und Schmerzen,
Doch diesen heutigen festlichen fünften Juni
Begehen wir mit freudigem Herzen.

Wenn wir erneut in Kämpfe ziehen,
Voller Liebe und Begeisterung,
Dann bleibt für immer Zarskoje Selo,
Dieser Palast in unserer Erinnerung.

Fähnrich N. Gumiljow
Zarskoje Selo, Palast-Lazarett, 5. Juni 1916

1 Nikolai Stepanowitsch Gumiljow (1886-1921) – bekannter russischer Dichter, Ehemann der namhaften Dichterin Anna Achmatowa. Aus seiner Feder stammen u. a. die Gedichtsammlungen „Der Weg der Konquistadoren" (1905), „Romantische Blumen" (1908), „Die Perle" (1910) und „Der fremde Himmel" (1912). Teilnehmer des Ersten Weltkriegs.

Bestand 683/1/77, Bl. 1.

4 Thronfolger Alexej – der Sonnenstrahl

Die Geburt eines Sohnes wurde in der Zarenfamilie sehnlich erwartet, von ihren Feinden jedoch ängstlich befürchtet, denn allein mit seiner Geburt begann er eine wichtige Rolle in der großen Politik zu spielen und das mit der Thronfolge verbundene feingesponnene Netz von Intrigen, Hoffnungen und Ansprüchen zu zerstören.

Nach den Gesetzen des Russischen Reiches galt der in der Altersfolge nächste Bruder des Zaren als Thronfolger, bis dem herrschenden Zaren ein Sohn geboren wurde. Nikolaus II. hatte zwei jüngere Brüder – Georgi und Michail. Georgi, der mit der Thronbesteigung von Nikolai Zarewitsch wurde, starb 1899. Damit ging der Titel des Thronfolgers an Großfürst Michail Alexandrowitsch über.

Nikolaus II. und Alexandra Fjodorowna hatten die Hoffnung auf einen Sohn schon verloren, da sie bereits vier Töchter hatten. Doch am 30. Juni 1904, um ein Uhr fünfzehn nachmittags, trat das langerwartete Ereignis ein – die Zarin brachte einen Sohn zur Welt.

Am 11. August fand die Taufe des Neugeborenen statt. Viele am Hofe waren über den Namen erstaunt, der dem Täufling gegeben wurde: Alexej. Einige verwiesen auf den Sohn Peters I., andere stellten einen historischen Bezug zu Alexej Michailowitsch, dem zweiten Zaren der Romanow-Dynastie, her. Als man Nikolaus davon berichtete, überlegte er einen Augenblick und sagte dann: „Ja, sie haben recht, ich habe nur den einen Wunsch – der Thronfolger gibt mit seinem Sohn Russland einen zweiten Peter den Großen."

Den neugeborenen Zarewitsch berührten all dieser Trubel, die Intrigen und die große Politik natürlich überhaupt nicht. Er wuchs heran, trank Muttermilch und ahnte nichts von der Zukunft, die ihn hinter der Tür des Kinderzimmers erwartete.

Bald wurde nämlich offenbar, dass Alexej ein Opfer der „Krankheit

Zarin Alexandra Fjodorowna mit ihrem Sohn, Thronfolger Alexej Nikolajewitsch. Aufnahme von 1905.

Thronfolger Zarewitsch Alexej als Zehnjähriger. Aufnahme von 1914, mit handschriftlicher kyrillischer Bezeichnung der Zarin: „Alexej".

der Königshäuser“ war – der Hämophilie. An der Bluterkrankheit litten auch Leopold, der Sohn der englischen Königin Victoria, sowie einige ihrer Enkel und Urenkel. Die Krankheit hatte bereits den Bruder und zwei Neffen seiner Mutter dahingerafft.

Das kennzeichnende Sympton dieses Leidens ist die Störung der Blutgerinnung, was zu schweren, bisweilen tödlichen Blutungen führt. Oft kommt es auch zu Blutergüssen in den Gelenken der Gliedmaßen – Hämarthrose, woran Alexej litt. Die Hämarthrose ist von sehr starken Schmerzen, Fieber, der Unfähigkeit zu gehen und sogar zu schreiben begleitet.

Anfangs versuchte man, die Krankheit des Thronfolgers zu verheimlichen; Gespräche über seine Gesundheit wurden, sogar unter den nahen Verwandten, nur im Flüsterton geführt. Doch bald wurde die Wahrheit auch außerhalb der Mauern des Zarenpalasts bekannt. Da offizielle Mitteilungen ausblieben, waren eine Menge Gerüchte im Umlauf.

Es gab mehrere Gründe für dieses scheinbar unverständliche Schweigen. Die Eltern meinten, dass die Krankheit des Kindes eine Familientragödie sei, die Fremde nichts angehe. Andererseits wurden mit der Informationssperre staatliche Interessen verfolgt. Das Eingeständnis, dass der langerwartete Thronfolger an einer Krankheit litt, deren Ausgang ungewiss war, konnte zu beträchtlichen politischen Problemen führen. Für die Mutter jedoch wurde das Bewusstsein, wenn auch ungewollt, die physischen Leiden des Sohns verursacht zu haben, zum ständigen psychischen Trauma, das Anlass zu Hypochondrie, Mystizismus und Verschlossenheit gab.

Die Familie zog sich von der Außenwelt nach Zarskoje Selo zurück. Um Alexej vor zufälligen Verletzungen zu bewahren, zumal der Junge sehr lebhaft und unternehmungslustig war, stand er unter ständiger Aufsicht des Bootsmanns Andrej Derewenko von der Zarenyacht „Standart“.

In verschiedenen historischen Romanen und Filmen wird Alexej mitunter als ungebildetes, verwöhntes Kind dargestellt. Den Dokumenten nach zu urteilen, entspricht das nicht der Wahrheit. Seine Aufsätze lassen auf einen regen Geist und die Fähigkeit schließen, Gedanken klar darzulegen und zu formulieren. Alexej hat Briefe in Englisch und Französisch geschrieben, in seinem Tagebuch findet sich fast täglich der Vermerk „habe gelernt“.

Erzieher des Knaben wurde der Schweizer Pierre Gilliard. Er hatte an der Universität Lausanne studiert und war als Französischlehrer für die

Der sechsjährige Thronfolger Alexej (Mitte) mit den Söhnen des Großherzogs Ernst Ludwig von Hessen-Darmstadt, seinen Cousins Erbprinz Georg und Prinz Ludwig. Aufnahme von 1910.

Der siebenjährige Thronfolger Alexej Nikolajewitsch, aufgenommen während eines Manöverspiels 1911.

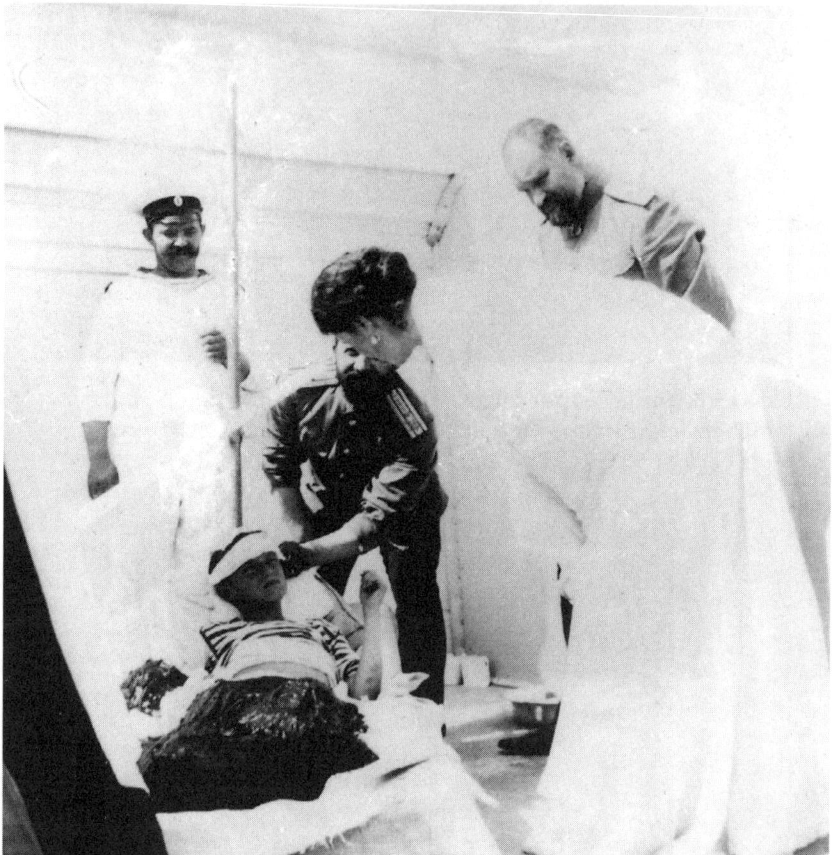

Thronfolger Alexej während einer Behandlung mit Moorpackungen, August 1913. Neben ihm Zarin Alexandra Fjodorowna, dahinter (von links) der betreuende Bootsmann des Zarewitsch, Ehrenleibchirurg Fjodorow und Leibarzt Botkin.

Zarewitsch Alexej mit seinem Literatur- und Russischlehrer P. W. Petrow.
Aufnahme von 1916.

Großfürstentöchter eingestellt worden. Der kluge und einfühlsame Pädagoge wurde bald enger Vertrauter der gesamten Zarenfamilie. Seine Ratschläge und Empfehlungen wurden aufmerksam befolgt, und als dann ein Erzieher für den Zarewitsch gesucht wurde, konnte keine bessere Wahl getroffen werden. Zwischen Lehrer und Schüler entwickelten sich kameradschaftliche und vertrauensvolle Beziehungen. Der Schweizer Pädagoge blieb seinem kleinen Zögling auch in den Tagen des Unglücks treu. Auf eigenes Risiko folgte er der Familie Nikolaus II. erst nach Tobolsk und dann nach Jekaterinburg. Auf Umwegen, wobei er wie durch ein Wunder der Erschießung entging, kehrte Gilliard danach in die Schweiz zurück.

Angemerkt sei, dass bei der Erziehung Alexejs, der Herausbildung seines Charakters und seiner Gewohnheiten einfache Leute und ehemalige Bauern eine große Rolle spielten – der Bootsmann Derewenko, der Matrose Nagorny, die Amme Maria Wischnjakowa. Wahrscheinlich waren nur im Ismailow-Palast, im Umkreis des künftigen Peter des Großen – wie der Vater es formuliert hatte –, so viele Menschen aus dem Volk an der Erziehung eines Thronfolgers beteiligt.

Doch am liebsten und vertrautesten waren Alexej natürlich immer seine Eltern und Schwestern. Die Briefe an den Vater, die Mutter und die Schwestern sind offenherzig und kindlich naiv. Aus ihnen ist lebhaft die häusliche, fürsorgliche Atmosphäre zu spüren, die den Jungen umgab. Das zeigen viele Details, etwa die Anrede der Schwestern für den Bruder: „Kleiner Liebling Alexej".

In der Familie hatte man eine Vorliebe für Kosenamen, insbesondere für Alexej. Der Vater nannte den Sohn in seinem Tagebuch „unser kleiner Schatz", die Mutter war noch zärtlicher: Baby, Lämmchen, Kleines, Sonnenstrahl. Und der Sohn schloss seine Briefe an den Vater beispielsweise mit „Dein Dich liebender Alexej, der Schelm."

Dieser Zusatz war für beide eine Art Symbol. Er wechselte mit jedem Brief, Alexej wurde vom „Schelm" zum „Widerspenstigen" oder „Unmöglichen", er war der „Unverbesserliche" und „Halsstarrige". Ein neckisches Spiel, das Vater und Sohn lebenslang betrieben.

Mit zwölf Jahren begann Alexej, der es in allem dem Vater nachtat, ein Tagebuch zu führen, worin er die täglichen Erlebnisse und die Personen, denen er begegnet war, festhielt. Die kindliche Handschrift wurde erwachsener; an Tagen, an denen er von der Krankheit geschwächt war, diktierte er die Einträge seinen Schwestern.

Im Oktober 1915 fuhr Alexej zum Vater ins Hauptquartier in der belorussischen Stadt Mogiljow. Hier wohnten sie zusammen in einem Zimmer, dessen ganze Einrichtung aus zwei Feldbetten und einigen Stühlen bestand. Einige Male machte der Zarewitsch zusammen mit dem Vater Truppenbesuche. Zur Erinnerung an einen Lazarettbesuch bei der Bahnstation Klewan wurde Alexej die Georgsmedaille verliehen. Im Mai 1916 beförderte ihn Nikolaus II. zum Gefreiten.

Die neuen Eindrücke und das selbstständige Leben im Hauptquartier ohne die mütterliche Bevormundung formten den Jungen – er wurde ernster, erwachsener, legte zunehmend die kindliche Schüchternheit ab.

Hierzu nur ein kleines, aber charakteristisches Detail: Einmal filmten die allgegenwärtigen Kameraleute den Zarewitsch, wie er mit einem Hund spielte. Der Film sollte in der Öffentlichkeit gezeigt werden, doch der Junge protestierte: „Es wäre dumm, mich so zu zeigen, wie ich herumtanze; der Hund sieht dabei klüger aus als ich." Er war ein sehr bescheidener und schüchterner Junge, obwohl ihm von Geburt bestimmt war, Herrscher einer Großmacht zu werden.

Alte, mit der Zeit vergilbte historische Dokumente geben Auskunft: ein Notizbuch, in dem die Stillzeiten festgehalten wurden, der Tagesablauf des Neugeborenen, Fotos – der Knirps marschiert mit einer übergroßen Trommel vor der Kamera. Dann schon älter, ein schlanker junger Prinz mit einem kleinen Degen. Alexej in Uniform, ein schönes Gesicht, große, traurige Augen.

Wovon träumte dieser Jüngling, was hätte er dem Volk gegeben, wenn er den Thron bestiegen hätte? Vor welchem Unglück hätte er Russland bewahren können?

Dokumente

AUFZEICHNUNG IM NOTIZBUCH DER ZARIN ALEXANDRA FJODOROWNA ÜBER DIE GEBURT IHRES SOHNES

4660 Gramm schwer, 58 Zentimeter groß.
Kopfumfang 38 cm, Brustumfang 39 cm.
Thronfolger Zarewitsch Alexej Nikolajewitsch wurde am Freitag, dem 30. Juni 1904, um 1 Uhr 15 nachmittags geboren.
Bestand 682/1/1, Bl. 1.

Thronfolger Zarewitsch Alexej Nikolajewitsch

Aus dem Fernen Osten kamen keine tröstlichen Nachrichten, doch am 30. Juni 1904 gab es für die Zarenfamilie und ganz Russland eine Freude zu verkünden: Die Zarin hatte einen Sohn zur Welt gebracht.

Ich begab mich mit der Mappe mit den offiziellen Geburtsanzeigen nach Peterhof, und der Herrscher trug in das ihm vorgelegte Exemplar den Namen des Neugeborenen ein: „Alexej."

Am Hof herrschte allgemeine Freude. Als ich mich einem Telefon im Flügel der Hofdamen näherte, hörte ich die nicht gerade fröhliche Stimme von Oberst Daschkow[1], der im Dienst des Thronanwärters Großfürst Michail Alexandrowitsch stand. Seine Weisung lautete: „Streicht auf den Briefbogen das Wort ‚Thronfolger' und bestellt sofort neue, ohne dieses Wort. Die alten Exemplare können noch für Entwürfe verwendet werden." Michail Alexandrowitsch war im Gegensatz zu seinem älteren, verstorbenen Bruder Georgi nicht der Titel Zarewitsch verliehen worden, weil die Herrscherin immer noch auf die Geburt eines Sohns hoffte und Seine Hoheit offenbar nicht wünschte, dass es im Fall der Geburt desselben zwei Zarewitschs geben würde. Mit der Geburt von Alexej Nikolajewitsch war natürlich der Titel ‚Thronfolger' hinfällig.

Dies wurde am Hof der Zarenwitwe heftig diskutiert.

Am 11. Juli fand die Taufe des Erlauchten Neugeborenen in der Kirche des Großen Palasts in Peterhof statt. Sie unterschied sich von der ähnlichen Zeremonie aus Anlass der Geburt der Großfürstentochter Anastasia Nikolajewna, die ich zuvor beschrieben habe, dadurch, dass die Kutsche mit dem Zarewitsch nicht von sechs, sondern acht Pferden gezogen wurde. Vor dem Festzug fuhren Oberzeremonienmeister Graf Gendrikow[2] und Oberhofmarschall Fürst Dolgoruki[3] mit goldenen Zeptern in der Hand, jeder in einem Paradezweispänner. Ihnen folgten in einer vergoldeten Kutsche die beiden Assistenten, die die Decke des Thronfolgers hielten – Graf Woronzow-Daschkow[4] und Generaladjutant Richter[5], beide mit den Schärpen des Andreaskreuzes. Danach ein Zug der Eskorte und der Leibhusaren, deren Regimentern der Zarewitsch angehört. Der Kutsche des Neugeborenen folgten die Leibatamane, zu deren Chef nach der Tradition der Zarenfamilie als neuernannter Ataman der Donkosaken Zarewitsch Alexej Nikolajewitsch geworden war.

Als Taufpaten wurden eingetragen: Zarin Maria Fjodorowna; General Feldzeugmeister Großfürst Michail Nikolajewitsch; Großfürstin Alexandra Iossifowna[6]; Königin Olga von Griechenland[7]; General Admiral Großfürst Alexej Alexandrowitsch[8]; Persönlichkeiten nichtrussischer Herkunft: Kaiser Wilhelm; die Könige von Dänemark und Großbritannien; der Großherzog von Hessen[9].

An der Taufe nahmen Prinz Heinrich von Preußen, in Vertretung seines Bruders des Kaisers, und Prinz Christian von Dänemark[10] teil. Am Taufbecken standen die verwitwete Herrscherin und Alexej Alexandrowitsch. Am Ende der Liturgie überreichte der Ordenskanzler Graf Frederiks dem Herrscher auf einem goldenen Tablett die Ehrenzeichen des Ordens des Hl. Andreas des Erstberufenen, die Seine Hoheit auf den Sohn legte. 301 Salutschüsse wurden abgefeuert.

Nach der Taufe wurde im Petrowsaal in Anwesenheit der Zarenfamilie für alle Teilnehmer der Taufzeremonie ein großes Frühstück gegeben. St. Petersburg war mit Fahnen geschmückt und abends illuminiert, ebenso Peterhof. An diesem Tag waren gleichsam alle Sorgen und Ängste des Kriegs im Fernen Osten vergessen.

Der Herrscher sah sehr glücklich und fröhlich aus, und, nach Aussage von Fürstin M. M. Golizyna, Zarin Alexandra Fjodorowna triumphierte wahrlich vor Freude. Die kleinen Großfürstentöchter drängten sich an die Wiege, jede wollte ihren langerwarteten Bruder liebkosen.

1 Dmitri Jakowlewitsch Daschkow – Oberst, 1897-1909 im Dienst des Großfürsten Michail Alexandrowitsch, während des Ersten Weltkriegs Generalmajor der Suite Seiner Majestät.
2 Wassili Andrejewitsch Gendrikow – Graf, Oberzeremonienmeister des Zarenhofs.
3 Alexander Sergejewitsch Dolgoruki – Fürst, Oberhofmarschall des Zarenhofs.
4 Illarion Iwanowitsch Woronzow-Daschkow (1837-1915) – Graf, Generaladjutant, General der Kavallerie, 1881-1897 Minister des Zarenhofs und der Apanagen, Mitglied des Staatsrats.
5 Otto Borissowitsch Richter – Generaladjutant, General der Infanterie.
6 Alexandra Iossifowna (1830-1911) – Großfürstin, geborene Prinzessin von Sachsen-Altenburg, Gattin des Großfürsten Konstantin Nikolajewitsch.
7 Olga Konstantinowna – Großfürstin.
8 Alexej Alexandrowitsch (1850-1908) – Großfürst, vierter Sohn von Zar Alexander II., Generalleutnant, Generaladjutant, Chef der Flotte und des Marineamts.
9 Wilhelm II., Kaiser von Deutschland; Christian IX., König von Dänemark; Edward VII., König von England; Ernst Ludwig, Großherzog von Hessen-Darmstadt.
10 Prinz Heinrich von Preußen, jüngerer Bruder von Kaiser Wilhelm II., und Prinz Christian von Dänemark (1870-1947), künftiger König Christian X. von Dänemark und Island.

Bestand 1001/2/1, Bl. 22-23.

Kaiser Wilhelm II. an Zar Nikolaus II.

Kassel, Schloss Wilhelmshöhe 19. August 1904

Lieber Nicky!

Es ist sehr lieb von Dir gedacht, mich zu fragen, ob ich bei Deinem kleinen Jungen Taufpate sein will! Du kannst Dir ja vorstellen, wie groß unsere Freude war, als wir Dein Telegramm erhielten, in dem Du seine Geburt anzeigtest! „Was lange währt wird gut" lautet ein altes deutsches Sprichwort, so möge es mit diesem lieben Kleinen sein! Möge er heranwachsen zu einem tapferen Soldaten und einem weisen und mächtigen Staatsmann; und möge Gottes Segen immer auf ihm ruhen und ihn vor jeglichem körperlichen und seelischen Unheil bewahren. Möge er immer eine Sonnenstrahl für Euch beide sein, so wie er es jetzt in dieser schweren Zeit ist! Henry wird diese Zeilen und meine aufrichtigsten und herzlichsten Wünsche für Dich, Alix und den Jungen überbringen! Zusammen mit einem Becher als Geschenk für mein kleines Patenkind, den er, hoffe ich, benutzen wird, wenn er meint, dass der Durst eines Mannes nicht für immer nur mit Milch gestillt werden kann! Vielleicht stellt er dann eines Tages selbst fest, dass „Ein gut' Glas Branntewein soll Mitternachts nicht schädlich sein" nicht nur eine Binsenwahrheit ist, sondern dass oft „Im Wein ist Wahrheit nur allein", wie der Butler in „Undine" singt, zutrifft; und abschließend noch die klassischen Worte unseres großen Reformators Dr. Martin Luther: „Wer nicht liebt Wein, Weib und Gesang, der bleibt ein Narr sein Leben lang." Dies wären die Maximen, die ich der Erziehung meines Patenkinds gern zugrunde legen würde!! Sie haben einen tiefen Sinn, und gegen sie gibt es keine Einwände! [...]

Mit liebevollen Grüßen an Alix und den „Sonnenstrahl" verbleibe ich als Dein immer sehr ergebener und lieber Freund und Cousin

Willy!
Admiral des Atlantik

Bestand 601/1/1199, Bl. 90-93 (in Englisch).

Aus den Memoiren von P. Gilliard[1]

Der Zar und die Zarin bewohnten die untere Etage eines der Schlossflügel, ihre Kinder die Etage darüber; der zentrale Gebäudeteil schloss die Säle für festliche Empfänge ein, und der gegenüberliegende Flügel war für einige Personen der Suite bestimmt. In diesem Umfeld, das so gut ihren bescheidenen Ansprüchen entsprach, verlief das Leben der Zarenfamilie.

Hier habe ich im Februar 1906 zum erstenmal den Thronfolger gesehen, der damals anderthalb Jahre alt war, und zwar unter folgenden Umständen: Bereits sechs Monate unterrichtete ich damals die Großfürstentöchter Olga und Tatjana in Französisch und war an diesem Tag wie üblich in den Alexanderpalast gekommen. Ich beendete gerade die Unterrichtsstunde mit Olga Nikolajewna, als die Zarin mit dem Thronfolger auf dem Arm eintrat. Sie kam zu uns mit der deutlichen Absicht, mir den Sohn, den ich noch nicht kannte, zu zeigen. Die Freude der Mutter war grenzenlos, nachdem endlich ihr sehnlichster Wunsch in Erfüllung gegangen war. Es war zu spüren, dass sie vor Glück strahlte und auf ihr hübsches Kind stolz war. Und der Thronfolger war damals wirklich ein so reizendes Kind, von dem man nur träumen kann – mit bezaubernden blonden Locken, hellblauen großen Augen, langen, dichten und gebogenen Wimpern! Er hatte die frische, rosige Gesichtsfarbe eines gesunden Kindes, und wenn er lächelte, sah man, wie sich Grübchen auf seinen vollen Wangen bildeten. Als ich mich ihm näherte, schaute er mich ernst und erschrocken an und streckte mir nur zögernd seine Patschhand entgegen.

Bei dieser ersten Begegnung sah ich, wie die Zarin wiederholt den Thronfolger zärtlich an ihre Brust drückte, wie eine Mutter, die um das Leben ihrer Kindes bangt. Diese Liebkosung und ihr Blick dabei offenbarten eine gewisse innere Besorgnis, die zu Herzen ging, so dass ich sehr betroffen war. Erst viel später erfuhr ich den Grund ihrer Besorgnis.

In den nächsten Jahren sah ich Alexej Nikolajewitsch immer öfter, wenn er sich der Aufsicht seines Matrosen entzog und in das Unterrichtszimmer seiner Schwestern hereinstürmte. Manchmal hörten diese Besuche plötzlich auf, einmal ließ er sich ziemlich lange Zeit überhaupt nicht blicken. Sein Verschwinden versetzte die Bewohner des Palasts jedesmal in gedrückte Stimmung, was sich auch bei meinen Schülerinnen durch Traurigkeit und Schwermut äußerte. Sie versuchten vergeblich, ihren Kummer zu verbergen. Wenn ich sie danach fragte, antworteten sie ausweichend und gaben an, dass Alexej Nikolajewitsch leicht kränkele. Doch aus anderen Quellen wusste ich, dass er an einer Krankheit litt, die nicht genau benannt wurde und deren Wesen mir niemand genau sagen konnte.

Erst als ich zum Lehrer von Alexej Nikolajewitsch (im Herbst 1913) ernannt wurde, informierte mich Dr. Derewenko genauer über diese Krankheit. Er teilte mir mit, dass der Thronfolger an „Hämophilie" leide, einer Erbkrankheit, die in gewissen Familien von Generation zu Generation, von Frauen auf ihre Kinder männlichen Geschlechts übertragen wird. Nur Männer fallen dieser Krankheit zum Opfer.

Trotz aller Vorsichtsmaßnahmen war es leider unmöglich, allen Unglücksfällen vorzubeugen.

Einige Wochen nach meiner Amtsübernahme tat Alexej Nikolajewitsch einen unglücklichen Sturz, es kam zu einem starken Bluterguss unter dem linken Knie, und die Schwellung umfasste schnell den ganzen unteren Teil des Beins. Die bis aufs äußerste gespannte Haut verhärtete unter dem wachsenden Bluterguss, der auf die Nerven des Beins drückte und einen stechenden Schmerz hervorrief, der von Stunde zu Stunde zunahm. Mit Beginn der Krise wich die Mutter nicht vom Bett des Sohns, beugte sich über ihn, liebkoste ihn, ließ ihn ihre ganze Liebe spüren und versuchte mit allen Mitteln, seine Leiden zu lindern. Der Zar kam ebenfalls, sobald er eine freie Minute hatte. Er versuchte, den Jungen aufzumuntern und abzulenken, doch die Schmerzen waren stärker als die Liebkosungen der Eltern, und das für eine Minute unterbrochene klägliche Stöhnen begann erneut. Zuweilen öffnete sich die Tür und die Großfürstentöchter kamen der Reihe nach vorsichtig herein, um den kleinen Bruder zu küssen und ihm, wie ein Windhauch, Erfrischung und Gesundheit zu bringen. Das Kind öffnete für einen Moment seine großen Augen, die von tiefen dunkelblauen Schatten umrahmt waren, und schloss sie fast sofort wieder.

Als die Mutter erkannte, dass sie von den Menschen keinerlei Hilfe erwarten konnte, blieb ihr nur die Hoffnung auf Gott. Er allein konnte ein Wunder vollbringen! Doch dieses Wunder musste verdient werden! Sie war an sich schon sehr fromm, doch nun widmete sie sich voll und ganz dem orthodoxen Glauben. Sie ging ganz in der Religion auf, mit derselben Leidenschaft, demselben Eifer und Elan, wie sie alles zu tun pflegte. Das Leben am Hof nahm einen strengen, fast einsiedlerischen Charakter an. Alle Feiern wurden vermieden und die Zahl der offiziellen Feste wurde auf das Mindestmaß reduziert. Die Zarenfamilie zog sich immer mehr von der Außenwelt zurück.

Zwischen den schubweisen Ausbrüchen der Krankheit lebte das Kind jedesmal sichtlich auf, erholte sich zeitweise, vergaß seine Leiden und spielte wieder fröhlich und munter. Niemand hätte dann geglaubt, dass es an einer unheilbaren Krankheit litt. Und jedesmal, wenn die Zarin dann seine rosigen Wangen erblickte, sein lebensfrohes Lachen hörte oder sah, wie es Schabernack trieb, war ihr Herz wieder voller Hoffnung, und sie sagte sich: „Gott hat mich erhört, Er hat sich schließlich meines Kummers erbarmt.“ Aber dann suchte die Krankheit plötzlich erneut das Kind heim, unterzog es allen diesen schrecklichen Leiden, und es befand sich wieder an der Schwelle des Todes.

Die Monate vergingen, das erwartete Wunder trat nicht ein, und die Krankheit brach immer häufiger, heftiger und unerbittlicher aus. Auch die inbrünstigsten Gebete bewirkten nicht, dass Gott Seinen heiß ersehnten Segen herabsandte. Damit zerschlug sich die letzte Hoffnung wie ein unerfüllbarer Traum. Verzagtheit und Trauer erfassten die Zarin, die ganze Welt schien sich von ihr abgewendet zu haben.

Man kann sich schwerlich eine Familie vorstellen, die so harmonisch und einvernehmlich lebte wie die von Nikolaus II. Auf den Thronfolger konzentrierte sich verständlicherweise die ganze Liebe, die ganze zärtliche Fürsorge der Familienangehörigen. Die Eltern und die Schwestern vergötterten ihn. Wenn es ihm gesundheitlich gut ging, war der ganze Palast wie verwandelt – ein Sonnenstrahl schien alles und alle zu beleuchten.

Alexej Nikolajewitsch war ein kluges, findiges und lebhaftes Kind, sehr herzlich, begeisterungsfähig und empfindsam. Vom Charakter her sehr einfach, weder stolz noch eitel, brüstete er sich niemals damit, Thronfolger zu sein, und das größte Glück für ihn war, wenn er mit den etwas jüngeren Söhnen des Matrosen Derewenkin spielen konnte. Er verehrte seinen Vater sehr, vergötterte ihn und war bemüht, es ihm in allem gleichzutun. Der von Natur aus begabte Junge entwickelte sich hervorragend, doch die Krankheit hemmte seine Entwicklung. Nach jedem Ausbruch der Krankheit musste er sich Wochen, manchmal Monate schonen. War die Blutung besonders heftig, folgte darauf eine allgemeine Blutarmut, die es dem Kranken – oft für lange Zeit – verbot, angespannt zu arbeiten. So konnten nur die Pausen zwischen den Krankheiten genutzt werden, was die Erziehung des Thronfolgers, bei aller natürlichen Begabung, äußerst schwierig gestaltete.

Die Schwestern des Zarewitsch bezauberten mit ihrem Liebreiz und ihrer Gesundheit. Sie waren ungewöhnlich gutherzig und sehr ungezwungen. Die älteste der Großfürstentöchter, Olga Nikolajewna, bewies außergewöhnlichen Verstand und grundlegende Fähigkeiten, doch im großen und ganzen waren die Großfürstentöchter mangelhaft gebildet. Das rührte daher, dass die Mutter, die sich anfangs sehr sorgfältig um die Bildung der Töchter gekümmert hatte, dies wegen der angeschlagenen Gesundheit des Sohns aufgeben musste. Die Krankheit von Alexej Nikolajewitsch hat auch ihre Kraft zunehmend gebrochen. Wenn ihr Sohn in Gefahr war, bei Ausbrüchen der Krankheit, widmete die Mutter sich ihm voll und ganz, mit erstaunlicher Energie und Selbstaufopferung. War diese Gefahr vorbei, kam es zum körperlichen Zusammenbruch. Die Zarin musste sich wochenlang schonen, lag völlig zerschlagen und von der übernatürlichen Anstrengung zermürbt in einem Liegesessel.

1 Pierre (Pjotr Andrejewitsch) Gilliard (1879-1962) – Bürger der Schweiz, Absolvent der Fakultät für Klassische Literatur der Universität Lausanne. 1904 wurde er als Französischlehrer für den minderjährigen Herzog Sergej von Leuchtenberg, einen Verwandten des Zaren, nach Petersburg geholt. Im darauffolgenden Jahr bot man ihm an, den Großfürstentöchtern Olga Nikolajewna und Tatjana Nikolajewna Französischunterricht zu erteilen. 1913 wurde er Französischlehrer des neunjährigen Thronfolgers Zarewitsch Alexej Nikolajewitsch. Sein offizieller Titel lautete „Mitarbeiter des Erziehers des Thronfolgers und Zarewitsch", da jedoch kein Erzieher ernannt wurde, erfüllte Gilliard praktisch dessen Aufgabe. Nach der Abdankung folgte er der Zarenfamilie in die Verbannung nach Tobolsk. In Jekaterinburg wurde ihm jedoch der Zugang zum Zarewitsch verwehrt. Nach der Ermordung von Nikolaus II. und seiner Familie heiratete Gilliard die Kinderfrau der Zarenkinder, Alexandra Alexandrowna Teglewa. Über den Fernen Osten kehrte er nach Europa zurück und ließ sich in der Schweiz nieder.
Gilliards Memoiren wurden erstmals 1920 auszugsweise in der Pariser Zeitschrift „Illustration" veröffentlicht. Der vollständige Text erschien im darauffolgenden Jahr zunächst in Paris, danach in London. Bald darauf wurde auch die russische Übersetzung der Memoiren veröffentlicht: „Zar Nikolaus II. und seine Familie" (Wien 1921) sowie „Das tragische Schicksal der russischen Zarenfamilie" (Reval 1921).

Nach: P. Gilliard. Das tragische Schicksal der russischen Zarenfamilie. Reval 1921.

Zar Nikolaus II. an seine Mutter, Zarenwitwe Maria Fjodorowna

Spala[1] 20. Oktober 1912

Liebe teure Mama,

ich schreibe Dir mit Gott dem Herrn dankbaren Herzen für die Gnade, die er uns allen mit der beginnenden Genesung des armen teuren Alexej erwies!

Seit meinem letzten Brief aus Belowesh verspürte er dort einige Tage Schmerzen im Bein. Wie wir später erfuhren, hatte er beim Sprung in das Boot einen Fehltritt gemacht. Botkin[2] stellte damals bei ihm eine blutunterlaufene Stelle und eine leichte Schwellung im Unterleib unmittelbar am linken Beinansatz fest. Da die Schwellung im Verlauf der Woche zurückging und Alexej sich bis zu unserer Ankunft hier wohlfühlte, habe ich Dir nichts darüber mitgeteilt. Am 2. Oktober begann er, über heftige Schmerzen an dieser Stelle zu klagen, und das Fieber nahm mit jedem Tag zu. Botkin erklärte, dass es zu einem ernstzunehmenden Bluterguss im linken Lendenbereich gekommen sei und Alexej vollkommene Ruhe brauche.

Wir haben sofort den hervorragenden Chirurgen Fjodorow[3] kommen lassen, den wir seit langem kennen und der auf solche Fälle spezialisiert ist, und dann den guten Rauchfuß[4]. Außerdem kam zuvor noch unser Kinderarzt Ostrogorski[5]. Ich muss sagen, dass es immer traurig ist, eine solche Ansammlung von Ärzten zu sehen, doch sie erwiesen sich als so gut, mitfühlend und rührend zu Alexej, dass ich mich immer dankbar an sie erinnern werde.

Die Tage vom 6. bis 10. Oktober waren die schlimmsten. Der unglückliche Kleine litt schrecklich, die Schmerzen packten ihn krampfartig und wiederholten sich fast jede Viertelstunde. Mit hohem Fieber phantasierte er Tag und Nacht, saß im Bett, jede Bewegung rief sofort Schmerzen hervor. Er konnte kaum schlafen, auch nicht weinen, stöhnte nur und sagte „Gott sei mir gnädig". Mich kostete es große Mühe, bei ihm im Zimmer zu bleiben, doch ich musste Alix ablösen, denn sie war verständlicherweise vollkommen erschöpft, weil sie die ganzen Tage an seinem Bett verbrachte. Sie hielt diese schwere Heimsuchung, solange es Alexej schlecht ging, besser aus als ich, doch nun, wo die Gefahr Gott sei Dank vorbei ist, spürt sie die Auswirkungen der durchwachten Nächte an ihrem kranken Herzen.

Sie schont sich jetzt mehr und verbringt die Tage auf einer Liege im Zimmer von Alexej.

Am 10. Okt. beschlossen wir, ihm morgens das hl. Abendmahl zu reichen, und sogleich ging es ihm besser, das Fieber fiel von 39,5 auf 38,2, die Schmerzen hörten fast auf und er schlief zum erstenmal ruhig ein.

Die Anwesenheit von Irene[6] war für uns beide ein Trost; sie ist so herzlich, besonnen und ausgeglichen unter allen Bedingungen.

Alle unsere Leute, Kosaken, Soldaten und andere waren so rührend; seit den ersten Tagen der Krankheit Alexejs baten sie den Priester Alexander Wassiljew von der Krestowosdwishenski-Gemeinde, den Religionslehrer unserer Kinder, unter freiem Himmel Bittgebete für seine Genesung abzuhalten. Sie baten ihn jeden Tag darum, bis es Alexej besser ging. Eine Menge polnischer Bauern strömte herbei, und alle weinten, während er für sie predigte!

Wir haben sehr viel Telegramme, Briefe und Ikonen mit Wünschen für die schnelle Genesung des Kleinen erhalten. Mir hat man wie üblich zweimal wöchentlich Papiere gebracht, und dann wollte ich noch an seinem Bett sitzen – so ist meine ganze Zeit verstrichen, dass ich überhaupt nicht dazu kam, an Dich, teure Mama, zu schreiben.

Nun bin ich endlich wieder zu mir gekommen, bin auf die Jagd gegangen, was die Nerven sehr beruhigt, sonst werde ich letztendlich noch zu einer Memme.

Von ganzem Dich liebenden Herzen danke ich Dir für Deine lieben Telegramme und den Brief; jedes Wort Deiner Anteilnahme hat meine Seele tief ergriffen. Ich muss Dich aber davon in Kenntnis setzen, dass nach Meinung der Doktoren die Genesung Alexejs nur langsam vorankommen wird. Er spürt immer noch Schmerzen in linken Knie, das er noch nicht beugen kann, und dieses Bein wird mit Kissen abgestützt. Doch das beunruhigt die Doktoren nicht, vor allem muss das Blut weiter zurückfließen, und dafür ist Ruhe erforderlich. Seine Gesichtsfarbe ist jetzt gut, zuvor sah sein Gesicht wie Wachs aus, ebenso die Hände und Füße. Er hat schrecklich abgenommen, deshalb geben die Doktoren jetzt Aufbaukost.

* * *

21. Oktober

Eben waren wir alle, viele von der Suite, Kosaken und unsere Leute, in der Feldkirche, um das heilige Abendmahl zu empfangen. Nach dem Gottesdienst hat der Priester die heiligen Gaben zu Alexej gebracht, damit dieser daran teilnimmt. Eine große innere Ruhe ist eingekehrt!

Gestern hat es den ganzen Tag geschneit, aber in der Nacht ist der Schnee fast weggetaut. In der Kirche war es eisig kalt – doch das sind Kleinigkeiten, wenn das Herz frohlockt und die Seele sich freut!

Hier suchen mich nacheinander verschiedene Minister auf, als erster kam Sasonow[7].

Trotz der Krankheit von Alexej verfolge ich sehr aufmerksam den Krieg der Christen gegen die Türken und freue mich über die glänzenden Erfolge gegen den gemeinsamen Feind. Das Hauptproblem tritt am Kriegsende auf, wenn es darum geht, die legitimen Rechte der kleinen Staaten mit den Interessen der Resttürkei in Europa, vor allem mit den egoistischen Zielen der großen Länder, in Einklang zu bringen. Und in dieser Frage behindert uns ausgerechnet England am meisten, denn es hat sich bisher für Kreta stark gemacht und wird dies, wie ich befürchte, weiterhin tun. Das betrifft vor allem Griechenland und die Gebiete, die es nach dem siegreichen Krieg erhalten soll.

In Russland wünscht sich, Gott sei Dank, kein vernünftiger Mensch Krieg wegen der Slawen. Nur die jüdischen Zeitungen mit Gutschkow[8] an der Spitze der „Nowoje Wremja" schreiben, dass die öffentliche Meinung in Russland aufgebracht sei, was Lüge und Verleumdung ist. Es gibt ein verständliches Kriegsinteresse, aber keinerlei Aufregung. Ich möchte, liebe Mama, dass Du dies von mir hörst, damit Gerüchte von einem Krieg Dich nicht irritieren!

Christus sei mit Dir!

Ich umarme Dich zärtlich. Alexej küsst vielmals die „liebe Babuschka". Dein Dich von ganzem Herzen liebender

alter Nicky.

1 Spala – Zarenresidenz in Polen.

2 Jewgeni Sergejewitsch Botkin (1865-1918) – Leibarzt des Zaren Nikolaus II., Dozent der Militärmedizinischen Akademie, Teilnehmer des Russisch-Japanischen Krieges 1904-1905. Wurde im Juli 1918 mit der Zarenfamilie in Jekaterinburg erschossen.

3 Sergej Petrowitsch Fjodorow (1869-1936) – Ehrenleibchirurg, 1891 Absolvent der Medizinischen Fakultät der Moskauer Universität, ab 1903 Leiter des Lehrstuhls der Hospitalchirurgischen Klinik der Militärmedizinischen Akademie, im Ersten Weltkrieg im Hauptquartier tätig. Später 1928 als Verdienter Wissenschaftler der RSFSR ausgezeichnet.

4 Karl Andrejewitsch Rauchfuß (1835-1915) – Doktor der Medizin, ab 1876 Leibkinderarzt der Zarenfamilie.

5 Sergej Alexandrowitsch Ostrogorski (geb. 1867) – Doktor der Medizin, Ehrenleibarzt.

6 Prinzessin Irene von Preußen (1866-1953), geborene Prinzessin von Hessen, Gattin von Prinz Heinrich von Preußen, Schwester der Zarin Alexandra Fjodorowna.
7 Sergej Dmitrijewitsch Sasonow (1860-1927) – Hofmeister, Mitglied des Staatsrats, 1910-1916 Außenminister. Gehörte nach der Oktoberrevolution den Regierungen von Koltschak und Denikin an, die er auf der Pariser Friedenskonferenz vertrat. Er starb in der Emigration in Nizza.
8 Alexander Iwanowitsch Gutschkow (1862-1936) – Vorsitzender der dritten Reichsduma, Mitglied des Staatsrats, Mitglied der Hauptverwaltung des Roten Kreuzes, 1915-1917 Vorsitzender des Zentralen Militärisch-Industriellen Ausschusses, Gründer der Zeitung „Golos Moskwy", Mitglied der Provisorischen Regierung. Emigrierte nach der Oktoberrevolution nach Deutschland.

Bestand 642/1/2332, Bl. 20-23.

Mitteilung des Ministers des Kaiserlichen Hofes (1912)

Die akute und schwere Periode der Krankheit Seiner Kaiserlichen Hoheit Thronfolger Zarewitsch und Grossfürst Alexej Nikolajewitsch ist vorüber und es kann nun ein Gesamtbild der Erkrankung Seiner Kaiserlichen Hoheit anhand nachfolgender Angaben der den erlauchten Kranken behandelnden Ärzte gegeben werden.

Während dieser Krankheitsperiode gingen und gehen nach wie vor aus allen Teilen Russlands Schreiben an den Allerhöchsten Namen Ihrer Majestäten ein, in denen die unterschiedlichen Bevölkerungsschichten in herzlichen Worten zum Ausdruck bringen, dass sie für die Genesung des Thronfolgers und Zarewitsch beten.

Diese allgemeine Bekundung von untertanentreuen Gefühlen der Liebe und Ergebenheit hat Ihre Majestäten tief gerührt.

Der Herrscher und Zar und die Herrscherin und Zarin Alexandra Fjodorowna geruhen gnädig, im Namen Ihrer Majestäten Ihren herzlichen Dank allen auszusprechen, die ihre tiefempfundene Anteilnahme anlässlich der Krankheit Seiner Kaiserlichen Hoheit Thronfolger und Zarewitsch zum Ausdruck brachten.

Spala, 21. Oktober 1912

Minister des Kaiserlichen Hofs
Generaladjutant Baron Frederiks.

In den ersten Tagen des September, zu Beginn des Aufenthalts in Belowesh, machte Seine Kaiserliche Hoheit Thronfolger und Zarewitsch, als er in ein Boot sprang, einen sehr großen Schritt.

Anfangs waren keinerlei Schmerzsymptome und erkennbare Veränderungen des Gesundheitszustands SEINER HOHEIT festzustellen.

Diesem Vorfall sind jedoch, aller Wahrscheinlichkeit nach, die bei dem THRONFOLGER und ZAREWITSCH in der Nacht zum 7. September in der linken unteren Weichengegend aufgetretenen Schmerzen und die Geschwulst zuzuschreiben, die sofort als Bluterguss hinter dem Bauchfell diagnostiziert wurde.

Bei erforderlicher Ruhe und entsprechender Behandlung war der Bluterguss nach drei Wochen so zurückgegangen, dass er fast überhaupt nicht mehr zu ertasten war und der Kranke bereits erste Stehversuche unternahm.

Am 28. September ist der THRONFOLGER und ZAREWITSCH bei dem Versuch, einige selbständige Schritte zu machen, trotz sorgfältigster Beaufsichtigung infolge einer unglücklichen Bewegung gestürzt, was, wie anzunehmen ist, den neuen Bluterguss erklärt, der in der Nacht zum 2. Oktober an gleicher Stelle aufgetreten ist.

Doch diesmal umfasste er einen bedeutend größeren Bereich, und zwar die ganze linke Weiche und die ganze Lendengegend derselben Seite, wobei der innere Rand etwas über die mittlere Bauchlinie reichte.

Solche Blutergüsse hinter dem Bauchfell bei selbst geringfügigen Verletzungen kommen, wie aus der Fachliteratur ersichtlich, äußerst selten vor und stellen eine klar definierte extreme klinische Hämatomform (haematoma retroperitoneales) dar.

Die natürliche Folge derart großer Blutergüsse ist beträchtliche Blutarmut, die manchmal für ihre vollständige Heilung längere Zeit erfordert, und es können infolge der vormaligen Durchtränkung des Hüftenlendenmuskels (musculus iliopsoas) und des umgebenden Zellgewebes mit Blut sowie des langandauernden Drucks der Geschwulst auf den betreffenden Nerv auch noch lange Beschwerden bei der ungehinderten Benutzung des Beins, auf dessen Seite sich das Hämatom befand, auftreten.

Unterzeichner: Leibkinderarzt Rauchfuß, Ehrenleibchirurg Professor Fjodorow, Leibarzt SEINER MAJESTÄT Jew. Botkin, Ehrenleibarzt S. Ostrogorski.

Spala, 20. Oktober 1912.

Bestand 601/1/2145, Bl. 2.

Über die traurigen Details der Gesundheit des kleinen Thronfolgers wurde schon allzu viel geschrieben und gesprochen, so dass eine Wiederholung überflüssig ist.

Ich möchte nur feststellen, dass innere Blutergüsse, die durch Stoßverletzungen des unvorsichtigen Jungen hervorgerufen wurden, im Jahr vor der Revolution immer seltener geworden waren. Sein zuvor leicht gekrümmtes Bein war wieder vollkommen gerade, und Alexej Nikolajewitsch unterschied sich in seinem Aussehen und in seinen Bewegungen nicht im geringsten von vollkommen gesunden Kindern seines Alters.

Er war ein erstaunlich hübscher Junge, schlank, elegant, aufgeweckt und findig. Man musste ihn einfach lieb haben, wenn er zu Scherzen aufgelegt vor dem Speisezelt des Herrschers Posten bezog und die Ankunft des Vaters erwartete, oder wenn er mit seinem Spielzeuggewehr Gewehrgriffe zeigte – selbst ein erfahrener Unteroffizier des Eliteregiments von Zar Nikolaus I. hätte die Griffübungen nicht geschickter und eleganter ausführen können.

Außer äußeren gewinnenden Eigenschaften hatte der kleine Thronfolger auch innere Werte, die wohl noch mehr beeindruckten. Er hatte das, was wir Russen „ein goldenes Herz" nennen. Er fand leicht Kontakt zu anderen Menschen, liebte sie und versuchte, ihnen mit allen Kräften zu helfen, besonders wenn sie seiner Meinung nach ungerechterweise benachteiligt wurden. Diese Liebe bei ihm beruhte, wie auch bei seinen Eltern, hauptsächlich auf Mitgefühl. Zarewitsch Alexej Nikolajewitsch war, wenn auch etwas faul, ein begabter Junge (ich glaube, er war faul, weil er begabt war), er hatte eine gute Auffassungsgabe, war für sein Alter außerordentlich einfallsreich und schlagfertig.

Seine Schüchternheit hatte er in den letzten Jahren, dank des häufigen Aufenthalts im Hauptquartier, weitgehend überwunden. Trotz seiner Gutmütigkeit und seines Mitgefühls ließ er unzweifelhaft erkennen, dass er in Zukunft einen starken und unabhängigen Charakter haben würde. Schon seit früher Kindheit ordnete er sich nicht gern unter, und er ließ sich, ebenso wie sein Vater, nur von solchen Argumenten relativ leicht überzeugen, die ihm persönlich einleuchteten. Wie sein Vater und seine Schwestern liebte er die Natur seiner Heimat und alles Russische über alles. „Mit ihm werden sie es viel schwerer haben als mit mir", sagte der Herrscher einmal zu einem Minister.

Alexej Nikolajewitsch versprach wirklich, nicht nur ein guter, sondern auch ein bedeutender russischer Monarch zu werden.

Bestand 5881/2/512, Bl. 442.

ZAREWITSCH ALEXEJ NIKOLAJEWITSCH AN SEINEN VATER, ZAR NIKOLAUS II.

Zarskoje Selo 24. November 1914

Lieber Papa!

Gestern haben wir Krieg gespielt. Im Nu hatte ich den gegnerischen Graben eingenommen und wurde gleich wieder zurückgeschlagen und geriet in Gefangenschaft. Doch in gleicher Sekunde bin ich ausgebrochen und geflohen! Die Festung habe ich behauptet. Ich fühle mich wohl. Wie geht es Dir? Schreibe! Ich küsse Dich herzlich. Möge Gott Dich schützen!

Dein Dich liebender
Alexej.

Zarskoje Selo 28. November 1914

Mein teurer Papa!

Man hat mir einen Soldatenumhang genäht, und ich habe heute in ihm auf Posten gestanden. Heute hat mir P. W. P.[1] aus Petrograd drei Feldspaten in Lederhüllen gebracht. Bei uns regnet es bereits den dritten Tag und hindert uns zu spielen. Ich lerne so lala und fühle mich gut. Schreibe! Möge Dich der Herr beschützen!

Ich küsse Dich herzlich
Alexej.

Zarskoje Selo 7. März 1915

Mein teurer Papa!

Heute ist starker Frost! Viel Schnee, der Turm vereist.

Gestern war ich in Pawlowsk, dort hat die Lokomotive eine Kopeke von mir plattgewalzt. Vorgestern sah ich, wie Milch und Sahne gemacht und Butter hergestellt wird. Das ist sehr appetitlich. Ich fühle mich gut. Lerne zufriedenstellend. Bleib gesund. Möge Gott Dich schützen!

Ich küsse Dich herzlich
Alexej.

Zarkoje Selo 16. April 1915

Mein teurer Papa!

Bei uns ist schreckliches Wetter. Eine solche Kälte, dass das Wasser gefroren ist. Ab und zu schneit es. Der Schneeturm ist noch ganz, nur der Bogen ist bereits abgetaut. Gestern erhielt ich ein interessantes Geschenk: Ein Offizier der kämpfenden Truppe hat mir ein Stahlgeschoss geschickt.

Ich lese jetzt ein interessantes Buch über Peter den Großen, das mir Mama geschenkt hat.

Alle sind Gott sei Dank gesund. Möge Gott Dich schützen!

Dein Dich liebender
Alexej.

1 P. W. P. – Pjotr Wassiljewitsch Petrow.
Bestand 601/1/1153, Bl. 31, 32, 33, 44.

Erster selbstständiger Aufsatz von Zarewitsch Alexej Nikolajewitsch (26. August 1914)

Einmal kommt ein Offizier. Er geht direkt zu der Kranken in das Zimmer und sagt: „Guten Tag."

Die Kranke richtet sich im Bett auf und sagt mit schwacher Stimme: „Guten Tag!" Der Offizier fragt: „Wie fühlst du dich?" Die Kranke antwortet: „Schlecht." Der Offizier sagt: „Vielleicht störe ich dich? Dann leb wohl!" „Leb wohl, mein Lieber! Das ist das letzte Mal, dass ich dich sehe!" Der Offizier sagt: „Auf Wiedersehen." Die Tür schließt sich. Im Zimmer ist es still. Der Offizier geht die Treppe hinunter, wirft sich den Umhang über, steigt in den Wagen und fährt weg. Am folgenden Tag fuhr der Offizier zu der Kranken, roch den Duft von Weihrauch und rannte blitzschnell zu der Kranken. Er sah einen Sarg und einen Priester. Er ging zu dem Priester und fragte ihn, wann sie gestorben ist. „Sie starb um 7 Uhr früh", sagte der Geistliche. Am nächsten Tag wurde sie beerdigt. Der Offizier heiratete.

Bestand 682/1/4, Bl. 1.

Aus den Memoiren von W. N. Wojejkow

Den Sommer verbrachte der Herrscher fast ununterbrochen im Hauptquartier. Der Thronfolger war die ganze Zeit bei Ihm.

Als wir einmal auf Tiere zu sprechen kamen, erzählte ich Alexej Nikolajewitsch von einer auf meinem Landgut lebenden Katzenrasse, die eine Kreuzung von Marder und Hauskatze ist und den Siamkatzen ähnelt. Sie waren sehr schön – schokoladenbraun, hatten blaue Augen und ihre Pfötchen besaßen nicht die unangenehme Eigenschaft, die Krallen herauszustrecken. Der Thronfolger bat mich, ihm seine solche Katze mitzubringen.

Ich fuhr für einige Tage auf mein Landgut. Bei meiner Rückkehr erwartete mich Alexej Nikolajewitsch in meinem Zimmer mit der Frage: „Und wo ist die Katze?" Diesmal hatte ich sie noch nicht mitgebracht. Der Thronfolger war schrecklich enttäuscht und verdächtigte mich sogar der Lüge. Bei der Rückkehr von meiner nächsten Heimreise erwartete mich der Thronfolger wieder in meinem Zimmer, und ich reichte ihm einen Katzenkorb, in dem sich ein Kater befand. Die Begeisterung war grenzenlos. Sofort schrieb er seinen Schwestern einen Brief und teilte die Ankunft des Katers mit, was bei ihnen den Wunsch hervorrief, sich ebenfalls eine solche Katze anzuschaffen. Diese Aufgabe wurde mir übertragen. Sie stellten folgende Bedingungen: Die Katze sollte fuchsrot sein und ein ebensolches Fell wie ihr Lieblingskater auf der Yacht „Standart" haben, von dem sie Nachwuchs erhofften, ohne jedoch zu ahnen, dass ihm Katzen gleichgültig waren. Ein Kätzchen, das all diesen Anforderungen entsprach, wurde im Dorf gekauft und nach Zarskoje Selo geschickt. Die Großfürstentöchter waren sehr zufrieden und nannten es „Subrowka". Der Thronfolger trennte sich aus Furcht, seinen Kater zu verlieren, nur bei Ausfahrten von ihm. Sonst hatte er ihn zusammen mit seinem geliebten Spaniel „Joy“ ständig bei sich. Manchmal brachte er ihn auf seinem Arm mit zu den gemeinsamen Mahlzeiten, womit er eingeladene Personen, die Angst vor Katzen hatten, in Schrecken versetzte.

Die Zarin und die Großfürstentöchter besuchten von Zeit zu Zeit Seine Hoheit im Hauptquartier, wobei sie in ihrem Zug wohnen blieben. Ihre Ankunft brachte Abwechslung in das monotone Leben im Hauptquartier, wo täglich beim Frühstück und Mittag außer den ständig geladenen Personen der Suite und den Chefs der ausländischen Militärmissionen auch noch nach festgeleger Reihenfolge Offiziere des Hauptquartiers zugegen waren.

Nach: W. N. Wojejkow. Mit dem Zaren und ohne den Zaren. Helsingfors 1936, S. 161.

Zarin Alexandra Fjodorowna an ihren Sohn, Zarewitsch Alexej Nikolajewitsch

Im Zug 31. Okt[ober] 1914

Meine allerliebste Sonne,

ich bin traurig ohne Dich, ich habe große Sehnsucht, ich fahre nicht gern von meinem kleinen Jungen weg. Jetzt gehst Du schlafen – wer wird mit Dir beten? Im Gedanken macht Mama das! Morgen werde ich, so Gott will, Papa sehen und ihm viel von Dir erzählen.

Ich liege die ganze Zeit, das Herz tut mir weh; habe gerade gegessen. Die Schwestern haben gestrickt, Ortipo hat auf Olgas Knien gelegen und dann gespielt. Anja hat uns die Lektionen der Fürstin Gedroiz vorgelesen. Ich denke, ich lege mich zeitig schlafen, denn die letzten Nächte habe ich wenig geschlafen, und ich muss Kräfte für morgen sammeln.

Du möchtest nicht ohne mich Verwundete besuchen, doch, weißt Du, bei M. und A.[1] im Lazarett wird es für Dich, denke ich, nicht beschämend, sondern lustig sein.

Fahre Sonntag früh zum Mittagsgottesdienst, das wäre gut – Du kannst im Betzimmer stehen.

Wir bedauern, dass Du morgen unsere Verwundeten nicht sehen wirst – sie sind so lieb und lustig.

Was Dein Hund macht? Er gehorcht eher, wenn Du ihn Joy rufst, das bedeutet auf Englisch Freude.

Nun, mein Alexej, leb wohl, schlaf gut, meine Freude, ich umarme Dich fest und bekreuzige Deine Stirn, Deine Dich innig liebende Mama.

Sag den Schwestern, dass ich sie zärtlich umarme und für die lieben Briefe danke. Ich grüße Wl[adimir] Nikolajewitsch, M[onsieur] Gilliard, Derewenko und Nagorny.

1 M. und A. die Großfürstentöchter Maria Nikolajewna und Anastasia Nikolajewna.

Bestand 682/1/52, Bl. 6-7.

Aus dem Tagebuch von Thronfolger Zarewitsch Alexej Nikolajewitsch (1916)

Erstes Tagebuch meines kleinen Alexej
Mama
Zarskoje Selo

1. Januar

Bin heute spät aufgestanden. Trank Tee um 10 Uhr, ging danach zu Mama. Mama fühlt sich nicht wohl, lag deshalb den ganzen Tag im Bett. Blieb zu Hause, denn ich hatte Schnupfen. Habe mit Olga, Tatjana, Maria und Anastasia gefrühstückt. Tagsüber war ich bei Kolja[1] und habe dort gespielt. Es war sehr lustig. Habe um 6 Uhr gegessen, danach gespielt. Um 8 Uhr war ich bei Mama zum Essen. Um 10 Uhr war ich im Bett.

2. Januar

Bin spät aufgestanden. Bin nicht spazierengegangen. Habe Englisch gelesen. Habe mit O.T.M.A.[2] gefrühstückt. Mama liegt im Bett. Bin tagsüber nicht spazierengegangen. Habe mit Alexej und Sergej[3] gespielt. Habe um 6 Uhr gegessen. Um 8 Uhr war ich bei Mama zum Essen. Legte mich spät hin.

3. Januar

Bin um 10 1/2 aufgestanden. War nicht in der Kirche. Habe mit O.T.M.A. gefrühstückt. Mama lag den ganzen Tag. Habe um 6 Uhr gegessen. Bin mit W. N. D.A. S.[4] zum Weißen Turm[5] gegangen. Vor dem Tee bei Mama war Anja[6] da. Um 8 Uhr bei Mama zum Essen.

4. Januar

Bin spät aufgestanden. Von 11 bis 12 habe ich gespielt, dann Russisch und Französisch gelernt. Habe mit O.T.M.A. gefrühstückt. Mama lag den ganzen Tag im Bett. Bin nicht spazierengegangen, habe deshalb mit M[onsieur] Gilliard Soldaten gespielt. Um 6 Uhr habe ich mit Shilik[7] gegessen. War um 8 Uhr bei Mama zum Essen. War von 5 bis 6 bei Mama. Legte mich um 10 1/2 Uhr hin. Papa ist seit 30. Dez[ember] im Hauptquartier.

5. Januar

Bin um 10 1/2 aufgestanden. War in der Fjodorow-Kathedrale zur Wasserweihe. Habe mit O.T.M. gefrühstückt. Anastasia ist krank. Mama liegt im Bett. Habe eine Karte von Papa erhalten. Bin beim Weißen Turm spazierengegangen. Vor dem Essen lernte ich Englisch. Danach war ich bei Mama. Habe um 6 Uhr gegessen. Um 8 Uhr war ich bei Mama zum Essen. Legte mich Viertel vor 10 hin. War in der Nachtmesse.

6. Januar

Bin spät aufgestanden. War um 11 Uhr im Palastlazarett. Habe mit O.T.M. gefrühstückt. Mama und Anastasia lagen den ganzen Tag. Anastasia hat Bronchitis. Tagsüber bin ich spazierengegangen, danach war ich bei Kolja. Habe um 6 Uhr gegessen. Saß bei Mama nach ihrem Essen. Legte mich um 1/2 10 hin.

7. Januar

Bin um 9 Uhr aufgestanden. Hatte eine Russischstunde, ging nicht spazieren. Spielte mit M[ister] Gibbs[8] anstelle des Spaziergangs. Habe die Englischstunde kaum überstanden. Der Kopf tut weh. Habe Angina. Habe unten mit O.T.M. gefrühstückt. Mama ist auf den Balkon gegangen. Tagsüber lag sie auf dem Diwan. Fieber 37,4 / 38, 4. Habe um 6 Uhr gegessen. Am Abend saßen die Schwestern bei mir. Legte mich um 10 Uhr hin.

8. Januar

Bin um 9 1/2 aufgestanden. Lag den ganzen Tag im Bett. Habe mit Shilik gefrühstückt. Fieber am Morgen 37,6 – 37,1 – 37,1. Spielte Karten. Mama kam nach 4 Uhr. Habe um 6 Uhr gegessen. Haben den Tannenbaum angezündet. Abends spielten wir wieder Karten. Fieber 37,5. Legte mich um 10 Uhr hin.

9. Januar

Bin spät aufgestanden. Fieber 36,4 – 37,1 – 37,5 – 37,8. Lag den ganzen Tag. Mama kam um 4 1/2. Tee gab es oben. M. Gibbs hat vorgelesen, spielten Karten. Legte mich 10 Uhr hin.

10. Januar

Bin um 10 Uhr 5 Minuten aufgestanden. Am Morgen wurde mir Französisch vorgelesen. Lag den ganzen Tag im Bett. Fieber 36,2 – 36,8 – 37,1. Mama kam um 3 1/2 Uhr. Tee gab es oben. Spielten verschiedene Spiele. Legte mich um 10 Uhr hin.

1 Kolja Derewenko – Sohn des Ehrenleibchirurgen W. N. Derewenko.
2 Die Großfürstentöchter Olga, Tatjana, Maria und Anastasia.
3 Alexej, Sergej – Kinder von Andrej Jeremejewitsch Derewenko, Betreuer des Zarewitsch.
4 Wahrscheinlich W. N. Derewenko, Alexej Derewenko und Sergej.
5 Ein aus Schnee gebauter Turm im Park des Alexanderpalasts in Zarskoje Selo.
6 Anja – Anna Alexandrowna Wyrubowa.
6 Shilik – P. A. Gilliard.
7 Sidney Iwanowitsch Gibbs – Engländer, Erzieher des Thronfolgers.

Bestand 639/1/79.

Zarewitsch Alexej Nikolajewitsch an seine Mutter, Zarin Alexandra Fjodorowna

Mogiljow 15. September 1916

Liebe Mamaschka!

Heute ist ein fabelhafter Tag, aber kalt. Am Morgen war Reif. Gestern fuhren wir mit Booten auf dem Dnjepr. Habe mit Papa Blindekuh ge-

spielt. Abends gab es eine Filmvorführung. Ein Film war sehr interessant, es wurde die Pflege von Verwundeten gezeigt. Sie werden im Feld geborgen und dann auf Lazarette verteilt. Es gab noch zwei lustige Filme. Habe Batjuschka[1] geschrieben.
Gleich ist eine Geographiestunde bei P. W. P.
Gott schütze Dich!

Ich küsse Euch.
Euer A. Romanow

Mogiljow 16. September 1916

Meine allerliebste, teure, liebe Mama!

Nachts waren -2°! Der Morgen ist sonnig, aber eine Hundekälte! Wir heizen die Öfen. Im Erker ist es warm. Die Blätter fallen, Herbstwetter. Wir spielen auf dem Platz vor dem Speisezelt.

Gestern sind wir wie immer mit dem Boot auf dem Dnjepr gefahren. Gestern hatte ich vier Unterrichtsstunden. Heute werden es ebensoviel sein. Ich lese ein interessantes Buch über Doktor Haas[2], den Freund der Unglücklichen. […]
Möge Dich und die Schwestern Gott schützen!

Ich küsse Euch
Euer Alexej.

Mogiljow 22. September 1916

Meine liebe teure Mama!

Widme Dir ein Gedicht. Schicke Dir unzählige Küsse und ein leckeres Angebot.

Gelbe Blätter gibt es nur wenige, aber es ist kalt (+3°). Bei solchem Wetter wird es Dir hier gut gehen.

Mach fix und packe Deine Sachen,
Komm her zu uns in nächster Zeit.
Wir möchten Dir eine Freude machen,
Halten Himbeerkonfitüre für Dich bereit.

[…] Gott schütze Euch alle!

Küsse Euch
Alexej.

Mogiljow 26. September 1916

Meine liebe Mama!

Eben sind wir von der Ausfahrt nach der ersten Unterrichtsstunde zurückgekehrt. Wir haben den ganzen Basar umfahren und geschaut, was die Bauern kaufen. Allerlei Zeugs – Gemüse, Schuhe, Bänder und andere Sachen. Das Wetter ist feucht, aber warm. Der Regen hat aufgehört, es regnete fast tagelang. Dort, wo die Straße nicht gepflastert ist, reicht der Schlamm fast bis zum Knie. Stell Dir vor, wie zufrieden ich bin! Die Autos bleiben darin stecken. Shilik unterrichtet jeden Tag Kolja. Alle danken Dir für Deine Grüße.

Nun, das ist alles.

Küsse Dich und die Schwestern und grüße alle.

Gott der Herr schütze Dich und die Schwestern!

Dein Sohn
A. Romanow

Mogiljow 30. September 1916

Meine allerliebste, goldige liebe Mama!

Offenbar werden wir überhaupt keinen Winter haben! Heute ist die Luft frühlingshaft – warm und feucht. Eben bin ich von der Ausfahrt zurückgekommen. Gestern waren wir im Cinema. Großartige Filme von der englischen Front, besonders die Attacke! Es wurden lustige Filme gezeigt (Pik und Puk). Gut war der Film, in dem ein Martinofen mit Stahlschmelze gezeigt wird. Das ist einfach unglaublich!!!

[...] Küsse Dich und die Schwestern. Gott schütze Euch!

In Liebe
Alexej.

1 Batjuschka (Väterchen) – Alexander Petrowitsch Wassiljew, Oberpriester.

2 Friedrich Josef (Fjodor Petrowitsch) Haas (1780-1853) – deutscher Arzt, namhafter Philantrop, seit 1806 in russischem Dienst.

Bestand 640/1/79, Bl. 12, 16, 17, 19.

Zarin Alexandra Fjodorowna an ihren Gemahl, Zar Nikolaus II.

Zarskoje Selo 13. Dezember 1916

[...] Aber wir müssen Baby ein starkes Land übergeben und dürfen seinetwegen nicht schwach sein, sonst wird es für ihn noch schwerer zu herrschen, wenn er unsere Fehler korrigieren und die Zügel, die Du schleifen lassen hast, fest anziehen muss. Du musst für die Fehler während der Herrschaft Deiner Vorgänger leiden – nur Gott kennt Deine Qualen. Lass Dein Erbe für Alexej leichter sein! Er hat einen starken Willen und einen eigenen Kopf. Lass die Dinge Deinen Händen nicht entgleiten und nötige ihn nicht, alles neu aufzubauen. Sei fest. [...]

Bestand 601/1/1151, Bl. 244 , 245 (in Englisch).

Marina Zwetajewa[1]: Gedicht für den Zarewitsch (April 1917)

Für den Knaben, für die Taube, für den Sohn,
Für den junge Zarewitsch Alexej
Bete, gläubiges Russland!

Wisch die Tränen aus den Augen der Engel,
Erinnere dich, wie in Uljitsch
Die Taube zu Tode stürzte – Dimitri[2].

Du bist voller Liebe, Mütterchen Russland!
Ach, fehlt es dir denn wirklich
An liebevollem Segen für ihn?

Strafe den Sohn nicht für Sünden der Väter.
Bewahre, bäuerliches Russland,
Das Lamm von Zarskoje Selo – Alexej!

1 Maria Iwanowna Zwetajewa (1892-1941), namhafte russische Lyikerin.
2 Dmitri Iwanowitsch, Sohn Iwans IV. Wurde 1584 mit seiner Mutter nach Uljitsch verbannt, starb dort unter ungeklärten Umständen.

5 Der liebe Bruder Mischa

Alexander III. hatte vier Söhne. Der älteste Sohn und Thronfolger war der künftige Zar Nikolaus II. Sein zweiter Sohn Alexander starb im ersten Lebensjahr, der dritte Sohn Georgi erlag mit achtundzwanzig Jahren der Schwindsucht. Sein jüngster und Lieblingssohn Michail war charakterlich nach dem Vater geraten, auch ihm waren Bosheit und Lüge fremd. Er wurde am 22. November 1878 geboren, am selben Tag wurde auch sein Namenstag begangen.

Für Leser von Illustrierten zu Anfang des 20. Jahrhunderts gab und konnte es einfach keinen glücklicheren Menschen als Großfürst Michail geben. Unbelastet von Politik und Staatsgeschäften, führte er das Leben eines sorglosen Playboys, der sich für Autos, Sport und Pferderennen begeisterte. Michail hatte einen gutmütigen, weichen und durchweg liebenswerten Charakter.

„Wenn ich überzeugt bin, dass etwas schlecht ist, dann kann mich nichts in der Welt zwingen, das Schlechte zu tun", hatte er einmal zu S. J. Witte gesagt.

Wie sein ältester Bruder Nikolaus II. war der Großfürst ein bezaubernder Gesprächspartner und hieß nicht von ungefähr bei Freunden und Verwandten „der liebe Mischa". Seine geliebte Schwester Olga bedachte ihn allerdings mit einem anderen Kosenamen – „Taugenichts", was jedoch aus ihrem Mund keineswegs abwertend klang.

Nach dem Glanz von Zepter und Krone stand Michail nie der Sinn, und die schwierigste Periode in seinem Junggesellenleben war, als er sich 1899 durch den Tod seines älteren Bruders Georgi völlig unerwartet mit dem Titel des Thronanwärters und Zarewitsch konfrontiert sah.

Als jüngster Sohn einer Zarenfamilie spielte man keine bedeutende Rolle in der vielschichtigen Hierarchie der russischen Selbstherrschaft. Michail war es beschieden, einmal Kommandeur einer Gardeeinheit zu werden oder einen hohen Posten zu bekleiden, also auf Ehre und Gewissen seinem ältesten Bruder, dem Zaren von Russland, zu dienen.

Damals war Michail noch Rittmeister einer Schwadron des Kürassierregiments der Leibgarde, der „blauen Kürassiere“, wie sie genannt wurden.

Doch dann erlag der Großfürst der Macht der Liebe.

Zu jener Zeit diente in dem Regiment ein gewisser Rittmeister Wulfert. Über seine militärischen Verdienste lässt sich nichts Konkretes sagen, in die Geschichte sind sie nicht eingegangen. Dafür hatte der Rittmeister eine bildschöne Frau – Natalia Sergejewna Wulfert.

Die Tochter des bekannten Moskauer Anwalts Scheremetjewski hatte mit 16 Jahren den Kaufmann Mamontow geheiratet, ließ sich aber zwei Jahre später scheiden und heiratete Wulfert, mit dem sie zwei Kinder hatte.

Diese Frau besaß außer ihrer außergewöhnlichen Schönheit noch jene besonderen Reize, denen echte starke Männer nicht widerstehen können und die sie dazu bringen, den Kopf zu verlieren, ihre Pflicht und die Kameraden zu vergessen.

Der französische Botschafter in Russland, Maurice Paléologue, beschrieb seine Begegnung mit Natalia Wulfert wie folgt: „Sie ist eine Schönheit. Ihre Toilette zeugt von gediegenem, individuellem und erlesenem Geschmack. Ihr offener Chinchillamantel gab den Blick auf ein silbergraues Seidenkleid mit Spitzenbesatz frei. Die helle Pelzmütze passte vorzüglich zu ihrem aschblonden Haar. Ihr stolzes, feingeschnittenes Gesicht ist reizvoll geformt, und sie hat helle, samtene Augen. Sie trug eine herrliche Perlenkette, die im Licht funkelte. [...] Jede ihrer Bewegungen war von einer würdevollen, geschmeidigen Anmut.“

Michail und Natalia verliebten sich auf den ersten Blick. Sehr bald wurde klar, dass sie ohne einander nicht mehr leben konnten. Am Hof kursierten Gerüchte, ihre Namen waren in aller Munde und das Gerede verstummte nicht. Der weiche, auf den Ruf der Familie bedachte Nikolaus war über seinen Bruder erzürnt und entschied, ihn in die Provinz nach Orjol zu schicken, um dort das Kommando eines Husarenregiments zu übernehmen.

1910 wurde dem Liebespaar der Sohn Georgi geboren. Aber der Sohn des Großfürsten und Zarenenkel galt entsprechend den Gesetzen des Russischen Reichs in allen Dokumenten als unehelich gezeugt. In der Geburtsurkunde stand „Vater unbekannt“.

Die Familie ging ins Ausland. Am 30. Oktober 1912 ließen sie sich

Gruppenfoto, entstanden 1910 auf dem Gut von Großfürst Wladimir Alexandrowitsch. Der Hausherr (oben Mitte) ist eingerahmt von den Großfürstinnen Jelena Wladimirowna (Gattin von Prinz Nikolaus von Griechenland) und Maria Pawlowna (geborene Prinzessin von Mecklenburg-Schwerin). In der vorderen Reihe Zar Nikolaus II. (3. von rechts), links neben ihm sein Bruder, Großfürst Michail Alexandrowitsch.

Ein besonderes Foto: Der Bruder des Zaren, Großfürst Michail Alexandrowitsch, mit seiner morganatischen Gattin Natalia Sergejewna geb. Scheremetjewskaja, aufgenommen von einem Privatdetektiv 1912 in Cannes, kurz nach der in Wien erfolgten Eheschließung. Im Auftrag des Zaren wurde das Paar während der gesamten Reise observiert. Erst nach Ausbruch des Ersten Weltkriegs verzieh Nikolaus II. seinem Bruder und verlieh dessen Frau den Titel Gräfin Brassowa.

Zarenwitwe Maria Fjodorowna mit ihren Kindern Großfürst Michail Alexandrowitsch und Großfürstin Xenia Alexandrowna, daneben die Enkel Fjodor und Nikita (Söhne von Großfürst Alexander Michailowitsch). Aufnahme von 1916.

heimlich in einer kleinen serbischen orthodoxen Kirche in Wien trauen.

Die Nachricht von der Eheschließung empörte Nikolaus. Er verbot dem Bruder die Rückkehr nach Russland. Nur der Ausbruch des Ersten Weltkriegs ließ ihre verwandtschaftlichen Beziehungen wieder aufleben. Natalia wurde der Titel Gräfin Brassowa, nach einem Landbesitz des Großfürsten, verliehen.

Mit Kriegsbeginn ging Michail an die Front, wo er das Kommando über die „Wilde Division", eine aus Kaukasiern bestehende Kavallerieabteilung, übernahm. Am Vorabend der Revolution wurde Michail zum Generalinspekteur der Kavallerie ernannt. Das Schreckensjahr 1917 kündigte sich bereits an…

Dokumente

Aus den Memoiren von A. A. Mordwinow

Großfürst Michail Alexandrowitsch war zu dieser Zeit bereits über 27, wirkte aber trotzdem noch immer sehr jugendlich.

Er war groß, schlank und stark, hatte ein ebenmäßiges Gesicht mit wunderschönen strahlenden, etwas nachdenklichen großen Augen. Er zog unwillkürlich die Blicke auf sich und gewann mit seinem schüchternen gütigen Lächeln, seiner Ungezwungenheit, jugendlichen Offenheit und Ehrlichkeit, die in seinem ganzen Verhalten zu spüren war, alle für sich, die mit ihm zu tun hatten.

Er gehörte zu den wenigen Menschen unserer Zeit, die sich bis ins reife Alter die ganze keusche Reinheit von Körper und Geist unbeschadet zu bewahren vermochten, ein Umstand, der mich umso mehr erstaunte und beeindruckte, weil der Großfürst am Tag meiner Ernennung bereits nicht mehr von äußeren Einflüssen abgeschottet am Hofe der Mutter lebte, sondern zu Ausbildungszwecken seinen, wenn auch kurzen Dienst als Offizier im Preobrashenski-Regiment wie auch in der Gardeartillerie zu Pferde geleistet hatte.

Aber weder die unter jungen Offizieren üblichen Gespräche, Späße und Anspielungen noch das unfreiwillige Kennenlernen der angenehmen Seiten des Lebens konnten meinen Michail Alexandrowitsch in

Versuchung führen, „in dieser Hinsicht wie alle anderen zu werden".

Seine Ansichten blieben nach wie vor kindlich rein und jugendhaft edel. Er trank weder Wein noch rauchte er, beides fand er abstoßend.

Unsere russische Heimat liebte er sehr, das Ausland interessierte ihn wenig, auch trieb er gern jede Art von Sport. Er ging auch gern auf Jagd, besonders auf Bären und Elche, und war ein sehr kühner und ausdauernder Reiter.

Seine Lieblingsbeschäftigungen trugen dazu bei, Geschicklichkeit, Mut, Findigkeit, eine gewisse Beobachtungsgabe und jene, für mich immer erstaunliche Geistesgegenwart zu entwickeln, die nicht angeboren ist, sondern ständige und beharrliche Selbsterziehung erfordert.

Mit solchen körperlichen und geistigen Fähigkeiten wäre meiner Meinung nach Michail Alexandrowitsch in früheren rauen und einfachen Zeiten, als die Menschen sich ihre Anführer und Fürsten noch aus den eigenen Reihen auswählten, einer der besten und würdigsten Machthaber gewesen.

Sein „Fürstenstatus" hätte wohl bei niemand Missfallen erregt, jedem hätte er Zugang, Schutz und Hilfe gewährt, und jedem wäre er Vorbild in Enthaltsamkeit, Schlichtheit, gesundem Menschenverstand, Scharfsinn und Mut gewesen.

Doch das unruhige, tückische Meer menschlicher Wechselbeziehungen, das heutige gesellschaftliche und staatliche Leben, war Michail Alexandrowitsch unbekannt, und er wollte es auch niemals genauer kennenlernen.

Zwar hatte er aufgrund seiner früheren Stellung als Thronfolger an der Arbeit des Staatsrats teilgenommen, hatte zuvor und später umfangreiche Vorlesungen in den Staatswissenschaften gehört. Er erfasste leicht das Wesentliche jeder Frage und erkannte sicher die stets vorhandene Diskrepanz zwischen Theorie und Praxis. Da er jedoch niemals nach Macht strebte, hat er sich auch nie intensiv auf sie vorbereitet.

Doch diese Vorbereitung war für ihn zwingend, besonders in unserer tückischen ungewissen Zeit. Obwohl unsere Heimat bereits einen Thronfolger hatte, war Michail Alexandrowitsch damals trotzdem in der Pflicht, im Fall des Todes von Zar Nikolaus II. und bis zur Volljährigkeit des Thronfolgers Zarewitsch Alexej Nikolajewitsch die Führung des Staates zu übernehmen.

Noch weniger kannte Michail Alexandrowitsch wohl das alltägliche Leben, das Leben der Menschen außerhalb der Paläste, über das keine Vorlesungen gehalten werden und das man auch jenseits der Paläste erst im nachhinein durch eigene bittere Erfahrungen kennenlernt, da man den Erfahrungen anderer ja nie traut.

Dieses scheinbar einfache und unbekannte Leben faszinierte den Großfürsten besonders, und er wollte es näher kennenlernen. Allerdings war es ihm noch weniger als jedem anderen gegeben, es richtig, zumindest einen Teil seiner gefährlichsten Klippen, kennenzulernen.

Diese Klippen verbergen sich in der Regel tief unter einer trügerischen glatten Oberfläche. Er selbst war viel zu gutgläubig, stand dem russischen Thron viel zu nahe, weshalb der Umgang mit ihm für andere allzu verlockend war und sie sich in seiner Gegenwart mitunter bis zur Unkenntlichkeit wandelten, so dass ihm eine falsche Wirklichkeit vorgegaukelt wurde.

Was dies betrifft, so waren für mich zunächst der Großfürst und später auch der Herrscher gewissermaßen unfreiwillige, aber präzise Prüfsteine des Wesens der menschlichen Natur.

Wenn ich das Verhalten verschiedener Menschen zu ihnen beobachtete, musste ich oft mein persönliches Urteil über diese Menschen, die ich bisher gut zu kennen glaubte, sowohl zum Positiven als auch Negativen wesentlich korrigieren.

Zu dieser Zeit hatte sich Michail Alexandrowitsch jene relative Lebenserfahrung, die manche aus Büchern schöpfen, noch nicht genug aneignen können. Im Gegensatz zu seinem älteren Bruder und seinen Schwestern hatte er anfangs leider keinerlei Interesse an Büchern, sein Tag war außerdem so ausgefüllt, dass zum Lesen kaum Zeit blieb.

Er war sich wohl bewusst, dass er sich zum Lesen zwingen musste, und äußerte das mir gegenüber wiederholt, wobei er besonders bedauerte, dass er es auch noch nicht geschafft habe, zeitgenössische Literatur, sowohl russische als auch ausländische, kennenzulernen. Die englische und französische Umgangssprache beherrschte er ausgezeichnet, die deutsche fast gar nicht.

Später bemühte er sich, vor allem wenn er krank war, diese Lücken zu schließen. Häufig war er, wenn ich zu ihm kam, in ein Buch vertieft, mitunter las ich ihm auf seine Bitte hin vor, insbesondere Turgenjew, der ihm sehr gefiel. […]

Ich hatte Michail Alexandrowitsch schon lange gern und fühlte mich zu ihm hingezogen. Meine Ernennung zu seinem Adjutanten und mein nun häufigerer, nahezu ständiger Umgang mit ihm haben diese Gefühle nur noch verstärkt.

Was mich für ihn einnahm, war weniger sein langjähriges, äußerst herzliches Verhältnis zu meiner ganzen Familie als vielmehr der ganze Reiz seines reinen, noch unverdorbenen Charakters.

Dieser eigentlich schon lange erwachsene junge Mann hatte sich die Eigenschaften bewahrt, die nach unserer Meinung den Liebreiz von Kindern ausmachen und die kaum jemand bis ins reife Alter beibehalten kann.

Und dass es ihm gelang, dies völlig natürlich und einfach zu zeigen, ohne in eine in solchem Alter übersteigerte lächerliche Naivität zu verfallen, machte ihn so liebenswert.

Auch in seinem weiteren Leben ließ er sich unbewusst, aus einem inneren Bedürfnis heraus, von dem eindringlichen Gebot des Apostels „Seid wie die Kinder" leiten, und wahrscheinlich hätte er diesen wesentlichen Charakterzug trotz aller späteren Heimsuchungen bis ins hohe Alter bewahrt. [...]

Er sehnte sich seit langem, keusch und züchtig wie er war, nach Familienleben und „eigenem Herd" und fand, wie die meisten jungen Männer seines Alters, großen Gefallen an junger weiblicher Gesellschaft, die in ihrer Zahl zwar ziemlich klein war, in der er jedoch gelegentlich verkehrte.

Von Natur her entflammte er schnell in platonischer Liebe, war jedoch nicht leichtfertig in seiner Schwärmerei, war zurückhaltend und schicklich. Er näherte sich dieser weiblichen Gesellschaft schüchtern und unerfahren, mit den reinsten Gedanken und edlen Absichten eines Jünglings.

Schon allein diese Unsicherheit im Umgang, seine Naivität, Jugend und Treuherzigkeit ließen vermuten, dass es für jemand, der sich ihm nähern wollte, leicht sein dürfte, ihn in einer zufälligen Schwärmerei zu bestärken und mit weiblicher Raffinesse in den Hafen der Ehe zu lotsen. [...]

Zwei, drei Begegnungen mit bezaubernden jungen Ausländerinnen seiner Ebene hätten sicherlich ihm und, wenn man den weiteren Ereignissen vorgreift, möglicherweise auch seiner Heimat künftiges unbeschwertes Glück bescheren können, dessen er wegen seiner Untadeligkeit würdig war und das ich ihm so inständig wünschte.

Doch das Schicksal hat anders entschieden. Diese andersgeartete, in jeder Hinsicht ungleiche Ehe war nicht nur eine Wende im Leben von Michail Alexandrowitsch, sondern auch in unseren freundschaftlichen Beziehungen.

Bestand 5881/2/512, Bl. 68-74, 77.

Grossfürst Michail Alexandrowitsch an seinen Bruder, Zar Nikolaus II.

Hôtel du Parc Cannes 1. November 1912

Lieber Nicky,

ich weiß, dass mein Brief Dir großen Kummer bereitet, und bitte Dich im voraus, höre mich an und verstehe mich als Bruder. Es fällt mir umso schwerer, Dich gerade jetzt zu verärgern, da Du ohnehin wegen der Krankheit von Alexej besorgt bist, doch eben dieser Umstand und der Gedanke, dass man mich von Natalia Sergejewna[1] trennen könnte, haben mich veranlasst, sie zu heiraten. Ich liebe sie nun schon fünf Jahre, und so kann keiner mehr behaupten, dass es meinerseits eine einfache Liebelei war. Ich fühle mich vielmehr von Jahr zu Jahr stärker zu ihr hingezogen, und der Gedanke, dass ich sie und unser Kind verlieren könnte, ist mir unerträglich. Anfangs habe ich nicht an eine mögliche Heirat mit ihr gedacht, aber diese fünf Jahre und besonders das letzte Jahr in Petersburg haben meine Absichten geändert. Du weißt, dass wir selbst trotz der zwei schweren Jahre der Trennung (als ich in Orjol war) stets eine Familie waren, ich Natalia S. immer als meine Frau betrachtet und sie immer geachtet habe. Deshalb habe ich die Erniedrigungen und Beleidigungen, die sie angesichts ihrer Stellung unausbleiblich in Petersburg erdulden musste, sehr schwer verkraftet. Ich gebe Dir mein Wort, dass ich von niemand unter Druck gesetzt wurde. Natalia S. hat niemals mit mir darüber gesprochen und das nicht verlangt, ich selbst bin zu der Erkenntnis gekommen, dass anders zu leben unehrlich ist und wir aus dieser verlogenen Lage herauskommen müssen. Ich verhehle Dir gegenüber nicht, dass mir das Kommando über die Kavaliergarden sehr schwer gefallen ist. Ich habe die ganze Zeit empfunden, dass ich mit meiner Lebensart und meinen Gedanken überhaupt nicht zu ihnen passe, ganz zu schweigen davon, dass ich das Leben in der Stadt ohne frische Luft und Bewegung nicht gewohnt bin und deshalb den ganzen Winter über kränkelte. Wenn Du mir bei einigen meiner Wünsche entgegengekommen wärest, hättest Du mir meine schwere Lage in vieler Hinsicht erleichtern können. Ich hatte Dich so gebeten, mir nicht das Regiment in Petersburg zu unterstellen, da ich im voraus wusste, dass ich kein Privatleben haben würde, solange Mama da ist. Alles das hat mich zu diesem Schritt und zur Heirat mit Natalia Sergejewna veranlasst. Unsere Trauung fand am 30. Oktober in der Serbischen Kirche des Hl. Sawwa in

Wien statt. Ich weiß, dass mich dafür Strafe erwartet, und bin im voraus bereit, sie zu ertragen. Ich bitte Dich nur um eines: Verzeih mir als Herrscher, dem gegenüber ich ein formales Gesetz verletzt habe, und versteh mich als mein Bruder, den ich von ganzem Herzen liebe.

Dein Mischa

P.S. Ich habe gleichzeitig Mama einen Brief geschrieben.

1 Natalia Sergejewna, geb.Scheremetjewskaja (1880-1952), in erster Ehe Mamontowa, in zweiter Wulfert, seit 1912 in morganatischer Ehe die Gattin von Großfürst Michail Alexandrowitsch.

Bestand 601/1/1301, Bl. 1301, Bl. 90-92.

Bericht des Leiters der Auslandsagentur, A. A. Krassilnikow[1], an den Direktor des Polizeidepartements des Innenministeriums, S. P. Belezki[2]

Beamter im Sonderauftrag beim Ministerium des Innern

Streng vertraulich
Nr. 1638 Paris, den 30. Dezember 1912

Eure Exzellenz, sehr geehrter Herr Stepan Petrowitsch!

Mit Telegramm Nr. 382 vom 4. Dezember d. J. hatte ich die Ehre, Eure Exzellenz davon in Kenntnis zu setzen, dass die Eheschließung seiner Kaiserlichen Hoheit Großfürst Michail Alexandrowitsch mit Frau Wulfert, Informationen zufolge, offensichtlich im Sommer dieses Jahres in Wien stattfand.

Großfürst Michail Alexandrowitsch hat sich im Verlauf des vergangenen Sommers in Russland, soweit mir bekannt ist vorwiegend in Gatschina, aufgehalten und geruhte erst im September ins Ausland zu fahren, wobei mit Ankunft seiner Kaiserlichen Hoheit in Berlin sofort die Observation einsetzte, so dass die Reise des Großfürsten nach Wien, wie es schien, nicht hätte unbemerkt bleiben können.

Nachdem ich in Kissingen wie auch in Berlin und Wien vertraulich und äußerst vorsichtig in dieser Sache Ermittlungen vorgenommen habe,

habe ich jetzt die Ehre, Eurer Hoheit zu berichten, unter welchen Umständen und wann genau die Eheschließung seiner Kaiserlichen Hoheit stattgefunden hat.

Nachdem der Großfürst am 25. September aus Russland ausgereist war, stieg er in Berlin im Hotel Esplanade ab und hielt sich dort mit Frau Wulfert bis zum 7. Oktober auf, reiste dann nach Kissingen ab, wo sich Frau Wulfert im Sanatorium von Dr. Apolant einer Kur unterzog.

Ende Oktober, gegen Ende der Behandlung von Frau Wulfert, beschloss der Großfürst, von Kissingen nach Cannes zu reisen. Am 27. Oktober fragte der Großfürst telegraphisch aus Kissingen im Hotel Esplanade in Berlin an, ob für ihn für den 29. Oktober Schlafwagenplätze von Frankfurt am Main nach Paris bestellt werden könnten. Nach der Bestätigung durch das Hotel bat der Großfürst am 28. Oktober telegraphisch, für ihn für den 29. Oktober vier Schlafwagenplätze und vier Plätze 1. Klasse nach Paris zu bestellen. Einen Tag später, am 29. Oktober, informierte seine Kaiserliche Hoheit das Hotel Esplanade telegraphisch, dass er die Plätze nicht mehr benötige.

Offensichtlich hat der Großfürst am 29. Oktober seine Entscheidung plötzlich geändert. Er erklärte seiner Begleitung, dass er an diesem Tag mit Frau Wulfert mit dem Automobil über die Schweiz und Italien nach Cannes fahren werde und die Kinder sowie die sie begleitenden Personen und die Dienerschaft mit dem Zug über Paris nach Cannes fahren würden.

An diesem Tag, dem 29. Oktober, fuhr der Großfürst mit Frau Wulfert mit dem Automobil nur bis Würzburg und stieg in den Zug über München und Salzburg nach Wien um, wo seine Kaiserliche Hoheit am Morgen des 30. Oktober eintraf und im Hotel Tegethof abstieg. An diesem Tag fuhren der Großfürst und Frau Wulfert um 4 Uhr nachmittags in die serbische Kirche des Hl. Sawwa (Weitgasse 3), wo die Ehe geschlossen wurde.

Die Eintragung lautete wie folgt: Michail Alexandrowitsch, russischer Großfürst, geb. 22. November 1878 in St. Petersburg, und die Adlige Natalia Brassowa, geb. 7. Juni 1880 in Perowo bei Moskau.

Am 31. Oktober fuhren seine kaiserliche Hoheit und Frau Wulfert von Wien über München, wo sie sich einen Tag aufhielten, nach Cannes, wo sie am Morgen des 3. November eintrafen.

Das Automobil wurde per Bahn aus Würzburg nach Cannes transportiert, der Chauffeur reiste im Zug mit.

Der Großfürst und Frau Wulfert hielten ihre Reise nach Wien allen gegenüber völlig geheim. Bei der Ankunft in Cannes erklärte seine Kaiserliche Hoheit, dass er die Reise mit der Bahn beendet habe, weil Frau Wulfert erschöpft gewesen sei.

Aus den dargelegten Fakten kann geschlossen werden, dass die Eheschließung aus unbekannten Gründen, irgendwie überstürzt erfolgte, denn als seine kaiserliche Hoheit am 27. Oktober telegraphisch in Berlin für den 29. Schlafwagenplätze von Frankfurt nach Paris bestellte, war der Aufenthalt in Wien am 30. Oktober offensichtlich noch nicht beabsichtigt.

Die Reise nach Wien war kurzfristig für den 29. Oktober geplant worden, und bereits am 30., dem Ankunftstag in Wien, wurde die Trauung vollzogen.

Damit erklärt sich auch, wieso die Observationsgruppe des Großfürsten nichts von der Reise seiner Kaiserlichen Hoheit nach Wien und folglich auch nichts von der dort vollzogenen Trauung wissen konnte.

Während früherer Aufenthalte von Großfürst Michail Alexandrowitsch im Ausland hatten Agenten der Auslandsagentur seine Kaiserliche Hoheit bei Autofahrten stets im eigenen Wagen begleitet. Bei dieser Reise des Großfürsten ins Ausland hatte der Observationsführer Oberagent Bint in Berlin von Generalmajor Gerassimow die Weisung erhalten, den Großfürsten bei Autoreisen nicht mit einem Wagen zu begleiten, sondern lediglich im Zug die Personen seiner Suite und das Gepäck im Auge zu behalten.

Da die Observationsgruppe den Großfürsten bei seiner Autofahrt nicht begleitete, konnte sie auch nichts in Erfahrung bringen, denn Richtung und Ziel der Reise wurden selbst vor den engsten Vertrauten geheimgehalten.

Mit vorzüglicher Hochachtung und in aufrichtiger Ergebenheit

A. Krassilnikow

1 Alexander Alexandrowitsch Krassilnikow – Beamter 5. Ranges im Sondereinsatz beim Ministerium als „Auslandsbeauftragter des Ministeriums des Innern für die Verbindungen zwischen den Landesbehörden und den Russischen Botschaften und Konsulaten". Er leitete von 1909-1917 die Auslandsagentur des Polizeidepartements.

2 Stepan Petrowitsch Belezki (1873-1918) – 1912-1914 Direktor des Polizeidepartements, ab 1915 Berater des Innenministers. Von der Tscheka später als Geisel erschossen.

Bestand 601/1/2144, Bl. 15-17.

Zarenwitwe Maria Fjodorowna an ihren Sohn, Zar Nikolaus II.

4. November 1912

Mein lieber, guter Nicky!

[…] Nun muss ich Dir von einem neuen furchtbaren und grausamen Schlag berichten! Ich habe soeben einen Brief von Mischa erhalten, in dem er seine Vermählung anzeigt! Das ist einfach nicht zu glauben und ich weiß nicht, was ich schreiben soll, weil das in jeder Hinsicht unaussprechlich abscheulich ist und mich vollkommen erschlägt! Ich bitte nur darum, dass das geheim bleibt, pour qu'il n'y ai pas encore le nouveau scandale, il y a done en des mariages pareils en secret, qu'on faisait semblant d'ignorero.[1] Ich denke, dies ist das einzige, was man jetzt tun kann, sonst werde ich mich nirgends mehr zeigen, was für Schimpf und Schande! Gott möge ihm vergeben, ich kann ihn nur bedauern. Ach mein Gott! Welch ein Kummer und wie schwer diese Schläge zu ertragen sind! Gott sei Dank, dass die liebe Xenia bei mir ist, sie steht mir zur Seite und es ist ein großer Trost, mit ihr zu sprechen. Aber jetzt komme ich zum Schluss, ich bin nicht in der Lage, mehr darüber zu schreiben, es ist alles zu schwer.

Der Herr schütze und bewahre Euch, meine Lieben. Ich umarme Euch fest, insbesondere den lieben Alexej. Und sage ihm, wie sehr Babuschka gerührt ist, dass er an sie gedacht hat. Ich danke Dir, lieber Nicky, noch einmal für Deinen lieben Brief.

Herzlich Deine Dich liebende Mama.

1 Frz.: Immerhin ist das nicht der erste Skandal dieser Art, es hat schon andere geheime Ehen gegeben, bei denen der Anschein erweckt wurde, als sei nichts geschehen.

Bestand 601/1/1297, Bl.67-70.

Zar Nikolaus II. an seine Mutter, Zarenwitwe Maria Fjodorowna

Zarskoje Selo 7. November 1912

Meine liebe Mama,

ich danke Dir von ganzem Herzen für Deine lieben Worte. Auch ich wollte Dir aus Anlass des neuerlichen Kummers schreiben, der unsere Familie betroffen hat, aber Du hast die widerwärtige Neuigkeit bereits erfahren. Ich schicke Dir seinen Brief mit, den ich im Zug auf dem Weg hierher erhielt. Lies ihn und beurteile selbst, ob er nach dem, was er geschrieben hat, im Dienst bleiben und Deine Kavaliergarden kommandieren kann.

Ja, liebe Mama, ich schließe mich Deinen Worten an: Der Herr möge ihm vergeben!

Leider ist jetzt zwischen mir und ihm alles aus, weil er sein Wort gebrochen hat. Wie oft hat er mir gesagt, dass er nicht heiraten wird – nicht ich habe ihn darum gebeten, <u>er selbst</u> hat sein Wort gegeben. Und ich habe ihm grenzenlos geglaubt! Was mich besonders empört, ist sein Verweis auf die Krankheit des armen Alexej, die ihn bewogen habe, diesen unbesonnenen Schritt überstürzt zu tun! Ihn kümmert weder Dein Leid, nicht unser Leid, noch der Skandal, den dieses Ereignis in Russland hervorrufen wird. Und das zu einer Zeit, da alle von Krieg reden und in wenigen Monaten das Jubiläum der Romanows begangen wird!!! Peinlich wird es und schwer. Auch mein erster Gedanke war, diese Nachricht geheimzuhalten; nachdem ich aber seinen Brief mehrmals gelesen habe, war mir klar, dass er <u>jetzt</u> nicht nach Russland zurückkommen darf.

Früher oder später werden es hier alle erfahren und sich fragen, warum mit ihm nichts passiert ist, während mit anderen sehr streng verfahren wurde.

Etwa vor zwei Monaten hat Frederiks von Wrangel[1] erfahren, dass Mischa eine erhebliche Summe aus seinem Kontor angefordert hat und sich einen Besitz in Frankreich gekauft haben soll. Nun ist alles klar. Meine liebe Mama, ich kann es nicht mit Worten ausdrücken, wie sehr ich Dein Leid mitfühle. Der barmherzige Gott gebe Dir Kraft! Welch ein Glück, dass die liebe Xenia gerade bei Dir ist, um Deine Seelenqual zu teilen.

Alix und ich umarmen Dich zärtlich.
Alexej küßt Dich herzlich und dankt Dir.
Christus sei mit Dir.

Von ganzem Herzen Dein Dich liebender alter
Nicky.

1 Nikolai Alexandrowitsch Wrangel – Baron, Generalmajor, gehörte der Gardekavallerie an, stand im Dienst von Großfürst Michail Alexandrowitsch.

Bestand 642/1/2332, Bl. 24-25.

Grossfürst Michail Alexandrowitsch an seinen Bruder, Zar Nikolaus II.

15. November 1914

Lieber Nicky,

da ich in den Krieg ziehe, aus dem ich möglicherweise nicht mehr zurückkehre, möchte ich mich an Dich mit folgender Bitte wenden, die Du mir hoffentlich nicht abschlägst und deren Erfüllung allein von Dir abhängt. Es ist für mich sehr schwer wegzufahren und meine Familie in ungeklärten Verhältnissen zurückzulassen. Ich möchte, dass mein einziger und geliebter Sohn[1] auch in der Gesellschaft als mein Sohn und nicht als Sohn eines unbekannten Vaters, wie in der Geburtsurkunde steht, akzeptiert wird. Es schmerzt mich, daran zu denken, und mich quält dieser Gedanke zu einer Zeit, da das Herz von dem Wunsch und der Bereitschaft erfüllt ist, unserer teuren Heimat zu dienen. Nimm diese Last und die Sorge von mir, dass mein Sohn, wenn ich falle, mit dem schweren Makel eines illegitim (unehelich) Geborenen aufwachsen muss. In bezug auf andere Personen wird die Frage der Legitimierung vor der Ehe geborener Kinder unkompliziert gerichtlich geregelt, aber im Fall meines Sohns ist das Gericht machtlos! Das kannst nur Du regeln, weil es Dein Recht ist. Ich bitte Dich, mache von diesem Recht Gebrauch und verfüge, dass mein Sohn Georgi, geboren von Natalia Sergejewna vor der Ehe, als unser legitimer Sohn anerkannt wird. Erspare ihm so die von mir beschriebene künftige rechtliche Stellung. Jetzt ist er sich dieser Situation noch nicht bewusst, aber in Zukunft wird er dies sehr stark spüren. Ihn trifft doch keinerlei Schuld! Habe Mitleid mit ihm und auch mit mir als Vater! Vielleicht ist das meine letzte persönliche Bitte. Für das Gericht lege ich die Geburtsurkunde und den Taufschein meines Sohnes Georgi bei.

Ich umarme Dich fest, lieber Nicky.

Dein Dich liebender Mischa.

1 Georgi Michailowitsch Brassow (1910-1931) – Sohn von Großfürst Michail Alexandrowitsch und Natalia Sergejewna Brassowa, vor der Eheschließung geboren. Er wurde im März 1915 als legitim anerkannt und starb später in Frankreich bei einem Autounfall.

Bestand 601/1/1301, Bl. 131-132.

Großfürst Michail Alexandrowitsch an seine Mutter, Zarenwitwe Maria Fjodorowna

Christus ist auferstanden! 21. Mai 1915

Meine liebe Mama,

ich danke Dir herzlich für die Karte, das wunderschöne Ei und das Naschwerk, das wir mit Vergnügen nach der Morgenandacht verspeisten.

Es ist schwer und traurig, Ostern unter diesen Umständen zu feiern, doch was nützt es! Gib Gott, dass dieser furchtbare Krieg möglichst schnell endet, aber nur mit einer völligen Niederlage der Deutschen und der Österreicher. Insgesamt läuft gottlob alles gut. Ich bin sehr glücklich, dass mir das Georgskreuz, der höchste militärische Orden, verliehen wurde, doch diese Ehre habe ich den hervorragenden kämpferischen Leistungen aller Regimenter meiner Division zu verdanken; besonders im Januar war es für sie alle sehr schwer – zwei Wochen lang wurde pausenlos gekämpft.

Ich wünsche Euch allen alles Gute zum Heiligen Osterfeiertag und übermittle nochmals meine besten Grüße. Ich umarme Dich herzlich, meine teure Mama.

Dein Dich innig liebender Mischa.

Bestand 642/1/2223, Bl. 102-103.

GROSSFÜRST MICHAIL ALEXANDROWITSCH AN SEINE GATTIN, NATALIA SERGEJEWNA BRASSOWA

Dorf Glembotschek 6. Juli 1915

Meine herzallerliebste Natascha, gerade ist der Kurier gekommen und hat Deinen lieben Brief gebracht, für den ich Dich herzlich umarme und zärtlich küsse. Ich bedaure nur, dass er nicht lang ist, doch das ist nicht wesentlich. [...]

Mein Gott! Ich habe so große Sehnsucht und bin es leid, so zu leben, d. h. ohne Dich, meine süße Nataschetschka, schon über sechs Wochen haben wir uns nicht gesehen; ohne Dich zu sein, ist für mich die reinste Folter. An der Front hier sind auf unserer Seite beachtliche Kräfte konzentriert, es kommt zu heftigen Kämpfen, doch da sie sehr weit weg stattfinden, misst niemand dieser Operation große Bedeutung bei. Die Verluste sind hoch. Furchtbar, wie vielen Unglücklichen und Verwundeten man begegnet, was für schwere Verwundungen es gibt. Dieser Tage sah ich im Vorbeireiten, wie man einen verwundeten Stabsrittmeister des Kiewer Husarenregiments mit Bauchschuss aus dem Auto auf einen Sanitätskarren umbettete. Wir hielten bei ihm an, er war sehr blass. Ich kannte ihn nicht persönlich, aber er schaute mich durchdringend an, unsere Blicke trafen sich. Gestern traf ich seinen Divisionskommandeur und erkundigte mich nach dem Befinden dieses Offiziers. Ich erfuhr, dass der Arme gestorben ist; unzählige unglückliche Menschen sterben in jeder Minute und leiden. [...]

Dorf Choroshanka 27. August 1916

Meine liebe und einzigartige Nataschetschka, ich schreibe Dir rasch diesen Brief, weil ich damit rechne, in wenigen Tagen abzureisen. Diese Frage wird wahrscheinlich heute abend endgültig geklärt, d. h. in wenigen Stunden. Was für eine unbeschreibliche Freude wird es für mich sein, zu Dir, meine Seele, meine Freude und mein Leben, nach Brassowo[1] zu kommen! Es beunruhigt mich, dass ich seit vorgestern von Dir kein Telegramm bekommen habe, und wenn Du mir absichtlich nicht schreibst, dann kränkt mich das sehr, zumal Du mir gestern, am Tag Deines Engels, nicht geschrieben hast. Mein Gott, wie ärgerlich, schade und schmerzlich, diesen Tag fern von Dir verbringen zu müssen. In

Gedanken war ich die ganze Zeit bei Dir (was ich übrigens immer bin) und habe auch an das letzte Jahr zurückgedacht – wie schön haben wir diesen Tag verbracht, es war wunderbares warmes Wetter, und der Abend einfach wundervoll!

Hier finden die ganze Zeit Kämpfe statt, sehr umfangreiche und blutige, doch Gott sei Dank für uns erfolgreiche. Seit gestern haben die Deutschen Verstärkung erhalten, und wir sind vorübergehend in Stellung gegangen. Diese Gelegenheit möchte ich zur Abreise nutzen. In meinem Korps gibt es erhebliche Verluste, sowohl an Offizieren als auch unteren Dienstgraden und Pferden. Wir haben diese neue Stellung vorgestern früh bezogen – etwa zehn Werst von Usze-Selen entfernt. Gestern morgen gratulierte mir Kerim mit einem riesigen Blumenstrauß. Wir frühstückten auf der Veranda, der Tisch wie auch die Laube waren mit Blumen geschmückt. Alle Offiziere des Stabs haben mir gratuliert, deshalb habe ich sie zum Abendtee eingeladen, wir waren insgesamt 27 Personen.

Ich bin traurig, dass ich diesmal von Dir keinen Brief erhalten habe, doch ich verstehe, dass Du es nun leid bist, Briefe zu schreiben, es ist wirklich unerträglich, so zu leben wie wir, ich selbst finde es unerträglich und ich werde alles tun, um unser Leben in Ordnung zu bringen. Da ist noch ein Grund, warum ich jetzt ins Hauptquartier fahre: Ich will meinen neuen Einsatz klären, dann mit ruhigem Gewissen einige Zeit in Brassowo verbringen, damit wir wenigstens vorübergehend für uns sind. Das wird Dir seltsam vorkommen, aber mit meinen Nerven ist es wirklich nicht zum besten bestellt und ich bin alles andere als ruhig. Du meinst zwar, dass ich nie lebensfroh war, aber ich versichere Dir, ich war es, und zwar sehr; jetzt habe ich allerdings jede Freude und Hoffnung auf ein besseres Leben verloren, denn ich habe den Glauben an die Menschen verloren, weil man so viel Böses um sich herum, ja überall sieht. [...]

Die Trennung zehrt furchtbar an den Nerven, jede Kleinigkeit regt mich auf und bringt mich aus der Fassung. Ich kann mich heute irgendwie nicht klar ausdrücken und ich möchte Dir doch so gern alle die Gefühle beschreiben, von denen mein Herz übervoll ist, Dir meine grenzenlose Liebe und Ergebenheit bekunden. Wenn Du nur wüsstest, meine Liebe, wie mir dieses Leben ohne Dich, ohne Zärtlichkeit und Liebe die Kräfte raubt! Gebe Gott, dass wir diese schreckliche Zeit möglichst bald hinter uns haben, gleichzeitig ist es mir peinlich, zu sehr zu jammern, weil alle diese schwere Zeit durchmachen und große Entbehrungen ertragen.

28. August. – Ich beende diesen Brief frühmorgens. Meine Abreise ist geklärt, ich fahre morgen oder übermorgen ab. In Moskau muss ich etwa drei Tage bleiben, ich rechne daher damit, am 4. September in Brassowo einzutreffen und von Dir zärtlich umarmt zu werden. Kannst Du Dir meine Freude vorstellen! Ich kann sie nicht beschreiben und brauche es auch nicht.

Der Herr schütze und segne Dich, mein lieber, zärtlicher Engel. Ich umarme Dich mit Liebe und Zärtlichkeit und segne Dich in Gedanken.

Ganz Dein
Mischa.

P.S. Ich umarme die Kinder ganz fest und grüße alle.

1 Brassowo – ein Landbesitz von Großfürst Michail Alexandrowitsch, nach dem die Gattin des Großfürsten nach der Eheschließung den Familiennamen Brassowa erhielt.

Bestand 622/120, Bl. 43-46/ Bl. 117-118.

6 Alltag und Festlichkeiten

Gerüchte und Klatsch begleiteten die Zarenfamilie zu Lebzeiten und hörten auch nach ihrem Tod nicht auf. Die Anziehungskraft der Zarenmillionen, die auf internationalen Banken liegen sollten, hat jahrelang Betrüger motiviert, die Anspruch auf das Zarenerbe erhoben. Der populärste Fall ist dabei eine gewisse Anastasia Anderson, die sich als jüngste Tochter des Zaren ausgab und angeblich durch ein Wunder aus dem Ipatjew-Haus gerettet wurde.

Diese Schatzjäger wollten einfach nicht glauben, dass die Auslandsguthaben des Zaren nur ein Zehntel des vermeintlichen Wertes betrugen, dass die zwanzig Millionen Pfund Sterling, die sich bis zum Ersten Weltkrieg auf Londoner Banken befanden, von Nikolaus II. für den Unterhalt der Lazarette aufgewendet wurden. Mit mehr als 200 Millionen Rubel wurden Kriegsversehrte und Familien von Gefallenen unterstützt.

Das Budget der Zarenfamilie setzte sich zu Friedenszeit aus drei Quellen zusammen. Die Staatskasse bewilligte jährlich 11 Millionen Rubel. Ungefähr zweieinhalb Millionen kamen als Pachtzahlungen von den Apanagengütern hinzu, die Eigentum des Zaren und seiner Verwandten waren.

Die Bezeichnung „Apanagengüter" hatte das gesamte ehemalige Immobilienvermögen der Zarenfamilie 1797 mit der Schaffung des Apanagenressorts erhalten. Ihre ursprüngliche Fläche betrug 4,2 Millionen Dessjatinen (4,6 Mio. Hektar), außerdem befanden sich 3,5 Millionen Dessjatinen (3,8 Mio. ha) im gemeinsamen Besitz von Staat und Gutsbesitzern. Unter diesem Titel waren nicht nur Ackerland, sondern auch Wald, Weinberge, Obstplantagen und Bergwerke zu verstehen, die bereits von Katharina II. erworben worden waren. Ein beträchtlicher Teil der Apanagengüter wurde verpachtet.

Als weitere Finanzierungsquelle dienten die Einlagen in ausländischen Banken. Doch für Börsentätigkeit, für die der Minister des Kaiserlichen

Hofs zuständig war, gab es strikte Beschränkungen. Um Gerüchten über persönliche Interessen des Zaren an der Entwicklung bestimmter Industriezweige zuvorzukommen, war es verboten, in die Entwicklung von privaten Firmen und Unternehmen sowohl in Russland als auch im Ausland zu investieren. Der Zar hatte an das Wohl des ganzes Landes zu denken.

Zu Jahresbeginn verfügte Nikolaus II. jeweils über etwa 20 Millionen Rubel. Von dieser Summe erhielt jeder Großfürst eine Pension in Höhe von 200.000 Rubel, beträchtliche Beträge wurden als Mitgift, als Zuwendungen bei der Geburt oder dem Tod von Mitgliedern der Zarenfamilie veranschlagt.

Der Zar unterhielt allein fünf große Paläste mit zahlreichem Dienstpersonal. Die Kammerfuriere, Kutscher, Stallknechte, Eilboten, Köche und Diener erhielten zweimal jährlich – zu Weihnachten und zum Namenstag des Zaren – teure Geschenke: goldene Uhren, Zigarettenetuis, Broschen, Ringe.

Etwa zwei Millionen Rubel kostete dem Zaren der Unterhalt der Kaiserlichen Theater, des Balletts und der Theaterschule. Die Balletttruppe von Sergej Djaghilew, deren Auftritte in ganz Europa berühmt waren, konnte nur dank der großzügigen Förderung durch Nikolaus II. existieren.

Somit verblieb für die persönlichen Bedürfnisse des Zaren und seiner Familie eine ziemlich bescheidene Summe, was Nikolaus II. stets veranlasste, Mitte Oktober der Familie zu verkünden: „Wir müssen die letzten zwei Monate sehr bescheiden leben." Dies war nicht leicht: Mit dem Titel Zar einer Großmacht waren enorme Repräsentationspflichten verbunden. Der Glanz der Empfänge, der Prunk der Militärparaden, die Brillanten der Zarenregalien, die bemerkenswerte Verbindung von östlichem Luxus mit verfeinerter westeuropäischer Hofetikette versetzten Ausländer in Erstaunen. Nach Aussagen von Zeitgenossen war der russische Zarenhof der Epoche Nikolaus II. der prachtvollste in der Welt.

Die prunkvollen Dekorationen waren wahrscheinlich Anlass, eine denkwürdige Tatsache außer Acht zu lassen – der letzte große Kostümball fand 1903 statt. Im darauffolgenden Jahr begann der Russisch-japanische Krieg, weitete sich die revolutionäre Bewegung aus; die innenpolitischen Probleme und schließlich der Weltkrieg ließen keine kostspieligen Vergnügungen mehr zu. Mit dieser letzten mittelalterlichen Maskerade endete die Tradition des russischen Kostümballs, die Peter I. in das Hofleben eingeführt hatte.

Es gab aber Feierlichkeiten, die ganz Russland beging: Die Zweihundertjahrfeier des Sieges der Russen über die schwedischen Truppen Karls XII. bei Poltawa 1709, die Hundertjahrfeier des Russisch-französischen Kriegs 1812 und der ruhmreichen Schlacht bei Borodino, die Dreihundertjahrfeier der Herrschaft der Romanow-Dynastie. Auf diese Feiern bereitete man sich beizeiten vor. An den Schauplätzen der Schlachten wurden Kirchen geweiht, Denkmale wurden errichtet, Medaillen und Jubiläumsmünzen geprägt. Zur Hundertjahrfeier der Schlacht von Borodino traf eine Delegation aus Frankreich ein, die ein Denkmal für die gefallenen Soldaten der Grande Armée Napoleons einweihte. Bei der Parade auf dem Schlachtfeld von Borodino waren noch lebende Teilnehmer der Schlacht zugegen: der Bürger Laptew (118 Jahre alt), die Bauern Gordej Gromow (112 Jahre), Maxim Pjatitschenkow (120 Jahre) und Stepan Shukow (110 Jahre).

Besonders festlich wurde die Dreihundertjahrfeier des Hauses Romanow 1913 begangen. Die Feierlichkeiten wurden mit einem Dankgebet in der hauptstädtischen Kasaner Kathedrale eröffnet, danach bereiste die Zarenfamilie die alten Städte Russlands, deren Geschichte untrennbar mit der Romanow-Dynastie verbunden ist: Kostroma, Jaroslawl, Wladimir, Perejaslawl Salesski – überall empfingen Nikolaus und seine Familie Kirchengeläut und Abordnungen der Bevölkerung mit dem traditionellen Brot und Salz als Willkommensgruß. Unübersehbare Volksmassen warteten tagelang unter freien Himmel auf ihren Zaren.

Die Schwester des Zaren, Großfürstin Olga Alexandrowna, erinnerte sich: „Wo wir auch waren, überall kam es zu leidenschaftlichen Manifestationen von Untertanentreue, die an Hysterie zu grenzen schienen. Als unser Dampfer die Wolga aufwärts fuhr, sahen wir Gruppen von Bauern, die bis an die Hüften im Wasser wateten, um einen Blick des Zaren zu erhaschen. In einigen Städten sah ich, wie Handwerker und Arbeiter auf die Knie fielen, um seinen Schatten zu küssen, als er vorüberging. Die Hochrufe waren ohrenbetäubend."

In Wirklichkeit waren dem Herrscher über ein Sechstel der Erde, dem Gebieter von 180 Millionen Untertanen, Prunk und Protz zuwider, seine Lebensweise war anspruchslos und bescheiden. Während der Herrschaft seines Vaters Alexander III. hatte er den Dienstgrad Oberst erhalten, und er weigerte sich entschieden, seine Uniform mit Generalsepauletten zu verzieren, wozu ihm wiederholt die dienstfertigen Hofbeamten rieten.

Nikolaus fühlte sich in den kalten prunkvollen Palästen unwohl und

Der Zar (ganz links) macht Rast während einer Fahrt auf der Krim. Aufnahme von 1911, mit eigenhändiger kyrillischer Ortsbezeichnung von Nikolaus II.: „Ai-Petri“.

Gruppenfoto vor der Zarenyacht „Standart“, 1911.

Auf der Krim, 1911. Eigenhändige kyrillische Bezeichnung des Zaren: „Frühstück nach der Jagd“.

Zar Nikolaus II. und Zarin Alexandra Fjodorowna auf Besuch in Kostroma anlässlich der Dreihundert-Jahr-Feier des Hauses Romanow, Mai 1913.

Herzlich verabschiedet von der Bevölkerung, verlässt das Zarenpaar Kostroma an Bord des Dampfers „Meshen“, Mai 1913.

versuchte, die Heimstatt seiner Familie nach seinen eigenen Vorstellungen zu gestalten. Die Wohngemächer des Zaren ähnelten eher der Villa eines wohlhabenden Gelehrten oder Aristokraten – eines Liebhabers von Büchern, Geschichte und Kunst. Im seinem mit Eichenholz getäfelten Arbeitszimmer im Palast im Unteren Garten von Peterhof stand ein großer Schreibtisch, auf dem in peinlicher Anordnung Papiere, Dokumente, ein Tageskalender mit Vermerken über laufende Aufgaben sowie Bürozubehör lagen. Der Zar zog es als pünktlicher und fleißiger Mensch vor, seinen Pflichten selbstständig und ohne persönlichen Sekretär nachzukommen. Nikolaus arbeitete gewohnheitsgemäß bedächtig, feilte sorgfältig an jedem Satz eines Briefs oder Dokuments. Während der Arbeit rauchte er beständig lange Zigaretten, die er sich mit einem Rollapparat selbst drehte.

Das Arbeitszimmer der Zarin sah weniger offiziell aus. Möbel aus karelischer Birke teilten das kleine Zimmer in zwei Hälften. Der linke Teil mit einem Kamin und einem Schreibtisch in der Ecke war das eigentliche Arbeitszimmer, der rechte Teil diente als Boudoir. An den Wänden hingen Aquarelle mit Ansichten von Darmstadt, Fotos von Familienmitgliedern und Verwandten. Auf dem Bücherregal stand neben vielen Souvenirs und Nippsachen ein Bajazzo mit einer Spieluhr, die die Marseillaise spielte – eine Anspielung auf politische Gegner aller Couleur.

Zu Lebzeiten der Zarenfamilie war der Palast gleichsam ein Blumenmeer. Flieder, Rosen, Orchideen und Veilchen verbreiteten in jedem Zimmer ihren Duft.

Ikonen waren ein unverzichtbarer Bestandteil der Ausstattung jedes russischen Hauses – von der Bauernhütte bis zum Zarenpalast. Im Schlafzimmer von Nikolaus und Alix füllten Ikonen mit davor brennenden Lämpchen eine ganze Wand. Insgesamt waren es mehr als 500 Ikonen, einige davon hatte Rasputin geschenkt, wovon die Widmung auf der Rückseite zeugte.

Das Wohnzimmer entsprach dem Stil der Moderne, für die Kinderzimmer war jedes Möbelstück mit Liebe und Geschmack ausgesucht worden. In seinem Tagebuch schrieb Nikolaus, dass er das Interieur für den Palast im Peterhof selbst ausgewählt und die Bilder und Fotos selbst aufgehängt habe.

Auch in der Kleidung waren die Romanows nicht auf Luxus bedacht. Nikolaus zog am liebsten seine einfache Offiziersuniform an, die anfangs der Orden des Hl. Wladimir und nach 1915 das Georgskreuz IV. Klasse und die Erinnerungsmedaille zum 300. Jubiläum des Herrscherhauses Romanow zierten. Manchmal trug Nikolaus ein typisches Russenhemd. Zivilkleidung, die er bei inoffiziellen Reisen im Ausland trug, war ihm zu weit und passte nicht zu seiner Figur eines Berufsoffiziers.

Alexandra Fjodorowna liebte bequeme Roben in hellen Farben, welche die bekannte Petersburger Modistin Madame Brissac anfertigte. Da die Zarin groß war und Fußbeschwerden hatte, trug sie weiche Wildlederschuhe mit niedrigem Absatz. Zum gemeinsamen Teetrinken legte sie ein Abendkleid und Geschmeide an. Ihr Lieblingsschmuck waren Perlen und Brillanten.

Die Mahlzeiten im Familienkreis waren ziemlich einfach. Am meisten Gefallen fand Nikolaus an der russischen Küche – Borschtsch, Schtschi, Kascha und Fischsuppe mit Gemüse. Vor dem Hauptgericht wurden Vorspeisen wie Pilze, kalter Fisch, Zunge und Gepökeltes gereicht. Wer mochte, konnte Wodka oder Likör trinken. Nikolaus selbst trank wenig, er zog ein gutes Glas Portwein Wodka und Champagner vor. Die Lieblingsspeise des Zaren war Spanferkel mit Meerrettich, dies schätzte er über alles.

Noch weniger den Gaumenfreuden ergeben war die Zarin, die vegetarische Gerichte bevorzugte und sich bei ihrem Menü nach den Empfehlungen der Ärzte richtete.

Nikolaus II. unternahm viele Reisen durch Russland. Der Zarenzug bestand aus einer leistungsstarken Lokomotive und blauen Waggons mit goldenen Doppeladlern. In einem der Waggons befanden sich die Zarenräume – eine Schlafkabine mit angrenzendem Bad und Toilette, der Wohnraum der Zarin und der Arbeitsraum von Nikolaus. Im Nachbarwaggon waren die Kinder und Erzieher untergebracht. Im Salonwagen versammelte sich die mitreisende Suite, für die drei Waggons vorgesehen waren. Ein Waggon diente als Speisewagen und Küche.

Doch am meisten liebten Nikolaus und die ganze Familie die in Dänemark gebaute Yacht „Standart“ – ein elegantes Segel- und Dampfschiff mit drei Masten und einer Wasserverdrängung von 1800 t. Die Abmessungen und die Innenkonstruktion garantierten Komfort und Sicherheit. Um die Yacht „Standart“ wurde Nikolaus II. von Kaiser Wilhelm II. sehr beneidet, der einmal sogar unbeherrscht den Wunsch äußerte, sie zu kaufen.

Während der Kreuzfahrten ankerte das Schiff längere Zeit in Ufernähe, und die Passagiere machten Ausflüge in den Wald, beschäftigten sich mit Ballspielen, fuhren Boot und badeten.

Das weitere Schicksal der Zarenresidenzen gestaltete sich unter-

Gern weilte die Zarenfamilie im Kurort Liwadija auf der Krim. Hier ein Gruppenfoto vom Tennisplatz, Oktober 1913: Nikolaus II. (ganz rechts) mit den Töchtern Maria (ganz links), Tatjana (hinten 3. von rechts) und Anastasia (vor Tatjana stehend).

Teestunde in Lidwadija, Frühjahr 1914: von rechts nach links Zar Nikolaus II., Tochter Anastasia, Zarin Alexandra Fjodorowna, der Kommandant der Zarenyacht Sablin, Tochter Maria, Hofdame Wyrubowa, ein Offizier der Zarenyacht sowie die Töchter Olga und Tatjana.

Erfrischung im Schwarzen Meer, Liwadija, August 1913: von rechts Zar Nikolaus II., Tochter Tatjana, Großfürstin Olga Alexandrowna (Schwester des Zaren) und Tochter Olga.

schiedlich. Der während der Oktoberrevolution stark geplünderte Winterpalast wurde später zu einem weltberühmten einmaligen Museum. Zarskoje Selo und Peterhof wurden im Zweiten Weltkrieg zerstört, viele ihrer Schätze sind spurlos verschwunden. Aus dem Palast Liwadija wurde ein Sanatorium für Bauern, im Februar 1945 fand dort die Krimkonferenz der Regierungschefs der Antihitlerkoalition statt.

Aus der Zarenyacht „Polarstern" machte man bald nach der Revolution ein schwimmendes Gefängnis für politische Gegner des neuen Regimes.

Das gesamte Vermögen der Zarenfamilie wurde verstaatlicht. An ihrem letzten Aufenthaltsort waren der Zarenfamilie nur einige Reisekoffer verblieben. Nach ihrer Ermordung nahmen die Mörder den Leichen der Zarin und der Großfürstentöchter alle Schmuckstücke ab und stahlen sie zum Teil.

Dokumente

Zar Nikolaus II. an seine Mutter, Zarenwitwe Maria Fjodorowna

Belowesh[1] 10. September 1912

Meine liebe Mama,

ich wollte Dir schon lange schreiben, fand aber keine Zeit dafür. So viele und herrliche Eindrücke habe ich gesammelt, dass sie schwer zu beschreiben sind. Die angenehmsten Tage waren natürlich der 25. und 26. August in Borodino. Dort waren wir alle von dem gemeinsamen Gefühl der Ehrfurcht gegenüber unseren Vorfahren durchdrungen. Keine Beschreibung der Schlachten kann die beeindruckende Kraft erzeugen, die ins Herz dringt, wenn man sich auf dem Boden befindet, der mit dem Blut von 58.000 unserer Helden, die in diesen zwei Tagen der Schlacht von Borodino getötet und verwundet wurden, getränkt ist. Einige der alten Redouten und Batteriestellungen haben Pioniere vollständig wiederhergestellt – die Schanzen Schewardino und Semjonowskoje. Bei der Totenmesse und dem feierlichen Gebet wurde die berühmte Ikone der Gottesmutter von Odigitrija, die damals in die Schlacht mitgeführt wurde, gezeigt, und sie wurde dann entlang der Front der angetretenen Truppen weitergereicht – das sind Minuten, die man in unserer Zeit selten erlebt! Als Krönung gelang es, einige alte Männer ausfindig zu machen, die sich noch an den Einmarsch der Franzosen erinnerten, noch dazu einen Teilnehmer der Schlacht, den 122jährigen früheren Feldwebel Wintonjuk.

Es ist kaum zu glauben – man spricht mit einem Mann, der sich an alles erinnert und über alle Einzelheiten der Schlacht berichtet, der die Stelle zeigt, an der er damals verwundet wurde usw. Ich sagte ihnen, dass sie während des Gebets neben uns am Zelt stehen sollten, und kümmerte mich um sie. Sie alle knieten mit Hilfe ihrer Stöcke nieder und standen auch selbst wieder auf!

Die französische Delegation, die zu den Feiern gekommen war, interessierte sich ebenfalls sehr für die Veteranen und befragte den Ältesten von ihnen durch einen unserer Leute.

Die Parade in Borodino war auch deshalb so einmalig, weil alle Einheiten unserer Armee und der Garde Equipage, die an der Schlacht teilgenommen hatten, mit je einer Kompanie oder einem Zug des Regiments oder der Batterie vertreten waren. Viele Regimenter haben bereits, und andere tun dies noch, ihren Vorfahren Denkmale nahe den Orten errichtet, an denen ihre Leute so hervorragend gekämpft hatten.

Am 26. ritt ich im Verlaufe des Tages das ganze Schlachtfeld ab und sah diese Denkmale. Das alles verstärkt den nachhaltigen Eindruck alles Gesehenen und Gehörten noch mehr.

Am 27. August verließen wir in aller Frühe schweren Herzens Borodino und fuhren nach Moskau, um dort das Programm der Feierlichkeiten abzuschließen. Alles verlief weiterhin gut und ordnungsgemäß, war jedoch anstrengender und weniger interessant. Ich bin überzeugt, dass man Dir über den Aufenthalt in Moskau bereits geschrieben hat, deshalb beschränke ich mich kurz darauf, was ich dort getan habe. Am 27., dem Ankunftstag, war der übliche Besuch der Uspenski-Kathedrale; und um 4 Uhr nachmittags empfing mich der Hofadel im Haus der Adelsversammlung, wo uns Samarin[2] im Namen des ganzen russischen Hofadels eine schöne Fahne altertümlichen Musters (ähnlich einer Kirchenfahne) überreichte.

Am 28. war eine große Parade auf dem Chodynka-Feld, an der vier Armeekorps – 70.000 Mann – teilnahmen. Hier ereignete sich ein unglaubliches pecher[3]: Während der Abnahme der Parade trat ein Soldat des Sophien-Regiments aus dem Glied und wollte mir ein Gesuch überreichen. Einige Generale versuchten ihn festzuhalten, doch er drang zu mir vor und blieb erst stehen, als ich ihn anschrie. Ich war sehr verärgert und habe der ganzen Moskauer militärischen Führung gründlich meine Meinung gesagt.

Am Tage besuchten wir die Stadtduma, abends gaben wir für alle Militärs ein Essen.

Am 29. wurde in der Erlöser-Kathedrale ein erzpriesterlicher Mittagsgottesdienst und danach eine Totenmesse für Zar Alexander Pawlowitsch[4] und alle seine Mitstreiter abgehalten.

Am Tage traten auf dem Platz im Kreml gegenüber dem Anpapa-Denkmal[5] alle Zöglinge der Moskauer mittleren und unteren Lehranstalten zum Appell an, und ringsum standen 25.000 Jungen und Mädchen der Landschulen.

Danach besuchte ich mit den Kindern eine interessante Ausstellung über 1812 im Historischen Museum, wo Sofia Schtscherbatowa uns liebenswürdig Tee anbot. Von hier aus ging es zu dem von Rubeau[6] geschaffenen hervorragenden Panorama der Schlacht von Borodino, das wir uns ansahen.

Der 30. August war der letzte Tag in Moskau. Wir gingen in die Uspenski-Kathedrale, gegen Ende des Mittagsgottesdiensts, und folgten der Prozession auf den Platz hinaus, wo ein Manifest verlesen und ein feierliches Gebet gehalten wurde. Der Platz war voll von Menschen, doch es herrschte völlige Ruhe und Stille.

Am Tage besuchte ich mit den Kindern die Gouvernements-Semstwo, wo eine äußerst interessante Ausstellung von handwerklichen Erzeugnissen gezeigt wurde.

Die guten Menschen überreichten uns so viele Dinge, dass sie mit zwei Autos in den Kreml gebracht werden mussten. Am Abend gab es ein Diner für alle Amtsträger Moskaus und Nachkommen von Teilnehmern des Vaterländischen Kriegs, danach fuhren wir gegen 12 Uhr nachts ab. Am nächsten Tag, dem 31. August, erreichten wir Smolensk, wo wir vier angenehme Stunden verbrachten. Die Stadt hat eine gute Lage und eine schöne hügelige Umgebung. Wir haben alle Hauptstraßen durchfahren, die altertümliche Uspenski-Kathedrale, den neuen Boulevard entlang der alten Stadtmauern, das von Fürstin Tenischewa[7] errichtete Historische Museum und die Adelsversammlung besucht. Hier haben uns die Damen mit Tee bewirtet, wobei Alexej unbemerkt ein Glas

Champagner getrunken hat, daraufhin lustig wurde und sich zu unserer Verwunderung mit den Damen zu unterhalten begann. Als wir zum Zug zurückkehrten, wiederholte er ständig seine in der Versammlung geführten Gespräche und sagte, dass es in seinem Bauch kribbeln würde.

Am 1. September kamen wir in Belowesh an. Noch am gleichen Abend musste ich zu Manövern bei Warschau fahren. Ich kam gerade zum letzten Tag des Großmanövers und nahm am nächsten Tag die Truppenparade ab, an der 62.000 Mann teilnahmen. Ich war begeistert vom Anblick und dem prächtigen Zustand der Warschauer Truppen. Am gleichen Tag war ich zum Dinner wieder zu Hause.

Dmitri[8] hat mich begleitet, wir haben ihn hierher nach Belowesh mitgenommen. Hier kann man täglich und sehr erfolgreich jagen, denn es gibt erstaunlich viel Wild, besonders Hirsche.

Neun Jahre sind seit unserem letzten Aufenthalt hier vergangen, der Garten vor dem Haus ist sehr verwildert, die Bäume sind in den Himmel gewachsen und alles sieht herrlich aus. Es ist nicht sehr warm und regnet häufig. Morgens reite ich mit den Töchtern auf herrlichen Waldwegen aus, und nach dem Frühstück geht es mit dem Tourenwagen auf Treibjagd.

Alix ist gottlob gesund und hat die Erschöpfung nach Moskau fast überwunden.

Wir bleiben hier bis Sonntag den 16. und wollen am 17. bereits am Morgen in Spala sein, wo wir längere Zeit bleiben werden.

Ich befürchte, dass ich Dich, liebe Mama, mit meinem langen Brief langweile. Ich hoffe, dass Du selbst Dich wohl fühlst und Dich darauf freust, die liebe Aunt Alix[9] und Aunt Thyra[10] zu treffen.

Gib Ihnen bitte einen Kuss von mir, ebenso Uncle Waldemar[11].

Ich umarme Dich fest, meine teure Mama. Christus sei mit Dir.

Dein Dich von ganzen Herzen liebender

Nicky.

P.S. Ich hoffe, Du siehst unser Geschwader mit Admiral Essen[12].

1 Zarenresidenz – Forstdistrikt im Osten des Gouvernements Grodno.

2 Alexander Dmitrijewitsch Samarin – Jägermeister, Ehrenkurator, Mitglied des Staatsrats, Adelsmarschall des Gourvernements Moskau. Von Juli bis September 1915 Oberprokuror des Heiligen Synods, 1920 im sogenannten „Klerikalenprozess“ verurteilt.

3 pecher – Frz.: fangen, angeln. Der Zar verwendet das Wort hier im übertragenen Sinne eines „Vorfalls“.

4 Alexander I. (1777-1825) – Zar von Russland (1801-1825).
5 Denkmal für Alexander II. im Kreml, es wurde zu Sowjetzeiten abgerissen.
6 Franz Alexandrowitsch Rubeau (1856-1928) – russischer Schlachtenmaler, schuf die Panoramen „Die Verteidigung Sewastopols" (1902-1904) und „Die Schlacht von Borodino" (1911).
7 Maria Klawdijewna Tenischewa (1867-1928) – Fürstin, Gutsbesitzerin im Smolensker Kreis, Gründerin des Museums für russische angewandte Kunst in Smolensk.
8 Dmitri Pawlowitsch – Großfürst.
9 Aunt (Tante) Alix – Alexandra, verwitwete Königin von England.
10 Aunt (Tante) Thyra – Thyra Amelia Karolina, geborene Prinzessin von Dänemark, Tochter von König Christian IX., Schwester der Zarenwitwe Maria Fjodorowna. Verheiratet mit dem Herzog von Cumberland.
11 Uncle (Onkel) Waldemar – Prinz von Dänemark, Sohn von König Christian IX., Bruder der Zarenwitwe Maria Fjodorowna.
12 Nikolai Ottowitsch von Essen (1860-1915) – Admiral, 1909-1915 Befehlshaber der Baltischen Flotte. Teilnehmer des Russisch-japanischen Kriegs, während der Verteidigung von Port Arthur 1904 Kommandant des Kreuzers „Nowik" und des Panzerkreuzers „Sewastopol". Später hatte er das Kommando über den Kreuzer „Rurik" und eine Division von Torpedobootzerstörern.

Bestand 642/1/2332, Bl. 14-19.

Kaiserlich sanktioniertes Zeremoniell der Festlichkeiten zur 300-Jahr-Feier der Herrschaft des Hauses Romanow am 21. Februar 1913

I.

Am 21. Februar, dem Feiertag anlässlich der 300-Jahrfeier der Herrschaft des Hauses Romanow, werden in allen Kirchen und Kathedralen des Russischen Reiches Festliturgien mit anschließenden Dankgebeten und Bittgesängen für ein langes Leben für den Herrscher Zar Nikolaus Alexandrowitsch; die Herrscherinnen Zarinnen Alexandra Fjodorowna und Maria Fjodorowna, den Thronfolger Zarewitsch und Großfürsten Alexej Nikolajewitsch und das ganze Herrscherhaus abgehalten. Nach dem Gottesdienst wird das Kaiserliche Manifest verlesen.

In allen Städten ziehen bis zu Beginn des Gottesdiensts Prozessionen aus den Stadtkirchen zu den Kathedralen, und in den Dörfern finden nach der Liturgie und den Gebeten Prozessionen statt, in allen Kirchen werden ganztägig die Glocken geläutet.

Nach den Dankgebeten werden in allen Garnisonen Truppenparaden abgehalten.

II.

Am 21. Februar versammeln sich in der Uspenski-Kathedrale in Moskau zum Gottesdienst und zum Dankgebet morgens um 10 1/2 Uhr auf Einladungsschreiben des KAISERLICHEN Hofs: in Moskau befindliche Hofdamen, Hofbeamte und Kavaliere, Ehrenkuratoren, Generale und Admirale, und, auf Beschluß der Militärischen Führung, der Stab und die Oberoffiziere der Garde, der Armee und der Flotte; Persönlichkeiten der höchsten vier Rangklassen; Stadtdamen mit Zugang zum Hof; der Moskauer Stadthauptmann, der Gouverneur und die Leiter der Moskauer Verwaltungen und Gerichte; die Kreisvorsteher, die Berater der Kreisvorsteher und Abgeordnete des Adels des Gouvernements Moskau; die Vorsitzenden der Semstwo-Kreisverwaltungen des Gouvernements Moskau; die Mitglieder der Moskauer Stadtverwaltung; Vertreter der Moskauer Börsengesellschaft und der Kaufmannschaft, des Bürger- und Handwerkerstandes und der Fuhrmanngesellschaft; sowie die Amtsvorsteher des Moskauer Kreises und je einer der übrigen Kreise des Gouvernements Moskau.

Die Damen erscheinen in Festrobe mit Hut, die Herren in Paradeuniform.

III.

In der Uspenski-Kathedrale werden der Gottesdienst und das Dankgebet von Eminenz Metropolit von Moskau und Kolomenskoje unter Mitwirkung der höchsten Geistlichkeit abgehalten. Nach dem Gottesdienst wird vom Oberdiakon das KAISERLICHE Manifest verlesen.

Danach findet ein Dankgebet mit Kniefall statt.

Nach dem Bittgesang für ein langes Leben für IHRE MAJESTÄTEN und das ganze Herrscherhaus salutieren die angetretenen Truppen, werden auf Weisung der Militärischen Führung vor Ort Ehrensalven geschossen und alle Kirchenglocken geläutet.

An diesem Tag wird Moskau festlich mit Flaggen geschmückt und abends illuminiert.

IV.

Am 21. Februar um 8 Uhr morgens wird durch ein Kanonensalut von 21 Schüssen aus der Festung der Stadt St. Petersburg verkündet, dass an diesem Tag die 300-Jahrfeier der Herrschaft des Hauses Romanow feierlich begangen wird.

V.
Bis zu Beginn des Gottesdiensts versammeln sich in der Kasaner Kathedrale die Prozessionszüge aus den Hauptkirchen der Hauptstadt.
[...]

VII.
Vor der Kathedrale zieht eine Ehrenwache mit Fahne der Kompanie der Hofgrenadiere auf.

VIII.
Der Gottesdienst wird von Eminenz Metropolit von St. Petersburg und Ladoga gehalten.

IX.
IHRE MAJESTÄTEN und Erlauchten Hoheiten der KAISERLICHEN Familie geruhen, in die Kasaner Kathedrale zum Dankgebet zu kommen.

X.
[...]
Abfolge des KAISERLICHEN Festzugs
Eine Hundertschaft SEINER MAJESTÄT EIGENEN Eskorte.
SEINE MAJESTÄT HERRSCHER ZAR und SEINE KAISERLICHE HOHEIT THRONFOLGER ZAREWITSCH und Großfürst ALEXEJ NIKOLAJEWITSCH – in offener Equipage.
IHRE MAJESTÄTEN HERRSCHERIN ZARIN MARIA FJODOROWNA und HERRSCHERIN ZARIN ALEXANDRA FJODOROWNA – in einer Paradekutsche, die von einem russischen Vierergespann gezogen wird.
IHRE KAISERLICHEN HOHEITEN Großfürstentochter Olga Nikolajewna, Großfürstentochter Tatjana Nikolajewna, Großfürstentochter Maria Nikolajewna und Großfürstentochter Anastasia Nikolajewna – in viersitziger Kutsche, die von einem russischen Zweiergespann gezogen wird.
Eine Hundertschaft SEINER KAISERLICHEN MAJESTÄT EIGENEN Eskorte.
Auf dem gesamten Weg des KAISERLICHEN Festzugs vom Winterpalast bis zur Kasaner Kathedrale bilden militärische Lehreinrichtungen und Truppen Spalier.

XI.
An der Pforte der Kathedrale werden IHRE MAJESTÄTEN und IHRE KAI-

SERLICHEN HOHEITEN von Eminenz Metropolit von St. Petersburg und Ladoga mit Kreuz und Weihwasser begrüßt.
Nachdem Sie das Kreuz geküsst haben und mit Weihwasser besprengt wurden, geruhen IHRE MAJESTÄTEN IHRE Plätze einzunehmen.
Vom Oberdiakon wird das KAISERLICHE Manifest verlesen.
Danach wird von Eminenz Metropolit, den Mitgliedern des Heiligen Synods und der höchsten Geistlichkeit Gott dem Herren ein Dankgebet mit Kniefall gehalten.
Nach Bittgesang für ein langes Leben für IHRE MAJESTÄTEN und das ganze Herrscherhaus salutieren die angetretenen Truppen, von der St. Petersburger Festung wird Salut geschossen und in allen Kirchen läuten die Glocken.

XII.
Nach dem Gottesdienst geruhen IHRE MAJESTÄTEN in der genannten Reihenfolge in den Winterpalast zurückzukehren.

XIII.
Am selben Tag versammeln sich im Winterpalast SEINER MAJESTÄT, um IHREN MAJESTÄTEN Glückwünsche darzubringen, auf Einladungsschreiben des KAISERLICHEN Hofs um 3 Uhr: Die Mitglieder des Heiligen Synods und die höchste Geistlichkeit; der Vorsitzende und die Mitglieder des Ministerrats; der Vorsitzende und die Mitglieder des Staatsrats; der Vorsitzende und die Mitglieder der Reichsduma, die würdig sind, SEINER MAJESTÄT vorgestellt zu werden; die Hauptverwaltungsleiter; Senatoren, Staatssekretäre, Ehrenprokurore, Hofbeamte und Kavaliere, Angehörige der Suite SEINER MAJESTÄT und IHRER KAISERLICHEN HOHEITEN Großfürstentöchter; in der Hauptstadt befindliche Generale und Admirale, Kommandeure von in der Hauptstadt und Umgebung stationierten Sondereinheiten und Truppen und Militärabordnungen.
Kleiderordnung: Paradeuniform.

XIV.
An diesem Tag findet in der Hauptstadt ein Volksfest statt; die Hauptstadt und die Städte Zarskoje Selo, Peterhof, Gatschina und Pawlowsk werden mit Fahnen geschmückt und abends illuminiert.
[...]

XVII.

Am 24. Februar um 7 Uhr abends findet im Winterpalast SEINER MAJESTÄT ein Festbankett für vom KAISERLICHEN Hof geladene Persönlichkeiten und Damen statt.

Kleiderordnung: die Damen in russischer Tracht; die Herren in Paradeuniform.

Wenn die geladenen Gäste ihre zugewiesenen Plätze einnehmen und dies vom Oberhofmarschall IHREN MAJESTÄTEN gemeldet wird, erfolgt aus den inneren Gemächern der KAISERLICHE Aufzug zur Festtafel.

Der KAISERLICHE Aufzug hat folgende Abfolge:

Zwei Zeremonienmeister des KAISERLICHEN Hofs, mit Heroldsstäben; der Oberzeremonienmeister des KAISERLICHEN Hofs, mit Heroldsstab; Erste Beamte des KAISERLICHEN Hofs; der Oberhofmarschall, mit Heroldsstab.

IHRE MAJESTÄTEN HERRSCHER ZAR, HERRSCHERIN ZARIN MARIA FJODOROWNA und HERRSCHERIN ZARIN ALEXANDRA FJODOROWNA.

SEINER KAISERLICHEN MAJESTÄT folgen:

Der Minister des KAISERLICHEN Hofs und die Diensthabenden: Generaladjutant, Generalmajor der Suite SEINER MAJESTÄT und Flügeladjutant.

IHRE KAISERLICHEN HOHEITEN und IHRE HOHEITEN Erlauchte Mitglieder der KAISERLICHEN Familie.

Während des Banketts stehen hinter den Sesseln IHRER MAJESTÄTEN Erste Hofbeamte.

Hinter den Sesseln der Erlauchten Mitglieder der KAISERLICHEN Familie – Kammerherren und Kammerjunker.

Am Tisch IHRER MAJESTÄTEN und der Erlauchten Mitglieder der KAISERLICHEN Familie bedienen Kammerpagen.

Während des Banketts spielt das Hoforchester.

Trinksprüche werden mit einem Tusch und von Salutschüssen begleitet:

1. Trinkspruch auf IHRE MAJESTÄTEN HERRSCHER ZAR und HERRSCHERINNEN ZARINNEN – 51 Schuss.

2. Auf SEINE KAISERLICHE HOHEIT THRONFOLGER ZAREWITSCH und Großfürst ALEXEJ NIKOLAJEWITSCH und das ganze Herrscherhaus – 31 Schuss.

3. Auf geistliche Würdenträger und alle treuen Untertanen – 31 Schuss.

Die Pokale reichen:

IHREN MAJESTÄTEN – Erste Hofbeamte.
IHREN KAISERLICHEN HOHEITEN und IHREN HOHEITEN Erlauchte Mitglieder der KAISERLICHEN Familie – im Dienst IHRER KAISERLICHEN HOHEITEN stehende Hofbeamte oder hierfür besonders ernannte Beamte des KAISERLICHEN Hofs und Hofherren.
Nach dem Bankett geruhen IHRE MAJESTÄTEN mit den Erlauchten Mitgliedern der KAISERLICHEN Familie, in genannter Reihenfolge, zu den inneren Gemächern zurückzukehren.

Unterzeichnet:

Minister des KAISERLICHEN Hofs,
Generaladjutant Baron Frederiks.

Bestand 621/1/20.

AUS DEM TAGEBUCH VON ZAR NIKOLAUS II. (FEBRUAR 1913)

21. Februar, Donnerstag.

Am heutigem Feiertag anlässlich der Dreihundertjahrfeier der Herrschaft des Hauses Romanow war klares und frühlingshaftes Wetter. Am Morgen empfing ich mehrere Personen und ging dann im Park spazieren. Um 12 1/2 Uhr fuhren ich und Alexej in einer Kalesche, Mama und Alix in einer russischen Kutsche und hinter ihnen alle Töchter in einem Landauer zur Kasaner Kathedrale. Vor und hinter uns je eine Hundertschaft der Eskorte.

In der Kathedrale wurde das Manifest verlesen und dann ein feierliches Gebet gehalten. In gleicher Reihenfolge kehrten wir zum Winterpalast um 1 1/2 Uhr zurück. Die freudige Stimmung erinnerte mich an die Krönung. Hatten Frühstück mit Mama. Um 3.45 versammelten sich alle im Malachitsaal, und im Konzertsaal nahmen wir Glückwünsche entgegen – von etwa 1500 Personen. Alix war sehr erschöpft und legte sich hin; Tatjana hatte Fieber. Ich las und beantwortete eine Unmenge Telegramme. Olga[1] leistete Ella[2] beim Essen Gesellschaft. Am Abend fuhr sie zurück nach Moskau. Ich blickte aus dem Fenster auf die illuminierte Stadt und die Lichtkegel der Scheinwerfer vom Turm der Admiralität. Starker SW.

22. Februar, Freitag.

Der Tag ist ebenso klar und warm wie gestern. Alix ist sehr erschöpft und hat an keinem der beiden Empfänge teilgenommen. Um 11 Uhr haben Mama und ich im Konzertsaal die Abordnungen des Adels, der Semstwo-Vertretungen, der Städte und verschiedener wissenschaftlicher Gesellschaften empfangen.

Nach dem Frühstück ging ich mit den Kindern im Garten spazieren. Um 5 Uhr war der Empfang der Diplomaten mit ihren Damen. Ich las und beantwortete Telegramme. Um 8 1/2 fuhren wir zu dritt mit Olga ins Marientheater zur Galavorstellung. „Ein Leben für den Zaren“[3] wurde gegeben. Es war wunderschön. Alix verließ das Theater nach dem ersten Akt.

23. Februar, Sonnabend.

Den ganzen Tag fiel nasser Schnee. Am Morgen machte ich einen kurzen Spaziergang. Habe Suchomlinow[4] empfangen. Um 12 1/2, als sich Mama zur Handkusszeremonie der Damen begab, begrüßte ich die Amtsvorsteher im unteren Flur, wo für sie eine Festtafel eingedeckt war. Ich schaffte es noch, beim baise-main[5] zuzuschauen. Mama hatte Frühstück mit uns. Ich ging spazieren und machte mich dann genervt an die Telegramme, von denen seit dem 20. Februar 1050 Stück eingetroffen sind. Bis zum Essen habe ich sie gesichtet. Um 9 Uhr machten wir uns für den Ball fertig und fuhren zu dritt mit Olga zur Adelsversammlung. Im großen Saal begrüßte uns Saltykow[6] mit Brot und Salz, dann wurde eine neue Kantate gespielt, danach eine Polonaise veranstaltet und getanzt. Olga hat viel getanzt. Alix verabschiedete sich als erste, dann ging Mama und schließlich gingen auch Olga und ich um 11.40. Es war ein durchaus gelungener schöner Ball.

24. Februar, Sonntag.

Ein wunderbarer klarer Tag. Um 11 Uhr, auf dem Weg zur Kirche, überreichten uns alle unsere Leute aus dem Marstallbereich und den Vorort-Schlossverwaltungen Ikonen und Brot und Salz. Nach dem Frühstück fuhr ich ins Volkshaus, wo gleichzeitig auf beiden Bühnen Vorstellungen für 4500 Schüler verschiedener Lehreinrichtungen gegeben wurden. Ich sah mir einen Aufzug in jedem Theater an und kehrte um 2.45 heim. Ging im Garten allein spazieren. Saß bei Tatjana, die noch immer Fieber hat. Kurz vor 7 Uhr trafen wir uns im Malachitsaal und zogen feierlich zum Nikolaisaal, wo viele Bauern verschiedener Vereinigungen uns erwarteten. Es gab ein Festessen in den drei Sälen und auf der 1812-Ehrengalerie. Vor 9 Uhr waren wir wieder in unseren Gemächern und haben den Abend gemeinsam in Ruhe verbracht. Dank sei Gott dem Herren, der Russland und uns die Gnade erwiesen hat, die Tage der Dreihundertjahrfeier der Herrschaft der Romanows so würdevoll und ungetrübt begehen zu können.

1 Ella – Jelisaweta Fjodorowna, Großfürstin.
2 Olga – hier handelt es sich um Olga Fjodorowna, Großfürstin.
3 Oper des russischen Komponisten Michail Glinka.
4 Wladimir Alexandrowitsch Suchomlinow (1848-1926) – General der Kavallerie, Mitglied des Staatsrats. 1908-1909 Chef des Generalstabs, 1909-1915 Kriegsminister. Wurde 1916 wegen mangelnder Vorbereitung der russischen Armee auf den Krieg verhaftet, sein Fall wurde der Außerordentlichen Untersuchungskommission übergeben. 1917 wurde Suchomlinow zu lebenslanger Haft verurteilt, doch schon im folgenden Jahr aus Altersgründen entlassen. Er emigrierte nach der Oktoberrevolution und starb in Berlin.
5 Frz.: Handkuß.
6 Iwan Nikolajewitsch Saltykow – Fürst, Generalmajor der Suite Seiner Majestät, Adelsmarschall des Gouvernements St. Petersburg.

Bestand 601/1/259, Bl. 141-146.

Aus dem Tagebuch von Zar Nikolaus II. (Mai 1913)

15. Mai, Mittwoch.

Seit dem Morgen hat sich das Wetter verschlechtert. Um 10 Uhr fuhr ich nach Petersburg und besuchte die Automobilausstellung in der Michailow-Manege. Mehr als 140 verschiedene Firmen haben ihre Wagen geschickt. Um 1 1/2 kehrte ich nach Zarskoje Selo zurück. Nach dem Frühstück habe ich gelesen, bin dann spazieren gegangen und mit den Kindern im Regen auf dem Teich Boot gefahren. Um 6 Uhr wurde bei Alix im Zimmer für eine glückliche Reise gebetet. Um 7 Uhr reiste die ganze Familie aus Zarskoje Selo über Gatschina und Tosno nach Moskau ab. Zum Essen trafen wir uns um 8 Uhr. Danach habe ich gelesen und mich gegen 12 Uhr hingelegt.

16. Mai, Donnerstag.

Wir wachten beim Zwischenhalt in Moskau um 8 1/2 auf. Das Wetter war klar und warm. Wir hatten Frühstück bis 12 Uhr. Pünktlich um eins kamen wir in Wladimir an. Auf dem Bahnhof begrüßten uns eine Ehrenformation vom 9. Sibirischen Grenadierregiment, hohe Zivilbeamte, Adel und Semstwo. Ich fuhr mit den Kindern in unserem Auto in die Obere Stadt zur Uspenski-Kathedrale im herrlichen Kreml. Nach der Besichtigung und kurzem Gebet reiste ich mit den Töchtern nach Susdal, wo ich um 3 1/2 ankam. Besuchte das Spasso-Jefimowski-, das Risopoloshenski- und das Pokrowski-Kloster. Bei der Äbtissin dieses Klosters hatten wir einen Imbiss und tranken Tee. Mit Begeisterung und Interesse betrachtete ich die wunderbaren Schätze, die in den Sakristeien aufbewahrt werden, und auch die Kirchen in altrussischer Baukunst. Bei der Hin- und Rückreise kam das Volk aus den Dörfern und Ortschaften mit Ikonen. Kamen um 7 Uhr in Bogoljubowo an. Besuchte das Bogoljubski-Kloster und besichtigte den noch erhaltenen Teil der Gemächer Andrej Bogoljubskis[1]. Empfing Amtsvorsteher und Dörfler aus dem Gouvernement Wladimir und kam gegen 8 Uhr zum Zug zurück.

Nahm den Vorbeimarsch von 250 Schülern der Lehrkompanie der Eisenbahnerschulen ab. Nach Abfahrt des Zugs hatten wir Dinner. War überhaupt nicht müde, die Eindrücke waren so stark und gut.

17. Mai, Freitag.

Kamen in Nishni Nowgorod um 10 Uhr morgens bei kaltem grauen Wetter an. Auf dem Bahnhof eine Ehrenformation des 37. Jekaterinburger Infanterieregiments. Fuhren zur Kathedrale, von dort folgten wir nach dem Gebet und dem Gottesdienst der Prozession zum Platz hinter dem Kreml, wo der Grundstein für das Denkmal für Minin und Posharski[2] gelegt wurde. Danach marschierten das Jekaterinburger und das Tobolsker Regiment im Paradeschritt vorbei. Kam mit den Töchtern im Palast um 12 1/2 an. Der Ausblick auf die Wolga rief bei uns Erinnerungen an den Aufenthalt im Jahr 1896 wach. Hatten Frühstück im Familienkreis. Empfing die Geistlichkeit und alle Amtspersonen im oberen Saal und die Amtsvorsteher im Garten. Besuchte um 4 Uhr das neue Gebäude des Kontors der Staatsbank, das im altrussischen Stil gebaut wurde. Holte Alix und die Kinder ab, wir fuhren dann gemeinsam zur Adelsversammlung. Dort war alles wie in Smolensk. Um 6 Uhr fuhren wir zur Schiffsanlegestelle, wo eine große Abordnung der Wolgareeder uns schöne Geschenke überreichte. Gingen voller Freude an Bord des für uns bereitgestellten Passagierdampfers „Meshen“. Unsere Kajüten waren gemütlich und geschmackvoll eingerichtet. Um 8 Uhr begab ich mich mit Olga und Tatjana in den Speisesaal „Zar Michail Fjodorowitsch". Nachdem wir uns von allen verabschiedet hatten und in unsere Kajüten gegangen waren, legten wir um 10 1/2 Uhr ab. Die Stadt und alle Schiffe waren illuminiert, als wir auf Mütterchen Wolga stromaufwärts fuhren. Nachdem wir die hellerleuchtete Sormowo-Werft passiert hatten, zog ich mich in meine Kajüte zurück und ging früh zu Bett.

18. Mai, Sonnabend.

Habe lange geschlafen, die ruhige Fahrt des Dampfers hatte mich in den Schlaf gewiegt. Der Tag war klar, doch sehr kalt mit starkem N, so dass der Aufenthalt an Deck unangenehm war. Aus allen Dörfern strömte das Volk zum Flussufer, überall waren Ehrenbogen errichtet, viele liefen am Ufer dem Dampfer hinterher. Wir machten sehr gute Fahrt. Um 10 Uhr abends warfen wir Anker im Fluss, etwa 20 Werst vor Kostroma. Gegen Abend legte sich der Wind. Ich las Papiere und ging um 12 1/2 zu Bett.

19. Mai, Sonntag.

6 Uhr morgens gingen wir an Deck, 9 Uhr passierten wir Kostroma. Die vielen weißen Kirchen strahlten im Sonnenlicht. Wir machten an einer neuen Anlegestelle im Freien 3 Werst oberhalb der Stadt fest. Ging 10 Uhr an Land. Direkt gegenüber der Anlegestelle am hohen Ufer stand meine Kompanie des Eriwaner Regiments. Ich freute mich, sie zu sehen. Wir bestiegen Kutschen und fuhren zum Ipatjew-Kloster. Das Eriwaner und das 183. Pultuski-Infanterieregiment standen unterwegs Spalier. Auf der anderen Seite des Klosters begrüßte ich die aus Kostroma kommende Prozession mit der Ikone der Feodorow-Gottesmutter und ging dann in die Kathedrale. Der Mittagsgottesdienst und die Gebete dauerten weniger als 1 1/2 Stunden. Besichtigten mit der ganzen Familie das Haus von Michail Fjodorowitsch[3], in dem viele heilige Gegenstände aus der Kathedrale aufbewahrt sind, und kehrten auf demselben Wege zum Dampfer zurück. Hatten Frühstück; es wurde warm. Um 3.40 legte unser Dampfer nach Kostroma ab, um 4 Uhr gingen wir an Land. Nach dem Besuch der Stadtduma schritt ich die Ehrenformation des Pultuski-Regiments ab, dann fuhren wir in das neue Romanow-Gebietsmuseum. Von dort zur Adelsversammlung. Um 6 Uhr zurück zum Dampfer und zur alten Ipatjew-Anlegestelle. Um 8 Uhr war ein großes Bankett im Speisesaal des Dampfers. Saß zwischen T. Mari[4] und T. Miechen[5]. Dann schauten wir das Feuerwerk vor der Stadt an.

20. Mai, Montag.

Ein wundervoller Morgen. Um 10 Uhr legten wir in Kostroma an und fuhren zur Kathedrale, vor der Truppen Spalier standen. Ich begrüßte sie, dann gingen wir in die Kathedrale und folgten bald darauf der Prozession zum Platz, an dem der Grundstein für das große Denkmal der Dreihundertjahrfeier der Herrschaft des Hauses Romanow gelegt wurde. Jeder von uns legte seinen Namensstein. Nach der Grundsteinlegung marschierten die Truppen im Paradeschritt vorbei. Dort trennten wir uns – Alix fuhr mit den Kindern zum Bogojawlenski-Frauenkloster, ich zum Haus des Gouverneurs. In seinem Garten empfing ich Amtspersonen, Amtsvorsteher und Vertreter der Belopascher[6]. Für sie wurde ein Festessen gegeben. Von dort fuhr ich zum Pultuski-Regiment und besuchte die Offiziersversammlung. Kehrte um 2 1/2 zur „Meshen“ zurück. Nach dem Essen fuhr ich zur alten Auferstehungskirche im Wald, danach zum neuen Gebäude der Gesellschaft des Roten Kreuzes und schließlich zu der von der Semstwo veranstalteten Ausstellung. Interessant, aber anstrengend. Nachdem ich Tee getrunken und mich von allen verabschiedet hatte, ging ich zu Fuß zum Dampfer. Wir fuhren erneut zu unserer Ipatjew-Anlegestelle. Das Volk stand dicht gedrängt am Ufer, sogar bis zum Knie im Wasser. Um 8 Uhr gab es ein Bankett in unserem Speisesaal an Bord. Ein heftiges Gewitter entlud sich. Um 10 1/2 fuhren wir weiter stromaufwärts. Die Luft war wunderbar.

21. Mai, Dienstag.

Bei wunderbarem Wetter erreichten wir um 9 Uhr morgens Jaroslawl. Die Stadt wirkte vom Fluss aus sehr sauber und schön. An der Anlegestelle die übliche Begrüßung und die Ehrenformation des 181. Ostrolensker Infanterieregiments. Wir fuhren zur Uspenski-Kathedrale. Danach kehrten Alix und Alexej zur „Meshen“ zurück, während ich mit den Töchtern die Kirche Johannes des Täufers, das Spasski-Kloster und schließlich die Iljinski-Kirche besuchte. Sie sind einmalig schön. Um 1 Uhr war großes Frühstück im Speisesaal. Saß in der Kajüte und arbeitete bis 3 1/2. Es wurde sehr heiß. Fuhr zu einem Waisenhaus, das in unserem Beisein aus Anlass der Dreihundertjahrfeier eingeweiht wurde, und besuchte dann die Landesausstellung von Produkten des Gouvernements Jaroslawl. War von ihr wenig begeistert und kehrte um 5 1/2 zum Dampfer zurück. Fuhren stromaufwärts und besuchten das interessante Tolgski-Kloster am linken Ufer der Wolga, das von einem herrlichen Zedernhain umgeben ist. Gegen 6 1/2 kehrten wir zur „Me shen“ zurück. Wir hatten gerade in Flussmitte Anker geworfen, als ein heftiges Gewitter begann. Während des Essens lichteten wir Anker und kehrten nach Jaroslawl zur Anlegestelle zurück. Die jüngeren Kinder waren um 9 1/2 bereits zum Zug unterwegs. Um 10 Uhr fuhr ich mit Olga und Tatjana zur Adelsversammlung zur Abendgesellschaft. Nach der Veranstaltung gab es ein kurzes Konzert und dann Tee. Um 11 1/2 Uhr verließen wir die Versammlung und fuhren 12 Uhr mit dem Zug aus Jaroslawl ab.

22. Mai, Mittwoch.

Die ganze Nacht standen wir auf dem kleinen Bahnhof Kosmodemjansk. Um 10 Uhr kamen wir in Rostow an. Alix ist sehr erschöpft und hat außerdem Angina, so dass sie den ganzen Tag liegen blieb. Nach der Begrüßung fuhr ich mit den Kindern im Auto in die alte Stadt Rostow Weliki. Besuchte die Uspenski-Kathedrale, hörte den berühmten Glockenklang, ging an der Kremlmauer entlang in die Weiße Kammer und die Fürstinnengemächer, besuchte zwischendurch die Kremlkirchen. Nach kurzem Aufenthalt im Zug besuchten wir die Kirche Maria Verkündigung, wo 1910 die wundertätige Ikone der barmherzigen Gottesmutter erschienen ist. Nach dem Frühstück fuhr ich erneut in die Stadt und besuchte das Jakowlew-Kloster am Ufer des Nerosees und die 3 Werst entfernte alte Holzkirche des Evangelisten Johannis zu Ischna. War mit den Kindern um 4 1/2 wieder am Zug. Trank Tee und arbeitete. Um 6 1/2 fuhr ich mit den Töchtern zur Abendmesse in die herrliche Christi-Auferstehungs-Kathedrale im Kreml. Verließen Rostow um 8 Uhr und machten um 8 1/2 auf dem winzigen Bahnhof Debolowsk für die Nacht halt.

23. Mai, Donnerstag.

Um 10 Uhr kamen wir in Petrowsk an. Im Freien neben dem Bahnhof empfing ich die Amtsvorsteher des Gouvernements Jaroslawl. Von hier fuhr ich mit den Töchtern nach Petrowsk zum Mittagsgottesdienst anlässlich Christi Himmelfahrt. Kehrte um 12 1/2 zum Frühstück zum Zug zurück. Gegen 2 Uhr fuhr ich mit ihnen nach Pereslawl auf einer ausgezeichneten Chaussee. Nach 13 Werst überquerten wir die Grenze zum Gouvernement Wladimir. Vor der Einfahrt in die Stadt besuchte ich das Nikitski-Kloster; danach in der Stadt das Danilow-Kloster und das Fjodorow-Frauenkloster. Mehrmals drohte es zu regnen, doch es blieb trocken.

Fuhr über Land den herrlichen Pereslawler See entlang zum Großfürstensitz von Wladimir. Der Empfang war großartig und sehr gut organisiert. Wir sahen uns das Boot Peters des Großen[7] und sein Denkmal an, das an der Stelle errichtet wurde, wo früher sein Haus stand. Ging zum See hinunter und verfolgte die Vorführungen der Lehrkompanie in Ruderbooten. Dann ging ich hinauf zum Pavillon, wo für uns zum Tee gedeckt war. Für die anderen waren Zelte zwischen den Bäumen aufgestellt. Nach dem Beisammensein und dem Austausch von Trinksprüchen fuhren wir zurück und kamen um 7 1/2 in Petrowsk an (40 Werst in 45 Minuten). Anja war mit ihren Eltern ebenfalls beim Empfang; sie begleitete uns im Zug bis zum nächsten Bahnhof. Wir machten um 10 1/2 für die Nacht in Balakirewo halt.

24. Mai, Freitag.

Um 10 Uhr morgens kamen wir bei herrlichem Wetter in Troize-Sergijewa-Lawra an. Ella begrüßte uns. Ich fuhr mit den Töchtern zum Mittagsgottesdienst und Gebet. Dann gingen wir in die Metropolitengemächer und tranken Tee. Um 12 1/2 setzten wir die Reise fort. Nach dem Frühstück wurde es in den Waggons heiß. Um 3 1/2 kamen wir in Moskau auf dem früheren Brester, heutigen Alexanderbahnhof an. Es erfolgte die Begrüßung durch eine Ehrenformation des Astrachaner Grenadierregiments, Familienangehörige und die ganze Obrigkeit. Ich ritt, Alix mit Alexej und alle Großfürstentöchter fuhren in Kutschen zum Iwerski- und Spasskitor. Die Begrüßung durch das Volk auf der Straße erinnerte an die Festzüge zur Krönung. Vom Tor ging ich zu Fuß hinter der Prozession zur Archangelski-Kathedrale, wo ich im Kreis der ganzen Familie ein ewiges Licht auf dem Grabmal Michail Fjodorows anzündete.

Nach dem Gottesdienst zu Ehren unserer Vorfahren gingen wir in den Palast. Ich schritt die Ehrenformation des Jekaterinslawer Regiments ab.

Um 5 1/2 zog ich mich zurück. Tranken Tee mit Xenia und Olga. Arbeitete. Hatte Dinner mit Ella und den Kindern. Habe gelesen.

1 Andrej Jurjewitsch Bogoljubski (um 1111-1174) – Fürst von Wladimir-Susdal, Gründer des Dorfs Bogoljubowo im Gouvernement Wladimir.

2 Kosma Minin und Dmitri Posharski – Populäre Nationalhelden des russischen Volkes, Organisatoren und Führer der Landwehr während der polnischen und schwedischen Intervention in Russland Anfang des 17. Jahrhunderts. 1818 wurde ihnen auf dem Roten Platz in Moskau ein Denkmal errichtet.

3 Michail Fjodorowitsch (1596-1645) – erster Moskauer Zar der Romanow-Dynastie, am 21. Februar 1613 auf Initiative der Bojaren von der Landesversammlung zum Zaren ernannt.

4 Tante Mari – Maria Alexandrowna, Großfürstin.

5 Tante Miechen – Maria Pawlowna, Großfürstin.

6 Bauern, Nachkommen Iwan Sussanins, Bewohner des Gouvernements Kostroma, denen Boden zugeteilt wurde und die von Steuern und Abgaben befreit waren.

6 Peter der Große – Peter I. (1672-1725), ab 27. April 1682 Zar von Russland, ab 22. Oktober 1721 Imperator von Russland.

Bestand 601/1/260, Bl. 10-26.

GROSSFÜRSTENTOCHTER OLGA NIKOLAJEWNA AN IHRE GROSSMUTTER, ZARENWITWE MARIA FJODOROWNA

Zarskoje Selo 29. Mai 1913

Meine teure Babuschka,

es tut mir sehr leid, dass ich Dir bisher nicht geschrieben habe – aber ich hatte fast überhaupt keine Zeit.

Erst gestern früh sind wir zurückgekehrt, die Reise war schrecklich interessant. Wir haben so viel gesehen, dass alles im Kopf herumschwirrt. Und die vielen wunderbaren alten Gegenstände und Kirchen!

Bis Kostroma war es kalt, besonders an dem Tag, als wir auf der Wolga fuhren. Fürchterliche Kälte und Wind, aber klar. Die Ufer sind erstaunlich schön, wir haben viele Aufnahmen gemacht.

In Nishni Nowgorod und Kostroma waren wir in der Adelsversammlung. Natürlich strengste Etikette, aber erträglich.

In Jaroslawl besuchten wir eine große Abendgesellschaft und ein Konzert. Es sangen Sobinow[1], die Sbrujewa[2], das Tschuprynnikow-Quartett und die Plewizkaja[3].

In Moskau war ein großer Ball. Alles war hervorragend inszeniert, 2000 Personen waren geladen. Papa, Tatjana und ich gingen vor dem Abendessen. Tante Olga begleitete uns, alle anderen blieben bis zum Schluss. Mama war auch dort, und jetzt fühlt sie sich nicht wohl.

Ich küsse Dich, liebe Babuschka, und alle anderen.

Deine Dich liebende Enkelin

Olga.

1 Leonid Vitaljewitsch Sobinow (1872-1934) – Opernsänger, lyrischer Tenor, seit 1897 am Moskauer Bolschoi-Theater engagiert.
2 Jewgenija Iwanowna-Sbrujewa (1868-1936) – Opernsängerin, Altistin, sang im Bolschoi- und Marientheater, 1915-1917 Professor am Petrograder Konservatorium.
3 Nadeshda Wassiljewna Plewizkaja (1884-1941) – russische Estradensängerin, Mezzosopran.
Bestand 601/1/274, Bl. 1-2.

Aus dem Tagebuch von Zar Nikolaus II. (Mai 1913, Eintragungen zu den Feierlichkeiten anlässlich der Dreihundert-Jahr-Feier des Hauses Romanow in Moskau)

25. Mai, Sonnabend.

Ein wunderbarer Tag mit etwas Wind. Um 11 Uhr begann der Festzug. Im Georgsaal überbrachte Samarin im Namen des gesamten Adels die Schatulle mit der Urkunde. Es war sehr feierlich. Die Rote Treppe war voller Menschen. In der Uspenski-Kathedrale wurde ein Gebet abgehalten. Dann küssten wir die Reliquien und verneigten uns erstmals vor dem Grabmal des Hl. Jermogen. Gingen zum Tschudow-Kloster und kehrten von dort nach Hause zurück. Beim Frühstück war die ganze Familie zusammen. Um 3 Uhr fuhr ich mit den Töchtern zum Tschudow-Kloster und besichtigte in der Patriarchensakristei eine sehr interessante Ausstellung von Kirchengegenständen aus den letzten 300 Jahren. Ging in die neuerrichtete Kirche am Todesort des Hl. Jermogen. Fuhr zum Snamenski-Kloster und besichtigte das Haus der Romanows. Kehrte um 5 1/2 heim. Maria Pawlowna trank mit uns Tee. Von 6 1/2 bis 7 1/2 empfing ich Abordnungen. Um 8 Uhr war ein Festbankett mit dreimaligem Salut während der Trinksprüche. Abends habe ich gelesen.

26. Mai, Sonntag.

Ab 10 Uhr empfing ich Abordnungen. Um 11 Uhr fuhr ich mit den Kindern zum Nowospasski-Kloster zum Mittagsgottesdienst. Metropolit Makari predigte, der Synodalchor und ein Volkschor sangen. Nach dem Gottesdienst gingen wir in die Krypta zu den Grabmalen unserer Ahnen, wo ein Gottesdienst abgehalten wurde. Alexej kam gegen Ende des Gottesdiensts.

Von dort fuhren wir in die Gemeinde von Ella, die uns mit einem

Frühstück bewirtete. Um 2 1/2 Uhr fuhren wir nach Hause. Empfing Sasonow und fuhr um 3 1/2 mit den Kindern zur Versammlung der Kaufmannschaft, wo ein Konzert des Orchesters der bürgerlichen Lehranstalten, Gymnastikübungen von Schülern im Hof, eine Ausstellung von Stickereien von Schülerinnen und Tee auf dem Programm standen. Fuhren um 4 1/2 nach Hause. Nach unserem Tee empfing ich ununterbrochen bis 7 1/2 Uhr Abordnungen, bin nicht einmal zum Lesen gekommen. Um 10 Uhr fuhren wir mit Olga und Tatjana zum Ball in die Adelsversammlung. Der Saal wirkte am Abend sehr festlich. Begonnen wurde mit einer Polonaise – ich schritt mit Frau Basilewskaja[1] aufs Parkett. Alix ging nach einer Stunde. Ich schaute den Tanzenden zu und ging oft ins Raucherzimmer. Um 12 1/2 fuhr ich mit Olga und den Töchtern nach Hause. Habe sehr geschwitzt.

27. Mai, Montag.

Ab 10 Uhr habe ich wieder Abordnungen empfangen: den Bulyginausschuss[2], das Moskauer Stadtamt und Absolventen des Zarewitsch-Nikolai-Lyzeums. Dann besichtigte ich die in der Rüstkammer ausgestellten hervorragenden Arbeiten der Stroganow-Lehranstalt. Um 12 1/2 war Frühstück mit dem Metropoliten, den Bischöfen und allen Gouvernementvorstehern. Schließlich ging ich vor Erschöpfung in die Knie.

Gegen 4 Uhr verließen wir den Kremlhof und besuchten auf dem Weg zum Alexanderbahnhof das Wosnessenski-Frauenkloster. Auf der ganzen Strecke standen Truppen auf der einen Seite und das Volk auf der anderen Seite Spalier. Die Verabschiedung war sehr herzlich. Wir nahmen Abschied von der Familie und den anderen und traten um 4 1/2 Uhr die Heimreise an. Erholte mich etwas nach dem Tee. Abends habe ich gelesen.

28. Mai, Dienstag.

Um 5.50 kamen wir auf unserem Bahnhof in Zarskoje Selo an. Alle sind ziemlich spät aufgestanden; trank Tee mit den Töchtern und den Hofdamen. Um 10 1/2 fuhren wir zur Regimentskathedrale und hielten in der Grottenkirche ein Dankgebet. Wir kehrten mit dem frohen Gefühl nach Hause zurück, dank Gottes Güte unsere Pflicht erfüllt zu haben. Ich habe gelesen und bin spazieren gegangen. Bin durch den ganzen Park gelaufen. Das Grün ist dichter und schöner geworden, der Flieder steht noch voll in Blüte. Zeitweise regnete es, es war warm, aber frischer als in Moskau. Hatte mit Wesselkin[3] Frühstück und Dinner (er war zwei Tage lang Diensthabender). Sah mir die vielen Ikonen, Vasen und Geschenke an, die uns während der Reise überreicht wurden. Ruderte mit den Kindern auf den Teichen. Abends habe ich gelesen.

1 A.W. Basilewskaja – Gattin von Stallmeister Pjotr Alexandrowitsch Basilewski, Adelsmarschall des Gouvernements Moskau.
2 Alexander Grigorjewitsch Bulygin (1851-1919) – Staatssekretär, Oberschenkmeister, Mitglied des Staatsrats, Leiter Ihrer Majestät Zarin Maria Fjodorowna Eigenen Kanzlei für Pateneinrichtungen, Mitglied des Romanow-Instituts. 1905 Innenminister.
3 Michail Michailowitsch Wessjolkin – Konteradmiral der Suite Seiner Majestät, Kommandant des Kreuzers „Borodino", abkommandiert zum Generalstab der Flotte. Während des Ersten Weltkriegs hatte er das Kommando im Bezirk Donau-Dobrudsha.

Bestand 601/1/247, Bl. 26-31.

Aus den Memoiren von W. F. Dshunkowski[1]

Prunkvoll und herzlich begrüßte Moskau seinen Zaren und die Zarenfamilie. Moskau hatte Festschmuck angelegt, war unbeschreiblich schön und märchenhaft. Alles nur mögliche war getan worden, um diese unvergesslichen Tage würdig zu begehen. Innerhalb eines Jahres hieß Moskau zum dritten Mal den Zaren willkommen. Im Jahr zuvor erinnerte man sich an die heroischen Ereignisse des Vaterländischen Krieges, in dem Moskau in Selbstaufopferung nicht nur Russland, sondern auch Europa rettete. Und in diesem Jahr gedachte man der Tatsache, dass Moskau vor 300 Jahren die staatliche Existenz der russischen Nation rettete, indem es das verarmte und zersplitterte Land um Zar Michail Fjodorowitsch Romanow vereinte. In Moskau erfolgte auch seine Wahl zum Zaren. Der mittelalterliche Kreml war ebenso Zeuge der Vorgänge vor 300 Jahren wie auch der Feierlichkeiten in diesem Jahr. Dieselben Glocken, die beim Einzug von Zar Michail Fjodorowitsch geläutet hatten, begleiteten jetzt den festlichen Einzug Nikolaus II.

Am 24. Mai kam es schon in den Morgenstunden zu gewaltigen Menschenansammlungen, und um 1 Uhr waren die Twerskaja und der Woskressenski-Platz total überfüllt. Auf dem Weg vom Alexanderbahnhof bildeten auf der einen Seite Truppen in Winterparadeuniform und auf der anderen Seite das Volk Spalier. Auf dem Woskressenski-Platz waren etwa 10.000 Kinder der städtischen Schulen angetreten, auf dem Roten Platz waren Kursanten der militärischen Lehreinrichtungen und hunderttausende Leute versammelt.

Der Zarenzug traf ein. Nachdem er die Meldung des Stadtkommandanten entgegengenommen und die ihn empfangenden hohen Persönlichkeiten des Kaiserlichen Hauses begrüßt hatte, schritt der Herrscher die Ehrenformation des 12. Astrachaner Grenadierregiments ab und ließ es im Paradeschritt vorbeimarschieren. Dann trat der Herrscher an die Abordnung der Stadt heran, nahm Brot und Salz als Willkommensgruß entgegen und hörte der Begrüßungsansprache des amtierenden Stadtoberhaupts Brjanski zu:

„Eure Majestät, Großer und Allergnädigster Herrscher! Die alte Hauptstadt ist glücklich, Dich und Deine Herrscherfamilie hier zu begrüßen. Du bist nach Moskau auf dem gleichen geschichtsträchtigen Weg gekommen wie vor 300 Jahren Dein Vorfahr zur heiligen Salbung zum Zaren. Wie vor 300 Jahren die Bevölkerung Moskaus Deinen Vorfahr begrüßte, so begrüßt sie jetzt Dich mit dem gleichen Gefühl der Liebe und tiefen Ergebenheit. Bei Deiner Begrüßung erinnern wir uns mit besonderer Freude daran, dass die Bojaren der Romanows von alters her Moskauer waren und die besondere Liebe der Bevölkerung Moskaus genossen. Dein geliebter Vater sagte, dass Moskau das Herz Russlands ist. Und jetzt hat sich Dir dieses Herz mit Worten der Liebe und Ergebenheit geöffnet. Das Schicksal Moskaus ist eng mit dem Schicksal Russlands verbunden, und Moskau erfreute sich stets des besonderen Wohlwollens der Zaren aus dem Hause Romanow. Deine Vorfahren sorgten für die Ausdehnung der Macht des Moskauer Staats, auch Moskau hat seine Grenzen erweitert. Und wenn heute der Russische Staat einer der mächtigsten der Welt ist, so ist Moskau ebenfalls eine der größten Städte der Welt. Als empfindsames und ergebenes Herz gibt Moskau stets die wahre Stimme des Volkes wieder, achtet sorgsam die Worte seiner Herrscher und spürt die Freude und das Leid Russlands. In Moskau wurden Deine Vorfahren gekrönt. In Moskau, Herrscher, gaben Deine Vorfahren ihren Willen kund, wenn sie wollten, dass ihre Stimme von ganz Russland gehört wurde. Dieses Herz reagierte sofort auf den Ruf des Herrschers, und alle Söhne Russlands erhoben sich wie ein Mann zur Verteidigung des Zaren, des Throns und des Vaterlands. Dieses Herz Russlands, o Großer Herrscher, begrüßt Dich mit aller Liebe und Ergebenheit, in Erinnerung an die ruhmreichen Taten der Vorfahren, und bittet den Allmächtigen, er möge Dir Kraft in Deinem Wirken geben, Deine wertvolle Gesundheit und die Deiner mächtigen Familie erhalten und für immer die Gnade und das Wohlwollen des Zaren für die alte erste Residenzstadt bewahren. Nimm, Herrscher, Brot und Salz von dem treuen und Dir ergebenen Moskau entgegen."

Nach kurzem Aufenthalt in den Kaiserlichen Gemächern trat der Herrscher aus dem Portal und stieg in den Sattel des vorgeführten Goldfurchses. Alle Großfürsten und die engsten Vertrauten der Suite saßen ebenfalls auf. Auf meinem Pferd „Rekord" begleitete ich das Kortege linkerhand in der Nähe des Herrschers. Dieser Festzug des Zaren bot einen wunderbaren Anblick. Voran ritt eine Hundertschaft Seiner Majestät Eigenen Eskorte in ihren roten Tscherkassenröcken mit aufrechtem Gewehr, ihnen folgte in einiger Entfernung der Herrscher, hinter ihm der amtierende Minister des Kaiserlichen Hofs – Fürst Kotschubej[2], der Hofkommandant – Generaladjutant Dedjulin[3], der Kommandant des Hauptquartiers – General Maximowitsch[4], und der Diensthabende – Generaladjutant Erlauchter Fürst Golizyn[5], von der Suite – General Tatischtschew[6] und Flügeladjutant Graf P. S. Scheremetjew[7]. In kurzem Abstand folgten die Großfürsten. Danach die Kalesche à la Danton mit der Zarin und dem Thronfolger, die offene Paradeequipage mit den Großfürstinnen Anastasia Michailowna[8] und Maria Alexandrowna, in ebensolchen Equipagen die Großfürstinnen Maria Pawlowna d. Ä. und d. J.[9] und Viktoria Fjodorowna, die Großfürstin Jelisaweta Fjodorowna mit den Hochwohlgeborenen Töchtern des Herrschers. Den Schluss bildete eine Schwadron Sumsker Husaren, dahinter die höchsten Hofbeamten und Höflinge.

An der Iwersker Kapelle saß der Herrscher ab, die Zarenfamilie stieg aus den Equipagen. Nach dem Segensspruch des Bischofs Trifon küsste der Herrscher die wundertätige Ikone.

Durch das Woskressenski-Tor ritt der Zar auf den Roten Platz, auf dem sich das Volk drängte. Dieses Menschenmeer geriet in Begeisterung und brach in stimmgewaltige Hurrarufe aus, die weit über die Moskwa hinaus zu hören waren. Unter diesem Beifallssturm des Volkes ritt der Zar zum Heiligen Spasski-Tor. Alles verstummte – sowohl die Militärmusik als auch die Hurrarufe des Volkes. Am Heiligen Tor erwartete Metropolit Makari den Herrscher. In dieser Stille war die bewegte Stimme von Makari zu hören, der die Begrüßungsworte sprach und anschließend die ganze Zarenfamilie segnete. Zeitgleich näherte sich die Kirchenprozession aus der Uspenski-Kathedrale. Im Kreml bot sich ein herrlicher Anblick, vom Spasski-Tor bis zur Kathedrale waren Kadetten in Linie angetreten, die prächtigen Uniformen der Senatoren, Militärs, Beamten,, der Vertreter der Semstwo, des Adels und der Städte, der Minister usw. glänzten in der Sonne, dann folgte die farbenprächtige Reihe der Stadt- und Hofdamen, schließlich bei der Archangelski-Kathedrale die Hofbeamten in ihren goldbestickten Uniformen.

Die Stille auf dem Platz löste ein Begeisterungssturm ab, als der Zar hinter dem Spasski-Tor seine Uniformmütze wieder aufsetzte. In Begleitung des Metropoliten betraten Ihre Majestäten die Kathedrale und begaben sich zum Grabmal von Zar Michail Fjodorowitsch, an dem ein Gottesdienst abgehalten wurde.

Auf dem Grabmal befand sich ein wertvolles Lämpchen, das Angehörige der Suite gestiftet hatten, woran auch ich mich beteiligte. Es handelte sich um eine Ziselierarbeit aus durchsichtigem Goldemail, eine exakte Kopie der Monomach-Mütze mit einem mit vier Perlen verziertem goldenen Kreuz als Spitze. Das Lämpchen war mit großen Smaragden, Rubinen, Perlen und anderen Edelsteinen verziert. Der Pelzbesatz aus Silber war in dunklem Farbton gehalten. Das Lämpchen ruhte auf einem goldenen Kissen. An den Seiten waren die Familienwappen des Hauses Romanow dargestellt. Die Aufschrift lautete: „Niedergelegt auf dem Grabmal des Zaren und Großfürsten von ganz Russland Michail Fjodorowitsch von der Suite Seines Mächtigen Nachkommen, des Gottesfürchtigsten Zaren Nikolaus II. in Erinnerung an die Dreihundertjahrfeier der Herrschaft des Hauses Romanow."

Dem Herrscher wurde ein Leuchter gereicht, mit dem er das Lämpchen der Suite und ein anderes anzündete, das sich über dem Grabmal befand und von Ihren Majestäten gestiftet worden war.

Nach dem Gottesdienst zündeten Ihre Majestäten Kerzen am Reliquienschrein des Zarewitsch Dmitri an und verließen, nachdem sie sich vor den sterblichen Hüllen der früheren Zaren verneigt hatten, die Kathedrale in Richtung Blagoweschtschenski-Portal des Palasts. Auf dem Platz nahm der Herrscher die Ehrenparade des Jekaterinoslawsker Regiments ab.

Am Abend war ganz Moskau festlich illuminiert, das Volk war bis in die späten Nachtstunden auf den Straßen. Es schien kein Haus zu geben, das nicht festlich erleuchtet war.

An diesem Tag fand im Englischen Klub ein von den Klubmitgliedern veranstaltetes Bankett zu Ehren der zu den Feierlichkeiten nach Moskau gekommenen Persönlichkeiten statt. Als Klubmitglied nahm ich ebenfalls an diesem Festakt teil.

Am nächsten Tag, dem 25. Mai, dem Geburtstag der Zarin Alexandra Fjodorowna, formierte sich ein Festzug aus dem Kremlpalast über die Rote Treppe zur Uspenski-Kathedrale. Um 9 Uhr morgens ertönte vom Glockenturm Iwan Weliki der den Moskauern vertraute Klang der großen Glocke, und gleich darauf fielen wie in der Osternacht die Glocken aller Kirchen Moskaus in das Geläut ein. Um 11 Uhr begann der Hoheitliche Festaufzug. Der Herrscher trug die Uniform des Astrachaner Regiments, ihm folgten der Diensthabende – Generaladjutant Arsenjew[10], und von der Suite – General Daschkow und Flügeladjutant Barjatinski[11].

Als der Festzug den Georgsaal erreicht hatte, hielt er auf ein Zeichen des Oberzeremonienmeisters an. Der Herrscher und die Zarin gingen auf die Adligen zu, vor denen die Adelsmarschälle des Gouvernements Moskau, Samarin, und des Gouvernements Petersburg, Erlauchter Fürst Saltykow, und drei Abgeordnete standen, die eine Schatulle mit einer Urkunde hielten – ein Geschenk für den Zaren vom gesamten russischen Adel. Die silberne Schatulle war im Stil des 17. Jahrhunderts gearbeitet. Der Adelsmarschall des Gouvernements Moskau Samarin entnahm der Schatulle eine Pergamentrolle und verlas den Text, gut hörbar in der herrschenden Stille:

„Allergnädigster Herrscher! Vor drei Jahrhunderten erhob sich das Russische Land, erfüllt vom Lebenswillen des Volkes, aus dem Abgrund der zerstörerischen Wirren und berief, geeint durch starke Heimatliebe und den Glauben an eine große Zukunft, mit Gottes Willen Deinen unvergesslichen Ahnen, Bojar Michail Fjodorowitsch Romanow, zum Zaren. In Würdigung der Feierlichkeiten anlässlich dieses großen Jubiläums entbietet der russische Adel Dir, hoher Herrscher, seinen untertänigsten Gruß. Dieser bringt aus tiefstem Herzen größte Dankbarkeit für die gekrönten Häupter des Russischen Reichs für alle von Ihnen für die Heimat vollbrachten Taten zum Ausdruck. Er bedeutet ewiges Gedenken an alle Anstrengungen, die die russischen Monarchen im engen Bündnis mit allen Ständen unternahmen, um die Macht des Russischen Staats zu begründen, indem sie mit starker Hand Grenzen überwanden und den siegreichen Namen Russlands für immer auf den Schlachtfeldern der Heimat und anderswo verewigten. Die russischen Herrscher aus dem Hause Romanow haben das Moskauer Zarenreich gefestigt und zu dem großen Russischen Staat gemacht, indem sie den geistigen Kräften seines Volks den Weg zu höchster Blüte bahnten. Eingedenk dessen und aus innerer Überzeugung haben unsere Vorfahren,

Herrscher, Deinen Vorfahren gedient und sind ihrer Bestimmung zum allgemeinen Wohl nicht aus Furcht, sondern aus Gewissensgründen nachgekommen. Denselben Dienst haben sie auch uns überantwortet, und der russische Adel wird diesem für ihn heiligen Vermächtnis stets treu bleiben. Getreu seiner Vergangenheit ist er wie einst immer bereit, auf Deinen Ruf seine ganze Kraft, seinen Besitz und sein Leben für das Wohl des Vaterlands und den Ruhm des Zaren einzusetzen. Möge der Allmächtige Dich, geliebter Selbstherrscher, schützen und Dir und Deinem Geschlecht helfen, von Jahrhundert zu Jahrhundert das Russische Land weise und mit fester Hand auf dem Weg zu führen, der ihm von der großen und ruhmreichen Vergangenheit vorgezeichnet ist."

Die Schlussworte wurden von „Hurra"-Rufen übertönt.

Der Herrscher erwiderte:

„Ich danke dem russischen Adel, der heute diese Schatulle überreicht hat, herzlich für die bekundeten Gefühle der Liebe und Ergebenheit, deren Ich Mir immer bewusst war. Wenn Ich Mich an sie wende, meine Herren Adelsmarschälle, spreche Ich gleichsam zu Meinem heiß geliebten Russland. Die Feierlichkeiten zur Dreihundertjahrfeier der Herrschaft unseres Hauses und unsere Reise auf der Wolga und durch alte russische Städte haben erneut gezeigt, dass die Einheit und Geschlossenheit von Zar und Volk, die von alters her unser Mütterchen Russland kennzeichnete, unverbrüchlich fortbesteht. Wie wir jetzt sehen, verdankt Russland seine heutige Größe und Macht der Liebe der Zaren zu ihrer Heimat und zum Volk, der grenzenlosen Ergebenheit des Volkes gegenüber seinen Zaren und dem herzlichen Beistand, den seine treuen Söhne ihren Zaren bei der Erweiterung seiner Grenzen erwiesen. Unsere Vorfahren zeichneten sich durch Gottesfurcht aus und haben das Vermächtnis des orthodoxen Glaubens unerschütterlich bewahrt. Wir hoffen, dass dieses heilige Vermächtnis auch in Zukunft bewahrt bleibt. Ich zweifle nicht, dass der Herr das von uns allen heiß geliebte Russland erhalten wird."

Unter begeisterten Hochrufen bewegte sich der Festzug weiter. Als sich der Herrscher auf der Roten Treppe zeigte, ertönte ein hunderttausendfaches mächtiges „Hurra" aus der versammelten Volksmenge, und dann verstummten Iwan Weliki und die Glocken aller Kirchen Moskaus. Das war eine Minute tiefer Erschütterung. Der Herrscher stieg die Treppe hinab und nahm Brot und Salz von den Bauern des Gouvernements Moskau entgegen, die durch eine 300köpfige Abordnung vertreten waren.

An der Pforte der Kathedrale sprach Metropolit Makari nach Beendigung des Gottesdiensts ein Gebet, danach ging der Herrscher mit der Familie zum Schrein des neuernannten Heiligen Patriarchen Jermogen, um seine Reliquien zu küssen.

Von der Uspenski-Kathedrale zog der Festzug zum Tschudow-Kloster, wo der Herrscher mit der Familie die Familiengruft des Großfürsten besuchte. Umringt vom Volk, das hinter seiner Kalesche herlief, fuhr er vorbei am Nikolaipalast zum Großen Palast. Drei Stunden später traf der Herrscher mit den Großfürstentöchtern in den Metropolitengemächern des Tschudow-Klosters zum Besuch einer historischen Jubiläums-Kirchenaussstellung ein, wo ihn Eminenz Anastasi, Oberpriester Ljubimow und W. W. Nasarewski, die Organisatoren der Ausstellung, empfingen. Anwesend waren auch der Maler W. M. Wasnezow[12] und andere Mitglieder des Ausstellungsausschusses. Länger als eine Stunde besichtigte der Herrscher eingehend alle Exponate, dann trank er Tee bei Eminenz Anastasi und besuchte die neuerrichtete Kirche des Hl. Jermogen im unterirdischen Gewölbe, wo das irdische Leben des Heiligen endete. Vom Tschudow-Kloster fuhr der Herrscher zum Haus der Bojaren Romanow im Snamenski-Kloster an der Warwarka.

In der Einfriedung des Snamenski-Klosters standen die Zöglinge des geistlichen Seminars, der geistlichen Lehranstalten und der Kirchengemeindeschulen. Am Tor des Klosters wurde der Herrscher von Archimandrit Modest mit dem Kreuz und der Ikone der Erscheinung der Gottesmutter begrüßt – der Ikone aus der Zelle des Patriarchen Filaret. Nachdem er das Kreuz und die Ikone geküsst und die Begrüßungsworte vernommen hatte, ging der Herrscher in die Kirche, wo ein kurzes Gebet gehalten wurde, danach zum Haus der Bojaren Romanow – Seiner Ahnen. Dieses Haus, das bereits vom Großvater des ersten Zaren aus dem Hause Romanow, dem Bojaren Nikita Romanowitsch gebaut wurde, der in die Geschichte für sein Eintreten für Ioann Grosny eingegangen ist, ist ein wertvolles Denkmal. 1859 wurde es wegen Baufälligkeit detailgetreu rekonstruiert, während die Gegenstände und die meisten Möbel Originale jener Zeit sind.

Um 8 Uhr abends wurde in den Sälen des Großen Palasts im Kreml ein Festbankett gegeben. Alle waren in Winter-Paradeuniform, die Damen in russischer Tracht erschienen. Nach dem feierlichen und zeremoniellen Kaiserlichen Einzug nahmen mehr als 700 geladene Gäste an der Tafel im Georgsaal und auf der Bojarenempore Platz. Während des Banketts spielte das Orchester und sang der Chor der Zarenoper, die

Militärkapelle der Sumsker Husaren trug mit klingendem Spiel zur Unterhaltung bei. Das Programm bestand ausschließlich aus Werken russischer Komponisten.

Das Festmenü: Schildkrötensuppe und Hühnerfrikassee mit Spargel / Piroggen / Sterlet à la Kaiser / Rehrücken mit Garnierung / Hähnchen mit Trüffeln / Punsch Victoria / Hauptgericht: Enten und Poularde / Salat und Gurken / Spargel mit Sauce / Pfirsich Cardinal / Pariser Eis.

Nach dem Bankett zog sich die Zarenfamlie in die inneren Gemächer zurück, während Moskau weiter feierte und die festliche Illumination, die noch während des Banketts eingeschaltet wurde, genoss.

Am Morgen des folgenden Tags, am 26. Mai, empfing der Herrscher im Großen Kremlpalast einige Abordnungen. Jeder dieser Abordnungen erwies der Herrscher eine Aufmerksamkeit, für jede fand er nette Worte, hörte sich geduldig die Begrüßungsreden an, nahm Brot und Salz oder Ikonen entgegen. Die Mitglieder der Abordnungen kamen vom Empfang glücklich und freudig bewegt zurück.

Nach dem Empfang der Abordnungen begab sich der Herrscher mit dem Thronfolger und den Kaiserlichen Töchtern zum Nowospasski-Kloster zum Gottesdienst, um sich vor den Gräbern der Ahnen des Hauses Romanow zu verneigen. Das Nowospasski-Kloster in Krutizy ist weit vom Kreml entfernt, und die unüberschaubaren Volksmassen konnten sich an der ganzen Strecke frei unter die Spalier bildenden Schüler aller städtischen Schulen und Lehreinrichtungen mischen. Mit der Vorbeifahrt der Equipage des Herrschers pflanzte sich eine mächtige Welle von „Hurra"-Rufen durch Moskau bis zum Kloster fort, Mützen flogen in die Luft und in den Kirchen am Weg läuteten die Glocken.

Am Tor des Klosters kam dem Herrscher eine Prozession mit dem Metropoliten Makari an der Spitze entgegen, und in ihrem Gefolge ging der Herrscher durch die Allee, über der an drei Stellen aus Zweigen und Blumen Bogen errichtet waren, zur Preobrashenski-Kathedrale. Kinder der Kirchengemeindeschulen streuten den Weg mit Blumen.

Der Gottesdienst war festlich, die Synodalsänger und der Chor der Nowospasski-Bruderschaft sangen wunderbar, dem Gottensdienst folgten Gebete. Dann begab sich der Herrscher im Gefolge der Geistlichkeit mit den Hoheiten des Zarenhauses und den ihn begleitenden Persönlichkeiten in die Familiengruft zu den Grabmalen der Ahnen. Sie alle bedeckten rote Grabtücher mit goldgestickten Kreuzen. Ein besonders prächtiges Tuch lag auf dem Grabmal der Mutter des Zaren Michail Fjodorowitsch – der Nonne Marfa.

Der Herrscher und die Zarenfamilie knieten in völliger Stille vor den Grabmalen der Ahnen nieder. Nach dem Gebet verließ der Herrscher die Gruft, ging zum Ausgang und besichtigte die neue Kirche, die neben der Pokrowski-Kathedrale mit Spendengeldern des Kaufmanns Gratschew zur Erinnerung an die Dreihundertjahrfeier errichtet worden war. Danach bestieg der Herrscher unter dem Jubel des Volks das Automobil und fuhr zum Martha-Marien-Kloster, zur Großfürstin Jelisaweta Fjodorowna.

Um 4 Uhr beehrte der Herrscher mit den Kaiserlichen Töchtern das Haus der Moskauer Kaufmannschaft mit seinem Besuch. Als sich der Herrscher dem Verwaltungsgebäude näherte, begrüßten ihn vor den versammelten Volksmassen Spalier stehende Schülerinnen der bürgerlichen Lehranstalten, direkt vor dem Portal erwarteten den Herrscher der Gouverneur und der Stadthauptmann. In der Vorhalle wurde der Herrscher vom Vorsteher der Kaufmannschaft Bulotschkin und der Verwaltung in voller Stärke begrüßt.

Unter den Klängen des Preobrashenski-Marsches, gespielt vom Schul orchester, begab sich der Herrscher in Begleitung der hohen Angehörigen des Zarenhauses und der Suite in die obere Etage.

Die Moskauer Kaufmannschaft füllte in dichtem Kreis den ganzen Saal, und der Vorsteher hielt mit Brot und Salz in den Händen zur Begrüßung folgende Ansprache:

„Eure Majestät! In den feierlichen Jubiläumstagen des Herrscherhauses Romanow schätzt sich die Moskauer Kaufmannschaft, die von jeher ihrem Monarchen treu ergeben ist, unendlich glücklich, ihren hohen Herrscher und Seine Kaiserliche Familie in den Mauern der Verwaltung der Kaufmannschaft begrüßen zu können. Erweisen Sie uns die Ehre, Eure Majestät, nach altem russischen Brauch Brot und Salz entgegenzunehmen, und gestatten Sie uns, Ihnen und Ihrer Kaiserlichen Familie Arbeiten von Schülern und Schülerinnen der Bürgerlichen Lehranstalten, die sie in untertäniger Liebe zu Ihnen hergestellt haben, zu überreichen."

Der Herrscher nahm Brot und Salz entgegen und dankte herzlich für die bekundeten Gefühle der Liebe und Ergebenheit, für den Empfang und die Geschenke, äußerte seine Freude, dass er die Möglichkeit hat, mit seiner Familie die Verwaltung der Moskauer Kaufmannschaft in den Festtagen der Dreihundertjahrfeier des Hauses Romanow zu besuchen.

Ein lautstarkes mächtiges „Hurra" war die Antwort auf die liebenswürdigen Worte des Herrschers.

Danach fand ein Konzert der Schüler und Schülerinnen der bürgerlichen Lehranstalten statt. Der Herrscher spendete ihnen wiederholt Beifall, was die Kinder sehr begeisterte. Sie schickten noch lange „Hurra“-Rufe zur Galerie hinauf, wohin sich der Herrscher begeben hatte, um die Arbeiten der Schüler zu betrachten. Unter den Geschenken erregte eine kunstvoll gestaltete Urkunde für den Thronfolger Zarewitsch allgemeine Aufmerksamkeit. Die Ornamente und die Buchstaben des Texts waren im Stil des 15., 16. und 17. Jahrhunderts ausgeführt.

Nachdem der Herrscher die Geschenke entgegengenommen hatte, schaute er aus dem offenen Fenster auf die im Hof mit Fähnchen in den Händen angetretenen Schüler der bürgerlichen Lehranstalten, die zu Musik Gymnastikvorführungen darboten. Auf die Dankesworte des Herrschers antworteten die Kinder mit einem begeisterten „Hurra“. Dann wurde im Saal Champagner gereicht, es folgten Trinksprüche auf den Zaren und die Zarenfamilie. Der Herrscher trank auf die Kaufmannschaft und ihre Amtsträger. Unter Hochrufen ging er zum Sitzungssaal, der buchstäblich in Rosen ertrank. Hier wurde Tee gereicht. Während sich der Herrscher beim Tee mit den Gastgebern unterhielt, trafen sich die Abgeordneten der Kaufmannschaft zu einer Sondersitzung, und als sich der Herrscher verabschiedete und durch den Saal der Verwaltung schritt, meldete der Vorsteher Bulotschkin dem Herrscher, dass die Kaufmannschaft Moskaus zu Ehren des für sie unvergesslichen Besuchs des Herrschers in der Verwaltung beschlossen habe, 300.000 Rubel für wohltätige Zwecke zu spenden.

Der Herrscher dankte noch einmal allen, verließ unter den Klängen der Hymne und „Hurra“-Rufen die Behörde und fuhr durch die von Volksmassen gesäumten Straßen zum Kreml.

Am Abend desselben Tags gab der Moskauer Adel zu Ehren des Herrschers, der Herrscherin und der Zarenfamilie einen prächtigen Ball.

Der in seiner Schönheit und Größe wunderbare weiße Versammlungssaal war hell erleuchtet, Blumen und Palmen schmückten alle Räume. Als der Herrscher in der Adelsversammlung eintraf, waren hier bereits alle Mitglieder der Zarenfamilie und ungefähr 2000 geladene Gäste anwesend.

Der Herrscher trug die schmucke Uniform der Pawlograder Husaren und wurde in der Vorhalle vom Gouvernementadelsmarschall Samarin und allen Amtsvorstehern begrüßt.

Hinter der Herrscherin, den Großfürstentöchtern und den Großfürstinnen schritten Kammerpagen, hinter dem Herrscher der Diensthabende.

Samarin überreichte Brot und Salz und brachte zum Ausdruck, wie dankbar und glücklich der Adel sei, Ihre Majestäten zu empfangen.

Als der Herrscher den großen Saal betrat, ertönte die Hymne. Dem viermal wiederholten „Gott schütze den Zaren“ folgte jedesmal ein begeistertes „Hurra“. Die auf der Empore stehenden Elevinnen der Adelsschule sangen die Hymne unter Orchesterbegleitung.

Der Ball wurde mit der Polonaise aus der Oper „Ein Leben für den Zaren“ eröffnet. Als erstes Paar schritten der Herrscher mit A. W. Basilewskaja, der Gattin des Moskauer Amtsvorstehers, aufs Parkett, dann die Herrscherin mit Samarin, danach die Großfürstin Anastasia Michailowna mit Graf S. D. Scheremetjew[13], die Großfürstin Maria Alexandrowna mit P. A. Basilewski usw.

Nach der Polonaise begannen die Tänze, an denen auch Hoheiten der Zarenfamilie teilnahmen. Die Großfürstentöchter haben sehr oft getanzt, es war eine rauschende Ballnacht. Die Herrscherin, die an den Tänzen nicht teilnahm, und die Großfürstinnen schauten von der Galerie auf die Tanzenden und tranken Tee im Gastzimmer. Der Herrscher blieb mit seiner Familie bis ein Uhr nachts. Nach seiner Abfahrt wurde das Festmahl serviert, zu dem die Orchester des Kaiserlichen Bolschoi-Theaters und des 4. Schützenbataillons der Kaiserlichen Familie musizierten. Die Hoheiten blieben bis nach dem Essen.

Das Menü: Sellerie-Consommé / Verschiedene Piroggen / Krebssuppe mit Aal / Sauce Oxford / Hühnchen / Hauptgericht: Haselhuhn, Wachteln / Salat Romain mit Apfelsinen / Nussparfait.

Der 27. Mai brach an – der letzte Tag der Feierlichkeiten und des Aufenthalts des Herrschers in den weißen Mauern Moskaus.

Um 10 Uhr morgens empfing der Herrscher den Romanow-Jubiläumsausschuss in voller Stärke unter Führung seines Vorsitzenden A. G. Bulygin und dankte liebenswürdig allen seinen Mitgliedern. Dann wurden die Abordnungen der Moskauer Stadtverwaltung und des Zarewitsch-Nikolai-Lyzeums empfangen; letztere bestand aus dem Direktor Guljajew und 38 Zöglingen, die zu dieser Zeit gerade ihre Ausbildung abgeschlossen hatten.

Um 12 Uhr besuchte der Herrscher die Rüstkammer, besichtigte auch die dort ausgestellten Arbeiten von Schülern der Stroganow-Lehranstalt, und um ein Uhr fand im Großen Palast das Kaiserliche Abschiedsessen statt, bei dem zur rechten und zur linken Seite des Herrschers die Gouvernementadelsmarschälle Samarin und Erlauchter Fürst Saltykow saßen. Nach dem Essen wurde auf der Terrasse des Palasts ein Gruppenbild des Herrschers mit den Adelsmarschällen gemacht, danach begab er sich zu den Anwesenden, gewährte vielen ein Gespräch und verabschiedete sich vor der Abreise aus seiner ursprünglichen Residenzstadt.

Die Abreise war für 4 Uhr vom Alexanderbahnhof festgesetzt. Im Kreml, auf dem Roten Platz, in der Twerskaja – überall drängte sich das Volk, das seinen Zaren nochmals sehen wollte. Ihre Majestäten und die Familie fuhren in offenen Kaleschen. In der ersten saßen der Herrscher mit der Zarin, dem Thronfolger und der Großfürstentochter Olga Nikolajewna, in der zweiten – Großfürstin Jelisaweta Fjodorowna mit den übrigen Großfürstentöchtern. An der Strecke bildeten Truppen und Schüler der Lehreinrichtungen Spalier.

Der Herrscher verließ den Kreml durch das Spasski-Tor und machte am Wosnessenski-Kloster einen Zwischenhalt. In der alten Kirche wurde für eine gute Reise gebetet.

Als die Kalesche des Zaren den Spasski-Turm passierte, erschallte ein lautstarkes „Hurra" über den Platz, das sich über die Twerskaja fortsetzte und die Zarenfamilie bis zum Bahnhof begleitete, wo den Herrscher die militärischen und zivilen Amtsträger und Vertreter der Stände erwarteten.

Nachdem sie die Anwesenden begrüßt und sich von ihnen verabschiedet hatten, bestiegen Ihre Majestäten den Waggon, und der Zug setzte sich unter „Hurra"-Rufen in Richtung Zarskoje Selo in Bewegung.

So endeten die Feierlichkeiten der Romanows, und ich spürte große Genugtuung, dass alles überall so gut und reibungslos abgelaufen war. Alle waren zufrieden, sowohl der Gouverneur, die Bürger, die Polizei als auch die höchste Führung. Doch am wichtigsten war, dass der Herrscher begeistert war, dass er überall direkten Kontakt zum Volk hatte, alles ruhig und glatt ablief, keinerlei Intrigen spürbar oder im Gange waren, alle wirklich Hand in Hand und mit besonderem Elan mitwirkten und alle Rivalität vergessen war. Viele Auszeichnungen und Geschenke wurden überreicht, alle Ausgaben der Amtspersonen und Gouverneure haben sich gelohnt.

Auch die Schüler waren begeistert, weil ihnen die Versetzungsprüfungen erlassen wurden.

In allen Städten und Orten hinterließ der Herrscher durch sein freundliches und natürliches Auftreten und die ihm eigene liebenswürdige Aufmerksamkeit eine bleibende Erinnerung. Er gewann überall die Herzen des Volks. Die Freude wurde allein dadurch etwas getrübt, dass die Zarin nicht immer und überall mit dem Herrscher erschien und Ihn oft wegen Erschöpfung und schlechten Befindens nicht begleitete. Es schmerzte auch zu sehen, dass der Thronfolger meistens von einem Kosaken getragen wurde, weil es Seiner Hoheit infolge der Krankheit schwerfiel, lange zu stehen und zu gehen.

1 Wladimir Fjodorowitsch Dshunkowski (1865-1938) – Generalmajor der Suite Seiner Majestät. Absolvent des Pagenkorps, Offizier der Leibgarde des Preobrashensker Regiments, 1891 Ernennung zum Adjutanten von Großfürst Alexej Alexandrowitsch, 1905 Ernennung zum Vizegouverneur und im gleichen Jahr zum Gouverneur von Moskau, welches Amt er bis zum 25. Januar 1913 ausübte. Dann Ernennung zum Berater des Innenministers, Polizeichef und Kommandeur des Sondergendarmeriekorps. Seit 1915 Brigadekommandeur der 8. Sibirischen Schützendivision, danach der 15. Sibirischen Schützendivision. Im Dezember 1917 Ernennung zum Generalleutnant, Kommandeur des 3. Sibirischen Infanteriekorps. 1919 wurde er vom Revolutionstribunal zu 5 Jahren Haft verurteilt, 1921 vorfristig entlassen. Später war er Berater der Tscheka und der OGPU in Pass- und anderen Fragen und schrieb seine Memoiren. Am 21. Februar 1938 wurde er von der Troika des NKWD verurteilt und fünf Tage später erschossen. 1989 rehabilitiert.

2 Viktor Sergejewitsch Kotschubej – Fürst, Generaladjutant, Generalleutnant, Chef der Hauptverwaltung für Apanagen, amtierender Minister des Kaiserlichen Hofs.

3 Wladimir Alexandrowitsch Dedjulin – Generaladjutant, Generalmajor, Schlosskommandant.

4 Konstantin Klawdijewitsch Maximowitsch – Generaladjutant, General, Kommandant des Kaiserlichen Hauptquartiers.

5 Dmitri Borissowitsch Golyzin – Durchlauchter Fürst, Generaladjutant, General der Kavallerie, Leiter der Kaiserlichen Jagd.

6 Ilja Leonidowitsch Tatischtschew – Generalmajor der Suite Seiner Majestät. Er folgte der Zarenfamilie nach Sibirien und wurde 1918 in Jekaterinburg ermordet.

7 Pawel Sergejewitsch Scheremetjew – Graf, Kammerherr, Flügeladjutant.

8 Anastasia Michailowna (1860-1922) – Großfürstin, heiratete 1879 Friedrich Franz, Großherzog von Mecklenburg-Schwerin (1851-1897).

9 Maria Pawlowna d. J. (1890-1958) – Großfürstin, Tochter von Großfürst Pawel Alexandrowitsch. 1908-1914 mit Prinz Wilhelm von Schweden, Herzog von Södermanland, verheiratet. Emigrierte nach der Oktoberrevolution und war dann von Ende 1917 bis 1923 verheiratet mit Fürst S. M. Putjakin.

10 Dmitri Sergejewitsch Arsenjew (1832-1915) – Adjutant, Admiral, Mitglied des Staatsrats.

11 Anatoli Wladimirowitsch Barjatinski – Fürst, Flügeladjutant, Oberst, im Krieg zum Generalmajor ernannt.

12 Viktor Michailowitsch Wasnezow (1848-1926) – russischer Maler, Mitglied der Akademie der Künste. Bekannt sind u. a. seine Bilder „Aljonuschka“ (1881), „Iwan Zarewitsch auf dem grauen Wolf“ (1889) und „Recken“ (1881-1898).

13 Sergej Dmitrijewitsch Scheremetjew – Graf, Oberjägermeister, Mitglied des Staatsrats, Vorsitzender der Archäologischen Kommission, Ehrenmitglied der Kaiserlichen Akademie der Wissenschaften.

Bestand 826/1/52, S. 141-156.

Zar Nikolaus II. an seine Mutter, Zarenwitwe Maria Fjodorowna

Zarskoje Selo 29. Mai 1913

Meine liebe teure Mama,

gestern früh sind wir glücklich heimgekehrt. Die Reise war in jeder Hinsicht wunderbar und erfolgreich „without a hitch“[1], aber auch sehr anstrengend. Von den 13 Reisetagen war nur ein einziger Tag frei, als wir auf der Wolga von Nishni nach Kostroma fuhren. Die anderen Tage waren vom frühen Morgen bis zum späten Abend mit dem Besuch von Kirchen und Klöstern, mit der Besichtigung von Ausstellungen und mit Empfängen ausgefüllt. Bereits in Jaroslawl spürte ich Schmerzen oberhalb des Knies, so dass ich nur mühevoll wie ein alter Mann niederknien konnte. Wahrscheinlich sind daran Mangel an Bewegung und fehlende Spaziergänge schuld!

Wir haben 44 alte Kirchen, eine schöner und interessanter als die andere, besichtigt. Es ist phantastisch, was für historische Denkmäler aus alten Zeiten erhalten geblieben sind. Architektonisch waren die kleinen Städte Susdal, Rostow und Pereslawl besonders interessant und typisch. In ihnen ist alles bemerkenswert.

In Kostroma haben wir zwei Tage mit der ganzen Familie verbracht; auch dort lief alles Gott sei Dank glatt und ohne Vorkommnisse. Wahrscheinlich hat Dir Tante Mari von dort geschrieben.

Wir reisten auf einem sehr schönen Dampfer mit gemütlichen und bequemen Kajüten. Dein Dampfer begleitete uns, er hat ebenfalls eine schöne Innenausstattung. Ich habe ihn mir in Nishni Nowgorod angesehen.

Ich habe mich sehr gefreut, als ich in Kostroma das Eriwanregiment und eine Hundertschaft des Kisljaro-Grebenski-Regiments der Tersker Truppen zu Gesicht bekam.

Das Volk war wie immer rührend. An der Wolga waren die Leute aus den Dörfern und Ortschaften gekommen und standen dicht gedrängt an beiden Ufern. Rostow und Pereslawl haben eine sehr gute Lage an großen Seen, was sich immer positiv auswirkt.

Der Einzug in Moskau erinnerte mich an die Krönungszeit, doch den Empfang durch die Bevölkerung empfanden ich und viele andere als noch viel herzlicher. Auf den Straßen hatten sich Massen von Menschen versammelt, die Ordnung war bemerkenswert. Zusätzlich zum Programm musste ich morgens noch Abordnungen mit Glückwünschen zur Dreihundertjahrfeier empfangen, so dass ich abends vollkommen erschöpft war. Der Ball in der Adelsversammlung war glänzend und rauschend – Olga, Tatjana und Irina[2] haben oft und gern getanzt.

Nach all dem bin ich so froh, wieder zu Hause zu sein und zu wissen, dass alles vorbei ist. Gott sei Dank! Leider habe ich wenig Zeit. Wie schade, dass Du, liebe Mama, uns nicht begleitet hast! Christus sei mit Dir. Ich umarme Dich zärtlich.

Dein Dich herzlich liebender

Nicky.

1 Engl.: glatt, reibungslos.
2 Irina Alexandrowna – Fürstentochter (1895-1970), Tochter von Großfürst Alexander Michailowitsch. 1914 heiratete sie Fürst F. F. Jussupow, Graf Sumarokow-Elston.
Bestand 642/1/2332, Bl. 33-34.

Aus den Memoiren von A. A. Mordwinow

Der Herrscher war ein Frühaufsteher, er empfing aber nicht vor 10 Uhr. Nachdem er allein in seinem Arbeitszimmer Tee getrunken hatte, weil die Herrscherin wegen ihres Herzleidens erst viel später aufstand, und bereits in den Morgenstunden gearbeitet hatte, blieb dem Herrscher bis zur Audienz gewöhnlich noch etwas Zeit für einen kurzen Spaziergang im Palastgarten.

Diesen Spaziergang brauchte er nicht nur wegen der frischen Luft, sondern es war auch die einzige freie Zeit, in der der Herrscher ungestört überdenken konnte, was ihm Sorgen bereitete und welche besonders wichtigen Amtsgeschäfte zu regeln waren. Über alles das hätte er natürlich auch in seinem Arbeitszimmer ungestört nachdenken können, aber wie seinem Bruder fiel es ihm im Gehen leichter, alles gründlich und sorgfältig zu überdenken.

Der Herrscher war überhaupt meist nachdenklich. Selbst während anregender Spaziergänge durch malerische Gefilde, bei denen ihn mitunter seine redselige Suite begleitete und er sich selbst am Gespräch beteiligte, hatte ich stets den Eindruck, dass seine Gedanken nur kurz bei dem Gesprächsgegenstand und den Schönheiten der Natur weilten und er gleich wieder in sich versunken war.

Obwohl der Herrscher einen großen Teil seiner Zeit im Arbeitszimmer verbringen musste, war er trotzdem alles andere als ein „Stubenhocker". [...]

Die zur Audienz erschienenen Personen versammelten sich in der Regel im kleinen Empfangszimmer vor dem Arbeitszimmer.

Der Herrscher hatte mehrere Kammerdiener. Einige von ihnen hatte er von seinem verstorbenen Vater übernommen, und Tschemodurow[1], der ihm auch nach Sibirien folgte, von seinem Onkel Großfürst Alexej Alexandrowitsch. Bis auf wenige Ausnahmen waren sie sehr einfache und bescheidene Menschen, ehemalige Militärs und Matrosen, und in ihrem Äußeren und ihren Manieren ähnelten sie überhaupt nicht den hochnäsigen und wichtigtuerischen Dienern vieler unserer Herrenhäuser.

Der Empfang endete gegen ein Uhr. Der diensthabende Flügeladjutant ging dann entweder durch die langen Durchgänge und Säle in seinen Raum, wo er frühstückte, oder, wenn er zum Kaiserlichen Tisch geladen wurde, was meistens der Fall war, durch den Korridor vom Arbeitszimmer des Herrschers in das kleine Durchgangszimmer neben dem geliebten Salon der Zarin.

In dem ungemütlichen, spärlich möblierten Durchgangszimmer stand nahe am Fenster ein kleiner mit Vorspeisen gedeckter Tisch, anwesend war aber noch niemand. Nur aus dem Salon drang das angeregte Gespräch der Großfürstentöchter und der Lärm des spielenden kleinen Thronfolgers.

Einige Zeit später trat der Herrscher aus seinem Arbeitszimmer, begrüßte die geladenen Gäste, wechselte mit ihnen im Gehen kurz einige Worte und betrat danach das Zimmer der Zarin.

Er ließ uns kurz allein, dann kam die ganze Zarenfamilie an den mit Vorspeisen gedeckten Tisch. Gegessen wurde nur kurz und im Stehen. Der Zar trank nur ein kleines Glas seines gewohnten Likörs. Dann begaben sich alle zum Frühstück oder vielmehr Mittagessen in den geliebten Salon der Zarin gleich neben dem Schlafzimmer, einen großen schönen Raum mit vielen Blumen und Pflanzen.

Hier stand gleich am Eingang, neben einer Chaiselongue, ein kleiner gedeckter runder Tisch. Wegen ihrer Krankheit, einer Herzerweiterung, musste die Herrscherin häufig und lange liegen. Dann nahm sie nicht am Tisch Platz, sondern legte sich auf die Chaiselongue, das Essen wurde ihr auf ein niedriges Tischchen gereicht, das daneben stand. Ein Stammplatz am Tisch war nur dem Herrscher und der Zarin vorbehalten. Die

Kinder suchten sich jedesmal selbst ihren Platz aus. Für den Gast fand sich ohne weiteres ein Platz, in der Regel neben dem Thronfolger oder einer der Großfürstentöchter.

Größtenteils war außer dem geladenen diensthabenden Flügeladjutanten niemand weiter anwesend, ab und zu einer der Verwandten, die meistens in großen Abständen nach Zarskoje Selo kamen. In der Regel wurde das Frühstück und Mittagessen aber in ganz ungezwungener häuslicher Atmosphäre eingenommen. Zum Dinner trugen die Zarin und die Großfürstentöchter vor dem Krieg stets Abendtoilette; während des Krieges legten sie die graue Tracht der barmherzigen Schwestern, die ihnen sehr stand, nicht ab. [...]

Sowohl der Herrscher als auch die Zarin lasen sehr gern, aber keine langen Zeitungsartikel. Dafür reichte ihnen die Zeit nicht. Der Herrscher ließ sich allerdings durch sehr lange und ausführliche Telegramme von Agenten informieren, die ihm unzensiert und mehrmals am Tag zugestellt wurden.

In den Zimmern Ihrer Majestäten gab es nur wenige Zeitungen, nur zwei oder drei – „Nowoje Wremja" und „Russki Inwalid", die auf besonders dickem Glanzpapier gedruckt waren. Diese Zeitungen lagen immer auf dem Tisch oder dem Klavier im Zimmer der Zarin, und der Zar blätterte sie nach dem Frühstück gewöhnlich im Stehen durch. Im Arbeitszimmer der Herrschers lagen noch die „Russkije Wedomosti" aus Moskau und Ausschnitte aus anderen Zeitungen.

Nachdem der Herrscher Kaffee getrunken und die Zeitungslektüre beendet hatte, suchte er für kurze Zeit sein Zimmer auf, um zu arbeiten, und machte dann einen Spaziergang.

Wenn er gegangen war, verließen auch alle anderen das Zimmer. Die Zarin begab sich in den benachbarten Salon, wo sie in der Regel eine Audienz abhielt, oder sie fuhr mit der Kutsche aus, sofern es ihre Gesundheit erlaubte, um frische Luft zu atmen. Meistens ruhte sie sich aber zu Hause aus.

Auf jeden Fall blieb stets eine der Großfürstentöchter bei ihr. Die Großfürstentöchter hatten von sich aus einen fürsorglichen Schichtdienst bei der Mutter vereinbart, damit diese sich nie allein fühlte.

Zu seinem Tagesspaziergang nahm der Herrscher in der Regel nur die anderen Großfürstentöchter mit. In den seltensten Fällen lud er auch einmal den diensthabenden Flügeladjutanten als seinen engsten Vertrauten ein.

Der Spaziergang führte gewöhnlich in die weitläufigen Parks des Palasts, häufig bis weit über die bewachte Einzäunung hinaus. Sehr oft fuhren sie mit dem Automobil in Richtung Pawlowsk, in die Parkanlagen von Strelna oder zu noch weiter entfernten Orten. Manchmal ritt der Herrscher zu dieser Tageszeit auch aus. [...]

Wenn der dicnsthabende Flügeladjutant nicht eingeladen war, den Herrscher zu begleiten, entfernte er sich in der Regel gleich nach dem Frühstück, um Bittsteller zu empfangen. Bittsteller, die ihre Petition dem Herrscher persönlich übergeben oder ihre Bitte Seiner Majestät persönlich vortragen wollten, kamen nicht direkt zum Palast, sondern fanden sich in einem besonderen Raum bei der Kanzlei der Palastpolizei ein, wo sie der diensthabende Adjutant des Herrschers anhörte.
Dafür waren keine besonderen Tage festgelegt, der Empfang fand täglich statt. Jeder, der nicht in unlauterer Absicht kam, hatte freien Zugang, und den Polizeidienststellen war streng untersagt, dieses Recht auf irgendeine Weise zu verwehren oder die eingetroffenen Bittsteller „auszusieben“. Die Palastpolizei hielt sich wirklich an diese Vorschrift, wovon ich mich schon früher, in meiner vorangegangenen langjährigen Stellung als Adjutant von Großfürst Michail Alexandrowitsch, überzeugen konnte.

Es war entschieden leichter, zum Großfürsten als zum Herrscher vorgelassen zu werden. Bei ihm wurden daher auf verschiedensten Wegen unzählige Bitten und Eingaben über alle möglichen Personen und Instanzen, auch die Polizei, aus mitunter auch nichtigen Anlässen eingereicht.

Doch nicht ein einziges Mal habe ich eine Beschwerde darüber vernommen, dass die Schlosspolizei oder die Schlosswache die Weitergabe einer Bittschrift an Seine Majestät durch dessen Flügeladjutanten verhindert hätte. Dieser relativ freie Zugang grenzte mitunter an Unvorsichtigkeit, da manchmal Personen mit schlimmsten ansteckenden Krankheiten die Räume des Schlosses betraten.

Ich erinnere mich, dass einmal zu mir als Diensthabendem des Herrschers in Liwadija auf der Krim ein Bittsteller kam, der aus einem Lager für Leprakranke geflohen war, um den Herrscher um Geld für eine Reise nach Italien anzuflehen, wo er hoffte, nach einer neuen Methode von seiner schrecklichen Krankheit geheilt zu werden. Diese Mittel wurden ihm gewährt.

Ein anderer Vorfall in meinem Beisein, der mir in Erinnerung geblieben ist, spielte sich im Schloss Gatschina ab, wo ein Mann von irgendwo aus Indien als Bittsteller vorsprach, dessen Wunden nach der Beulenpest noch nicht richtig abgeheilt waren. Er zeigte mir diese Wunden, um mein Mitleid zu erregen, und sagte erst später, dass sie von der Beulenpest herrührten. [...]

War in allen Bevölkerungskreisen bekannt, dass man so leicht Zugang erlangen konnte, und glaubte man fest daran, dass ein so eingereichtes Bittgesuch wirklich bis zum Herrscher gelangte? Diese Fragen kann ich nicht mit Sicherheit beantworten. Ich denke, man wusste und glaubte es, wenn auch nicht durchweg.

Vor und an Feiertagen versäumten Ihre Majestäten nie einen Gottesdienst. In Zarskoje Selo fuhren sie fast immer in ihre geliebte wunderschöne Fjodorow-Kathedrale und in Peterhof in die kleine gotische Kirche im Alexanderpark, die so klein war, dass darin meist nur der Herrscher mit der Zarin und einige andere verweilten.

Im Alexanderpalast befand sich auch eine kleine Hauskirche, vielmehr eine Feldkirche, die in einem der Säle eingerichtet war, doch darin fand äußerst selten Gottesdienst statt, ich erinnere mich an höchstens zweimal.

Der Mittagsgottesdienst dauerte nicht lange, nach Sitte des Hofes eine Stunde. Die Kirche war voll von Betenden, sowohl Soldaten als auch anderen Gläubigen. Während des Gottesdiensts sangen abwechselnd der hervorragende Chor der Hofkapelle, der Chor der Eskorte oder des Vereinten Regiments. Aber das „Vater unser" und „Ich glaube" sangen auf ausdrücklichen Wunsch des Herrschers alle in der Kirche Anwesenden gemeinsam. [...]

In Zarskoje Selo nahmen der Herrscher und die Herrscherin ihren täglichen Tee in der Regel im engen Familienkreis ein. Mitunter nahmen als Gast A. A. Wyrubowa, manchmal einer der Seeleute von der „Standart" oder ein Verwandter teil.

Im übrigen war der prunkvolle Russische Zarenhof, der Ausländer wegen seines unübertroffenen Luxus und seiner Pracht in Erstaunen versetzte, nur während besonderer Feierlichkeiten am Hofe wirklich prachtvoll und üppig. Im Gegensatz zu ihrer Repräsentationspflicht als russische Zaren war die private Atmosphäre aller russischen Herrscher eher bescheiden und anspruchslos.

Die üblichen Mahlzeiten des Zaren Nikolaus Alexandrowitsch bestanden aus dem traditonellen „Palastessen", dessen Zubereitung und Speisenfolge von vorangegangen Zarenfamilien überliefert war. Die Gerichte, besonders die Saucen, wiederholten sich häufig und unterschieden sich wenig von den Menüs guter, mitunter sogar mittelmäßiger Restaurants.

Liebhaber erlesener Speisen, von denen es in der Suite etliche gab, waren von dieser Hausmannskost am Hof nie begeistert und verwiesen stets auf die Kochkünste des meisterhaften Chefkochs der Zarenmutter, Maximow.

Die Zarenfamilie selbst maß den Mahlzeiten wenig Bedeutung bei und war mit dem zufrieden, was serviert wurde. Der Herrscher bevorzugte russische Gerichte, besonders mit gebratenen Zwiebeln, und wenn diese, zu seinem Bedauern selten, auf den Tisch kamen, dann waren sie wirklich gut. Wie die ganze Familie Alexanders III. liebte er Sauermilch, eigentlich alle Milchspeisen. Er war zufrieden, wenn Austern gereicht wurden. Lieblingsgerichte der Großfürstentöchter waren wohl Schwarzbrot mit Butter und gebackene Kartoffeln, die sie bei Ausflügen selbst in das Lagerfeuer hielten. Alles andere war ihnen mehr oder weniger gleichgültig.

Während des Essens trank Seine Majestät nicht mehr als ein Glas Wein.

Der Herrscher rauchte stark, und noch bevor das Essen beendet war, zündete er sich eine Zigarette an und forderte die Gäste auf, ebenfalls zu rauchen. Seine Zigaretten waren aus einem besonderen türkischen Tabak, er erhielt sie kistenweise als Geschenk vom türkischen Sultan. Er schätzte sie sehr und bot sie nur selten auch seinen Gästen an.

Ganz im Gegensatz zur Zarenmutter rauchte die Herrscherin Alexandra Fjodorowna sehr wenig, und wenn schon, dann nicht öffentlich. Eigentlich hat sie überhaupt nicht geraucht. Die älteren Großfürstentöchter nahmen manchmal in Abwesenheit der Mutter zum Spaß vom Vater eine Zigarette, rauchten sie an, warfen sie aber dann angewidert weg.

Der Herrscher hielt sich in der Regel nur kurz im gemeinsamen Zimmer auf und begab sich nach dem Essen wieder in sein Arbeitszimmer. Alle anderen blieben in diesem Salon der Zarin, aus dem lediglich der Esstisch herausgetragen wurde.

In dieser Zeit nach dem Essen leistete ich der Zarin oft Gesellschaft. Gewöhnlich saß sie mit ausgestreckten Beinen auf der Chaiselongue, war mit Handarbeiten beschäftigt oder las Briefe, die sie umgehend beantwortete. Sie schrieb ungewöhnlich schnell, wobei es sie nicht störte, dass um sie herum ein angeregtes Gespräch geführt wurde. Die Großfürstentöchter waren in diesen Stunden meistens bei der Mutter. Sie machten ebenfalls Handarbeiten, spielten Klavier, trieben Schabernack oder alberten mit dem kleinen Thronfolger herum, wobei sie der Zarin und mir lebhaft von ihren Erlebnissen erzählten. Doch selbst während ihrer

Spiele schauten sie fürsorglich nach der Mutter, fragten sie, ob sie bequem liege, wie sie sich fühle usw.

1 Terenti Iwanowitsch Tschemodurow – Kammerdiener Nikolaus II. Er begleitete den Zaren nach Tobolsk und Jekaterinburg. Am 24. Mai 1918 wurde der 69jährige Greis aus dem Ipatjew-Haus in das Gefängnis von Jekaterinburg gebracht, aus dem er zwei Monate später von den Konterrevolutionären befreit wurde. Kurz darauf starb er.

Bestand 5881/2/512, S. 361-365, 383-394.

Aus den Memoiren von S. S. Fabrizki

Nachdem die Hoheiten an Bord gegangen waren, legte die Yacht ab und begann eine neue Kreuzfahrt durch die Schären, den sogenannten „Standart"-Kurs. Er verlief zwischen Transund und Kotka. Die Inseln auf dieser Route waren dünn besiedelt, was den Hoheiten die Möglichkeit bot, unbesorgt an Land zu gehen, um fast ohne Sicherheitspersonal Ausflüge zu unternehmen und zu jagen.

Der Begleitschutz der Yacht bestand aus vier Torpedobooten vom Typ Ukraina, zwei Torpedoschnellbooten und dem Aviso „Asija" als Unterkunft der Küstenwache.

Auf der vor Anker liegenden Yacht begann am nächsten Tag das übliche Leben während einer Kreuzfahrt durch die Schären. Zum Hissen der Flagge erschien nur der Flaggenkapitän Seiner Majestät. Der Herrscher betrat etwa um 8 1/2 Uhr morgens das Deck, und etwa 9 Uhr folgten Ihre Majestät und die Hochwohlgeborenen Kinder. Bis zum Frühstück ging Seine Majestät den Amtsgeschäften nach; Ihre Majestät las oder schrieb Briefe, und die Großfürstentöchter fuhren Boot, machten Handarbeiten oder lasen. Thronfolger Zarewitsch spazierte mit seinem inzwischen zum Bootsmann beförderten Betreuer Derewenko über das Deck, unterhielt sich mit Matrosen und Offizieren oder spielte mit Schiffsjungen, von denen gewöhnlich 6 bis 8 auf der Yacht mitfuhren. Das Frühstück, zu dem jeden Tag alle Offiziere der Yacht eingeladen waren, begann um 1 Uhr. Gewöhnlich begaben wir uns um 12 Uhr 55 Minuten zum Kaiserlichen Speisesaal und blieben ungezwungen an der Tür stehen. Zur gleichen Zeit versammelte sich auch die ganze Suite. Pünktlich zur angegebenen Zeit öffnete sich die Tür der Kaiserlichen

Kajüte und die Zarenfamilie trat heraus. Der Herrscher lud dann alle zum Tisch mit den Vorspeisen ein, der stets gesondert eingedeckt war. Nachdem Seine Majestät mitunter ein Glas Wodka getrunken und etwas dazu gegessen hatte, schaute Er sich um, ob sich Seine Gäste auch nicht zierten und bei den Vorspeisen zulangten. Ihre Majestät saß zu dieser Zeit etwas abseits zwischen den Kindern und unterhielt sich gewöhnlich mit dem Minister des Hofs[1] oder Graf Benkendorf[2].

Der Herrscher ließ allen reichlich Zeit, die Vorspeisen zu genießen, ging dann zur Tafel und setzte sich an das Kopfende, die Zarin zur rechten Hand und links von Ihm eine der Großfürstentöchter, meistens Anastasia Nikolajewna als die jüngste. Zur Rechten der Zarin wurde im Wechsel auf Weisung des Hofmarschalls einem hohen Offizier der Suite oder der Flotte der Platz zugewiesen, die übrigen Geladenen nahmen dem Rang nach zwischen den Großfürstentöchtern am Tisch Platz.

Zügig wurden Suppe und Piroggen gereicht, der erste Gang wurde in der Regel schweigend eingenommen. Geschulte Hofdiener räumten mit Hilfe ihnen zugeteilter flinker Matrosen rasch die Teller ab und deckten gleichzeitig den zweiten Gang ein. Das Frühstück bestand aus fünf Gängen, danach wurde Kaffee serviert. Während des Frühstücks schenkte ein geschulter Diener Wein ein, in der Regel drei Sorten – nach der Suppe Madeira und nach dem zweiten Gang Rot- oder Weißwein je nach Wunsch. Nach dem Kaffee wurde Kognak gereicht.

Das Frühstück dauerte in der Regel nicht länger als 40 Minuten, nach der Nachspeise zündete sich der Herrscher eine Zigarette an und sagte stets hörbar: „Meine Herren, es darf geraucht werden." Danach stellten Diener Kerzen und Aschenbecher auf den Tisch.

Auf ein Zeichen des Herrschers erhoben sich alle, sie verneigten sich dankend vor den Majestäten, und den in der Nähe Ihrer Majestät Stehenden wurde die Ehre zuteil, Ihre Hand zu küssen. Dann begaben sich die Majestäten und die Suite an Deck. Die Offiziere traten wieder ihren Dienst an.

Kurz nachdem sie das Deck betreten hatten, gab der Flaggenkapitän gewöhnlich ein Zeichen, Barkassen oder andere Boote bereitzustellen, und Ihre Majestäten mit der Suite fuhren dann zu einer der Inseln, um spazieren zu gehen, Tennis zu spielen usw.

Um 5 Uhr waren alle zum Tee zurück, zu dem nur Personen der Suite geladen waren. Für den Tee waren 30 bis 40 Minuten vorgesehen; nach dem Tee ging jeder seiner Beschäftigung nach, und Seine Majestät begab sich in Sein Kabinett, um zu arbeiten.

Um 8 Uhr begann das Dinner in der gleichen Abfolge wie das Frühstück, aber geladen waren in der Regel in strenger Reihenfolge Kommandanten und Offiziere der Begleitschiffe. Das Dinner dauerte 45 bis 50 Minuten und unterschied sich vom Frühstück nur dadurch, dass ein sechster Gang gereicht wurde.

Beim Dinner wie auch beim Frühstück stellte Seine Majestät zwischen den Gängen häufig den Anwesenden eine Frage, und manchmal entwickelte sich ein mehr oder weniger allgemeines Gespräch. Ihre Majestät unterhielt sich gewöhnlich leise mit Ihrem Tischnachbarn oder dem Herrscher und sprach dabei fast immer russisch.

Nach dem Dinner begaben sich alle an Deck, wo sich ungezwungen Gruppen bildeten, und Ihre Majestäten nutzten die Gelegenheit, um zumindest einige Minuten mit den zu Tisch geladenen Offizieren von den anderen Schiffen zu sprechen, bevor diese wieder auf ihre Schiffe zurückkehrten.

Gegen 10 Uhr wurde der Abendtee gereicht, zu dem nur die engsten Vertrauten der Suite geladen waren. Das dauerte nicht lange, danach begaben sich Ihre Majestäten in Ihre Räume und der Tag klang aus.

Abends blieben mitunter einige Angehörige der Suite im Aufenthaltsraum der Suite, um Karten zu spielen. Der Herrscher spielte nie Karten, Er mochte das Kartenspiel nicht, war aber sehr nachsichtig gegenüber den Freunden dieses Zeitvertreibs. Mir persönlich erklärte der Herrscher Seine Abneigung gegen das Kartenspiel damit, dass Er zu Lebzeiten Seines Hochwohlgeborenen Vaters Zar Alexander III., der sehr gern und ständig mit Persönlichkeiten der Suite um Geld spielte, mit ansehen musste, wie sich manche, wenn sie verloren hatten, vergaßen und sich in Gegenwart des Herrschers ungebührlich verhielten und äußerten. Das hinterließ bei dem Herrscher einen unauslöschlichen Eindruck fürs ganze Leben und nahm Ihm jede Lust, das Kartenspiel auch nur kennenzulernen.

Während der Kreuzfahrten in den Schären fand der Herrscher später etwas Interesse und Gefallen am Dominospiel, doch Er spielte niemals um Geld und erlaubte es auch anderen nicht. […]

Der Tagesablauf während der Kreuzfahrten war fast immer der gleiche, wie ich ihn geschildert habe. Obwohl es Herbst war, blieb das Wetter immer schön und niederschlagsfrei, so dass die Hoheiten täglich zu Spaziergängen und zur Jagd an Land gehen konnten. Die Jagd fiel immer sehr bescheiden aus, doch sie gefiel dem Herrscher sehr, der an die üblichen Zarenjagden gewohnt war, bei denen das Wild und die Vögel Ihm auf Seinen Ansitz zugetrieben wurden. Hier musste Können unter Beweis gestellt werden, was Seiner Majestät recht war, denn Er liebte den Sport an sich und nicht das Töten von Wild.

1 Wladimir Borissowitsch Frederiks – Minister am Zarenhof.
2 Pawel Konstantinowitsch Benkendorf.
Nach: S. S. Fabrizki. Aus der Vergangenheit. Erinnerungen des Flügeladjutanten des Herrschers Zar Nikolaus II. Berlin 1926, S. 70-73, 76.

Aus dem Journal der Kaiserlichen Jagden im Wald von Belowesh (September 1912)

Erster Tag. Dienstag, 4. September.

Die erste Jagd unter Hochwohlgeborener Beteiligung fand im 1. Jagddistrikt von Gainow statt. An ihr nahmen teil: Seine Majestät Herrscher und Zar, Seine Kaiserliche Hoheit Großfürst Dmitri Pawlowitsch, Generaladjutant Baron Frederiks, Generaladjutant Fürst Golizyn, Generaladjutant von Grünwald[1], Generaladjutant Fürst Kotschubej, Generalleutnant Mossolow, als Jagdleiter Graf Welepolski[2], Generalmajor der Suite Seiner Majestät Fürst Orlow[3], Generalmajor der Suite Seiner Majestät Fürst Belosselski[4], Flügeladjutant Graf Scheremetjew, Flügeladjutant Oberst Drenteln und der Jägermeister Seiner Majestät Diez.

Der Aufbruch Seiner Majestät in Begleitung der genannten Personen aus dem Schloss zur Jagd erfolgte um 1 Uhr mittags in Automobilen zum 12 Werst entfernten Jagen 336, und von dort in Kutschen zur ersten Treibjagd zu den 1 Werst entfernten Jagen 361/334.

Seine Majestät geruhten, bis zum Ende der Jagd zu bleiben. Es wurden insgesamt sechs Treibjagden veranstaltet.

Nach der letzten Treibjagd fuhren Seine Majestät und alle Ihn begleitenden Jagdteilnehmer zurück und trafen mit Automobilen 6 Uhr 50 im Schloss ein.

Es war den ganzen Tag über bewölkt, aber trocken bei einer Tagestemperatur von 8,9 °R mittags und 4,1 °R gegen Abend.

Bei 6 Treibjagden wurden 51 Stück Wild zur Strecke gebracht, davon: 13 Hirsche, 4 Rehe, 3 Mufflons, 30 Wildschweine und 1 Fuchs, wobei Seine Majestät 4 Wildschweine und 1 Fuchs erlegten.

Zweiter Tag. Mittwoch, 5. September.

An diesem Tag sind Seine Majestät mit Seiner Kaiserlichen Hoheit Großfürst Dmitri Pawlowitsch und Ehrengästen zur Jagd in den 1. Jagddistrikt von Gainow aufgebrochen.

An der Jagd nahmen teil: Seine Majestät Herrscher und Zar, Seine Kaiserliche Hoheit Großfürst Dmitri Pawlowitsch, Generaladjutant Baron Frederiks, Generaladjutant Fürst Golizyn, Generaladjutant von Grünwald, Generaladjutant Fürst Kotschubej, Generalleutnant Mossolow, als Jagdleiter Graf Welepolski, Generalmajor der Suite Seiner Majestät Fürst Orlow, Generalmajor der Suite Seiner Majestät Fürst Belosselski, Flügeladjutant Graf Scheremetjew, Flügeladjutant Oberst Drenteln und der Jägermeister Seiner Majestät Diez.

Zur ersten Treibjagd im Jagen 219 zwanzig Werst vom Schloss sind der Herrscher und alle Teilnehmer der Jagd um 1 Uhr mit Automobilen aufgebrochen und nach Ende der Jagd um 8 Uhr abends, ebenfalls mit Automobilen, ins Schloss zurückgekehrt.

Die Fahrt von Treibjagd zu Treibjagd erfolgte in Kutschen.

Es fanden sechs Treibjagden statt.

Es war den ganzen Tag trüb, windig mit Schauern, Tagestemperatur um 1 Uhr 11 1/2 °R und gegen Abend 7 °R.

Bei 6 Treibjagden wurden 52 Stück Wild zur Strecke gebracht, davon: 2 Wisente, 19 Hirsche, 5 Rehe, 3 Mufflons, 22 Wildschweine und 1 Fuchs, wovon Seine Majestät Zar Nikolaus 4 Hirsche und 1 Reh erlegten.

[…]

Insgesamt wurden während der zwölftägigen Jagd 472 Stück Wild zur Strecke gebracht, davon:

Wisente	11
Elche	1
Hirsche	187
Rehe	69
Mufflons	31
Wildschweine	135
Füchse	29
Hasen	6
Dachse	1
Auerhähne	2
Insgesamt	472

Davon wurden von Seiner Majestät erlegt:

Wisente	1
Hirsche	28
Rehe	3
Mufflons	2
Wildschweine	8
Füchse	3

1 Artur Alexandrowitsch von Grünwald – Generaladjutant, General der Kavallerie, Oberstallmeister des Zarenhofs.
2 Wladislaw Iossifowitsch Welepolski – Graf, Jägermeister des Zarenhofs, Verwalter des Fürstentums Lowitsch, Leiter der Kaiserlichen Jagd in diesem Fürstentum.
3 Wladimir Nikolajewitsch Orlow – Fürst, Generalmajor der Suite Seiner Majestät.
4 Sergej Konstantinowitsch Belosselski-Beloserski – Fürst, Generalmajor der Suite Seiner Majestät.

Bestand 601/1/1563, Bl. 57-61.

Grossfürstentochter Tatjana Nikolajewna an Ihre Grossmutter, Zarenwitwe Maria Fjodorowna

Belowesh 11. September 1912

Meine liebe Großmutter,

gestern hat Papa Olga und mich zum erstenmal mit auf die Jagd genommen. Es war ganz toll. Ich war neben Papa auf seinem Stand, doch leider hat Papa nichts erlegt. Morgens sind wir, wenn das Wetter gut war, gewöhnlich ausgeritten, und zweimal bin ich mit Papa geritten. Wenn wir tagsüber nicht auf Jagd waren, sind wir durch den Wald geritten, spazieren gegangen und haben viele Pilze gesammelt. Steinpilze gibt es hier sehr wenig, am meisten echte Reizker.

Heute nimmt uns Papa wieder mit zur Jagd, ich freue mich schon unheimlich darauf. Jeden Abend wird die Strecke gelegt, und wir betrachten dann alle Tiere.

Dmitri fährt morgen von hier aus ins Ausland. Am Sonntag, dem 16. September, kehren wir nach Spala zurück. Hier regnet es jeden Tag, manchmal ganz wenig und manchmal den ganzen Tag; das ist sehr langweilig, weil dann alle Wege im Wald aufgeweicht sind und wir nicht reiten können. Überall ist es furchtbar schmutzig,

Auf Wiedersehen, meine liebe Großmutter. Ich denke oft daran, wie schön und lustig es auf der „Polarstern“ am 22. Juli war, als wir getanzt haben und zum Dinner und zum Frühstück gekommen sind.
Ich küsse Dich so herzlich, wie ich Dich liebe.
Deine Dich liebende Enkelin Tatjana.

Bestand 642/1/2835, Bl. 67-68.

Zar Nikolaus II. an seine Mutter, Zarenwitwe Maria Fjodorowna

Kosmodemjanski-Kloster 11. September1913

Meine liebe Mama,

ich danke Dir von ganzem Herzen für den lieben Brief. Es ist ein starkes Stück, was mit meinem Brief vom 28. August passiert ist. Ich habe deswegen Krach geschlagen. Maklakow ließ mich wissen, dass der Brief über Odessa nach Woloshsk befördert und dort gegen Quittung österreichischen Beamten übergeben wurde. Wo er dann verloren ging, ist unbekannt. Gott sei Dank, dass es wenigstens nicht bei uns passiert ist. Aber es ist sehr ärgerlich!!! Von nun an werde ich die Briefe immer per Einschreiben schicken.

Die letzten zwei Wochen war wunderbares beständiges Wetter, wir baden weiterhin jeden Morgen, Wassertemperatur 19 °.

Für heute hatte ich mir vorgenommen, hierher zu fahren, und ausgerechnet an diesem Morgen gab es ein starkes Gewitter. Doch ich wollte die Reise nicht verschieben und fuhr eine Stunde mit einem Torpedoboot von Jalta nach Aluschta, von dort aus mit dem Auto ebenfalls eine Stunde und kam in den Regen. Zum Glück dauerte er nicht lange und ich ging auf die Pirsch. Ringsum auf den Bergen haben Hirsche nur so geröhrt, doch ich habe keinen einzigen zu Gesicht bekommen, obwohl ich drei Stunden bis zur völligen Dunkelheit durch die Berge gezogen bin. Die Pfade waren aufgeweicht und das Laufen fiel schwer. Aber was für eine herrliche Gegend und was für reine Luft! Ich bin nur mit Dedjulin hierher gefahren und fühle mich einsam und verlassen in diesem kleinen Haus.

Bald wird die neue Straße hierher fertig, direkt aus dem Forstrevier über die Berge – ganze 40 Werst, und über Aluschta sind es von Jalta 58 Werst bis zum Kloster. Es ist sehr vorteilhaft, dass diese verschiedenen Orte dann näher zusammenrücken und Picknicks in größerer Entfernung von Liwadija möglich werden.

Wir alle bedauern es sehr, dass Olga am 31. August abgefahren ist, nachdem sie nicht einmal drei Wochen auf der Krim war. Sie begründete ihre Abreise damit, dass sie zum 1. September Gäste nach Ramon[1] eingeladen hat.

Meine Töchter und ich haben sie nach Bachtschissarai begleitet, wo wir im Palast des Khans frühstückten und die Moschee besichtigten, in der wir, wie Du Dich erinnern wirst, 1886 die Derwische gesehen haben. Auf dem Weg nach Tschufut-Kale hielten wir am Uspenski-Kloster an und sind die 150 Stufen nach oben gestiegen. Die Sonne schien und alles strahlte in einem herrlichen Licht.

Die Aussicht von Tschufut-Kale ist großartig, ich war überrascht, von dort aus das Meer in so weiter Ferne zu sehen. Wir kehrten nach Bachtschissarai zurück und tranken im Garten unter einer alten Kastanie Tee. Wir verabschiedeten uns traurig von Olga und fuhren nach Hause, sie ging zu Fuß zum Bahnhof.

* * *

Ich setze heute am 12. September den Brief aus Kosmodemjansk fort.

Nachts ging ich für vier Stunden auf Jagd, und wieder mit dem gleichen Misserfolg. In den Bergen war es kalt und hat zeitweilig geregnet. Ich bin mit dem Auto nach Liwadija zurückgefahren, das Meer war zu stürmisch. Hier spüre ich die Hitze nach der kalten Bergluft.

Alexej nimmt noch immer seine Moorbäder, womit die Doktoren sehr zufrieden sind. Sie finden, dass sich sein Bein schon bedeutend gebessert hat. Bisher hat er sieben Bäder genommen.

Einmal aller zwei Wochen laden die Offiziere der „Standart" mich und meine Töchter zum Dinner in die Gesellschaftskajüte ein. Olga war bei dem ersten Dinner dabei und ganz begeistert von diesem cosy evening[2]. Zuerst wird ein wenig an Deck getanzt, dann werden unten Gesellschaftsspiele veranstaltet.

Auch lawn-tennis[3] spielen sie gern mit den Offizieren, und sie spielen gut. Nach dem Spiel trinken wir gemeinsam Tee in einem winzigen Häuschen, einem english tea-house[4].

Wenn ich abends keine Verpflichtungen habe, lese ich Alix, Olga und Tatjana bei ihren Handarbeiten vor. Sie nähen und malen für den nächsten Basar, der wahrscheinlich in zwei Wochen stattfinden wird. Sie haben bereits seit dem Winter sehr viel angefertigt.

Hier war die Rede davon, dass Du nicht lange in Dänemark bleiben wirst, sondern mit Tante Alix zur Hochzeit ihrer Tochter Louise[5] nach England fährst. Dieser Tage haben wir in Zeitschriften ein in Bernstorff aufgenommenes Familienbild gesehen, auf dem Du sehr schlecht, mit geschlossenen Augen, getroffen bist!

Entschuldige bitte, dass dieser Brief so wirr ist, aber ich bin heute ziemlich ramolli[6], weil ich während der Fahrt im Auto nicht zum Schlafen gekommen bin.

Ich umarme Dich zärtlich, meine liebe Mama.

Christus sei mit Dir!

Alix und die Kinder küssen Dich.

My best love to the dear family[7].

Von ganzem Herzen Dein Dich liebender
alter Nicky.

1 Ramon – Gut von Großfürstin Olga Alexandrowna im Gouvernment Woronesh.
2 Engl.: geselliger Abend.
3 Engl.: Rasentennis.
4 Engl.: Teehaus.
5 Louise Victoria Alexandra Dagmar (1867-1912) – Prinzessin von Großbritannien, Tochter von Edward VIII., König von Großbritannien, und Alexandra.
6 Frz.: kaputt.
7 Engl.: Die besten Wünsche an die liebe Familie.
Bestand 601/1/2332, Bl. 41-44.

Aus den Memoiren von W.N. Wojejkow

Während des Aufenthalts Ihrer Majestäten in Liwadija wurde in Jalta auf der Mole ein mehrtägiger Wohltätigkeitsbasar veranstaltet. Für diesen Basar haben die Zarin und die Großfürstentöchter sehr viele selbstgefertigte Handarbeiten und Aquarelle zur Verfügung gestellt. Die Zarin verkaufte mit Unterstützung der Großfürstentöchter die Arbeiten der Zarenfamilie persönlich im Hauptzelt.

Man muss gesehen haben, mit welch wahrer Begeisterung die Einwohner Jaltas die Hoheiten auf dem Basar begrüßten und sich alle um das Hauptzelt der Zarin drängten, um etwas aus Ihrer Hand zu empfangen. Die Zarenfamilie verhielt sich allen gegenüber äußerst herzlich.

Der Erlös des Basars wurde für die Unterstützung der ärmsten Einwohner von Jalta und Umgebung zur Verfügung gestellt, so dass viele der Unglücklichen die Zarin segneten, die die Seele dieses guten Werks war.

Nach: W. N. Wojejkow. Mit dem Zaren und ohne den Zaren. Helsingfors 1936, S. 63.

Großfürstentochter Anastasia Nikolajewna an ihre Großmutter, Zarenwitwe Maria Fjodorowna

Liwadija-Krim 10. November 1913

Meine liebe Großmutter!

Ich gratuliere Dir zum Geburtstag und wünsche Dir alles Gute. Hier ist es so schön und lustig. Am sechsten war bei uns Tanz und ich habe sehr viel getanzt und am Anfang hat sich mein Kopf gedreht aber dann wurde es besser. Es gab bei uns viele Preise für die Gesellschaftsspiele. Ich habe auch viel abbekommen. Es waren sehr viele Leute da, vielleicht etwa vierzig Paare. Wir haben Blumenkränze in die Luft geworfen und die Männer haben sie aufgefangen und wir mussten mit ihnen Walzer tanzen, dann gab es eine Blumentombola, wir zogen Blütenblätter und lasen den Text auf der Rückseite und sind dann zu den Männern gegangen und wenn einer den gleichen Text wie ich hatte, habe ich mit ihm getanzt. Das war sehr lustig. Maria und ich gehen in Jalta ziemlich oft in die Geschäfte und kaufen für Weihnachten ein.

Ich wünsche Dir alles, alles Gute. Ich küsse Dich heftig.

Deine Dich liebende Enkelin

Anastasia.

Bestand 642/1/789, Bl. 32-33.

Grossfürstentochter Olga Nikolajewna an ihre Grossmutter, Zarenwitwe Maria Fjodorowna

Liwadija 10. November 1913

Liebe Großmutter,

ich gratuliere Dir von ganzem Herzen zu Deinem Geburtstag. Gott gebe Dir alles, alles Gute. Die ersten Novembertage waren noch fast wie im Sommer, jetzt ist es wieder frischer, aber klar und angenehm. Wir spielen viel Tennis. Vor einigen Tagen hat Papa Sumarokow, einen berühmten Tennisspieler, eingeladen, um mit ihm zu spielen. Gestern war der Emir von Buchara[1] bei uns zum Dinner – heute fährt er wieder ab und bedauert das sehr. Wir haben uns alle mit seinen Halsketten geschmückt. Heute fahren Tatjana und ich mit Papa zur Fürstin Barjatinskaja[2], wo ein Ball stattfindet, der um 3 Uhr beginnt. Wenn es warm wird, werden wir im Garten tanzen.

Nun auf Wiedersehen, liebe Großmutter. Ich umarme Dich fest und küsse Deine Hand.

Deine Dich liebende Enkelin

Olga.

1 Emir von Buchara – Seid Abdul Achad Khan, Generalleutnant.
2 Maria Wladimirowna Barjatinskaja - Fürstin.
Bestand 642/1/2435, Bl. 118-119.

Zar Nikolaus II. an seine Mutter, Zarenwitwe Maria Fjodorowna

Liwadija 8. Mai 1914

Meine liebe Mama,

ich danke Dir von ganzem Herzen für Deinen lieben langen Brief, über den ich mich sehr gefreut habe. Ich weiß sehr gut aus eigener Erfahrung, wie schwer es ist, vor einer Abreise einen Brief zu schreiben.

In diesem Jahr warst Du besonders beschäftigt und hast alle Deine Institutionen besucht – ich gratuliere Dir zu dieser hervorragenden Pflichterfüllung. Das muss doch ein ausnehmend angenehmes Gefühl sein!

Gott sei Dank, dass Du die Reise nach England wohlbehalten überstanden und Tante Alix in guter Verfassung angetroffen hast.

Pawel Benkendorf hat auch mit mir über einen möglichen Kandidaten für seinen Posten gesprochen. Ich teile voll und ganz Deine Meinung, dass es sich nur um einen Adligen (monsieur) handeln kann. Benkendorf will nicht sofort zurücktreten, er bittet darum, jemand für eine Zeitlang auszuwählen; er hat Walja Dolgoruki[1] genannt, der als Brigadekommandeur verfügbar ist.

Dein Kandidat ist ausgezeichnet, doch wenn er genommen wird, so muss das endgültig sein, weil damit seine militärische Laufbahn beendet ist. Ich weiß nicht, ob er das Regiment verlassen will. Vor der Ankunft in Zarskoje Selo muss überlegt und endgültig entschieden werden, wer genommen wird. Bis dahin, Anfang Juni, wird Benkendorf über den Gesundheitszustand seiner Frau Bescheid wissen und selbst beurteilen, ob er bleiben kann.

Ich befürchte, dass bald eine noch schwierigere Frage zur Debatte stehen wird – die Nachfolge des guten alten Frederiks. Er ermüdet jetzt sehr schnell, manchmal verlässt ihn sein Gedächtnis infolge von Durchblutungsstörungen.

Ich habe schon längere Zeit Kotschubej im Sinn, ich denke, dass Du meiner Meinung bist. Das Problem ist nur, dass ich mit ihm darüber gesprochen habe und er das Amt eines Hofministers kategorisch ablehnt. Er meint, dass diese Stellung absolut nicht zu ihm passt, ihm der Umgang mit Menschen nicht liegt und er überhaupt nicht von früh bis in die Nacht beschäftigt sein will. Ich habe ihm versprochen, ihn mehrmals im Jahr längere Zeit zu beurlauben, damit er in seinem Dikanka leben kann, wie es Papa Woronzow[2] erlaubte, nach Nowotomnikowo zu fahren, doch er wollte trotzdem nichts davon hören und hat alles abgelehnt. Ich bin einfach verzweifelt, wenn ich an diese Gespräche zurückdenke. Alix hat ihn auch bearbeitet, aber erfolglos! Was soll man da noch machen.

Wie schön ist es hier doch im Frühling! In diesem Jahr ist es besonders angenehm, durch den häufigen Regen ist das Grün sehr saftig und dicht und überall durftet es aromatisch. Ich unternehme weiterhin ausgedehnte Spaziergänge, außerdem spiele ich oft lawn-tennis mit den Kindern. Alle sind schon braungebrannt.

Alix fühlt sich bedeutend besser und lässt sich häufig in einem basket[3] fahren, wenn wir mit ihr spazierengehen. Am 29. April fuhr ich früh morgens mit dem Automobil über Simferopol und Pereskop nach Askanija-Nowa, wo wir um 4 Uhr nachmittags eintrafen.

Dort wurden wir vom Hausherren Falz-Fejn[4] selbst, seiner alten Mutter, seiner Tochter, die mit Pejker verheiratet ist, seiner Enkelin und auch seinem Sohn empfangen. Sie alle sind Russen und sehr zurückhaltende und umgängliche Menschen.

Mir wurde im Garten Tee gereicht. Um den Tisch herum tummelten sich Reiher, Enten, Gänse und Kraniche, sie schauten uns an, einige kamen näher und bettelten um Futter.

Dann führte mich der Hausherr vorbei an großen Volieren mit Vögeln aller Art zum Teich; darauf schwammen hunderte Enten, Gänse, Schwäne und Flamingos aus aller Herren Länder. Weiter gingen wir zu dem berühmten Gehege, das so groß wie das Militärfeld in Gatschina und von einem riesigen Gatter umgeben ist. Dort leben verschiedene Arten von Hirschen, Rehen, Antilopen, Gnus, Känguruhs und Straußen das ganze Jahr über zusammen im Freien. Ein beeindruckendes Schauspiel, wie das Bild aus der Bibel, als hätten die Tiere gerade die Arche Noah verlassen!

Von dort aus sind wir in seinen prachtvollen Park gefahren, den Falz-Fejn selbst angelegt hat, nachdem er 1888 dort auf Wasser gestoßen war. Bei ihm gedeihen alle unsere Bäume und Sträucher aus dem Norden, was in der Steppe ebenfalls seltsam anmutet. Dann umfuhren wir mit dem Automobil seine riesigen Herden von Schafen, Kühen, Wisenten und Bisons, bei denen er hervorragende Zuchterfolge hat, Pferden, Zebras und Kamelen. Diese Herden weiden ein halbes Jahr in der Steppe weit weg von seinem Haus und wurden eigens für mich etwas näher herangetrieben.

Trotzdem habe ich nicht alles gesehen, dazu hätte meine Zeit nicht gereicht. Am Abend habe ich mit dem Hausherrn zusammen gegessen und mich kurz danach schlafen gelegt. Von den Herren begleiteten mich Wojejkow, Drenteln und Saschka Woronzow[5].

Am nächsten Morgen, den 30. April, fuhren wir in die Steppe und besichtigten die Herden weiter vom Automobil aus; man zeigte mir auch eine Schafschur, bei der kein Tier verletzt wurde. In einem der Teiche im Garten züchtet Falz-Fejn Fische, die bunt gefärbt sind – man stelle sich Karpfen, Alante, Nerflinge und Karauschen vor, alle völlig bunt! Er erklärte mir, dass das ganz einfach sei; die Fische brauchen nur viel Sonne und Fleisch als Futter!

Er führte mir seine besten Pferde vor, auf die ist er besonders stolz, und sie sind wirklich prächtig und rassig. Er verkauft jährlich 120 Pferde an die Kavallerie.

Vor meiner Abreise bewirtete mich die Familie reichlich im Garten, obwohl es erst 9.30 Uhr war. Nachdem ich mich von ihnen verabschiedet hatte, nahm ich einen anderen Weg zurück und schaute mir mehrere neue Gehöfte von Bauern an, die erst vor drei Jahren aus ihren Dorfgemeinden ausgeschieden waren. Sie selbst sind sehr zufrieden. Ihre Häuser, Höfe, Felder und Obstgärten machen einen sehr guten Eindruck, alles ist so sauber und akkurat, und sie selbst sehen nicht wie gewöhnliche Bauern aus!

Weiter bin ich entlang der Bahnlinie bis Simferopol und über Bachtschissarai Richtung Ai-Petri nach Hause gefahren und vor dem Dinner in Liwaidija eingetroffen.

Somit habe ich in zwei Tagen 587 Werst, fast ebenso viel wie von Petersburg nach Moskau, zurückgelegt.

Der Basar wird am Sonntag, den 11. Mai, wie vor zwei Jahren auf der Mole bei der „Standart" stattfinden und einen halben Tag dauern.

Wir träumen von einer kleinen Kreuzfahrt auf dem Schwarzen Meer. Aber es ist gar nicht so leicht, von hier wegzukommen. Fast jeden Tag kommt jemand zum Empfang und der Kurier bringt zweimal wöchentlich eine Menge Papiere. Außerdem haben mich die Minister hier nacheinander aufgesucht – das hat auch viel Zeit gekostet.

Die Woronzows kommen für einige Tage nach Alupka.

In den letzten Maitagen müssen wir leider weg von hier. Wir planen, nach Rumänien, in den Hafen von Konstanza zu fahren und dem alten König[6] einen flying visit[7] abzustatten. Von dort aus geht es nach Odessa, wo ich die Truppen inspizieren werde, und einen Tag später nach Kischinjow zur Einweihung des Denkmals für [Zar] Alexander Pawlowitsch anlässlich des 100. Jahrestags der Wiedervereinigung von Bessarabien. Dann geht es direkt nach Zarskoje Selo, wo bereits am 6. Juni der König von Sachsen[8] eintreffen wird.

Vor einer Woche sind Minny, Georgi und Mari[9] auf der „Almas" aus Griechenland angekommen. Wir haben uns ziemlich häufig gesehen. Kostja[10] und Mawra[11] haben einige Wochen hier verbracht; sie reisen in zwei Tagen nach Pawlowsk ab. Sie und Mitja[12] sind heute bei uns zum Dinner eingeladen.

Tatjana Konstantinowna[13] hat sich nach der Geburt ihrer Tochter wieder erholt. Olga und ich haben die Kleine gesegnet. Meine Töchter besuchen Tatjana oft und geben sich gern mit den kleinen Kindern ab.

Liebe Mama, verzeih diesen endlosen Brief, ich fürchte, dass ich Dich damit langweile. Bitte umarme Tante Alix und Toria[14], Georgi[15] und May[16] in meinem Namen. Wir alle umarmen Dich zärtlich.

Christus sei mit Dir!

Von ganzem Herzen Dein Dich liebender
46jähriger alter Sohn Nicky.

1 Wassili Alexandrowitsch (Walja) Dolgorukow – Fürst, Generalmajor der Suite Seiner Majestät, Hofmarschall des Zarenhofs. Nach der Erschießung der Zarenfamilie in Jekaterinburg ermordet.
2 Illiarion Iwanowitsch Woronzow-Daschkow – Graf, Minister des Zarenhofs und der Apanagen.
3 Engl.: Korbstuhl, hier: Rollstuhl.
4 Falz-Fejn – Besitzer des Landguts „Askanija-Nowa".
5 Alexander Illarionowitsch (Saschka) Woronzow-Daschkow – Flügeladjutant, Oberst der Leibgarde des Husarenregiments.
6 Carol I. (1839-1914) – Fürst , seit 1882 König von Rumänien, verwandt mit Wilhelm I., König von Preußen.
7 Engl.: Kurzbesuch.
8 Friedrich August III. – König von Sachsen.
9 Minny, Georgi und Mari – Großfürstin Maria Georgijewna, Großfürst Georgi Michailowitsch und Großfürstin Maria Pawlowna.
10 Kostja – Konstantin Konstantinowitsch, Großfürst.
11 Mawra – Jelisaweta Mawrikijewna, Großfürstin.
12 Mitja – Dmitri Konstantinowitsch (1860-1919) – Großfürst, jüngster Bruder von Großfürst Konstantin Konstantinowitsch, Generaladjutant, General der Kavallerie. Ermordet 1918 in der Peter-Pauls-Festung.
13 Tatjana Konstantinowna – Fürstin, Gattin von Fürst K. A. Bagration-Muchranski, brachte 1914 die Tochter Natalia zur Welt.
14 Toria – Victoria Alexandra Olga Maria, Prinzessin von England, Tochter von König Edward VII. und Königin Alexandra.
15 Georgi – Georg V., König von England.
16 May – Victoria-Maria, Königin von England, Gattin Georgs V.

Bestand 642/1/2332, Bl. 54-59.

7 Kaiser Wilhelm II. – „Dein sehr ergebener Cousin und Freund"

Die Geschichte der Beziehung zwischen den letzten Monarchen zweier Großmächte – Wilhelm II. und Nikolaus II. – ist bisher noch nicht erschöpfend untersucht worden, obwohl dadurch viele Details der internationalen Politik zu Beginn des 20. Jahrhunderts offenbar werden könnten. Hing doch von den persönlichen Sympathien oder Antipathien der Selbstherrscher das Schicksal ihrer Millionen Untertanen und häufig auch die Entwicklung der gesamten internationalen Gemeinschaft ab. Nikolaus und Wilhelm, beide von unterschiedlichem Charakter, Temperament und Geschmack, wahrten über viele Jahre den Anschein ergebener Freundschaft. Dennoch bargen die vordergründig sentimentalen und nahezu innigen Beziehungen der beiden Herrscher von Anfang an die keimende Saat des Weltkriegs in sich, der am Ende für sie tragisch ausgehen und zum Schicksal werden sollte. Wir möchten dem Leser einige Episoden dieser Hassliebe vor Augen führen.

Zwischen der russischen Zarendynastie und deutschen Herrscherhäusern gab es von jeher enge und verzweigte Beziehungen. Zu Recht kann gesagt werden, dass die von russischen Zaren und Großfürsten auserkorenen Bräute größtenteils aus Deutschland stammten.

Nikolai hielt sich an diese Familientradition, indem er Prinzessin Alice von Hessen-Darmstadt, eine Cousine Kaiser Wilhelms, heiratete. Deren Mutter und Schwiegermutter, Prinzessin Victoria und Prinzessin Alice, waren Töchter der englischen Königin Victoria. Während Alice die britische Großmutter ein Leben lang mit nahezu religiöser Inbrunst verehrte, hasste Wilhelm seine englischen Verwandten und zeigte mit der ihm eigenen Arroganz demonstrativ seine Abneigung gegen alles Britische. Vielleicht war das einer der Gründe, warum Alix ihren deutschen Cousin von früher Kindheit an nicht leiden konnte. Ein anderer Grund für diese Ablehnung war wohl mehr romantischer Art: Um 1882 verliebte sich Wilhelm, der damals in Bonn studierte, in Ella, die älteste Schwester von Alix. Ella galt damals als schönste Prinzessin Europas. Doch die Art und Weise, wie Wilhelm ihr den Hof machte, schockierte die sittenstrenge Familie von Herzog Ludwig, und Ella wies Wilhelms Antrag zurück.

Alix teilte die Gefühle der Schwester, und zu mehr als Wahrung der Regeln des Anstands und der Etikette konnte sie sich in den Beziehungen zu ihrem Cousin nicht durchringen. Noch Jahre später zog sie sich bei Anwesenheit Wilhelms zurück, um seine derben Witze nicht hören und nicht sehen zu müssen, wie er versuchte, mit ihren Kindern zu spielen.

Auch die anderen Mitglieder der Zarenfamilie, vor allem Zarin Maria Fjodorowna und Großfürst Sergej Alexandrowitsch, der Prinzessin Ella geheiratet hatte, gingen auf Distanz zum deutschen Kaiser. Alexander III. verachtete Wilhelm sein Leben lang als „schlecht erzogenen und dummen Jungen".

Diese Antipathie im Familienkreis musste sich zwangsläufig auf die Gefühle von Nikolaus gegenüber Wilhelm auswirken. Wie seine Mutter und seine Gattin störten auch ihn das prahlerische und schwülstige Gehabe des Kaisers, die aufdringliche Vertraulichkeit und die ostentative Betonung seiner Erfahrungen und des Rechts des Älteren.

Wilhelm war zehn Jahre älter als Nikolaus und hatte 1888, sechs Jahre vor ihm, den Thron bestiegen. Daraus leitete der Kaiser erhebliche Sonderrechte gegenüber dem jüngeren gekrönten Haupt ab. Wilhelm hatte die Angewohnheit, ziemlich ungeniert Ratschläge aller Art zu erteilen, von denen ein großer Teil der ihm eigenen Denkweise und Weltsicht entsprang. Das betraf besonders die Außenpolitik. Wilhelm sah es als völlig natürlich an, ein starkes russisch-deutsches Bündnis anstelle des Bündnisses zwischen Russland und Frankreich zu schaffen, das bereits Alexander III. begründet hatte. Das neue Bündnis sollte nach Vorstellung des Kaisers zur Grundlage einer starken Opposition der Kontinentalstaaten gegen England werden. Nikolaus sollte sich im Osten, in Asien engagieren und die Hauptrolle bei der Lösung der europäischen Probleme Deutschland überlassen. Wilhelm sinnierte gern über die große Rolle Russlands „bei der Verbreitung der Kultur in Asien und dem Schutz des Kreuzes und der alten christlich-europäischen Kultur gegen Einfälle der Mongolen und den Buddhismus". Wenn Russland diese Mission übernehmen würde, wollte Wilhelm sich gern verpflichten, das russische Hinterland in Europa zu sichern: „... natürlich möchtest Du, dass in Europa alles ruhig ist und Dir keine Gefahr im Hinterland droht;

Der deutsche Kaiser Wilhelm II. in russischer Uniform. Aufnahme von 1902.

und dass natürlich ich dafür Sorge trage und jedem entgegentrete, dem es einfällt, Dich zu behelligen und aus dem Hinterland in Europa anzugreifen, während Du die große Aufgabe erfüllst, die der Himmel Dir auferlegt hat. Das ist so klar wie das Amen in der Kirche."

Wilhelm fand zunehmend Geschmack am politischen Ränkespiel und durchdachte als erfahrener Regisseur auch die kleinsten Details seines Handelns. Bei jeder passenden Gelegenheit zeigte er sich öffentlich in russischer Uniform, er schenkte dem Zaren eine allegorische Zeichnung, die Wilhelm in Rüstung mit einem Kruzifix in den Händen zeigte. Neben ihm steht der Zar in einem langen byzantinischen Gewand, im Hintergrund kreuzen Kriegsschiffe unter russischer und deutscher Flagge. Um Nikolaus den Sinn der Darstellung klarzumachen, erläuterte sie der Kaiser in einem Brief: „Ich bitte Dich, die von mir für Dich angefertigte Zeichnung wohlwollend aufzunehmen. Sie symbolisiert Russland und Deutschland, die an der Küste des Gelben Meeres für die Verbreitung des Evangeliums, der Wahrheit und des Lichts im Osten auf Wacht stehen. Ich habe diese Skizze in der Weihnachtswoche beim Schein der Kerzen des Weihnachtsbaums gemacht."

Wilhelms Träume nahmen bald konkrete Formen an. Die Russen wandten ihre Blicke immer häufiger dem Fernen Osten zu und hielten Ausschau nach einem Leckerbissen, den sie sich auf Kosten des wankenden chinesischen Imperiums oder eines anderen östlichen Nachbarn einverleiben konnten. Der Anlass dazu ließ nicht lange auf sich warten.

Im Sommer 1902 trafen sich Wilhelm und Nikolaus bei Flottenmanövern in Reval. Und erneut wurden Ratschläge für weitreichendes entschlossenes Handeln im Osten erteilt. Beim Verlassen Revals befahl der deutsche Kaiser, zum Abschied zu signalisieren: „Der Admiral des Atlantik grüßt den Admiral des Pazifik". Nikolaus antwortete bescheiden: „Glückliche Reise". Dieser Abschiedsgruß der Monarchen schockierte Marine- und diplomatische Kreise im Westen wie im Osten.

Japan beobachtete schon lange mit wachsender Besorgnis die Expansion Russlands im Fernen Osten. Das Land der aufgehenden Sonne, das einen gewaltigen Sprung in seiner wirtschaftlichen Entwicklung gemacht hatte, konnte sich in kurzer Zeit auf einen Krieg mit den Russen vorbereiten. Am 6. Februar 1904 griffen 10 japanische Zerstörer unverhofft das in Port Arthur vor Anker liegende russische Geschwader an. Der Kriegsausbruch passte bestens in Wilhelms strategische Pläne. Er ermutigte den Zaren und riet ihm, die Japaner für den Vertragsbruch streng zu bestrafen. Die Hilfe des Kaisers beschränkte sich nicht allein auf Worte

Zar Nikolaus II. und Kaiser Wilhelm II. (rechte Gruppe) an Bord des deutschen Kreuzers „Berlin" bei ihrer Begegnung vor Björkö 1905. Handschriftliche Widmung des deutschen Kaisers für seinen Cousin: „With best wishes for a prosperous New Year '06 Willy."

Kaiser Wilhelm II. und sein Gast, Zar Nikolaus II., beim Aufbruch zu einer gemeinsamen Jagd 1910. Handschriftliche Bezeichnung des deutschen Kaisers: „Oranienburg 6/XI 10. Willy."

– dank der Versorgung des Baltischen Geschwaders von Admiral Roshdestwenski mit deutscher Kohle konnten die russischen Kriegsschiffe von der Ostsee zum Gelben Meer gelangen, wo die russische Flotte dann in der berühmten Schlacht bei Tsushima vernichtet wurde. Bereits zuvor, im Januar 1905, war Port Arthur gefallen. Russland hatte den Krieg verloren...

Der Kaiser war von diesem Ausgang der Kriegshandlungen enttäuscht, doch er ließ den Mut nicht sinken. Bald nach der Schlacht von Tsushima lud er den Zaren zu einem geheimen Treffen vor der finnischen Küste ein. Vor dem Auslaufen telegraphierte Wilhelm: „Niemand weiß davon. Alle meine Gäste denken, dass wir nach Gotland unterwegs sind. [...] Habe wichtige Neuigkeiten für Dich. Stelle mir die Gesichter meiner Gäste vor, wenn sie plötzlich Deine Yacht sehen [...]. Welche Uniform ziehen wir an? Willy."

Am 23. Juli 1905 gingen die kaiserlichen Yachten „Hohenzollern" und „Polarstern" vor der Insel Björkö vor Anker. Das Treffen verlief nach Wilhelms Worten innig. Der Kaiser tröstete Nikolaus so gut er konnte, mit zahlreichen Komplimenten für die tapferen russischen Truppen. Bitter beklagt wurde das Verhalten der unzuverlässigen Franzosen und der heimtückischen Bewohner des nebligen Albion. Dann zog Wilhelm wie zufällig den Entwurf eines Bündnisvertrags zwischen Deutschland und Russland aus der Tasche und versuchte, Nikolaus zur Unterschrift zu bewegen. Das Dokument besagte, dass sich im Kriegsfall beide Seiten gegenseitig umfassenden Beistand leisten würden. Pikant daran war, dass Russland im Falle eines sich abzeichnenden Krieges zwischen Deutschland und Frankreich gemäß dem vorbereiteten Vertrag auf der Seite des Kaisers in den Krieg eintreten musste, obwohl es bereits seit 15 Jahren einen entsprechenden analogen Vertrag mit Frankreich gab.

Die Diskussion darüber dauerte lange, und wahrscheinlich hat Wilhelm nie so viel Beredsamkeit Nikolaus gegenüber an den Tag gelegt wie an diesem heißen Julitag. Das erwünschte Resultat schien so nah. Aber Wilhelm berücksichtigte nicht die Diplomatie und List seines Visavis. Nikolaus, der sehr gut wusste, wie folgenreich die Unterzeichnung eines so weitreichenden Dokuments war, kam der Bitte des Kaisers, das Papier „als eindrucksvolle Erinnerung an unser Treffen" zu unterschreiben, mit gespielter Bereitwilligkeit nach. „Ich weinte vor Freude", schrieb Wilhelm im Überschwang, „und ich dachte: Friedrich Wilhelm III., Königin Luise, Großvater und Nikolaus I. werden uns in dieser

Minute wahrscheinlich von oben zusehen und sich mit uns freuen [...]"

Aber die Unterschrift von Nikolaus blieb ihm nur zur Erinnerung. Aus Petersburg schickte der Zar dem deutschen Kaiser kurz darauf einen Brief, in dem er erklärte, dass der Vertrag nicht ohne die Einwilligung Frankreichs ratifiziert werden könne. Natürlich blieb die nötige Pariser Zustimmung aus.

An die Stelle von Liebe und Sympathie traten nun Enttäuschung und Misstrauen. Obwohl der Briefwechsel zwischen dem „ergebenen Cousin und Freund Willy" und dem „Dich aufrichtig liebenden Nicky" bis zum Ausbruch des Ersten Weltkriegs andauerte, wurde die Frage eines russisch-deutschen Bündnisses nicht mehr erörtert. 1908 schloss Russland – für Wilhelm II. überraschend – einen Handelsvertrag mit England. Von nun an war Europa endgültig in zwei feindliche Lager gespalten. Der Krieg war nicht mehr fern...

Dokumente

Aus dem Tagebuch von Zar Nikolaus II. (1905)

23. Juli, Sonntag

Sind um 9 Uhr aufgestanden. Es ist heiß und regnerisch. Nach zeitigem Dinner verabschiedete ich mich von der lieben Alix und den Kindern auf der Farm[1] und fuhr mit Mischa[2] auf der „Alexandria" nach Kronstadt. Punkt 1 Uhr lief ich mit der „Polarstern" nach Björkö aus, wo wir 4 Uhr eintrafen. Wir gingen vor der Insel Raviza vor Anker. Zwei Gewitter mit starkem Regen gingen nieder, aber die Temperatur war sehr angenehm. Seit 7 Uhr warteten wir auf die „Hohenzollern", die sich um zweieinhalb Stunden verspätete. Sie traf während unseres späten Dinners ein. Wilhelm kam in ausgezeichneter Stimmung auf die Yacht und blieb kurze Zeit. Dann nahm er Mischa und mich mit zu sich und ließ ein Nachtmahl reichen. Wir sind erst 2 Uhr auf die „Polar" zurückgekehrt.

24. Juli, Montag

Ich verschlief das Hissen der Flagge und stand 9 1/2 auf. Es war sonnig und heiß mit frischem O. Um 10 Uhr kam Willy zum Kaffee. Wir sprachen bis 12 Uhr miteinander und haben dann zu dritt mit Mischa den deutschen Kreuzer „Berlin" besucht und besichtigt. Ein Gefechtsschießen wurde vorgeführt.

Ich brachte Wilhelm zu seinem Schiff und kehrte auf die „Polar" zurück.

Eine halbe Stunde Ruhe. Um 2 Uhr gab es bei uns ein großes Frühstück. Das Gardeorchester spielte und wir unterhielten uns bis 4 1/2 die ganze Zeit im Stehen. Ich verabschiedete mich sehr herzlich von Wilhelm.

Um 5 Uhr legten wir gleichzeitig ab und fuhren bis zum Leuchtturm von Verkomtal nebeneinander; dann trennten wir uns. Mischa fuhr auf dem neuen Schlachtkreuzer „Ukraina", der die „Polar" bei 17 1/2 Knoten hinter sich ließ, indem er 24 Knoten machte. Wir liefen bei schönem Wetter um 9 Uhr abends in Kronstadt ein. Auf der „Alexandria" kamen wir um 10 Uhr in Peterhof an. Alix erwartete uns am Seetor. Mit besten Eindrücken von den Stunden mit Wilhelm kam ich nach Hause zurück.

25. Juli, Dienstag

Von früh an ging alles seinen üblichen Gang. Es war schön, die Kinder und nicht die Minister zu sehen. Ich frühstückte mit Alexander Leuchtenberg[3] (Diensthabender). Wir fuhren nach Sergijewka, um Tante Marussja[4] zu besuchen. Wir waren um 4 1/2 wieder zu Hause und spielten Tennis. Habe lange gelesen. Um 8 1/2 gab es Dinner auf dem Balkon.

Ich verbrachte den Abend zu Hause.

1 Das separate Landhaus in Peterhof.
2 Großfürst Michail Alexandrowitsch.
3 Alexander Georgijewitsch – Herzog von Leuchtenberg, Fürst Romanow (1881-1942). Flügeladjutant, Oberst des Husarenregiments der Leibgarde, später im Ersten Weltkrieg Berater des Befehlshabers der Armeen der Nordfront.
4 Großfürstin Maria Alexandrowna.

Bestand 601/1/248, Bl. 178-181.

Kaiser Wilhelm II. an Zar Nikolaus II.

Pillau 27. 7. 1906[1]

Liebster Nicky!

Wieder in der Heimat nutze ich die erste Gelegenheit, um Dir einige Zeilen zu senden und nochmals für die herzliche Aufnahme und die freundliche Zuneigung, die Du mir entgegengebracht hast, zu danken. Die Stunden, die ich in Deiner Gesellschaft verbringen durfte, werden mir stets in Erinnerung bleiben. Du hast mich wie einen lieben Bruder behandelt. Deine Gefühle werden in meinem Herzen stets den gleichen herzlichen und innigen Widerhall finden, und du kannst auf mich als zuverlässigen Freund zählen, der nur von einem Wunsch und einer Hoffnung beseelt ist: Ich möchte, dass Du bei Deiner schweren Aufgabe erfolgreich bist und sich Dein Vaterland rasch von der schweren Prüfung, die ihm die Vorsehung auferlegte[2], erholt. Das Bündnis, das wir für den gegenseitigen Beistand in der Not geschlossen haben, wird für Russland sehr nützlich sein, da es die Gemüter beruhigen, die Hoffnung auf die Erhaltung des Friedens in Europa wiederbeleben und die internationalen Finanzkreise stimulieren wird, Kapital in Unternehmen zu investieren, die zur Erschließung der gewaltigen, noch unberührten Reichtümer Russlands gegründet werden. Durchaus möglich ist, dass selbst Japan mit der Zeit den Wunsch hegt, sich uns anzuschließen. Das wird die Anmaßung und Dreistigkeit Englands zügeln, das mit Japan verbündet ist. Der 24. Juli 1905 wird ein Eckstein der europäischen Politik sein; dieser Tag wird eine neue Etappe der Geschichte einleiten - die Etappe des Friedens und der gutnachbarlichen Beziehungen der Mächte des europäischen Kontinents, deren auf Freundschaft und Vertrauen basierende Politik auf die gemeinsamen Interessen gerichtet ist. Wenn die Nachricht vom neuen „groupement“[3] weltweit bekannt wird, dann werden nach dem Naturgesetz von der Anziehung kleiner durch größere und kompaktere Körper kleinere Staaten wie Holland, Belgien, Dänemark und Norwegen zu diesem neuen großen Gravitationszentrum hingezogen. Sie werden sich in der Umlaufbahn der verbündeten Großmächte [Russland, Deutschland, Frankreich, Österreich, Italien] befinden und ihnen vertrauensvoll folgen. Das Zweierbündnis schließt sich mit dem Dreierbündnis zusammen und bildet das Fünferbündnis, das durchaus in der Lage ist, jeden Unruhestifter zur Ordnung zu rufen und Frieden selbst mit Gewalt zu stiften, falls eine Macht so leichtsinnig sein sollte, ihn zu stören. Im Gespräch mit dem hervorragenden Biriljow[4] – Du hast den richtigen Mann hierfür gewählt – habe ich gesagt, dass, sobald die Frage des Schiffstyps für Deine Flotte geklärt wird, Du sofort möglichst viele davon bauen lassen musst und neben den französischen Werften auch die privaten deutschen berücksichtigen sollst. Denn letztere würden wie für ihre Heimat arbeiten, während die anderen Mächte die Geheimnisse Deiner Schiffsbauer und Ingenieure missbrauchen, um Dir und Deinem Staat zu schaden. [...] In französischen Zeitungen habe ich folgenden Kommentar zum Flottenbesuch in Brest gelesen: „Vor zwölf Jahren hatten wir Toulon und Kronstadt – das war eine Liebesheirat. Wie in allen solchen Ehen setzte allmählich die Ernüchterung ein, besonders seit dem Krieg 1904-1905. Nun haben wir Brest und Cowes – das ist eine Ehe aus Berechnung, und wie alle Ehen dieser Art läuft sie auf eine Vernunftspartnerschaft hinaus.“[5] Mir kommt das ziemlich durchtrieben vor! Für einen Bündnispartner seine „amie et alliée“[6] so zu düpieren! Den Franzosen täte es gut, wenn Du die Zügel etwas fester halten würdest. Natürlich hindern sie ihre in Russland investierten 10 Milliarden Franc, sich völlig zurückzuziehen, aber solche Reden zeigen, wie weit ihre Anbiederei an die Engländer bereits gediehen ist! Ich hoffe, dass sie in Cowes nicht völlig den Kopf verlieren. Um auf die Ehe zurückzukommen, möchte ich sagen: Marianne[7] soll daran denken, dass sie mit Dir vermählt ist und sie deshalb auch verpflichtet ist, mit Dir ins Bett zu gehen und auch mir von Zeit zu Zeit ein Streicheln oder einen Kuss zukommen zu lassen, und sich nicht in das Schlafzimmer desjenigen schleichen darf, der auf der Insel ständig intrigiert, touche à tout[8]!

Nun auf Wiedersehen, mein lieber Nicky; denke an die Magna Charta (Habeas Corpus Act)[9] und zeichne Deine Armeeregimenter aus, indem Du sie den Garderegimentern gleichstellst! Du hast es mir versprochen! Mache Dir nichts aus der Verärgerung Wladimirs und dem Widerstand der Garde; denke an die 10 Armeekorps, die für Dich auf dem Schlachtfeld Blut vergossen haben, und diejenigen in der Heimat, in der Provinz, die täglich für Dich gegen die Revolution kämpfen. Herzliche Grüße an Alice von Deinem sehr ergebenen Freund

Willy.

P.S. Du hast mir gesagt, dass Bulygin entsprechend den von mir geäußerten Gedanken nach Deinen Weisungen bereits einen Gesetzentwurf ausgearbeitet hat. Ich halte es für unbedingt nötig, i h n u n -

v e r z ü g l i c h z u v e r ö f f e n t l i c h e n, damit die Deputierten möglichst s c h n e l l gewählt werden; dadurch kannst Du, wenn Dir Friedensbedingungen angeboten werden, diese den Vertretern des r u s s i s c h e n V o l k e s v o r l e g e n, d i e d a n n d i e V e r a n t w o r t u n g für deren Annahme oder Ablehnung tragen. Das schützt Dich vor allen Angriffen auf Deine Politik, die unweigerlich von allen Seiten einsetzen werden, wenn Du das im A l l e i n g a n g entscheidest.[10]

1 Bei der Datierung unterlief Wilhelm ein Flüchtigkeitsfehler, recte: 1905, wie aus dem Brief ersichtlich, der unmittelbar nach dem Treffen bei Björkö geschrieben wurde.
2 Die Vernichtung der russischen Flotte bei Tshushima 1905.
3 Frz.: Bündnis.
4 Alexej Alexejewitsch Biriljow (1844-1915) – Admiral, Mitglied des Staatsrats. Seit dem 8. Mai 1905 Befehlshaber der Flotte im Pazifik. Nach der Niederlage bei Tsushima am 29. Juni 1905 wurde er zum Marineminister ernannt. Diesen Posten hatte er bis zum 11. Januar 1907 inne.
5 Die Annäherung von Russland und Frankreich Anfang der 90er Jahre des 19. Jahrhunderts war mit Freundschaftsbesuchen eines französischen Geschwaders in Kronstadt (1891) und eines russischen Geschwaders in Toulon (1893) einhergegangen. Von Juli bis August 1905 untermauerten dann Besuche der britischen und der französischen Flotte in Brest und in Cowes das englisch-französische Bündnis.
6 Frz.: Freundin und Verbündete.
7 Symbolische Bezeichnung für Frankreich.
8 Frz.: Das geht alle an.
9 Das vom englischen Parlament 1679 verabschiedete Gesetz über die Unantastbarkeit der Persönlichkeit, Grundlage aller späteren demokratischen Verfassungen. Wilhelm meint hier: gesetzlich verbrieftes Recht.
10 Im Juli 1905 wurde unter Leitung des Innenministers A. G. Bulygin ein Gesetzentwurf zur Schaffung eines Repräsentativorgans in Russland, der Duma, ausgearbeitet. Entsprechend der Wahlordnung hatte die Mehrheit der Bevölkerung kein Stimmrecht. Die Einberufung der Bulyginschen Duma wurde durch die revolutionären Ereignisse verhindert. Am 17. Oktober 1905 unterzeichnete der Zar dann ein Manifest, das die bürgerlichen Freiheiten und die Wahl einer Reichsduma mit erheblich umfangreicheren Vollmachten proklamierte.

Bestand 601/1/1199, Bl. 153-155.

21. Juli, Sonnabend

Starker Seegang bis zum Morgen. Das Wetter war grau und der Wind wehte aus der gleichen Richtung. Zur vereinbarten Zeit, 10 Uhr morgens, trafen wir auf die „Hohenzollern". Wilhelm kam auf die Yacht und wir fuhren zur Flotte, die in drei Linien vor Swinemünde stand.

Wir fuhren an den Panzerkreuzern des 1. und 2. Geschwaders vorbei und gingen neben seiner Yacht vor Anker. Ich besuchte ihn und wir hatten Frühstück. Zuvor hatte er mir seine Admirale und Kommandanten auf der „Standart" vorgestellt. Um 3 Uhr besichtigten wir die neuen Schiffe: das Flaggschiff Panzerkreuzer „Deutschland", auf dem Heinrich, der Befehlshaber der Flotte, fährt; den Kreuzer „Yorck" und den kleinen Kreuzer „Königsberg", der Wilhelm auf der Nordmeerfahrt begleitete. Auf den ersten beiden wurden Schnellfeuerschießen und Minenlegen gezeigt.

Ich kehrte 5 1/2 zu mir zurück. Zum Glück hatte sich das Wetter gebessert, es war wärmer geworden.

Um 8 Uhr hatte ich mit der Suite Dinner auf der „Hohenzollern". Wir unterhielten uns bis 11 Uhr. Tee bei uns.

22. Juli, Sonntag

Ich habe gut geschlafen, wahrscheinlich vor Erschöpfung. Um 10 1/2 fuhren wir auf seine Yacht zum Gottesdienst; Wilhelm las die Predigt und die Gebete selbst. Ich kehrte auf die „Standart" zurück. Um 12 Uhr wurde bei uns an Deck ein Gottesdienst aus Anlass des Namenstags der teuren Mama abgehalten. Dann Frühstück mit der Suite. Um 3 Uhr begann eine Ruderregatta, an der mehr als 60 Boote der ganzen Flotte teilnahmen. Die ganze Zeit spielte unser Balalaikaorchester. Das Wetter wurde sommerlich – es klarte auf und der Wind legte sich. Ich verteilte Preise und Auszeichnungen an die Siegermannschaften. Um 5 Uhr trennten wir uns. Ich trank Tee, ging an Deck spazieren und erholte mich etwas. Um 8 Uhr fuhr ich zur „Deutschland" zum Dinner mit Heinrich. Eine Ewigkeit unterhielten wir uns im Stehen; als die Filmvorführung begann, setzten wir uns schließlich. Wir kehrten 11 1/2 unter nächtlichem Salut zu den Yachten zurück. Ich konnte mich kaum noch auf den Beinen halten.

23. Juli, Montag

Ein herrlicher warmer Tag. Um 10 Uhr holte mich Wilhelm auf die „Deutschland". Die gesamte Flotte lichtete langsam den Anker und stach in See. Heinrich leitete das Manöver; die Exaktheit der Formationsänderungen erinnerte mich an das, was ich 1901 in Danzig gesehen hatte, diesmal aber mit der doppelter Anzahl von Schiffen. Um 2 Uhr lagen wir wieder an gleicher Stelle vor Anker. Nach dem Frühstück kehrte ich auf die „Standart" zurück.

Ich faulenzte und schaute mich nur an Deck um. Um 8 Uhr gab es bei mir ein großes Dinner für alle Admirale und Kommandanten der deutschen Schiffe. Dann erfreuten wir uns an den illuminierten Schiffen und dem rotierenden Licht der Scheinwerfer, was an Windmühlen erinnerte. Wir trennten uns 11 1/2 Uhr.

24. Juli, Dienstag

In der Nacht ging ein starkes Gewitter nieder, das die Luft erfrischte, trotzdem wurde der Tag heiß. Um 9 1/2 trafen Wilhelm, Heinrich und Adalbert[1] auf der Yacht ein; wir hatten ein geselliges breakfast[2], das sich lange hinzog. Um 11 1/2 begleitete ich Wilhelm auf die „Hohenzollern" und verabschiedete mich herzlich von ihm.

Punkt 12 Uhr lichteten wir die Anker und fuhren die Linie der Flotte entlang. Dann ertönte das Abschiedssalut von den deutschen Schiffen. Wir liefen mit 16 Knoten in Begleitung unserer treuen Geleitschiffe nach Norden. Ich sah Papiere durch. [...]

1 Adalbert, Prinz von Preußen, dritter Sohn Kaiser Wilhelms II.
2 Engl.: Frühstück.
Bestand 601/1/251, Bl. 104-109.

Zar Nikolaus II. an seine Mutter, Zarenwitwe Maria Fjodorowna

31. Oktober 1910

Meine liebe Mama,

morgen fahren wir nach Hause. Deshalb möchte ich Dir von hier einen kurzen Brief senden. Ich war mit meinem Aufenthalt in Potsdam außerordentlich zufrieden. Beide waren im höchsten Grad freundlich und liebenswürdig zu mir und luden mich zum Familientee ein, wo ich ihre drei Enkel, die Kinder von Cecilie[1] sah, ganz liebe und lustige Jungen. Es fanden zwei große Dinner, zum Glück ohne Ansprachen, und eine Jagd in Oranienburg statt, wo Wilhelm selbst zum erstenmal war. Ich musste sie zur Patin der Grodno-Husaren ernennen, weil mir zu Ohren gekommen war, dass das ihr großer Wunsch ist. Um so mehr, da Alix schon 11 Jahre die Patenschaft über das Dragonerregiment hat, dem auch ich angehöre. Deshalb habe ich auch ihn in das Grodno-Regiment aufgenommen. Die Wirkung war außerordentlich, und alle am Hofe haben sich gefreut. Die Söhne sind sehr sympatische und wohlerzogene junge Männer. Der dritte – Seemann Adalbert – bat mich, Dir seine Verehrung auszudrücken, er erinnert sich noch immer an Peterhof! [...]

Christus sei mit Dir. Dein Dich von Herzen liebender

Nicky.

1 Cecilie, Prinzessin von Preußen, geborene Herzogin von Mecklenburg, Gattin von Kronprinz Wilhelm.

Bestand 642/1/2331, Bl. 46-47.

Zar Nikolaus II. an seine Mutter, Zarenwitwe Maria Fjodorowna

30. Juni 1912

Meine liebe Mama,

gestern sind wir hier an unserer alten Reede der „Standart" bei der Insel Tucholm angekommen.

Während der neun Tage, die wir im Ostseehafen verbracht haben, war die ganze Zeit herrliches Wetter, was sehr dazu beigetragen hat, dass der Aufenthalt von Kaiser Wilhelm ein Erfolg wurde. Er blieb drei Tage, alles verlief erfolgreich und unkompliziert. Er war sehr lustig und freundlich und hat mit Anastasia viel gescherzt.

Wir haben einmal bei ihm auf der Yacht diniert; er hat den Kindern schöne Geschenke gemacht. Alexej erhielt viel technisches Spielzeug.

In der Stadt fand ein Inspektionsbesuch beim Wyborger Regiment statt, der den Kaiser und die anderen Deutschen stark beeindruckte. Er war sehr liebenswürdig zu seinem Regiment, interessierte sich eingehend für die Schlachten, an denen das Regiment im Japanischen Krieg teilgenommen hat, und lud alle Offiziere für den nächsten Morgen zum Sektfrühstück auf seine Yacht ein. Dieser Empfang dauerte anderthalb Stunden, dann kam er in bester Stimmung zu uns zum Frühstück und berichtete, dass unsere Offiziere 60 Flaschen seines Champagners geleert haben. Nach dem Frühstück stach er in See. [...]

Bestand 642/1/2332, Bl. 4-5.

Kaiser Wilhelm II. an Zar Nikolaus II

Berlin 18. März 1913

Mein lieber Nicky!

Ich möchte Dir mitteilen, dass wir die Vermählung unserer lieben Sissy[1] nun endgültig für den 24. Mai festgesetzt haben.

Hiermit lade ich Dich und Alice herzlich ein, an der Hochzeitsfeier teilzunehmen. Meine Gattin und ich wären sehr glücklich, wenn Ihr uns diese Freude bereiten würdet, und ich hoffe sehr, dass Ihr es ermöglichen könnt, Russland für einige Tage zu verlassen, um viele Eurer Verwandten wiederzusehen, denn wir haben Deine liebe Mama, Tante Alice[2], Georgie[3] mit May[4], Waldemar und andere eingeladen, um allen Geschwistern wie auch Tante Thyra[6] die Möglichkeit zu einem Wiedersehen zu geben.

Ich freue mich sehr, dass alle Eure Festlichkeiten gut und erfolgreich verlaufen sind, Dein Junge teilnehmen konnte und seine Genesung gut voranschreitet; ich hoffe, dass er wieder vollkommen gesund wird. Nach Ostern werden uns die Cumberlands besuchen, dann fahren wir für einen Monat nach Homburg, da das verdammte Durcheinander auf dem Balkan mich daran hindert, in meinem irdischen Paradies auf Korfu zu weilen.

Herzliche Grüße von Viktoria[7] und mir an Alice und alle Kinder.

Dein Dir stets sehr ergebener Cousin und Freund

Willy.

1 Viktoria Luise, Tochter von Kaiser Wilhelm II.
2 Alexandra, verwitwete Königin von Großbritannien und Irland.

3 Georg V., König von Großbritannien und Irland.
4 May, Königin von Großbritannien und Irland, geborene Prinzessin Victoria Maria von Teck.
5 Waldemar, Prinz von Dänemark, Sohn von Christian IX.
6 Thyra Amalie Caroline, Herzogin von Cumberland.
7 Viktoria Auguste, Kaiserin, Gattin von Wilhelm II.
Bestand 601/1/1199, Bl. 191.

Aus dem Tagebuch von Zar Nikolaus II. (1913)

22. Mai, Donnerstag

Habe gut geschlafen. Bin um 8 1/2 an einem wunderbaren Morgen aufgewacht. In Küstrin stiegen 9 1/2 Uhr Botschafter Swerbejew[1] und die deutsche Suite mit General Moltke an der Spitze zu. Wir haben zusammen gefrühstückt. Um 11.38 Uhr trafen wir in Berlin ein. Wilhelm und Georgie aus England empfingen mich; Ehrenformation des 1. Garderegiments. Die Einfahrt in die Stadt war wunderbar, sie führte durch den Tiergarten, Truppen standen Spalier, das Volk war auf den Beinen und überall Blumen. Im Schloss stand ebenfalls eine Ehrenformation des Alexander-Grenadierregiments. Die Kaiserin, May und die Prinzessinnen empfingen uns oben auf der Freitreppe. Sie führten mich in meine Zimmer und entfernten sich dann. Um 1 Uhr gab es ein Familienfrühstück für 40 Personen. Danach machte ich Besuche mit dem Auto und fuhr schließlich zum Hotel Kaiserhof, in dem viele Verwandte abgestiegen waren, bei denen ich Tee trank. Ich fuhr noch etwas durch die Gegend und traf um 6 Uhr im Schloss ein.

Ich nahm ein erfrischendes Bad. Um 8 Uhr begab ich mich zum Bankett in den Weißen Saal. Die Konversation endete um 10 Uhr, und wir begaben uns in unsere Räume.

23. Mai, Freitag

In der Nacht ist ein Gewitter niedergegangen, danach kühlte es sich ab. Ich hatte um 9 Uhr breakfast. Eine halbe Stunde später fuhr ich mit Wilhelm im Auto nach Charlottenburg, besichtigte das Mausoleum und fuhr weiter auf der großartigen Heerstraße bis zum See. Wir stiegen auf den Kaiser-Wilhelm-Turm und erfreuten uns an dem herrlichen Rundblick. Um 11 1/2 kehrten wir nach Berlin zurück. Ich empfing den Kanzler Bethmann-Hollweg[2]. Gegen 1 Uhr fuhr ich mit Wilhelm in die Kaserne des Alexander-Grenadierregiments. Auf dem Hof waren drei Bataillone angetreten, die im Paradeschritt vorbeimarschierten; ihnen folgte das 2. Dragonergarderegiment von Alix. Danach gab es Frühstück im Offizierskasino, um 3 1/2 kehrten wir zurück. Alle Verwandten aus dem Kaiserhof kamen unverhofft zu mir, ich ließ ihnen Tee reichen.

Dann ging ich über den Hof zu Tante Thyra. Um 7 Uhr war Essen im Familienkreis. Ich fuhr mit Georgie ins Theater zu einer Galavorstellung. Es wurde der erste Akt von „Lohengrin" gegeben. Dem schloss sich ein langer circle an und es wurde heiß. Wir kehrten 10 1/2 zurück. Ich ging früh zu Bett.

24. Mai, Sonnabend

Waldemar saß bei mir, während ich Tee trank. Um 10 Uhr fuhr ich mit Wilhelm ins Zeughaus, das ich eingehend besichtigte. Wir kehrten 11 1/2 Uhr zurück. Ich fuhr in unsere Botschaft. In der Kirche wurde ein Gottesdienst abgehalten, danach hatte ich Frühstück mit der ganzen russischen und deutschen Suite. Besichtigte die Räumlichkeiten des Gebäudes und fuhr 3 Uhr zurück. Empfing Außenminister Jagow[3].

Um 4 1/2 begann der Festzug in die Schlosskirche, wo Viktoria Luise von Preußen und Poll (Ernst August von Braunschweig und Lüneburg) getraut wurden. Anschließend fand im Weißen Saal die Gratulationscour für die Jungvermählten statt; ich musste lange stehen. Danach gab es ein großes Bankett und schließlich einen Fackeltanz, was mich an die Vermählung von Mossy[4] 1893 erinnerte. Um 9 Uhr endeten die Feierlichkeiten, ich zog mich zum Umkleiden zurück. Georgie und May saßen bei mir bis Wilhelm eintraf, der mich zum Bahnhof begleitete. Um 10 1/2 verließ ich Berlin. Ich saß lange mit meinen Begleitern im Speisewagen und vertrieb mir die Zeit.

1 Sergej Nikolajewitsch Swerbejew, Kammerherr, außerordentlicher und bevollmächtigter Botschafter Russlands in Berlin.
2 Theobald von Bethmann-Hollweg (1856-1921), 1909-1917 deutscher Reichskanzler und preußischer Ministerpräsident.
3 Gottlieb von Jagow (1863-1935), deutscher Diplomat, von 1913-1916 Außenminister.
4 Mossy – Prinzessin Margarete von Hessen, geborene Prinzessin von Preußen, Gattin von Prinz Friedrich Karl von Hessen.

Bestand 601/1/260, Bl. 3-7.

Kaiser Wilhelm II. an Zar Nikolaus II.

Berlin 30. 1. 1914

Liebster Nicky!

Ich danke Dir, der lieben Alice und den Kindern herzlich für die Glückwünsche und das prachtvolle Teeservice. Gottlob verlief mein Geburtstag erfreulich, besonders weil die liebe Sophia[1] und der liebe Georgi[2] gekommen waren, die trotz der großen Entfernung aus Athen anreisten, um diesen Tag mit mir zu verbringen! Es freut mich sehr, dass Du Dich an den Besuch bei uns im vergangenen Sommer zur Vermählung von Sissy noch gern erinnerst. Du kannst sicher sein, dass wir alle ebenso fühlen und unser Wiedersehen in genauso guter Erinnerung haben.

Gefreut habe ich mich über die Nachricht, dass Euer Aufenthalt auf der Krim Euch allen so gut getan hat und es besonders Alice und dem Jungen nach der Reise in den Süden besser geht.

Ich erinnere mich, dass Du Dich während Deines Aufenthalts in Homburg vor einigen Jahren sehr für die Kathedrale interessiert hast, die ich dort bauen ließ, deshalb schicke ich Dir ein auf meine Weisung gedrucktes Buch über die kleine Kapelle im Schloss von Posen. Sie ist im altbyzantinischen Stil gehalten, wurde in den vergangenen sieben Jahren errichtet und im vergangenen August in meiner Anwesenheit eingeweiht. In ihr finden sich Motive der Ravenner (Mausoleum des Theoderich), Monte-Realer und Palatinischen Kapelle (Palermo) wieder.

Die Mission von Belosselski[3], der Bänder für die Dragoner von Alice brachte, war sehr liebenswürdig und wurde vom Regiment gewürdigt; ich habe ihn zum Frühstück am Sonntag eingeladen.

Herzliche Grüße an Alice und die lieben Kinder, und glaube mir, mein lieber Nicky, ich bleibe stets Dein ergebener Cousin und Freund

Willy.

1 Sophia, Königin von Griechenland, Gattin von König Konstantin I., Schwester von Kaiser Wilhelm II.

2 Georgi Konstantinowitsch (1890-1947) – Erbprinz aus der Dynastie derer von Glücksburg, später ab 1922 Georg II., König von Griechenland.

3 Sergej Konstantinowitsch Belosselski-Beloserski, Fürst, Generalmajor der Suite, Kommandeur des Ulanenregiments der Leibgarde. Im Ersten Weltkrieg befehligte er zunächst die Donkosakendivision. Im Dezember 1915 zum Kommandeur der Kaukasischen Kavalleriedivision ernannt, ab 1916 Generalleutnant.

Bestand 601/1/1199, Bl. 192.

Zar Nikolaus II. an Kaiser Wilhelm II.

30. Juli 1914

Lieber Willy!

Ich schicke Dir Tatischtschew mit diesem Brief. Er wird Dich ausführlicher informieren können, als ich es mit diesen Zeilen vermag. Russland vertritt folgenden Standpunkt:

Der Mord an Erzherzog Franz Ferdinand[1] und seiner Gattin ist ein furchtbares Verbrechen, das von einzelnen Serben[2] begangen wurde. Doch wo sind die Beweise, dass die serbische Regierung hinter diesem Verbrechen steckt? Leider Gottes wissen wir, dass häufig Untersuchungsergebnissen oder Gerichtsentscheidungen nicht vorbehaltlos vertraut werden kann, besonders wenn politische Ursachen mitspielen (der Fall Friedjung und Prohaska vor 2-3 Jahren).

Statt Europa den Fall darzulegen und den anderen Ländern Zeit zu geben, sich über alle Ermittlungsergebnisse zu informieren, hat Österreich Serbien ein Ultimatum von 48 Stunden gestellt und dann den Krieg erklärt[3]. Ganz Russland und ein erheblicher Teil der Bevölkerung anderer Länder halten die Antwort Serbiens für befriedigend. Man kann nicht erwarten, dass ein unabhängiger Staat den Forderungen einer anderen Regierung noch größere Zugeständnisse macht. Strafexpeditionen sind nur im eigenen Staat oder in Kolonien möglich. Deshalb hat dieser Krieg so großen Unmut in meinem Land erregt: Es wird sehr schwer sein, hier die militante Stimmung zu beruhigen.

Je weiter Österreich in seiner Aggressivität geht, um so ernster wird die Lage. Ich bitte Dich als Verbündeten Österreichs zu vermitteln, damit der Friede erhalten bleibt.

Nicky

1 Franz Ferdinand (1863-1914) – Erzherzog von Österreich, Thronfolger der Habsburger. Seit 1898 Stellvertreter des Oberbefehlshabers der österreichisch-ungarischen Armee.

2 Am 28. Juni 1914 hatte Gavrilo Princip (1894-1918), Mitglied der serbisch-kroatischen nationalistischen Organisation „Junges Bosnien", in Sarajevo den österreichischen Thronfolger ermordet. Dies wurde schließlich zum Auslöser des Ersten Weltkriegs.

3 Dies erfolgte am 28. Juli 1914.

Bestand 601/1/1112, Bl. 46-47.

Telegrammwechsel zwischen Kaiser Wilhelm II. und Zar Nikolaus II. (30. Juli - 1. August 1914)

Wilhelm II. an Nikolaus II., 30. Juli

Ich bedanke mich sehr für das Telegramm. Es kann nicht die Rede davon sein, dass die Ausführungen meines Botschafters dem Inhalt meines Telegramms widersprechen.

Graf Pourtalès[1] war beauftagt, Deine Regierung auf die Gefahr und die schwerwiegenden Folgen hinzuweisen, die eine Mobilmachung nach sich ziehen kann. Das gleiche habe ich in meinem Telegramm an Dich angedeutet. Österreich hat lediglich einen Teil seiner Armee und nur gegen Serbien mobilgemacht. Wenn jetzt Russland, wie aus Deiner Verlautbarung und der Deiner Regierung ersichtlich, gegen Österreich mobilmacht, dann wird meine Vermittlerrolle, die Du mir liebenswürdigerweise anvertraut hast und die ich auf Deine nachdrückliche Bitte übernommen habe, erschwert, wenn nicht gar unmöglich. Welche Entscheidung getroffen wird, hängt jetzt mit allen Konsequenzen ausschließlich von Dir ab, und Du trägst die Verantwortung für Krieg oder Frieden.

Willy

Nikolaus II. an Wilhelm II., 31. Juli

Ich danke für die Vermittlung, die auf einen glücklichen Ausgang der Krise hoffen lässt. Eine Einstellung der Kriegsvorbereitungen Russlands, die durch die Mobilmachung Österreichs ausgelöst wurden, ist gegenwärtig aus <u>technischen Gründen</u> unmöglich, was übrigens keinesfalls bedeutet, dass es Russland zum Krieg kommen lassen will. Solange die Verhandlungen mit Österreich zur serbischen Frage andauern, werden meine Truppen keinerlei <u>feindliche</u> Handlungen gegen Österreich unternehmen, worauf ich Dir mein Wort gebe. Ich bin überzeugt, dass Deine Vermittlung in Wien den von uns erwünschten Erfolg zugunsten des für unsere Völker so notwendigen Friedens haben wird.
Dein Dir ergebener N.

Wilhelm II. an Nikolaus II., 31. Juli

Aufgrund Deines Appells an meine Freundschaft und Deiner Bitte habe ich die Vermittlerrolle zwischen Deiner und der Österreich-ungarischen Regierung übernommen. Während die Verhandlungen noch im Gange waren, wurden Deine Truppen gegen Österreich-Ungarn, meine Verbündeten, mobilgemacht, wodurch meine Vermittlung, worauf ich bereits hingewiesen habe, nahezu illusorisch wurde. Ich blieb trotzdem weiter aktiv, erfuhr aber jetzt aus zuverlässigen Quellen, dass an meiner Ostgrenze ernstzunehmende Kriegsvorbereitungen getroffen werden. Die Verantwortung für die Sicherheit meines Reiches zwingt mich zu präventiven Verteidigungsmaßnahmen. In meinen Bemühungen zur Erhaltung des allgemeinen Friedens bin ich bis an die möglichen Grenzen gegangen, und die Verantwortung für das Unheil, das der ganzen zivilisierten Welt droht, fällt nicht auf mich. Gegenwärtig liegt es noch in Deiner Macht, das Unheil zu verhüten. Niemand bedroht die Macht und die Ehre Russlands, und es kann die Ergebnisse meiner Vermittlung unbehelligt abwarten. Meine Freundschaft zu Dir und Deinem Staat, die mir mein Großvater auf dem Sterbebett ans Herz legte, war für mich immer heilig, und ich habe Russland wiederholt in ernsten Schwierigkeiten, besonders während des letzten Krieges, ehrlich unterstützt. Du kannst den Frieden in Europa noch immer erhalten, wenn nur Russ land gewillt ist, die Kriegsvorbereitungen gegen Deutschland und Österreich-Ungarn einzustellen.

Willy

Nikolaus II. an Wilhelm II., 1. August

Ich habe Dein Telegramm erhalten. Ich verstehe, dass Du Deine Truppen mobilmachen musst, doch ich wünsche Deinerseits die gleichen Garantien, wie ich sie Dir gab, d. h. dass Deine militärischen Vorbereitungen keinen Krieg bedeuten und wir um das Wohlergehen unserer Staaten und des allgemeinen Friedens willen, der uns allen am Herzen liegt, weiter verhandeln werden. Unsere bewährte Freundschaft muss mit Gottes Hilfe ein Blutvergießen verhindern.

Mit Ungeduld und Hoffnung erwarte ich Deine Antwort.

Nicky

Wilhelm II. an Nikolaus II., 1. August[2]

Ich danke für Dein Telegramm. Gestern habe ich Deiner Regierung den einzigen Weg gewiesen, wie ein Krieg vermieden werden kann. Obwohl ich eine Antwort bis heute Mittag verlangte, habe ich bisher von meinem Botschafter noch kein Telegramm mit der Antwort Deiner Regierung erhalten. Angesichts dessen war ich gezwungen, meine Armee mobilzumachen. Eine unverzügliche, positive, klare und eindeutige Antwort Deiner Regierung ist der einzige Weg, um ungezähltes Leid zu vermeiden. Erst wenn diese Antwort eingegangen ist, kann ich die in Deinem Telegramm gestellte Frage erörtern. Auf jeden Fall muss ich Dich bitten, Deinen Truppen unverzüglich zu befehlen, auf keinen Fall unsere Grenze zu überschreiten.

Willy

1 Graf Friedrich Pourtalès (1853-1928) – deutscher Diplomat, 1907-1914 deutscher Botschafter in Russland. Er überreichte zwei Tage später, am frühen Abend des 1. August 1914, im Auftrag der deutschen Regierung dem russischen Außenminister S. D. Sasonow die Kriegserklärung Deutschlands an Russland.

2 Das Telegramm trägt folgende Zeitvermerke: „Aufgegeben in Berlin am 1. 8. 1914 um 10 Uhr 55 Minuten abends. Eingegangen in Peterhof am 2. 8. 1914 um 1 Uhr 15 Minuten nachts.“ Zar Nikolaus II. vermerkte dazu handschriftlich: „Eingegangen nach der Kriegserklärung.“

Bestand 601/1/550, Bl. 71-82.

8 Der Erste Weltkrieg

Die Ermordung des österreichischen Thronfolgers Erzherzog Franz Ferdinand setzte dem ohnehin ziemlich brüchigen Frieden auf dem europäischen Kontinent ein Ende. Am frühen Abend des 1. August 1914, um 19 Uhr, überreichte der deutsche Botschafter Graf Pourtalès dem Außenminister Russlands S. D. Sasonow eine Note, die mit folgendem Satz endete: „Seine Majestät der Kaiser, mein Erlauchter Monarch, nimmt im Namen des Reichs die Herausforderung an und erachtet sich im Kriegszustand mit Russland."

Zu dieser Zeit befand sich Nikolaus II. mit Gemahlin und Töchtern – der Zarewitsch war wegen Schmerzen im Bein im Bett geblieben – zum Abendgottesdienst in der kleinen Alexander-Newski-Kirche in Alexandrija. Nach dem Gottesdienst, gegen acht Uhr, kehrte die Zarenfamilie in den Palast zurück. Bevor Nikolaus ins Speisezimmer ging, schaute er im Arbeitszimmer vorbei, um in seiner Abwesenheit eingegangene Telegramme zu sichten. Der Zar hatte noch nicht im Sessel Platz genommen, als der völlig verstörte Minister des Kaiserlichen Hofs Graf Frederiks das Arbeitszimmer betrat, in der Hand die Depesche Sasonows mit der Nachricht über die deutsche Kriegserklärung. Nikolaus ging erregt und schweigend im Zimmer auf und ab, blieb vor den Ikonen stehen und bekreuzigte sich. Er gab den Befehl, die Minister und die Botschafter Frankreichs und Englands kommen zu lassen, dann begab er sich ins Speisezimmer.

Alexandra Fjodorowna, die ungeduldig auf ihren Gemahl wartete, wollte schon Tatjana nach ihrem Vater schicken, als Nikolaus endlich erschien. Er rauchte und berichtete, was sich ereignet hatte. Als sie die schon seit einigen Tagen mit Bangen erwartete Nachricht hörte, brach Alexandra Fjodorowna in Tränen aus. Die Verzweiflung ihrer Mutter veranlasste die Mädchen, ebenfalls still zu weinen. Nikolaus versuchte sie zu beruhigen, und ging dann, ohne das Essen auch nur anzurühren, ins Arbeitszimmer, wo ihn der inzwischen herbeigeeilte Sasonow schon erwartete.

Am folgenden Tag versammelten sich im Georgsaal des Winterpalasts etwa fünftausend Personen. Der gesamte Hof, das diplomatische Korps, Vertreter der Stände und Gardeoffiziere waren vertreten. Zar Nikolaus II. durchschritt langsam die endlose Flucht der Säle. An der Stirnseite des größten Saals im Winterpalast war auf dem Thron die wundertätige Ikone der Kasaner Gottesmutter aufgestellt – ein altes russisches Heiligtum, vor dem 1812 Feldmarschall Fürst Kutusow gebetet hatte, als er den Befehl über die Armee übernahm, um Russland von der Invasion der Franzosen zu befreien.

In völliger Stille durchschritt der Zar – Alexandra Fjodorowna an seiner Seite, dahinter die vier Großfürstentöchter – den Saal und nahm links vom Altar Aufstellung. Ein langer feierlicher Gottesdienst, bei dem für den Sieg der rechtgläubigen Kämpfer gebetet wurde, begann. Dann verlas der Oberpriester das Manifest über den Kriegsbeginn. Mit verhaltenem Atem vernahmen die Anwesenden seine Worte. Nikolaus ging zum Thron, hob seine rechte Hand über die Heilige Schrift und wiederholte den Schwur, den Alexander I. vor ihm 1812 geleistet hatte: „Anwesende Offiziere meiner Garde, in Eurer Person begrüße ich meine ganze Armee und segne sie. Ich schwöre feierlich, dass ich keinen Frieden schließen werde, solange noch ein einziger Feind auf dem Boden der Heimat steht."

Trotz sengender Sonne und unerträglicher Schwüle war der Platz vor dem Winterpalast seit dem Morgen voller Menschen, die darauf warteten, dass sich der Zar zeigte. Viele hielten die dreifarbige Staatsflagge, Kirchenfahnen, Ikonen und Bilder des Zaren in den Händen. Als Nikolaus und Alexandra auf dem mit roten Tuch drapierten Balkon erschienen, knieten tausende Menschen vor Begeisterung nieder. Irgendwo wurde die Hymne angestimmt, immer mehr Stimmen fielen ein, und schließlich war der ganze Platz vom majestätischen Klang der russischen Nationalhymne „Gott schütze den Zaren!" erfüllt.

Eine Welle des Patriotismus ergriff das Land: In den Großstädten kam es zu monarchietreuen Manifestationen, vor den Einberufungsstellen standen Freiwillige Schlange, die so schnell wie möglich an die Front wollten. Wie im Vaterländischen Krieg fast hundert Jahre zuvor schloss sich das Volk unter der Losung „Für Glauben, Zar und Vaterland" zusammen. Es kam auch zu chauvinistischen Ausfällen und Pogromen, denen viele Deutsche, die seit Generationen in Russland lebten, zum

Opfer fielen. In dieser russophilen Aufwallung wurde nun auch die Hauptstadt umgehend umbenannt: An die Stelle der von Peter I. eingeführten deutschen Bezeichnung „Sankt Petersburg“ trat das russische „Petrograd“. Dies sollte indes nicht die letzte Umbenennung der Stadt an der Newa bleiben...

Nikolaus erließ einen weiteren Ukas, der eher auf Emotionen als auf politischer und ökonomischer Weitsicht gründete. Mit Kriegsbeginn wurde in Russland der Verkauf alkoholischer Getränke verboten. Für ein Land, in dem Wodka von jeher ein wichtiges Element nationaler Tradition war, stellte dies einen harten Einschnitt dar. Der ausbleibende Zufluss von Mitteln aus dem Verkauf von Wodka und Wein schwächte das Staatsbudget beträchtlich, und die Bevölkerung betrieb fortan Schwarzbrennerei in industriellem Ausmaß.

Die Situation erforderte nicht nur politische Erklärungen und Propaganda-Aktionen – das Leben unter Kriegsbedingungen diktierte seine Forderungen.

Nikolaus II. beabsichtigte anfangs, den Oberbefehl über die Armee zu übernehmen. Er besaß eine solide militärische Ausbildung und hielt sich zurecht für einen erfahrenen Berufssoldaten. Doch der Zar musste sich den Bitten seiner Minister beugen, die darauf verwiesen, dass es zuvörderst Aufgabe des Zaren sei, alle Maßnahmen zur Umstellung der Wirtschaft und der Politik des Landes auf den Kriegszustand auf höchster Ebene zu koordinieren.

Oberster Befehlshaber wurde der 57jährige Großfürst Nikolai Nikolajewitsch. Der Enkel von Zar Nikolaus I. hatte die Akademie des Generalstabs mit der Silbermedaille absolviert und tapfer im Russisch-türkischen Krieg gekämpft, wofür ihm die höchsten Kampfauszeichnungen russischer Offiziere verliehen worden waren. Trotz seiner Größe – fast zwei Meter – war der Großfürst ein geborener Kavallerist. Mit der typischen, außerordentlich eleganten „Nikolai“-Haltung im Sattel, die Pferd und Reiter förmlich verschmelzen ließ, eilte er stets seinem Gefolge voraus, erteilte über die Schulter nach hinten kurze Befehle und Anweisungen. Sein hageres, gebräuntes Gesicht mit dem kleinen Spitzbart prägte sich sofort ein. „Er besaß höchstes Ansehen in der Armee, nicht nur als Soldat alten Schlages, sondern auch als echter Slawe“, schrieb Palèologue. „Er strahlte gewaltige Energie aus. Seine sarkastische, durchdachte Sprechweise, die blitzenden Augen und lebhaften Bewegungen, der harte Mund und die hünenhafte Figur verkörperten herrische und ungestüme Kühnheit.“

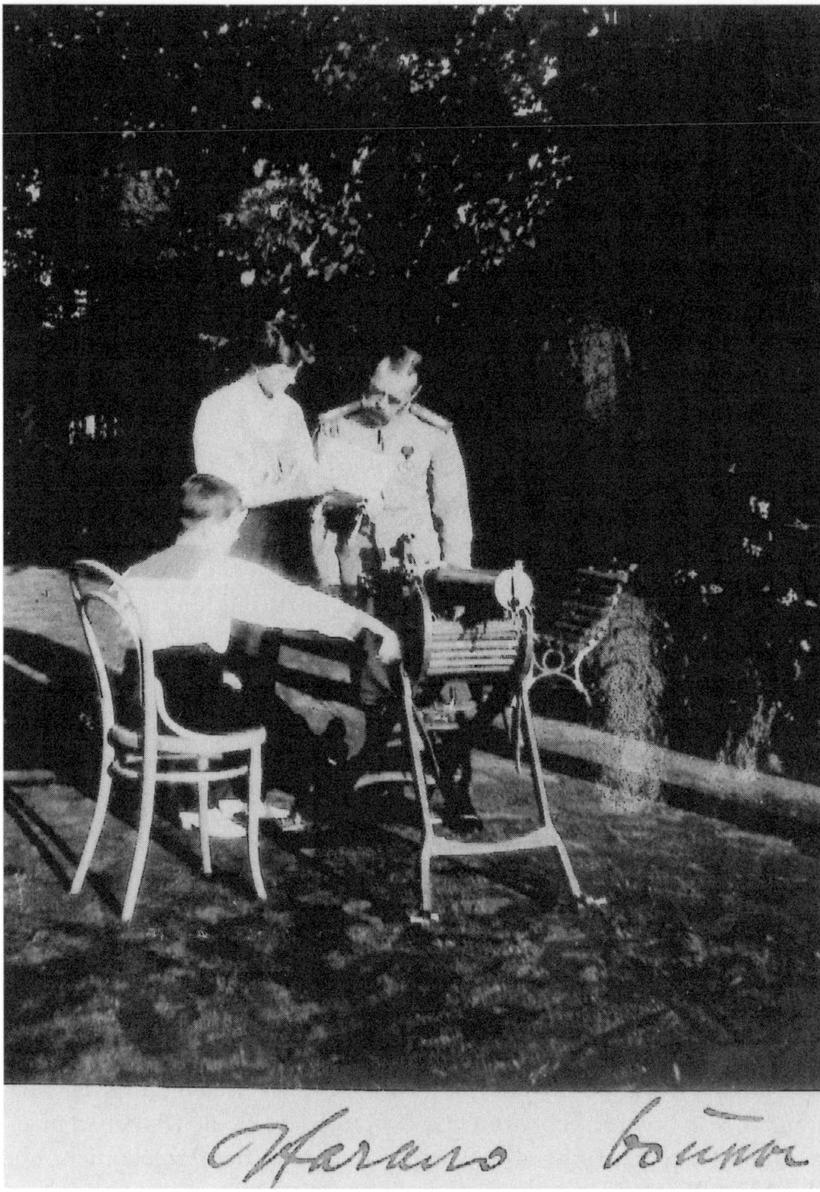

August 1914, Zarskoje Selo: Zar Nikolaus II.mit Sohn und Tochter Olga vor einem Maschinengewehr aus deutscher Produktion. Das Foto trägt die eigenhändige kyrillische Bezeichnung: „Kriegsbeginn“.

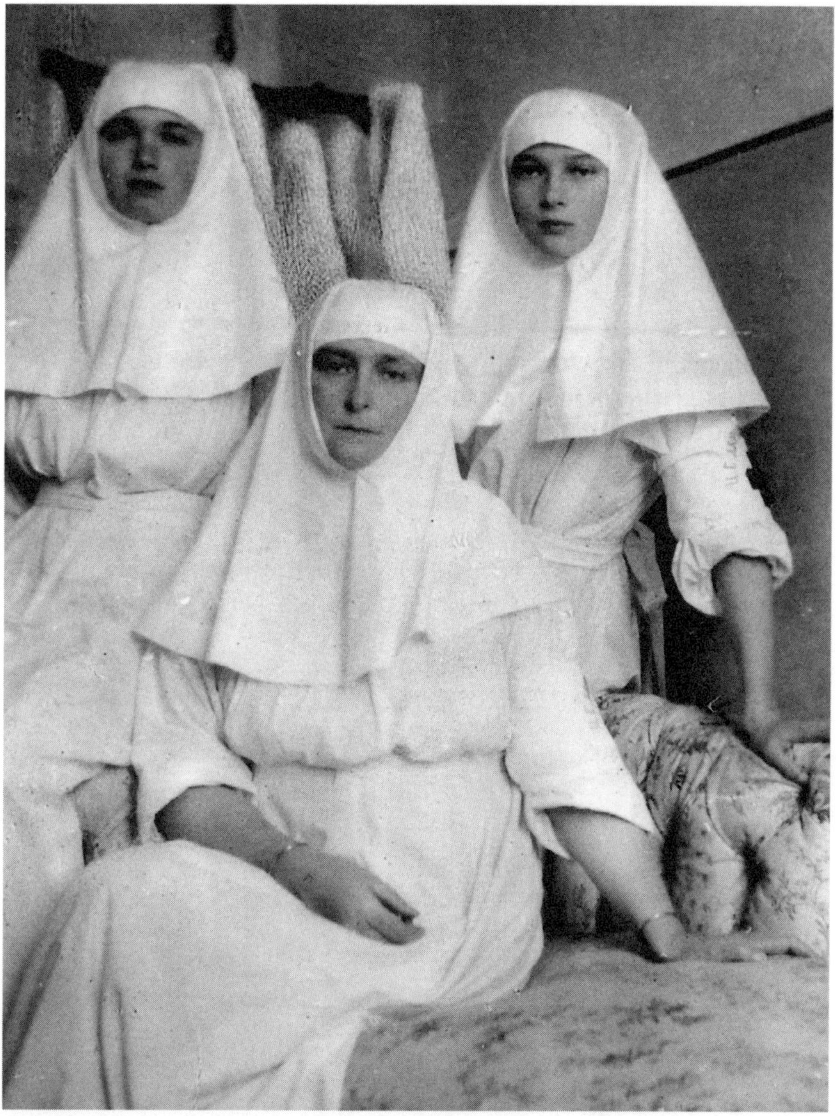

Zarin Alexandra Fjodorowna (Mitte) mit ihren Töchtern Olga und Tatjana beim Schwesterndienst im Palastlazarett. Aufnahme vom Herbst 1914.

Als Standort für das Hauptquartier wählte der Großfürst den Eisenbahnknotenpunkt Baranowitschi nahe der deutschen und der österreichischen Front. Er und sein Stab waren in herkömmlichen Eisenbahnwaggons verschiedener Klassen untergebracht, um so feldmarschmäßige Askese und militärischen Alltag zu demonstrieren.

Nikolaus II. nutzte jede Gelegenheit, um sich im Führungszentrum der russischen Armee aufzuhalten. War er anwesend, hieß es „Zarenhauptquartier", doch der Arbeits- und Tagesablauf änderte sich dadurch wenig. Nach der Berichterstattung am Morgen und dem Frühstück besuchte der Zar Truppen und Lazarette, wenn Zeit blieb, unternahm er Spaziergänge in der Umgebung. Nach dem Mittagessen fanden Lagebesprechungen und Operationsplanungen statt, woran Nikolaus stets als Ehrengast teilnahm, der sich nie direkt in die Truppenführung einmischte, die das Vorrecht des Obersten Befehlshabers war.

Die Niederlagen an der deutschen Front zwangen in der Folge dazu, das Hauptquartier ins Innere Belorusslands, in die Gouvernementsstadt Mogiljow am Dnjepr zu verlegen. Das Hauptquartier wurde im Gouverneurshaus eingerichtet, hinter dem Gebäude befand sich ein großer Park mit alten Bäumen.

Baranowitschi, Oktober 1914: Zar Nikolaus II. und der Oberste Befehlshaber der russischen Truppen, Großfürst Nikolai Nikolajewitsch.

Der Wechsel des Hauptquartiers deutete große Veränderungen an. Es wurde offensichtlich, dass sich der Krieg lange hinziehen und die Wirtschaft Russlands große Schwierigkeiten haben würde, den Anforderungen gerecht zu werden. Der uralte Glaube der russischen Generale an einen Blitzsieg und den Heldenmut des russischen Soldaten erlebte ein Debakel – die Armee war für einen langwierigen, modernen Krieg nicht gerüstet. Häufig zogen die Soldaten praktisch unbewaffnet in den Kampf, hatten zu zweit nur ein Gewehr, und die Artilleristen erhielten strengsten Befehl, Munition zu sparen. Die russische Armee erlitt daher kolossale Verluste. Bis zum Sommer 1915 waren fast anderthalb Millionen Soldaten und Offiziere gefallen, 976.000 Mann in Gefangenschaft geraten. Aber moralisch war die russische Armee noch nicht gebrochen. Allmählich, wenn auch ziemlich langsam, stieg die Produktion von Granaten, Geschützen und modernen Handfeuerwaffen, auch die russischen Fliegerkräfte wurden zu einer realen Kampfkraft.

Anfang September 1915 entschloss sich Nikolaus II. zu einem Schritt, den er seit langem vorhatte. Er setzte Großfürst Nikolai Nikolajewitsch als Obersten Befehlshaber ab und übernahm selbst die Führung der Truppen. In der russischen Geschichte war es seit Peter I. nicht der Fall gewesen, dass sich ein Zar selbst an die Spitze der Armee stellte. Versuche, wie sie Alexander I. im Jahr 1812 und Alexander II. während des Russisch-türkischen Kriegs unternahmen, hatten schlimme Folgen. Um das Zarenhauptquartier entstand sofort eine Atmosphäre von Intrigen und Neid, viele Befehle und Weisungen wurden schleppend realisiert, auch die Beschlussfassung selbst war oft von allen möglichen Erwägungen, nur nicht von Zweckmäßigkeit diktiert. Aufrichtige und weitsichtige Berater der Vorgänger Nikolaus II. hatten ihren Zaren stets abgeraten, sich direkt in die Aufgaben der Obersten Befehlshaber einzumischen, was diesen maximale Handlungsfreiheit ließ. Diese vernünftige Position hatte es Kutusow ermöglicht, trotz der Aufgabe Moskaus letztendlich die Armee Napoleons vernichtend zu schlagen.

Bei seiner Entscheidung, den Befehl über die Armee zu übernehmen, ließ sich Nikolaus II. vor allem von seinem Pflichtgefühl gegenüber der Heimat und dem Wunsch leiten, die Last des Krieges mit dem Volk und den einfachen Soldaten zu teilen. Er war der Meinung, dass die Nähe des Zaren zur Armee ihr neue moralische Kraft verleihen, die Truppen ihn im neuen Licht sehen würden. Die zarentreue Armee war immer auch eine politische Kraft, und ihr Vertrauen in ihn würde nach dem siegreichen Krieg zweifellos wachsen.

Zar Nikolaus II. beim Truppenbesuch in Südgalizien, Oktober 1915.

Der Zar bei einer Truppeninspektion in Wolotschisk, Dezember 1915.

Alexandra Fjodorowna unterstützte die Absichten Nikolaus II. nachhaltig. Ihr Wunsch, den Gemahl als Obersten Befehlshaber zu sehen, beruhte nicht nur auf ihren patriotischen Gefühlen. Die Zarin neidete Großfürst Nikolai Nikolajewitsch schon lange und heftig den Ruhm und die Popularität, die er in der Armee und im Volk genoss. Sie glaubte, dass Nikolaus mit Wissen des Großfürsten um die Macht gebracht, sein Prestige untergraben und eine Kluft zwischen ihm und der Armee geschaffen werden sollte. In dieser Meinung wurde die Zarin von Rasputin bestärkt, der in Nikolai Nikolajewitsch seinen Erzfeind sah. Bis an den Zarenhof gelangten Gerüchte über eine mögliche Revolte zugunsten des Großfürsten, über dessen Absicht, den Thron zu besteigen und Zar Nikolaus III. zu werden. Wenn diese Gerüchte auch unbegründet waren, so steht doch fest, dass der Großfürst der Zarin mit gleicher Feindseligkeit begegnete. Und seine Einstellung zu Rasputin kommt deutlich z. B. in einem Telegramm des Obersten Befehlshabers – Antwort auf die Bitte, an der Front für den Erfolg der Kampfhandlungen beten zu dürfen – zum Ausdruck. „Komm – der Galgen wartet schon!" lautete die Nachricht des Großfürsten.

Die höchsten Würdenträger nahmen die Entscheidung des Zaren sehr kühl auf. In der Ministerrunde wurden als Einwände angeführt, dass sich der Zar nicht fern von der Hauptstadt aufhalten dürfe, diese Entscheidung eine Umbildung der Führung des Landes notwendig mache und die Einleitung von Sondermaßnahmen erschwere. Kriegsminister A. A. Poliwanow warnte, dass im Fall weiterer Niederlagen an der Front das Volk nur dem Zaren die Schuld an aller Not geben und die wahren Gründe und Schuldigen vergessen werde. „Es ist ein schrecklicher Gedanke", gab Poliwanow eindringlich zu bedenken, „welchen Eindruck es im Land macht, wenn der Herrscher und Zar in seinem Namen befiehlt, Petrograd oder, Gott bewahre, Moskau zu evakuieren." Aber weder die Vorbehalte der Minister noch die Rede des Vorsitzenden der Reichsduma konnten Nikolaus II. umstimmen.

Am 5. September 1915 fuhr der Zar ins Hauptquartier. „Gott sei Dank, alles ist vorbei, ich trage jetzt wieder neue Verantwortung. Gottes Wille geschehe!" schrieb Nikolaus seiner Gemahlin gleich nach der Ankunft in Mogiljow. „Ich fühle jetzt eine Ruhe wie nach dem Heiligen Abendmahl. [...] Eine neue leere Seite wird aufgeschlagen, und was auf ihr geschrieben wird, weiß allein Gott der Allmächtige! Ich habe meinen ersten Befehl unterzeichnet und einige Worte mit ziemlich zitternder Hand hinzugefügt!"

Gruppenfoto während einer Wolgafahrt, Herbst 1916: Zar Nikolaus II. (oben) mit Tochter Tatjana und Großfürst Dimitri Pawlowitsch (kurz darauf einer der Mörder Rasputins).

Großfürst Nikolai Nikolajewitsch wurde diskret, mit allen Ehren, zum Statthalter im Kaukasus ernannt. „Gott sei Dank!“ sagte er. „Der Zar hat mich von einer Aufgabe entbunden, die mich einfach zermürbt hat.“

In der Funktion als Oberster Befehlshaber bewies Nikolaus II. von Anfang an erstaunliche Tatkraft und widmete sich ganz der Arbeit. Bis spät in die Nacht hielten ihn in seinem Arbeitszimmer Berichte, Übersichten und Beratungen fest.

Im Oktober 1915 nahm Nikolaus seinen Sohn zu sich ins Hauptquartier. Für Alexej war das ein großes Ereignis. Zum erstenmal war er für längere Zeit von der Mutter und den Schwestern getrennt und fuhr mit dem Vater zu einer von jeher Männern vorbehaltenen Mission – in den Krieg. Nikolaus unternahm mit dem Sohn fortan des öfteren Truppen- und Lazarettbesuche.

Der Krieg, diese ewige Tragödie für das Volk, wurde von der ganzen Zarenfamilie als persönliches Unglück empfunden, und jeder Romanow versuchte, seinen Beitrag zum Sieg zu leisten.

Für einen Fürsten kaiserliche Bluts wäre es nicht schwierig gewesen, einen Posten im Hinterland oder beim Stab zu finden, um dort in Komfort und Luxus Beförderungen und Auszeichnungen entgegenzusehen. Doch das entsprach nicht dem Charakter der Romanows. So war es einst bei Poltawa oder am Schipkapass gewesen, so war es nun auch im Ersten Weltkrieg: Der Zar und die Großfürsten nahmen an verschiedenen Frontabschnitten aktiv an den Kampfhandlungen teil.

Kurz vor Ausbruch der Revolution waren der Zar und der Generalstab dabei, die Sommeroffensive 1917, die zum Wendepunkt in der Geschichte des Weltkriegs hätte werden können, auszuarbeiten, doch das Schicksal war Russland nicht gnädig. „Sein Schiff ging unter, als der Hafen bereits in Sicht war“, schrieb Churchill in seinem Buch über den Weltkrieg. „Es hatte den Sturm schon überstanden, als alles zusammenstürzte. Alle Opfer waren bereits gebracht, die ganze Arbeit geleistet. Als die Aufgabe bereits erfüllt war, kamen Verzweiflung und Verrat an die Macht. Die langen Rückzüge waren vorbei, der Mangel an Granaten behoben, der Nachschub von Waffen lief reibungslos, eine kampffähige und stärkere Armee stand an der langen Front auf Wacht, die Einberufungsstellen im Hinterland waren mit Wehrpflichtigen überfüllt. […] Außerdem waren keinerlei schwierige Operationen mehr erforderlich: Auf dem Posten bleiben, Druck auf die ausgedehnten deutschen Linien ausüben und, ohne besondere Aktivitäten zu entfalten, die Frontstellungen gegen die geschwächten Kräfte des Gegners halten, mit anderen Worten durchzuhalten – das war alles, was zwischen Russland und den Früchten des gemeinsamen Siegs stand. [...] Trotz aller eklatanten und schrecklichen Fehler hatte das Regime, das er verkörperte, das er [Nikolaus II.] führte, dem sein Charakter Lebenskraft verlieh, zu dieser Zeit für Russland den Krieg gewonnen."

Doch das Wunder geschah nicht – Nikolaus II. fehlte ein Jahr, um Russland zum Sieg zu führen.

Dokumente

MANIFEST ÜBER DIE KRIEGSERKLÄRUNG AN DEUTSCHLAND
2. AUGUST 1914

Von Gottes Gnaden,
WIR, NIKOLAUS II.,
Kaiser und Selbstherrscher von ganz Russland,
Zar von Polen, Großfürst von Finnland,
et cetera, et cetera, et cetera.

verkünden allen UNSEREN treuen Untertanen:

Getreu seinem historischen Vermächtnis, vereint in Glaubens- und Blutsverwandtschaft mit den slawischen Völkern, war Russland deren Schicksal nie gleichgültig. In völliger Einmütigkeit und mit besonderer Stärke haben sich die brüderlichen Gefühle des russischen Volkes für die Slawen in den letzten Tagen offenbart, als Österreich-Ungarn Serbien für einen souveränen Staat offenkundig unannehmbare Forderungen stellte.

Unter Missachtung der nachgebenden und friedfertigen Antwort der serbischen Regierung, unter Zurückweisung der wohlwollenden Vermittlung Russlands, ist Österreich übereilt zum bewaffneten Angriff übergegangen und hat mit der Bombardierung des schutzlosen Belgrad begonnen.

Unter diesen Bedingungen zu erforderlichen Sicherheitsmaßnahmen gezwungen, hatten WIR befohlen, Armee und Flotte in den Kriegszustand zu versetzen, aber, da WIR das Blut und Eigentum UNSERER Untertanen wertschätzen, alle Anstrengungen für den friedlichen Ausgang der Verhandlungen unternommen.

Inmitten freundschaftlicher Beziehungen hat das mit Österreich verbündete Deutschland, trotz UNSERER Hoffnungen auf ewige gute Nachbarschaft und unter Nichtachtung UNSERER Versicherung, dass die getroffenen Maßnahmen keineswegs gegen Deutschland gerichtete feindselige Ziele verfolgen, ihre sofortige Aufhebung verlangt und, als diese Forderung abgelehnt wurde, Russland unerwartet den Krieg erklärt.

Jetzt geht es bereits nicht mehr darum, dem zu unrecht gedemütigten, mit UNS verwandten Land beizustehen, sondern die Ehre, Würde und Sicherheit Russlands und seine Stellung unter den Weltmächten zu schützen. WIR glauben unerschütterlich, dass sich alle UNSERE treuen Untertanen gemeinsam und selbstlos zur Verteidigung des Russischen Landes erheben werden.

In der drohenden Stunde der Gefahr werden die inneren Streitigkeiten vergessen sein. Möge die enge Einigkeit von ZAR und SEINEM Volk noch stärker werden und das wie ein Mann stehende Russland den dreisten Ansturm des Feinds abwehren.

Im tiefen Glauben an UNSERE gerechte Sache und in demütiger Hoffnung auf die Vorsehung des Allmächtigen beten WIR um Gottes Segen für das Heilige Russland und UNSERE tapferen Truppen.

Erlassen in Sankt Petersburg, am zwanzigsten Juli im Jahr tausendneunhundertvierzehn nach Christi Geburt, im zwanzigsten Jahr UNSERER Herrschaft.

NIKOLAUS

Bestand 601/1/551.

AUS DEM TAGEBUCH VON ZAR NIKOLAUS II. (1914)

27. Juli, Montag

Das schöne Wetter dauert an. Am Morgen bin ich eine halbe Stunde spazierengegangen; danach empfing ich Grigorowitsch[1] und um 12 Uhr Tanejew[2]. Hatten Frühstück in Familienkreis. Nach 3 Uhr spielte ich

Tennis. Um 6 Uhr empfing ich Maklakow. Interessante Neuigkeiten gab es wenig, doch aus dem schriftlichen Bericht Sasonows geht hervor, dass die Österreicher offensichtlich über unsere Vorbereitungen bestürzt sind und mit Verhandlungen beginnen. Habe den ganzen Abend gelesen.

28. Juli, Dienstag

Empfing Suchomlinow und Januschkewitsch[3] zur Berichterstattung. Frühstück mit Jelena und Vera von Montenegro[4]. Empfing um 2 1/2 im Großen Palast Vertreter der Versammlung der Marinegeistlichen unter Leitung von Vater Schawelski. Habe Tennis gespielt. Um 5 Uhr fuhr ich mit den Töchtern nach Strelna zu Tante Olga[5], tranken Tee mit ihr und Mitja[6].

Um 6 1/2 empfing ich Sasonow, der berichtete, dass Österreich heute mittag Serbien den Krieg erklärt hat. Hatten Dinner mit Olga[7] und Arsenjew[8]. Habe den ganzen Abend gelesen und geschrieben.

29. Juli, Mittwoch

Am Morgen empfing ich Goremykin[9]. Um 12 1/2 beförderte ich im Palast etwa hundert Gardematrosen zu Marinefähnrichen. Tagsüber spielte ich Tennis, das Wetter war wunderbar. Der Tag verlief sehr unruhig. Ich wurde ständig ans Telefon gerufen – mal Sasonow, dann Suchomlinow oder Januschkewitsch. Außerdem tausche ich eilige Telegramme mit Wilhelm aus. Am Abend habe ich gelesen und Tatischtschew empfangen, den ich morgen nach Berlin schicke.

30. Juli, Donnerstag

Der Morgen war weniger hektisch; empfing Mamantow[10], Botkin[11] aus Lissabon und den Kommandeur des Kaspischen Regiments – Iskrizki. Nach dem Frühstück waren Sasonow und Tatischtschew bei mir. Ging allein spazieren. Das Wetter war warm. Um 6 Uhr empfing ich Graf Frederiks und Wojejkow, danach Nilow[12]. Genoss ein Bad im Meer. Hatten Dinner mit Olga und verbrachten mit ihr den Abend.

31. Juli, Freitag

Der Tag war düster, ebenso die Stimmung. Um 11 Uhr fand auf der Farm[13] eine Sitzung des Ministerrats statt. Kehrte gegen 1 Uhr nach Hause zurück. Nach dem Frühstück empfing ich den deutschen Botschafter. Ging mit den Töchtern spazieren. Habe bis zum Dinner und am Abend gearbeitet.

1. August, Sonnabend

Am Morgen die übliche Berichterstattung. Nach dem Frühstück ließ ich Nikolascha[14] kommen und teilte ihm seine Ernennung zum Obersten Befehlshaber bis zu meiner Ankunft bei den Truppen mit. Fuhr mit Alix zum Diwejewski-Kloster[15]. Ging mit den Kindern spazieren. Um 6 1/2 fuhren wir zum Abendgottesdienst. Nach der Rückkehr erfuhren wir, dass Deutschland uns den Krieg erklärt hat. Hatten Dinner mit Olga A., Dmitri[16] und Joann[17]. Am Abend kam der englische Botschafter Buchanan[18] mit einem Telegramm von Georgie[19]. Habe lange mit ihm die Antwort verfasst. Danach habe ich mit Nikolascha und Frederiks gesprochen. Trank Tee um 12 1/2.

2. August, Sonntag

Ein guter Tag, auch stimmungsmäßig! Um 11 Uhr fuhr ich mit Maria und Anastasia zum Mittagsgottesdienst. Hatten allein Frühstück. Um 2 1/2 fuhr ich mit der „Alexandrija" nach Petersburg und mit der Barkasse direkt zum Winterpalast. Unterschrieb das Manifest über die Kriegserklärung. Aus dem Malachitsaal zogen wir in den Nikolaisaal, in dem das Manifest verlesen wurde, danach fand ein Gebetsgottesdienst statt. Der ganze Saal sang „Rette, Herr, Dein Volk" und „Heil Dir!" Ich sprach einige Worte. Beim Auszug aus dem Saal bedrängten Alix und mich Damen, die uns die Hand küssen wollten. Dann gingen wir auf den Balkon am Alexanderplatz und begrüßten die riesige Volksmenge. Gegen 6 Uhr gingen wir auf der Uferstraße durch eine Ansammlung von Offizieren und Publikum zur Barkasse. Kamen 7 1/2 in Peterhof an. Den Abend verbrachten wir ruhig.

3. August, Montag

Um 10 Uhr fuhren wir zu viert mit Olga und Tatjana zum Ulanenregiment. Vor der Kathedrale wurde ein Gottesdienst abgehalten. Die Offiziere und Ulanen küssten das Kreuz und die Standarte, danach küssten sie Alix die Hand.

Als das Regiment zum Einsatz ausrückte, gab ich ihnen einige Worte mit auf den Weg. Wir kehrten um 11 1/2 Uhr zu uns zurück. Empfing Grigorowitsch und Frederiks. Hatte Frühstück und Mittag mit Sablin (Diensthabender). Ging mit den Kindern spazieren. Das Wetter war trüb und windig. Nach dem Tee empfing ich Timaschew[20], dann habe ich gearbeitet. Der Abend war frei.

4. August, Dienstag

Gestern kam Mama, die aus England über Berlin gereist war, in Kopenhagen an. Von 9 1/2 bis 1 Uhr habe ich ununterbrochen Leute empfangen. Als erster erschien Alek[21], der aus Hamburg zurückgekommen ist und große Schwierigkeiten an der Grenze hatte. Deutschland hat Frankreich den Krieg erklärt und richtet den Hauptstoß gegen das Land.

Ich empfing zur Berichterstattungs Goremykin, Suchomlinow und Sasonow. Kirill[22] war Diensthabender.

5. August, Mittwoch

Am Morgen erhielt ich eine gute Nachricht: England hat Deutschland den Krieg erklärt, weil es Frankreich überfallen und rücksichtslos die Neutralität Luxemburgs und Belgiens verletzt hat.

Besser hätte die Kampagne außenpolitisch für uns nicht beginnen können. Empfing den ganzen Morgen und nach dem Frühstück bis 4 Uhr. Als letzter war der französische Botschafter Palèologue[23] bei mir, um offiziell den Abbruch der Beziehungen zwischen Frankreich und Deutschland mitzuteilen. Bin mit den Kindern spazierengegangen. Hatte mit Mordwinow (Diensthabender) Frühstück und Dinner. Der Abend war frei.

6. August, Donnerstag

Heute hat Österreich uns endlich den Krieg erklärt. Jetzt ist die Lage vollkommen klar. Ab 11 1/2 fand auf der Farm bei mir eine Sitzung des Ministerrats statt. Alix ist am Morgen in die Stadt gefahren und mit Viktoria[24] und Ella[25] zurückgekommen. Außer ihnen waren beim Frühstück noch Kostja und Mawra[26] dabei, die gerade aus Deutschland zurückgekehrt sind und ebenfalls, wie Alek, beim Überschreiten der Grenze Schwierigkeiten hatten. Den ganzen Tag fiel warmer Regen. Bin spazierengegangen. Viktoria und Ella blieben zum Essen und fuhren dann in die Stadt zurück.

1 Iwan Konstantinowitsch Grigorowitsch (1835-1930) – Generaladjutant, seit 1911 Admiral; von 1911 bis Februar 1917 Marineminister. 1923 nach Frankreich emigriert.

2 Alexander Sergejewitsch Tanejew – Staatssekretär, Oberhofmeister, Chef Seiner Kaiserlichen Majestät Eigenen Kanzlei. Vater von A. A. Wyrubowa.

3 Nikolai Nikolajewitsch Januschkewitsch (1868-1918) – General der Infanterie; seit 1914 Stabschef des Obersten Befehlshabers. Ab August 1915 militärischer Berater des Statthalters im Kaukasus. Nach der Februarrevolution 1917 außer Dienst. 1918 verhaftet, auf dem Weg nach Petrograd von Begleitposten ermordet.

4 Jelena und Vera – Prinzessinnen von Montenegro.
5 Olga Konstantinowna – verwitwete Königin von Griechenland. Während des Ersten Weltkriegs lebte sie in Russland, widmete sich karitativer Tätigkeit, richtete ein Lazarett in Pawlowsk ein.
6 Dmitri Konstantinowitsch – Großfürst.
7 Olga Alexandrowna – Großfürstin.
8 Jewgeni Konstantinowitsch Arsenjew – Generalmajor der Suite, Kommandeur des Kürassierregiments der Zarin Maria Fjodorowna, später Kommandeur der 2. Brigade der 2. Gardekavalleriedivision.
9 Iwan Logginowitsch Goremykin (1839-1917) – 1895-1899 Innenminister, April-Juni 1906 sowie 1914-1916 Vorsitzender des Ministerrats.
10 Wassili Iljitsch Mamantow (Mamontow) – Jägermeister, Mitglied des Staatsrats.
11 Pjotr Sergejewitsch Botkin – Kammerherr, Botschafter in Portugal.
12 Konstantin Dmitrijewitsch Nilow – Generaladjutant, Admiral, Flaggenkapitän.
13 Separates Landgut in Peterhof.
14 Nikolai Nikolajewitsch – Großfürst.
15 Offensichtlich handelt es sich um das Nonnenkloster in der Nähe der Orenburger Chaussee, das von den Schwestern des Serafimo-Diwejewski-Klosters im Gouvernement Nishegorod gegründet wurde.
16 Dmitri Pawlowitsch – Großfürst.
17 Joann Konstantinowitsch (1886-1918) – Fürst, Sohn von Großfürst Konstantin Konstantinowitsch. Ermordet 1918 in Alapajewsk.
18 George William Buchanan (1854-1924) – englischer Diplomat, 1910-1918 Botschafter in Russland.
19 Georg V. – König von Großbritannien und Irland.
20 Sergej Iwanowitsch Timaschew – Mitglied des Staatsrats, Handels- und Industrieminister.
21 Alexander Petrowitsch von Oldenburg (1844-1932) – Prinz, General der Infanterie, Generaladjutant. Senator, Mitglied des Staatsrats. Im Krieg Oberverwalter für Sanitätswesen und Evakuierung. Verheiratet mit Jewgenija Maximilianowna, Herzogin von Leuchtenberg, Fürstin Romanowa.
22 Kirill Wladimirowitsch – Großfürst.
23 George Maurice Palèologue (1859-1944) – französischer Diplomat, von Januar 1914 bis Juni 1917 Botschafter in Russland.
24 Wahrscheinlich Viktoria, Prinzessin von Battenberg, Schwester der Zarin Alexandra Fjodorowna.
25 Jelisaweta Fjodorowna – Großfürstin.
26 Großfürst Konstantin Konstantinowitsch und seine Gattin, Großfürstin Jelisaweta Mawrikijewna.

Bestand 601/1/261, Bl. 158-166.

Aus den Memoiren von W. N. Wojejkow

Am 2. August 1914 begab sich der Herrscher in den Nikolaisaal des Winterpalasts zum Gottesdienst, den der Beichtvater Ihrer Majestäten Oberpriester Wassiljew in Anwesenheit der zum Kaiserlichen Aufzug gekommenen Gäste, der in Petersburg anwesenden Generale der Garde und der Armee sowie von Zivilbeamten und am Hofe verkehrenden Damen abhielt. Nach dem Gottesdienst verlas Oberpriester Wassiljew das Kaiserliche Manifest über die Kriegserklärung Deutschlands an Russland. […]

Danach richtete der Herrscher folgende Worte an die Anwesenden: „Mit Ruhe und Würde hat unser Großes Mütterchen Russland die Nachricht von der Kriegserklärung aufgenommen. Ich bin überzeugt, dass wir mit der gleichen Ruhe den Krieg, wie immer er auch verlaufen wird, bis zum siegreichen Ende führen werden.

Ich erkläre hier feierlich, daß ich solange keinen Frieden schließen werde, bis der letzte feindliche Krieger unser Land verlassen hat.

Ich wende mich an Euch, die hier versammelten Vertreter der mir teuren Truppen der Garde und des Petersburger Militärbezirks, und in Eurer Person an meine festgefügteArmee, und segne sie für den Kriegsdienst."

Am Ende Seiner Ansprache, die der Herrscher mit klarer und ruhiger Stimme hielt, bekreuzigte er sich, und alle Militärs knieten vor ihrem Führer nieder. Ein ergreifendes Bild. Viele weinten. Feierlich klangen im Saal die Worte des von den Anwesenden gesungenen Kirchenlieds „Rette, Herr, Dein Volk", dem sich die Staatshymne anschloss.

Der Auszug Ihrer Majestäten aus dem Nikolaisaal über den Konzertsaal, das Arabische Zimmer und die Rotunde über den Saltykowkorridor zur rückwärtigen Palasthälfte war von langanhaltenden „Hurra"-Rufen der im Nikolaisaal Versammelten begleitet. […]

Ihre Majestäten traten auf den Balkon des mittleren Saals in der rückwärtigen Palasthälfte, die dem Alexanderplatz gegenüberliegt, auf dem sich vom Triumphbogen des Hauptstabs bis zum Palast selbst eine unübersehbare Menschenmenge eingefunden hatte. Als der Zar erschien, nahmen alle wie auf Kommando die Mützen ab, knieten nieder und sangen die Hymne, die von „Hurra"-Rufen abgelöst wurde. Diese Bekundung von Liebe und Ergebenheit aus reiner russischer Seele für den Zaren hat das Zarenpaar so gerührt, dass dem Herrscher Tränen in die Augen traten und die Herrscherin ihre Ergriffenheit kaum unterdrücken konnte. Durch eine ebenso große Menschenmenge begab sich die Zarenfamilie zur Newa-Uferstraße, um mit der Barkasse zur Yacht „Alexandrija" zu fahren, die am Zarenkai neben der Nikolaibrücke angelegt hatte. Auf der „Alexandrija" kehrten Ihre Majestäten nach Peterhof zurück.

Nach: W. N. Wojejkow. Mit dem Zaren und ohne den Zaren. Helsingfors 1936.

Reise des Herrschers nach Moskau

Der 17. August 1914 wird für immer ein historischer Tag für Moskau, das Herz Russlands, bleiben.

Die Stadt begrüßte in ihren Mauern den Zaren, die Zarin und die Zarenfamilie. Ganz Moskau, die gesamte Bevölkerung war auf den Beinen, Hunderttausende säumten die Fahrtroute des Zaren, alle begrüßten den Zaren mit gleicher herzlicher Begeisterung und zu jedem Opfer bereit, nur um dem Zaren zu helfen, den Feind zu besiegen.

Die Begrüßung war außerordentlich erhebend, ergreifend und rührend.

Der Zarenzug traf auf dem Alexanderbahnhof ein. Eine Stunde vor Ankunft hatte es stark geregnet, doch die Menschen ließen sich nicht abhalten; immer mehr kamen und füllten die Straßen. Dann zeigte sich die Sonne und trocknete die nasse Kleidung. Truppen in Paradeuniform standen am Straßenrand Spalier. Ganz Moskau war geschmückt – Flaggen, Fahnentuch, Teppiche, an den Straßenbahnmasten Körbe mit Blumen. Gegen zwei Uhr ertönte ein „Hurra"-Ruf; der Zarenzug lief ein, auf dem Bahnsteig und in den Empfangsräumen drängten sich zur Begrüßung erschienene Vertreter der Obrigkeit wie auch der Stände und Abordnungen. Der Herrscher schritt die Front der Ehrenformation der Alexander-Offiziersschule ab, die anschließend im Paradeschritt an ihm vorbeimarschierte, und wendete sich dann der versammelten Menschenmenge zu.

In den Empfangsräumen des Bahnhofs nahm der Herrscher Brot und Salz vom amtierenden Stadtoberhaupt W. D. Brjanski[1] entgegen, der danach eine kurze Ansprache hielt. [...] Ihre Majestäten gingen zur Auffahrt; Iwan Weliki und alle Glocken der Kirchen Moskaus läuteten, es erklang die Hymne, „Hurra"-Rufe ertönten.

In der ersten Kutsche fuhren der Herrscher, die Zarin, der Thronfolger und Großfürstentochter Olga Nikolajewna, in der zweiten – Großfürstin Jelisaweta Fjodorowna mit den anderen Großfürstentöchtern. Sie wurden von lautstarken „Hurra"-Rufen begleitet, Blumen wurden geworfen. Nach einem Halt bei der Iwerskaja[2] fuhren Ihre Majestäten durch das Spasski-Tor in den Kreml. Der Platz im Kreml war voll von Menschen. [...]

Am folgenden Tag, dem achtzehnten August, führte der Kaiserliche Zug zur Uspenski-Kathedrale zum Festgottesdienst. Der Herrscher trug die Uniform des Jekaterinoslawer Grenadierregiments der Leibgarde. Diensthabende waren Generaladjutant Maximowitsch, Konteradmiral der Suite Graf Geiden[3] und Flügeladjutant Graf Scheremetjew[4].

In den Sälen herrschte eine erhabene Stimmung in Erwartung des Kaiserlichen Zugs, alle waren aufgeregt, von ungewöhnlichem Pathos ergriffen. Der Herrscher erschien. Als erster hielt Samarin eine Begrüßungsansprache. „Geliebter Herrscher“, sagte er, „mit glühender Begeisterung begrüßt Dich der Moskauer Adel. In dieser drohenden Stunde nationaler Prüfung erstarkt in uns, in Schulterschluss mit Dir, unser unbändiger Siegeswille. Wir alle stehen hinter Dir und für Dich ein, Du kannst unbesorgt auf die unbesiegbare Willenskraft des Volkes bauen. Möge Gott Dir im Kampf für die Unantastbarkeit und Ehre des Russischen Staats helfen, und möge Dein Zarenbefehl die ganze slawische Welt neu erstehen lassen. Zeige Mut, Russischer Zar! Das ganze Russische Land ist mit Dir!“

Ein begeistertes „Hurra“, wie ich es bisher nie gehört hatte, erschütterte den Saal.

Nach Samarin sprach der Vertreter der Semstwo, Schlippe[5] [...]. Erneut erschütterte ein „Hurra“ den Saal. Dann wandte sich das amtierende Stadtoberhaupt W. D. Brjanski an den Herrscher: „Großer Herrscher, eine drohende Gefahr ist über Russland aufgezogen. Zwei angrenzende Großmächte haben Russland in den Krieg involviert, die unter Missachtung der gesamten früheren Geschichte und der guten Taten Russlands seine Sicherheit und Macht bedrohen. Russland wollte keinen Krieg. Der russische Zar und das russische Volk haben es immer vorgezogen, alle Streitfragen friedlich zu lösen, doch wenn Russlands Ehre angetastet, wenn die Unverletzlichkeit seiner Grenzen bedroht war, hat sich das ganze Land wie ein Mann zur Verteidigung der Ehre und des Ruhms der Heimat erhoben.

Der Feind ist stark, doch wir brauchen ihn nicht zu fürchten, denn das russische Volk weiß, dass Gott nicht mit der Gewalt, sondern mit der Gerechtigkeit ist. [...] In diesem Krieg geht es um die Verwirklichung der Idee des weltweiten Friedens. Als Sie, Herrscher, bedeutende Gedanken über die Abrüstung in der Welt und die friedliche Lösung internationaler Fragen[6] unterbreiteten, hat sich unser jetziger Feind nicht nur widersetzt, vielmehr waren alle anderen Staaten Europas durch die deutsche Bedrohung gezwungen aufzurüsten. Dieser Krieg wird gegen die Vormachtstellung Deutschlands und seine Aufrüstung geführt. Das russische Volk wird im Einvernehmen mit seinem Zaren und in Gemeinschaft mit seinen treuen Verbündeten seine historische Mission erfüllen. [...] Sei mutig, Herrscher, das Volk ist mit Dir, und Gott schütze Dich."

Der Zug bewegte sich weiter. Als er die Vertreter der Moskauer Kaufmannschaft erreichte, hielt der Älteste des Kaufmannstandes S. A. Bulotschkin eine Rede. [...] Der Zug schritt danach weiter. Am Ende des Saals blieb der Herrscher stehen und richtete laut und deutlich folgende Worte an die Anwesenden: „In der Stunde der Kriegsgefahr, die so unerwartet und gegen meine Absicht über mein friedliebendes Volk gekommen ist, suche Ich, nach dem Brauch der Majestätischen Vorfahren, geistige Stärkung im Gebet vor den Moskauer Heiligtümern. In den Mauern des alten Moskauer Kremls, in Eurer Person, Einwohner der mir teuren alten Hauptstadt Moskau, begrüße Ich das mir treue russische Volk hier und überall, in der Reichsduma und im Staatsrat, das so einmütig auf meinen Appell reagiert hat, in ganz Russland Eintracht einkehren zu lassen und zum Schutze der Heimat und des Slawentums Streitigkeiten beizulegen. [...] Dieser Einklang meiner Gefühle und Gedanken mit meinem ganzen Volk ist sehr erfreulich und lässt mich ruhig und zuversichtlich in die Zukunft blicken. Von hier, aus dem Herzen des russischen Landes, sende ich einen Kampfesgruß an meine tapferen Truppen und die mutigen ausländischen Verbündeten, die sich zusammen mit uns zur Verteidigung des Friedens und der Gerechtigkeit erhoben haben. Gott ist mit uns." Nach dieser Ansprache des Herrschers waren die Hurrarufe einfach überwältigend.

Der Zug ging weiter vom Georgsaal zum Wladimirsaal und über den Heiligen Flur zur Roten Treppe. Auf dem Platz stand das Volk dicht gedrängt. Als der Herrscher auf der Roten Treppe erschien, ging ein elektrisierender Impuls durch die Menge, und sie brach in machtvolle Begeisterungsrufe aus. Der Zug schritt majestätisch die Treppe hinab. Der offensichtlich sehr ergriffene Herrscher führte die Zarin am Arm, vor und hinter ihnen schritt die prächtige Suite, vom Glockenturm Iwan Weliki läutete die Riesenglocke, und in dieses Geläut fielen die Glocken der Moskauer Kirchen ein. An der Pforte der Uspenski-Kathedrale begrüßte Eminenz Trifon, der amtierende Metropolit von Moskau, den Herrscher.

Nachdem sie das Kreuz geküsst hatten, betraten Ihre Majestäten die Kathedrale. Oberdiakon Rosow sprach ein sehr eindringliches Gebet mit der Bitte um Sieg. Nach dem Evangelium rief er dazu auf, mit Kniefall zu Gott zu beten. Der Herrscher, die ganze Zarenfamilie, die Geistlichen, die ganze Kirche knieten nieder. Das war ein bewegender, erhebender Augenblick, alle waren ergriffen. Nach dem Gesang für das Wohl der Zarenfamilie ertönte erneut die Glocke von Iwan Weliki, wurden Salutschüsse abgefeuert.

Danach bewegte sich der Zug zum Tschudow-Kloster, durch den inneren Kreuzgang zum Nikolaipalast, von wo nach einiger Zeit Ihre Majestäten in offenen Kutschen zum Großen Kremlpalast fuhren. Bevor sie die Kutschen bestiegen, sprachen sie noch mit dem französischen und dem englischen Botschafter.

1 Viktor Diodorowitsch Brjanski – seit 1914 amtierendes Stadtoberhaupt von Moskau.
2 Ikone der Gottesmutter von Iworon, größtes Heiligtum des Klosters auf dem Berg Athos, eines der Zentren der orthodoxen Ostkirche. Eine originalgetreue Kopie der Ikone wurde 1648 nach Moskau gebracht. Diese Kopie ist eines der bedeutendsten russischen Heiligtümer; sie wurde in der Kapelle beim Woskressenski-Tor auf dem Roten Platz aufbewahrt.
3 Alexander Fjodorowitsch Geiden – Graf, Konteradmiral der Suite, Berater des Stabschefs der Marine.
4 Dmitri Sergejewitsch Scheremetjew – Graf, Flügeladjutant, Oberst des Kavaliergarderegiments.
5 Fjodor Wladimirowitsch Schlippe – Kammerherr, Vorsitzender der Semstwo-Verwaltung des Gouvernements Moskau.
6 Hier geht es um die auf Initiative Russlands 1899 und 1907 einberufenen Haager Friedenskonferenzen, auf denen Fragen der Rüstungsbegrenzung und Friedenssicherung erörtert wurden.

Bestand 826/1/54, Bl. 176-179.

Aus dem Tagebuch von Zar Nikolaus II. (1914)

2. September, Dienstag

Es war kalt und nass, die Stimmung bedrückt. Bin zweimal spazierengegangen. Tante Miechen[1] und Ducky[2] haben Tee mit uns getrunken. Überhaupt war der Tag ruhiger als sonst.

3. September, Mittwoch

Um 9 1/2 fuhr ich nach Petrograd und besuchte die fast fertigen Schlachtschiffe „Sewastopol“ und „Gungut“. Habe sie sehr gründlich inspiziert. Sie machten einen guten Eindruck – saubere Decks, nur vier Gefechtstürme mit je drei 12er-Geschützen. Auf beiden gehen die letzten Arbeiten dem Ende entgegen, viele Arbeiter sind dabei eingesetzt.

Grigorowitsch gab ein großes Frühstück auf der Yacht „Newa". Sonniges Wetter. Besuchte im Französischen Krankenhaus Fürst Kantakusin[3], Oberst des Kavaliergarderegiments, der im Kampf bei Gumbinnen schwer verwundet wurde. Kehrte um 3 1/2 nach Zarskoje Selo zurück. Fuhr Paddelboot, freute mich über die Nachricht vom großen Sieg der 3. Armee von Russki[4] über die Österreicher bei Lwow.
Hatte Dinner mit Scheremetjew (Diensthabender).

4. September, Donnerstag

Bei Tage erhielt ich die erfreuliche Nachricht über die Einnahme von Lwow und Galitsch! Gott sei gedankt!

Auch das Wetter wurde besser. Hatte Frühstück und Dinner mit Sablin (Diensthabender). Bin mit Maria und Anastasia spazierengegangen und Rad gefahren. Hatte Tee mit Mischa und Onkel Pawel[5].

Bin unglaublich glücklich über diesen Sieg und freue mich über den Triumph unserer Armee!

5. September, Freitag

Bin am Morgen spazierengegangen. Bis zum Frühstück war ich stark beschäftigt; um Viertel nach zwei empfing ich Goremykin. Um 3 Uhr fuhr ich bei strömendem Regen mit Olga und Tatjana mit dem Auto nach Strelna. Wir besuchten auch Tante Olga zu ihrem Geburtstag. Fuhr zu unserem Haus in Peterhof und kam um 5 1/2 zum Tee in Zarskoje Selo an. Empfing Kasso[6] und habe gelesen. Nach dem Dinner sahen wir Grigori zum erstenmal nach seiner Verwundung[7] wieder.

6. September, Sonnabend

Es ist kälter geworden. Bis zur Berichterstattung bin ich spazieren gegangen. Hatten Frühstück mit Miliza, Stana[8] und Andrej (Diensthabender)[9]. Sie fahren nach Kiew zu einem Verwundetenlazarett, das in der Pokrowsker Kirchengemeinde von Tante Sascha[10] eingerichtet wurde. Bin mit Olga und Anastasia Rad gefahren. Die Bäume haben schon viele gelbe Blätter. Nach dem Tee habe ich Maklakow empfangen und dann bis zum Dinner gelesen.

7. September, Sonntag

Der Tag war schön. Um 10 1/2 sind wir zum Gottesdienst gefahren. Nach dem Frühstück habe ich eine Abordnung der Konstantin-Artilleriehochschule empfangen. Um 2 Uhr wurden auf dem Platz vor dem Großen Palast etwa 350 Kadetten beider Artilleriehochschulen und der Nikolai-Pionierschule zu Offizieren ernannt.

[...]

18. September, Freitag

Ein wolkenloser Tag. Nach dem Spaziergang die beiden üblichen Berichte. Hatte Frühstück und Dinner mit Dmitri Scheremetjew (Diensthabender). Waren zusammen in unserem Park spazieren und haben auf dem Teich gerudert.

Der Körper ist hier, aber das Herz ist dort bei unseren Helden, die ihre schwere Pflicht ehrenhaft und ergeben erfüllen!

Am Abend hatten wir die Freude, uns mit Grigori von 9.45 bis 11.30 zu unterhalten.

19. September, Sonnabend

Aus Galizien treffen weiterhin gute Nachrichten ein. Unsere Truppen haben sich von Osten, Süden und Westen Jaroslawl und Przemysl genähert; Sambor ist eingenommen.

Am Morgen gab es zwei Berichte; zuvor empfing ich 39 neuernannte Offiziere der Militärtopographischen Hochschule.

Xenia hatte mit uns Frühstück und ging dann mit uns spazieren. Der Tag war schön. Nach 5 Uhr fiel Regen. Habe bis zum Dinner gelesen, viele Papiere waren zu bearbeiten. Hatte Dinner mit Mordwinow (Diensthabender).

[...]

22. September, Dienstag

Es hat sich abgekühlt. Zwischen den Berichten erhielt ich die erfreuliche Nachricht, dass über Jaroslawl in Galizien unsere Fahne weht. Am Tag bin ich mit den Töchtern Rad gefahren. Bin dann spazierengegangen und Boot gefahren. Um 6 Uhr empfing ich Sasonow. Habe gelesen. Der Abend war frei.

23. September, Mittwoch

Um 10 Uhr sind wir zu viert mit Olga und Tatjana nach Petrograd zum Nikolai- Militärlazarett gefahren, wo wir etwa 280 Verwundete besuchten. Hatte einen guten Eindruck von ihnen und den Räumlichkeiten; die Stimmung ist gut. Gegen 1 Uhr fuhren wir nach Jelagin, wo wir

Frühstück mit Mama hatten und ihr Gesellschaft leisteten. Um 3 1/2 fuhren wir nach Zarskoje Selo. Ich ging spazieren und ruderte mit Alexej auf dem Teich. Es war kalt. Nach dem Tee habe ich intensiv gelesen. Hatte Dinner mit Wessjolkin (Diensthabender).
[...]

30. September, Mittwoch
Um 9 1/2 fuhren wir nach Petrograd und besuchten das Obuchowski-Stadtkrankenhaus, in dem jetzt 150 Verwundete liegen. Blieben dort länger als zwei Stunden. Auf dem Weg nach Jelagin besuchten wir ein kleines Offizierslazarett, das beim Lyzeum eingerichtet ist. Hatten Frühstück bei Mama. Gegen 4 Uhr kehrten wir nach Zarskoje Selo zurück. Bin im strömenden Regen spazierengegangen. Um 6 Uhr empfing ich Charitonow[11] zur Berichterstattung. Hatte Dinner mit Wessjolkin (Diensthabender).
[...]

2. Oktober, Sonnabend
Ging nur kurz spazieren. Empfing einen Offizier, Unteroffizier und Soldat des 41. Selenginer Infanterieregiments, die im Kampf die Truppenfahne des 2. Tiroler Regiments eroberten und mir brachten. Um 12.30 fuhren wir zum Gebet. Hatten Frühstück mit Mischa. Um 2.30 verabschiedete ich mich im Zug von meinen Lieben und <u>fuhr zu den kämpfenden Truppen</u>.
Mein lange gehegter Wunsch ist in Erfüllung gegangen, obwohl es traurig macht, seine liebe Familie zu verlassen! Empfing Frederiks zur Berichterstattung. Habe viel gelesen. Am Abend habe ich mit Drenteln gewürfelt.

3. Oktober, Sonntag
Konnte lange nicht einschlafen, denn bei jedem Halt in den Bahnhöfen ruckte der Zug heftig. Als ich aufwachte, war der Himmel verhangen und grau, zeitweise goss es in Strömen. Dafür freute ich mich über die Nachricht, dass der Ansturm unserer Truppen die Deutschen von Suwalki bis Awgustow hinter die Grenze zurückgeworfen hat. Um 5 1/2 traf ich in Baranowitschi ein. Nikolascha kam in den Zug, der zum <u>Hauptquartier</u> des Obersten Befehlshabers in einem Kiefernwald geleitet wurde. In der Kirche der Eisenbahnbrigade wurde ein Gebet gehalten.
Um 7 1/2 waren bei mir Nikolascha, Pjotr[12], Kirill und einige kom-

mandierende Generale des Stabs des Obersten Befehlshabers zum Dinner. Nach dem Essen ging ich in den Waggon Nikolaschas und nahm den Bericht von General Januschkewitsch über die Lage und die Operationsplanung entgegen. Kehrte um 10 1/2 zu mir zurück und trank Tee mit einigen Angehörigen der Suite.

4. Oktober, Montag

Der Tag war sonnig. Um 10 Uhr gab in dem kleinen Haus neben Nikolaschas Zug Generalquartiermeister Danilow[13] einen Lagebericht über die gestrigen Ereignisse an beiden Fronten. Ging im Wald spazieren und besuchte die in Erdunterständen gegen Luftangriffe untergebrachten Kosakenwacheinheiten. Um 11 1/2 empfing ich General Russki und ernannte ihn zum Generaladjutanten. Hatte Frühstück mit ihm und anderen Generalen. Ein Gruppenbild mit dem ganzen Stab Nikolaschas wurde aufgenommen. Machte einen längeren Spaziergang mit Drenteln am Standort der Eisenbahnbrigade. Habe Alix geschrieben. Nach dem Tee habe ich Papiere gelesen. Habe am Abend mit Drenteln Domino gespielt.

5. Oktober, Dienstag

Seit dem Morgen regnet es. Um 10 Uhr war im kleinen Haus Lagebesprechung. Habe bis zum Frühstück gelesen. Um 2 1/2 habe ich Lagies[14] und den englischen General Hunbury-Williams[15] empfangen. Im Regen habe ich mit Drenteln einen langen Spaziergang gemacht. Habe Nikolascha den Orden des Hl. Georg III. Klasse, und Januschkewitsch und Danilow IV. Klasse verliehen. Frederiks fühlt sich unwohl und ist am Morgen auf Rat der Ärzte nach Petrograd abgereist. Habe mit Drenteln gewürfelt.

6. Oktober, Mittwoch

Um 12 1/2 nachts verließ ich das Hauptquartier und kam um 9 Uhr morgens in Rowno an. Voller Freude habe ich Olga und Sandro[16] auf dem Bahnhof begrüßt. Fuhr mit ihnen zum Lazarett, in dem Olga seit Kriegsbeginn als barmherzige Schwester arbeitet, und dann in das hiesige Lazarett, wo ich Schwerverwundete besuchte. Fand alles ordentlich und sauber vor. Hatte mit Olga, Sandro und Dmitri bei mir Frühstück, und Viertel nach eins reiste ich nach Brest-Litowsk ab. Kam dort um 6 Uhr an. Nikolascha, Generaladjutant Iwanow[17] und andere Kommandeure erwarteten mich auf dem Bahnhof. Sprach mit Iwanow und verlieh ihm das Georgskreuz II. Klasse. Hatte Dinner mit Nikolascha und höheren hiesigen Kommandeuren. Abends nahm ich den üblichen Lagebericht für den vergangenen Tag entgegen. Ging früh zu Bett.

7. Oktober, Donnerstag

Um ein Uhr nachts fuhr der Zug nach Bjelostok, wo er am frühen Morgen ankam. Um 6 1/2 fuhr ich mit Suchomlinow in einem Militärfahrzeug nach Ossowiez; kam in der Festung um 8 Uhr an, mein Besuch war völlig überraschend. Der Anblick der durch deutsche Bomben zerstörten Gebäude und der Bombentrichter bedrückte mich. Die Festung selbst hat nicht gelitten. Ich ging in die Kirche, während der Kommandant General Schulman[18] einen Teil der dienstfreien Garnison auf dem Platz neben ihr antreten ließ. Der größte Teil der Truppen war in Frontpositionen. Ich dankte ihnen für ihren Kriegsdienst und fuhr, mit dem Gesehenen sehr zufrieden, den gleichen Weg nach Bjelostok zurück.

Der Morgen war kalt, aber sonnig. Ich begrüßte einen großen Tross der 11. Sibirischen Schützendivision, der zur Grenze fuhr. Um 11 Uhr fuhr ich nach Wilna. Unterwegs begegnete ich Militärzügen. Um 3 Uhr traf ich in Wilna ein; großer Empfang auf dem Bahnhof, auf den Straßen standen Truppen Spalier – Reservistenbataillone, Landwehr und zu meiner Freude abgesessene Schwadrone der 2. Gardekavalleriedivision und Reiterbataillone. Ich fuhr zur Kirche und zum Militärlazarett. Danach zum Mädchengymnasium, in dem ein Lazarett des Roten Kreuzes eingerichtet ist. In beiden Einrichtungen besuchte ich alle verwundeten Offiziere und Mannschaften. Ich machte einen kurzen Halt bei der Ikone der Ostrobramsker Gottesmutter, um mich zu verneigen. Auf dem Bahnhof waren die Offiziersschüler der Militärhochschule des Wilnaer Gebiets angetreten. Sehr zufrieden mit dem Gesehenen und dem Empfang durch die Bevölkerung reiste ich anstatt 6 Uhr erst 8 1/2 Uhr ab. Ging früh zu Bett.

1 Großfürstin Maria Pawlowna d. Ä.
2 Viktoria Fjodorowna (Ducky) – Großfürstin.
3 Fürst Kantakusin – Graf Michail Michailowitsch Speranski, Oberst des Kavaliergarderegiments. Am 29. Juli 1915 wurde er zum Kommandeur des Kürassierregiments der Leibgarde ernannt.
4 Nikolai Wladimirowitsch Russki (1854-1918) – General der Infanterie, zu Kriegsbeginn Befehlshaber der 3. Armee. Von September 1914 bis März 1915 Befehlshaber der 6. Armee, von August 1915 bis April 1917 der Truppen der Nordfront. Während der Februarrevolution setzte er sich für die Abdankung Niko-

laus II. ein. Im September 1918 von der Roten Armee des Kaukasus als Geisel gefangengenommen und in Pjatigorsk ermordet.

5 Großfürst Pawel Alexandrowitsch.

6 Lew Aristidowitsch Kasso (1865-1914) – 1910-1914 Minister für Volksbildung.

7 Am 29. Mai 1914 hatte die Bäuerin Feonija Gussewa im Dorf Pokrowskoje im Gouvernement Tjumen auf Grigori Rasputin ein Attentat verübt.

8 Die Großfürstinnnen Miliza Nikolajewna und Anastasia Nikolajewna.

9 Andrej Wladimirowitsch (1879-1956) – Großfürst, Generalmajor der Suite, seit Mai 1915 Kommandeur der Berittenen Artillerie der Leibgarde.

10 Alexandra Petrowna (im Nonnenstand: Anastasia) (1838-1900) – Großfürstin, Gattin von Großfürst Nikolai Nikolajewitsch d. Ä.

11 Pjotr Alexejewitsch Charitonow – Staatssekretär, 1907-Januar 1916 Mitglied des Staatsrats, Reichsrevisor.

12 Pjotr Nikolajewitsch (1864-1931) – Großfürst, Generaladjutant. Im Ersten Weltkrieg im Hauptquartier des Obersten Befehlshabers, danach im Kaukasus.

13 Georgi (Juri) Nikiforowitsch Danilow – General der Infanterie. Bei Kriegsbeginn zum Generalquartiermeister des Stabs des Obersten Befehlshabers ernannt, hatte dann den Befehl über die 45. Infanteriedivision, das 25. Armeekorps und die 5. Armee.

14 Marquis de Lagies – General, französischer Militärattaché in Rußland. Während des Kriegs im Hauptquartier des Obersten Befehlshabers, im Mai 1916 löste ihn General Janin auf diesem Posten ab.

15 Hunbury-Williams – Brigadegeneral, Leiter der englischen Militärmission im Hauptquartier.

16 Großfürst Alexander Michailowitsch.

17 Nikolai Judowitsch Iwanow (1851-1919) – Generaladjutant, General der Artillerie, seit Kriegsbeginn Befehlshaber der Südwestfront, seit März 1916 im Hauptquartier bei Nikolaus II. Im Oktober/November 1918 Befehlshaber der Südarmee der Weißkosaken, die bei der Kosakensiedlung Weschenskaja vernichtend geschlagen wurde. Starb an Typhus.

Bestand 601/1/261, Bl. 185-188/ 262, Bl. 3, 6-7, 11, 13-20.

Zar Nikolaus II. an seine Gattin, Zarin Alexandra Fjodorowna

Hauptquartier des Obersten Befehlshabers 6. Oktober 1914

[…] Nikolascha lässt mich, wie ich befürchtete, nicht nach Ossowiez, was einfach unerträglich ist, denn so sehe ich die kämpfenden Truppen nicht. Ich habe vor, in Wilna zwei Lazarette zu besuchen – ein Militärlazarett und ein Lazarett des Roten Kreuzes; aber ich bin doch nicht nur deshalb hierher gefahren! […]

Bestand 640/1/102, Bl. 93-94.

Zarin Alexandra Fjodorowna an ihren Gatten, Zar Nikolaus II.

Zarskoje Selo 7. Oktober 1914

Geliebter Nicky!

[…] Dieser Krieg hat die Stimmung gehoben, viele verschüttete Gedanken neu belebt, Einigkeit geschaffen und Gefühle geweckt, er ist moralisch gesehen ein „gesunder Krieg". Ich möchte nur, dass sich unsere Truppen in jeder Hinsicht beispielhaft verhalten, dass sie nicht plündern und rauben – diese Scheußlichkeit sollen sie den Preußen überlassen. Das demoralisiert, danach verliert man die Kontrolle über die Menschen; sie kämpfen zur eigenen Bereicherung und nicht für den Ruhm der Heimat, wenn sie auf das Niveau von Wegelagerern absinken. Schlechte Beispiele sind eine Gefahr – das Hinterland und der Tross stehen in schlechtem Ruf, alle äußern sich mit Abscheu über sie. Niemand kann sie zur Ordnung rufen. Alles hat seine guten und schlechten Seiten, so ist es auch hier.

Ein solcher Krieg soll die Seele reinigen und nicht beflecken, nicht wahr?

Ich weiß, dass in einigen Regimentern sehr streng auf Ordnung geachtet wird, aber ein Wort von oben könnte nicht schaden. Das sind meine Gedanken, mein Lieber, denn ich möchte, dass der Name unserer russischen Truppen später in allen Ländern mit Achtung und Begeisterung verbunden bleibt. Hier wird nicht immer daran gedacht, dass fremdes Eigentum heilig und unantastbar ist. Sieg bedeutet nicht Plünderungen. Befiel den Militärgeistlichen, an die Soldaten in diesem Sinn zu appellieren.

Nun habe ich Dich mit Dingen gelangweilt, die mich nichts angehen, doch ich tue dies ausschließlich aus Liebe zu Deinen Soldaten und für ihren Ruf. […]

Bestand 601/1/1148, Bl. 268-269.

Zar Nikolaus II. an seine Gattin, Zarin Alexandra Fjodorowna (Telegramm)

Bahnhof Grodno 9. Oktober 1914

Habe dennoch in Bjelostok halt gemacht und Ossowiez besucht, in der Garnison war man sehr gelassen und tapfer. Die Festung wurde von vielen Bomben getroffen, überall sind Trichter zu sehen. Am Tag besuchte ich in Wilna Lazarette. So Gott will, sehen wir uns morgen früh. Ich hoffe, alle sind gesund. Umarme Dich zärtlich. Nicky

Bestand 640/1/103, Bl. 70.

Zarin Alexandra Fjodorowna an ihren gatten, Zar Nikolaus II.

Zarskoje Selo 10. November 1914

Mein geliebter Nicky!

[...] Man hätte so gern die früheren ruhigen, glücklichen Tage zurück. Aber es wird lange dauern, bis wieder in jeder Hinsicht friedliche Zeiten herrschen. Man darf sich nicht gehen lassen, doch manchmal ist die Bürde schwer. Sie lastet auf dem ganzen Land, aber Du musst den Löwenanteil tragen.

Ich möchte Dir gern Deine Last erleichtern, sie tragen helfen, Deine Stirn streicheln, mich an Dich drücken! Doch wenn wir allein sind, was so selten vorkommt, lassen wir unseren Gefühlen nie freien Lauf, wir halten uns beide zurück, schonen uns gegenseitig und leiden schweigend. Ich aber möchte Dich oft fest umarmen und Dein müdes Haupt an meine Brust legen. Wir haben in diesen zwanzig Jahren so viel gemeinsam erlebt und uns stets ohne Worte verstanden. Mein mutiger Junge, möge Dir Gott helfen, Dir Kraft, Weisheit, Freude und Erfolg schenken. [...]

Zarskoje Selo 8. Dezember 1914

Mein Lieber, mein Guter!

Ich schreibe Dir in größter Eile einige Zeilen. Den ganzen Morgen haben wir im Lazarett gearbeitet. Ein Soldat starb während der Operation – was für ein Jammer! Das passierte der Fürstin das erste Mal, und sie hat bereits tausende Operationen durchgeführt. Hämorrhagie.

Alle hielten sich tapfer, niemand verlor den Kopf. Auch die Mädchen bewiesen Mut, obwohl sie, ebenso wie Anja, niemals den Tod so aus der Nähe gesehen haben. Er starb innerhalb einer Minute. Du kannst Dir vorstellen, wie uns dies erschüttert hat. Wie nahe der Tod doch immer ist! Wir operierten weiter. Morgen haben wir wieder eine solche Operation, deren Ausgang fatal sein kann. Hoffentlich geschieht das nicht, wir bemühen uns, ihn zu retten. […]

Zarskoje Selo 14. Dezember 1914

Mein geliebter Nicky!

[…] Ach, ich bin so erschöpft! In den letzten Tagen gab es so viel zu tun und dringende Besuche, so dass ich Dir nicht schreiben konnte. Sonnabend war ich im hiesigen Lazarett, gestern bei den Kriegsinvaliden, heute in unserem großen Lazarett (mit Alexej) und habe dort in Deinem Namen Medaillen verliehen – sie waren überaus glücklich und dankbar, die Ärmsten. Wir werden uns nach unseren Verwundeten sehnen, und sie waren traurig, von uns scheiden zu müssen. […]

Zarskoje Selo 15. März 1915

Mein Lieber, mein Guter!

Ich schreibe den Brief heute abend, denn ich habe das Bedürfnis, noch mit Dir zu sprechen. Dein Frauchen ist schrecklich betrübt! Mein armer Verwundeter ist plötzlich verstorben. Gott hat ihn friedlich und ruhig zu sich genommen. Ich war wie immer am Morgen bei ihm, auch am Tag habe ich etwa eine Stunde bei ihm gesessen. Er hat sehr viel im Flüsterton gesprochen und mir alles über seinen Dienst im Kaukasus erzählt – ein so interessanter und edler Mensch, mit großen strahlenden Augen. Ich hatte mich vor dem Essen zurückgezogen, um mich auszuruhen, hatte aber so ein Gefühl, dass es ihm in der Nacht plötzlich schlechter gehen kann und mich keiner rufen wird. Als die Oberschwester eine der

Töchter zum Telefon rufen ließ, sagte ich ihnen, dass ich weiß, was passiert ist, und nahm die traurige Nachricht selbst entgegen. Nachdem Tatjana, Maria und Anastasia zu Anja gegangen waren (um Anna N. und Olga Woronowa[1] zu begrüßen), fuhren Olga und ich zum Großen Palast, um ihn zu sehen. Er lag dort so friedlich, mit den Blumen bedeckt, die ich ihm täglich gebracht hatte, mit seinem lieben sanften Lächeln. Seine Stirn war noch ganz warm. Ich konnte mich nicht beruhigen, deshalb ließ ich Olga dort und kehrte weinend nach Hause zurück. Die Oberschwester war auch ratlos. Er war vollkommen ruhig, lustig, sagte nur, dass ihm nicht ganz wohl ist, und als die Schwester nach 10 Minuten zurückkam, fand sie ihn mit gebrochenem Blick, vollkommen bleich vor. Er atmete noch zweimal tief, dann war alles vorbei – völlig ruhig bis zuletzt. Er hat sich nie beklagt, nie um etwas gebeten, die Sanftmut in Person, wie sie sagt. Alle haben ihn wegen seines strahlenden Lächelns gern gehabt. Du, mein Liebster, kannst verstehen, wie es ist, wenn man täglich dort ist, ihm Freude zu bereiten versucht, und dann alles plötzlich vorbei ist. Nachdem unser Freund[2] mir gesagt hatte, erinnerst Du Dich, „dass er nicht so bald weggehen wird", glaubte ich, dass er sich, wenn auch langsam, wieder erholt. Er wollte zurück zu seinem Regiment – er war für den goldenen Ehrendolch, das Georgskreuz und zur Beförderung vorgeschlagen. Verzeih, dass ich Dir so viel über ihn schreibe, doch mein Aufenthalt dort und der ganze Umgang mit ihm waren mir ein Trost während Deiner Abwesenheit. Ich spürte, dass Gott mir die Möglichkeit gibt, einen kleinen Lichtschimmer in sein einsames Dasein zu bringen. So ist das Leben! Eine weitere edle Seele ist aus diesem Leben geschieden, um sich den strahlenden Sternen dort oben anzuschließen. Wieviel Leid gibt es doch ringsum! Gott sei gelobt, dass wir zumindest die Möglichkeit haben, den Leidenden eine gewisse Erleichterung zu schaffen und ihnen in ihrer Einsamkeit das Gefühl häuslicher Geborgenheit zu geben. Man möchte diesen Tapferen helfen und ihnen beistehen, ihnen ihre Angehörigen ersetzen, die nicht bei ihnen sein können! Meine Zeilen sollen Dich nicht traurig stimmen, aber ich konnte mich nicht mehr beherrschen, ich hatte das Bedürfnis zu reden. [...]

Zarskoje Selo 4. Mai 1915

Mein Allerliebster!

Du wirst diese Zeilen vor dem Schlafengehen lesen. Denke daran, dass Dein Frauchen für Dich betet, oft an Dich denkt und sich schrecklich nach Dir sehnt. Es ist so traurig, dass wir an Deinem Geburtstag nicht zusammen sind! Das ist das erste Mal. Möge Gott Dich segnen, Dir Stärke, Weisheit, Freude, Gesundheit und Seelenfrieden geben, um tapfer Deine schwere Krone zu tragen. Das Kreuz, das auf Deinen Schultern lastet, ist schwer. Ach wie gern möchte ich helfen, es zu tragen, was ich auch in Gedanken und im Gebet immer tue. Wie gern möchte ich Deine Last erleichtern! Du hast so viel in diesen 20 Jahren erduldet – schließlich wurdest Du am Tag Hiobs des Leidgeprüften geboren, mein armer Freund. Ich bin sicher, dass Gott helfen wird, doch es muss noch viel Schmerz, Unruhe und Mühe, in Ergebenheit und im Glauben an seine Gnade und unendliche Weisheit, ertragen werden. Es schmerzt, dass ich Dich an Deinem Geburtstag nicht küssen und segnen kann! Manchmal nehmen die Sorgen und Leiden überhand und man träumt vom Frieden. Ach, wann kommt er endlich? Ich möchte gern wissen, wie lange das Blutvergießen und die Leiden noch andauern! Nach Regen scheint Sonne, und auch unsere teure Heimat wird sonnige Tage sehen, wenn genug Blut und Tränen geflossen sind. Gott ist gerecht, und ich vertraue ihm unerschütterlich. Dennoch ist es eine Qual, so viel Schrecken zu sehen und zu wissen, dass nicht alle so arbeiten, wie es sich gehört, und dass unbedeutende Menschen oft eine große Sache, für die sie gemeinsam arbeiten sollten, verderben! [...]

Zarskoje Selo 18. Februar 1916

Mein Lieber, mein Guter!

Heute morgen waren null Grad, es war windig und schneite stark. Gottlob hat Baby die Nacht insgesamt gut verbracht; er wachte mehrmals auf, doch nur kurz, und hat nicht geklagt. Seine Arme sind verbunden, und der rechte schmerzte gestern sogar, doch unser Freund sagt, dass in zwei Tagen alles vorüber sein wird. Die letzten Nächte hat er unruhig, doch ohne Schmerzen geschlafen und nicht über den Arm geklagt, konnte ihn aber nicht beugen. Wahrscheinlich hat er ihn verletzt, als er an einem Seil mehrere zusammengebundene Schlitten gezogen hat. Aber Derewenko sagt, dass es ihm gut geht, mach Dir also keine Sorgen, Liebling. Wir nahmen unser Mittag oben ein, damit er nicht aufstehen und sich viel bewegen muss. Je mehr Ruhe er hat, umso besser für ihn. Olga und Tatjana fahren in die Stadt, zu Tatjanas Ausschuss[3].

Ich bin erst nach vier eingeschlafen – die Schwellung ist kaum noch sichtbar, aber immer noch zu spüren, und im Kopf und Kiefer ist ein ziehender Schmerz; mich fröstelt, obwohl ich nicht erkältet bin. Ich kann den Mund kaum öffnen, offensichtlich ist die Kieferentzündung noch nicht abgeklungen. Schon die ganzen Tage tut das Herz weh, und mein Befinden lässt zu wünschen übrig. Ich hoffe, dass ich und Alexej bis zu Deiner Rückkehr wieder gesund sind.

Vielleicht interessierst Du Dich für die Spendengelder, die mein Versorgungslager[4] und die Kanzlei seit dem 21. Juni erhalten haben:

Gesammelt bis zum 31. Januar 1916 wurden	6.675.136 Rbl. 80 Kop.
Ausgegeben	5.862.151 Rbl. 46 Kop.
Rest	812.985 Rbl. 34 Kop.

Davon gingen große Beträge an meine Lager in Moskau, Charkow, Winniza, Tiflis, an meine sechs Versorgungszüge, an Sanitätszüge, Sanitätseinheiten usw. Die Großlager sammeln ebenfalls Geld und Sachen. Der Oberste Rat[5] hat mir größere Beträge gegeben; dazu die Gelder, die bei Dir eingehen, und der Erlös aus dem Verkauf englischer Flaggen. [...]

1 Olga Konstantinowna Woronowa (geb. Kleinmichel), Gattin von P. A. Woronow, Leutnant der Garde-Equipage.

2 Grigori Rasputin.

3 Ausschuss Ihrer Kaiserlichen Hoheit Großfürstentochter Tatjana Nikolajewna für Überbrückungshilfe für Kriegsopfer. Ehrenvorsitzende des Ausschusses war Großfürstentochter Tatjana Nikolajewna, Vorsitzender – Alexej Borissowitsch Neidhardt, Mitglied des Staatsrats, Ehrentreuhänder, Hofmeister.

4 Beim Winterpalast wurde am 19. Juli 1914 ein Versorgungslager angelegt, in dem gespendete Lebensmittel, Medikamente und Kleidung für die Versorgung von Lazaretten und Sanitätseinheiten der kämpfenden Truppen gesammelt wurden. Im ersten Kriegsjahr wurden aus dem Lager an die Truppenteile und Lazarette 930.400 Stück Wäsche, 504.000 Stück warme Unter- und Oberbekleidung, 707.000 Binden, dazu Verbandspäckchen usw. geschickt.

5 Zarin Alexandra Fjodorowna war Vorsitzende des Obersten Fürsorgerats für die Familien von Einberufenen sowie Familien von Verwundeten und Gefallenen. Im Rat gab es einen Sonderausschuss unter Vorsitz von Großfürstin Xenia Alexandrowna, der sich um Hilfe für Familien von Reservisten kümmerte. Eine der Hauptaufgaben war die Wiederherstellung einer zumindest teilweisen Arbeitsfähigkeit der Verstümmelten und die Vermittlung von Wissen und Fähigkeiten, die es ihnen erleichtern sollten, den künftigen Lebensunterhalt durch eigene Arbeit zu verdienen. Für die Lösung dieser Aufgaben wurden dem Sonderausschuss 700.000 Rubel bewilligt. Ein unter Kaiserlicher Schirmherrschaft stehender Romanow-Ausschuss widmete sich der Betreuung von Kriegswaisen.

Bestand 601/1/1148, Bl. 295 / 323-324 / 333-334; 1149, Bl. 37-39 / 115-117; 1150, Bl. 231-232.

Aus den Memoiren von W. F. Dschunkowski

Die Übernahme des Oberbefehls durch den Herrscher war, wie mir damals schien, ein schwerer Fehler, deshalb hat mich diese Nachricht sehr betrübt und beunruhigt. Zweifellos hat die Zarin auf diesen Schritt hingewirkt, denn sie konnte den Großfürsten nicht ausstehen, dessen Ansehen bei den Truppen aber trotz der Niederlagen täglich größer wurde. Sie verstand nicht, dass das Prestige des Obersten Befehlshabers auch dem Prestige des Herrschers dient und es untermauert.

Sie befürchtete das Gegenteil, und da es in ihrer Umgebung eine ganze Clique von Lakaien gab, die sie in ihrer Antipathie gegen den Großfürsten noch bestärkten, und ihn nahezu beschuldigten, den Herrscher vom Thron stürzen zu wollen, unternahm sie natürlich alles, um die Absetzung des Großfürsten durchzusetzen. Sie verstand nicht, dass sie damit dem Herrscher nicht hilft, sondern eine Grube gräbt, dass der Herrscher, wenn die Lage im Land unruhig ist, der Ministerrat wackelt und überall im Land Aufruhr und Unzufriedenheit zunehmen, die Hauptstadt nicht verlassen darf, sondern sich mehr denn je dem Volk zeigen, den Umgang mit ihm pflegen und durch seine Volksverbundenheit und sein einnehmendes Wesen, das er zweifellos besitzt, die negative Tendenz paralysieren muss, die sich unter dem Einfluss der Misserfolge an der Front und der subversiven Arbeit revolutionärer Gruppen ausbreitete.

Als ich einige Zeit später an der Front war und das Leben in den vorgeschobenen Stellungen kennenlernte, konnte ich nur betrübt konstatieren, dass der Oberbefehl des Herrschers dem Kriegsverlauf eher geschadet als genützt hat.

Bestand 826/1/56, Bl. 320-321.

Zarin Alexandra Fjodorowna an ihren Gemahl, Zar Nikolaus II.

Zarskoje Selo 30. Juni 1915

Geliebter Nicky!

[...] Jetzt im August tritt die Duma zusammen, und unser Freund[1] hat Dich mehrmals gebeten, dies möglichst lange hinauszuzögern. Sie sollen ihre Pflicht tun, aber jetzt werden sie sich einmischen und Angelegenheiten erörtern, die sie nichts angehen. Vergiss nicht, dass Du der Selbstherrscher und Zar bist und bleiben musst! – Wir sind noch nicht für eine konstitutionelle Regierung bereit. N.[2] und Witte[3] sind daran schuld, dass es die Duma gibt, und Dir hat sie mehr Kummer als Freude bereitet. Ach, mir gefällt die Anwesenheit von N. bei diesen großen Sitzungen über unsere Fragen nicht! Er versteht wenig von unserem Land und imponiert den Ministern mit seiner lauten Stimme und Gestikuliererei. Seine Falschheit versetzt mich zuweilen in Wut.

Warum haben die Minister nicht darum gebeten, das zu ändern? – Das wäre ihre erste Pflicht.

Er hat nicht das Recht, sich in fremde Angelegenheiten einzumischen, damit muss Schluss sein und ihm dürfen nur militärische Aufgaben übertragen werden – wie French[4] und Joffre[5]. Niemand weiß jetzt, wer Zar ist. Du sollst ins Hauptquartier fahren und die Minister dorthin beordern, als ob Du sie nicht hier wie am vergangenen Mitwoch sehen könntest. Man hat den Eindruck, als ob N. alles entscheidet, Änderungen vornimmt, die Leute auswählt – das bringt mich zur Verzweiflung. Ihm hat nicht gefallen, was Kriwoschejin über Danilow gesagt hat, und der hat nur seine Pflicht getan. Außer Charakterlosigkeit muss es doch einen anderen Grund geben, warum die ganze Armee und der alte Iwanow ihn hassen. Alle sagen, dass er N. und die anderen Großfürsten in der Hand hat. Entschuldige, dass ich Dir dies alles schreibe, aber ich fühle mich sehr unglücklich. Alle geben Dir falsche Ratschläge und nutzen Deine Güte aus. Pfeife auf das Hauptquartier! Dein Aufenthalt dort ist nicht sehr dienlich. [...]

Zarskoje Selo — 7. Juli 1915

Mein Lieber!

[...] Nachdem Du die Truppen mit Deiner teuren Anwesenheit beglückt hast, bitte ich Dich in ihrem Namen, gib ihnen moralische Ermunterung, zeige ihnen, für wen sie kämpfen und sterben – nicht für N., sondern für Dich! Zehntausende haben Dich noch nie gesehen und wünschen sich nur einen Blick aus Deinen reinen Augen. So viel Volk ist herbeigeeilt, dass man nicht wagen wird, Dir vorzulügen, dass man bis dorthin nicht durchkommt. Aber wenn Du N. Bescheid sagst, dann werden die Spione (wer?) im Hauptquartier sofort die Deutschen informieren, die dann ihre Flugzeuge schicken. Drei einfache Automobile fallen nicht besonders auf, aber telegrafiere, damit ich Deine Entscheidung kenne und unseren Freund bitten kann, für Dich zu beten. [...]

Zarskoje Selo 8. September 1915

Liebster Nicky!

[...] Ich kann nicht verstehen, warum der Wechsel nicht offiziell bekanntgegeben wird. Das würde Klarheit schaffen, moralische Unterstützung geben und sicherlich die Denkweise in der Duma ändern.

Meiner Meinung nach ist heute der letzte Termin, bevor N. abreist. Dein gestriges Telegramm kam noch aus dem Hauptquartier, die nächsten werden bereits aus dem Zarenhauptquartier kommen. Das klingt so gut und vielversprechend! [...]

1 Grigori Rasputin.
2 Großfürst Nikolai Nikolajewitsch.
3 Sergej Juljewitsch Witte (1849-1915) – Graf, Staatssekretär, Mitglied des Staatsrats, Verkehrs- und Finanzminister, Vorsitzender des Ministerrats. Starb am 28. Februar 1915.
4 John French – Earl, Feldmarschall der englischen Armee, Oberbefehlshaber des britischen Expeditionskorps in Frankreich (1914-1915), Erstes Mitglied des Obersten Militärrats, ehemaliger Generalstabschef und Generalinspekteur der Truppen der englischen Armee.
5 Joseph Jacques Césaire Joffre (1852-1931) – Marschall von Frankreich, 1914-1916 Oberbefehlshaber der französischen Armee, später Vorsitzender des Obersten Militärrats.

Bestand 601/1/1149, Bl. 180-182 / 216-217 / 251.

Schreiben der Minister an Zar Nikolaus II.

4. September 1915

Allergnädigster Herrscher!

Entschuldigen Sie bitte, dass wir uns so vermessen und offen an Sie wenden. Dazu zwingen uns die Pflicht treuer Untertanen, die Liebe zu Euch und zur Heimat und die alarmierende Erkenntnis der drohenden Bedeutung der jetzigen Ereignisse.

Gestern, auf der Sitzung des Ministerrats unter Ihrem persönlichen Vorsitz, haben wir Ihnen die einstimmige Bitte unterbreitet, Großfürst Nikolai Nikolajewitsch nicht aus der Obersten Führung der Armee abzuberufen. Doch wir befürchten, dass Eure Kaiserliche Majestät nicht geneigt war, unsere Bitte, die, wie wir denken, auch die Bitte des treuen Russland ist, zu erhören.

Herrscher, wie erkühnen uns nochmals, Euch zu sagen, dass eine solche Entscheidung Eurerseits, nach unserer tiefsten Überzeugung, für Russland, Euch und Eure Dynastie folgenschwer sein wird.

Auf dieser Sitzung zeigten sich anschaulich die grundlegenden Meinungsverschiedenheiten zwischen dem Vorsitzenden des Ministerrats und uns in der Einschätzung der Ereignisse im Land und der Verhaltensweise der Regierung. Eine solche Situation ist zu jeder Zeit unzulässig, in diesen Tagen aber verhängnisvoll.

Unter diesen Bedingungen verlieren wir die Möglichkeit und den Glauben, Euch zu Eurem und der Heimat Nutzen dienen zu können.
Eurer Kaiserlichen Majestät treue Untertanen:

Pjotr Charitonow
Alexander Kriwoschejin[1]
Sergej Sasonow
Pjotr Bark[2]
Fürst Nikolai Schtscherbatow[3]
Alexander Samarin
Graf Pawel Ignatjew[4]
Fürst Wsewolod Schachowski[5]

1 Alexander Wassiljewitsch Kriwoschejin (1857-1921) – Hofmeister, Staatssekretär, 1908-1915 Hauptverwalter für Flurbereinigung und Landwirtschaft, Leiter der Adels- und Bauernbank. Vollzog die Stolypinsche Reform.
2 Pjotr Lwowowitsch Bark – Mitglied des Staatsrats, 1914-1917 Finanzminister.
3 Nikolai Borissowitsch Schtscherbatow – Fürst, Kammerherr, Leiter der Pferdezucht. Von Juni bis Ende September 1915 Verwalter des Innenministeriums.
4 Pawel Nikolajewitsch Ignatjew – Graf, Stallmeister, Berater des Hauptverwalters für Flurbereinigung und Landwirtschaft, seit Januar 1915 Verwalter des Verteidigungsministeriums, danach Minister bis zum 27. Dezember 1916.
5 Wsewolod Nikolajewitsch Schachowski – Graf, Hofmeister, seit Februar 1915 Verwalter des Handels- und Industrieministeriums.

Bestand 601/1/620.

Zaren-Befehl an Armee und Flotte, 6. September 1915

Mit dem heutigen Tag habe Ich den Oberbefehl über alle Land- und Seestreitkräfte auf dem Kriegsschauplatz übernommen.

In festem Glauben an die Gnade Gottes und mit unerschütterlicher Zuversicht in den Endsieg werden wir unsere heilige Pflicht der Verteidigung der Heimat bis zuletzt erfüllen und unserem Russischen Land keine Schande machen.

Nikolaus

5. September, Sonnabend

Um 10 Uhr verabschiedete ich mich von der teuren Alix und den Kindern und machte mich auf den Weg. Möge Gott meine Reise und meine Entscheidung segnen!

6. September, Sonntag

Habe gut geschlafen. Der Morgen war verregnet, am Nachmittag besserte sich das Wetter und es wurde sehr warm. Um 3.30 kam ich in meinem Hauptquartier einen Werst von Mogiljow entfernt an. Nikolascha erwartete mich. Ich sprach mit ihm, empfing General Alexejew[1] und nahm seinen ersten Bericht entgegen. Alles verlief gut! Nachdem ich Tee getrunken hatte, besichtigte ich die Umgebung. Der Zug steht in einem kleinen dichten Wald. Hatten Dinner um 7 1/2. Danach ging ich noch spazieren, der Abend war hervorragend.

7. September, Montag

Erwachte gegen 9 Uhr. Der Morgen war so herrlich im Wald. Nach dem Tee fuhr ich nach Mogiljow in die Kathedrale und von dort zum Haus der Gouvernementsverwaltung, in dem General Alexejew, der Stab und die Verwaltung des Generalquartiermeisters untergebracht sind. Nach der Berichterstattung ging ich zum Haus des Gouverneurs, in dem Nikolascha wohnt.

Ich unterzeichnete die Abberufung und den Befehl an die Armee, dass ich den Oberbefehl mit dem gestrigen Tag übernommen habe. Der Herr führe und erleuchte mich! Kehrte vor dem Frühstück zum Hauptquartier zurück. Am Tag machte ich einen Spaziergang auf die andere Seite der Gomeler Chaussee und ging im Wald spazieren. Am Abend kam Regen auf. Würfelte.

8. September, Dienstag

Um 10 Uhr war im Stab eine längere Lageberichterstattung; kehrte zum Frühstück zum Zug zurück. Habe lange gelesen und einen anderthalbstündigen Spaziergang durch den Wald und hinter der Eisenbahnstrecke gemacht. Nach dem Tee fuhr ich zum Bahnhof, um Nikolascha und Petjuscha zu verabschieden. Sie reisten um 6 Uhr zu seinem Landsitz in Perschino ab.

Habe Alix geschrieben. Abends habe ich gewürfelt.

Erhielt von Generaladjutant Iwanow den Bericht über den großen Sieg unserer 11. Armee bei Tarnopol, bei dem mehr als 150 Offiziere, 7000 Unteroffiziere und Soldaten und 30 Geschütze zweier deutscher Divisionen gefangengenommen und erbeutet wurden. Gott sei gedankt für diesen Teilsieg.

1 Michail Wassiljewitsch Alexejew (1857-1918) – Generaladjutant, General der Infanterie. Vor dem Ersten Weltkrieg Befehlshaber des 13. Armeekorps. Nach Kriegsbeginn Stabschef der Südwestfront, ab März 1915 Oberbefehlshaber der Truppen der Nordwestfront, seit 6. September 1915 Stabschef des Obersten Befehlshabers. Nach der Februarrevolution bis Mai 1917 Oberster Befehlshaber.

Bestand 601/1/263, Bl. 71-74.

Aus den Memoiren von P. K. Kondserowski[1]

Endlich kam der Tag der Ankunft seiner Majestät.

Für den Fall, dass der Herrscher den Zug nicht verlassen will, wurde ein Nebengleis verlegt, auf dem der Zarenzug im Garten des hinter dem Bahnhof liegenden Landguts abgestellt werden konnte.

Nach dem Empfang auf dem Sonderbahnsteig gab es bald darauf im Zug des Herrschers ein Frühstück. Die Stimmung aller Anwesenden war sehr bedrückt, nur der Herrscher und Zar war so wie immer, als ob nichts Besonderes geschehen wäre. Dank seiner kolossalen Beherrschung ließ sich auch der Großfürst nicht anmerken, in welchem Gemütszustand er sich befand.

Beim Essen redeten nur der Herrscher und Zar und der Großfürst, die anderen Anwesenden, einschließlich der Suite, schwiegen. Beiläufig fragte der Großfürst den Herrscher, wann er ihm gestatte, das Hauptquartier zu verlassen, er sei bereit und könne schon morgen fahren. Hierauf sagte Seine Majestät: „Nun, warum denn morgen, das erweckt den Eindruck, als ob du vor mir fortläufst. Bleib noch einen Tag." So wurde es dann vereinbart. [...]

Beim Dinner war dann, wenn man es so ausdrücken kann, die Atmosphäre bereits nicht mehr so gereizt wie beim Frühstück. Eine gewisse Entspannung war eingetreten, und besonders fröhlich und lebhaft gaben sich der Herrscher und der Großfürst. Doch ich merkte dem Großfürsten deutlich an, dass seine Lebhaftigkeit und sein Lachen gekünstelt waren, ihm war natürlich nicht nach Lachen zumute. Dafür gab sich der Herrscher wirklich ungezwungen und natürlich und war bester Stimmung. [...]

Seine Abreise wollte der Großfürst möglichst diskret gestalten, um jegliche Treuebekundungen von Mitarbeitern des Stabs für ihn zu vermeiden. Zum Bahnhof durften nur die höchsten Chargen des Stabs kommen. Nach der Verabschiedung verließ er das Gouverneurshaus und bestieg den Wagen, um zum Bahnhof zu fahren. Das Auto war sofort von ihm nacheilenden Mitarbeitern des Stabs umringt, die ihren früheren Obersten Befehlshaber mit besten Wünschen und „Hurra"-Rufen verabschiedeten.

Auf dem Bahnsteig drückte der Großfürst jedem von uns zum Abschied kräftig die Hand. Der Herrscher und Zar kam kurz vor Abfahrt des Zuges, um sich zu verabschieden, und alles verlief wie vorgesehen.

1 Pjotr Konstantinowitsch Kondserowski – Generalleutnant, diensthabender General beim Obersten Befehlshaber.

Nach: P. K. Kondserowski. Im Hauptquartier des Obersten Befehlshabers (1914-1917). Paris 1967, S. 71-73.

Aus den Memoiren von G. I. Schawelski

Der Herrscher und der Thronfolger im Zarenhauptquartier Mogiljow

Nach dem Umzug in den Gouverneurspalast bezog der Herrscher in der oberen Etage die für ihn bereits vom Großfürsten reservierten Räume hinter dem Salon. Das erste Zimmer wurde das Arbeitszimmer des Herrschers, das zweite sein Schlafzimmer. Hier im ersten Stock des Palastflügels, der auf der einen Seite zum Hof und auf der anderen Seite zum Garten lag, waren auch Graf Frederiks und General Wojejkow untergebracht, die jeweils ein Zimmer bewohnten. Im Erdgeschoss, in den früheren Zimmern des Großfürsten, wohnten im ersten Professor Fjodorow und im zweiten Admiral Nilow. Die früheren Räume des Stabschefs bezog der Leiter der Feldkanzlei. Ebenfalls im Erdgeschoss waren Fürst Dolgorukow, Graf Scheremetjew und einige andere untergebracht.

Der Herrscher stand um 9 Uhr morgens auf; nach der Morgentoilette und dem Morgengebet wurde er von den Angehörigen der Suite zum

Tee im Speisesaal erwartet. Um 11 Uhr ging er zur Berichterstattung in den Stab. [...]

Am ersten, operativen Teil der Berichterstattung nahmen nicht nur der Generalquartiermeister, sondern auch der diensthabende Stabsoffizier des Generalstabs teil. Danach blieb der Herrscher mit General Alexejew allein, und sie erörterten und entschieden dann alle die Armee betreffenden Fragen, und das waren viele. Der Herrscher kehrte gegen 12 1/2 in den Palast zurück, manchmal erst wenige Minuten vor dem Frühstück.

Mit dieser einstündigen Berichterstattung erschöpfte sich praktisch die Arbeit des Herrschers als Oberster Befehlshaber. Von seiner Beteiligung an der eigentlichen strategischen Arbeit konnte natürlich nicht die Rede sein. Sie wurde vom Stabschef mit seinen Beratern geleistet, während dem Herrscher fertige Entwürfe oder Beschlüsse unterbreitet wurden, die er annehmen oder ablehnen konnte. Sonderberichte des Stabschefs wurden fast nie gegeben. [...]

Nach dem Frühstück empfing der Herrscher den Minister des Kaiserlichen Hofs und andere Minister, die sich im Hauptquartier aufhielten. Gegen 3 Uhr unternahm er einen Spaziergang, immer in Begleitung.

Von 5 bis 6 Uhr gab es Tee, wonach der Herrscher bis zum Dinner Minister zur Berichterstattung empfing und Briefe schrieb. Um 7 1/2 begann das Dinner; nach dem Essen unterhielt er sich bis 9 Uhr abends mit den geladenen Gästen. Dann beschäftigte er sich mit dienstlichen Angelegenheiten. Um 10 Uhr abends wurde nochmals Tee gereicht, wonach man sich, wenn nichts Dringendes vorlag, mit Spielen die Zeit vertrieb. [...]

An allen Sonn- und Feiertagen und den Tagen zuvor besuchte der Herrscher die Stabskirche. Abweichungen von dieser Regel waren sehr selten und immer begründet. [...]

Nach seiner ersten Reise aus dem Hauptquartier nach Zarskoje Selo Anfang Oktober brachte der Herrscher den Thronfolger mit nach Mogiljow. Der Thronfolger wurde von seinen Erziehern Geheimrat P. W. Petrow, dem Franzosen Gilliard, dem Engländer Mr. Gibbs und dem ihn betreuenden Matrosen Derewenko begleitet. Die drei Erstgenannten waren auch die Lehrer des Thronfolgers. Alexej Nikolajewitsch war seit dieser Zeit Mitglied unserer Stabsfamilie.

Ich begegnete ihm jeden Tag zweimal im Palast, beobachtete seine Einstellung zu anderen Menschen, seine Spiele und kindlichen Späße. Damals fragte ich mich oft: Was wird er für ein Monarch? Nachdem sein Leben so tragisch endete, noch bevor er sich als Mensch richtig entwickeln konnte, ist meine damalige Frage ebenso spekulativ wie hinfällig. [...]

Alexej Nikolajewitsch frühstückte immer an der gemeinsamen Tafel, wobei er links vom Herrscher saß. Das Mittagessen nahm er stets mit seinen Erziehern ein. Bei schönem Wetter nahm er an den Spaziergängen teil, und er begleitete den Herrscher auch immer zum Gottesdienst.

Im Sommer 1916 führte Alexej Nikolajewitsch fast täglich im Stadtpark neben dem Palast Manöver mit seiner „Lehrkompanie" durch, die aus hiesigen Gymnasiasten seines Alters bestand. An dem Spiel waren bis zu 25 Jungen beteiligt. Zur festgelegten Stunde trafen sie sich im Park, begrüßten den Thronfolger bei seinem Eintreffen militärisch und marschierten parademäßig vor ihm.

Im Sommer hatte der Thronfolger noch einen anderen Zeitvertreib, der seine Vorliebe für militärische Übungen und seine zärtliche Liebe für den Vater offenbarte. Vor dem Erscheinen des Vaters zum Morgentee stellte sich Alexej Nikolajewitsch mit Gewehr „auf Posten" am Zelteingang auf, erwies dem eintretenden Herrscher die militärische Ehre und blieb auf Posten, während der Herrscher Tee trank. Wenn dieser wieder aus dem Zelt kam, salutierte Alexej Nikolajewitsch erneut und verließ erst dann seinen „Posten". [...]

Wenn die Herrscherin mit den Töchtern ins Hauptquartier kam, änderte sich das Leben im Palast. Dann nahm die ganze Zarenfamilie am Frühstück teil. Die Zarin kam als erste aus dem Arbeitszimmer, immer elegant, schön und stolz, aber auch immer mit gramvollem Gesicht. Selbst ihr Lächeln war gequält. Neben ihr wirkte der Herrscher klein, gar nicht majestätisch. Nach dem Frühstück widmete sich der Zar seinen Gästen, während die Zarin neben dem Fenster Platz nahm und über eine ihrer Töchter, Olga oder Tatjana, einen der Gäste zu sich kommen ließ und sich mit ihm unterhielt. Zum Dinner wurde niemand geladen, da blieben der Zar und seine Familie unter sich. Die Zarin wohnte mit ihren Töchtern im Zug. [...]

Es waren und sind noch viele Gerüchte im Umlauf, dass es im Eheleben von Zar und Zarin Konflikte und Misshelligkeiten gegeben habe. Wer sie jedoch aus der Nähe gekannt, ihre Beziehungen zueinander und zu den Kindern gesehen, nur ein wenig ihre Charaktere und Ansichten studiert hat, der wusste, dass sich dieses Paar durch in unseren Tagen seltene treue Liebe auszeichnete.

Bestand 1486/1/5, Bl. 270-286, 289-292.

Zar Nikolaus II. an seine Mutter, Zarenwitwe Maria Fjodorowna

Zarskoje Selo 2. August 1916

Meine liebe Mama,

von ganzem Herzen gratuliere ich Dir zu Deinem Namenstag und wünsche Dir Gesundheit, alles Gute und Freude!

Heute sind zwei Jahre seit Beginn dieses schrecklichen Krieges vergangen! [...] Jetzt lebe ich mehr als je zuvor im Geist vereint mit unseren unvergleichlichen Truppen dort an der Front. In wenigen Tagen beginnt erneut eine große Schlacht; die Garde hat sich bereits beteiligt und wie immer heldenhaft geschlagen. Die Zahl der Kriegsgefangenen seit dem 22. Mai ist gewaltig!

Als wir uns in Kiew am 8. Mai auf dem Bahnhof trafen, konnte niemand ahnen, dass die Ereignisse sich so schnell entwickeln würden und Gott uns mit einem solchen Erfolg segnen würde! Ich freue mich für Brussilow und seine tapfere Armee[1].

Wir sind gesund. Wir wurden gegen Pocken geimpft, was mich gesundheitlich belastet hat, aber jetzt vergeht.

Ich umarme Dich fest und zärtlich, meine liebe Mama.

Christus sei mit Dir! Dein Dich innig liebender Nicky

1 Während der Offensive an der Südwestfront vom 4. Juni bis 13. August 1916 durchbrachen die russischen Truppen unter Befehl von General A. A. Brussilow die Verteidigungsstellungen der österreichisch-ungarischen Armee und eroberten beträchtliches Territorium. Bei der Offensive, die den Namen Brussilow-Durchbruch erhielt, verlor der Gegner an die 1,5 Millionen Mann.

Bestand 642/1/2332, Bl. 76-77.

Grossfürst Michail Alexandrowitsch an seinen Bruder, Zar Nikolaus II.

Gatschina 11. November 1916

Teurer Nicky!

Vor einem Jahr, bei dem Gespräch über unsere innere Lage, hast Du mir erlaubt, Dir offen meine Gedanken darzulegen, wenn ich es für erforderlich halte. Dieser Zeitpunkt ist jetzt gekommen, und ich hoffe, dass Du meine Beweggründe richtig verstehst und mir die scheinbare Einmischung in etwas verzeihst, was mich im Grunde nichts angeht. Glaube mir, dass ich mich in diesem Fall nur von brüderlichen Gefühlen und Gewissenszwang leiten lasse.

Ich bin zutiefst beunruhigt und bestürzt über das, was um uns herum geschieht. Der Stimmungswechsel von sehr monarchietreuen Menschen ist frappierend; praktisch von allen Seiten bemerke ich eine Denkweise, die mich ernsthaft nicht nur um Dich und das Schicksal unserer Familie, sondern auch um den Bestand der Staatsordnung fürchten lässt.

Der allgemeine Hass auf einige Personen, die Dir scheinbar nahestehen und der derzeitigen Regierung angehören, hat zu meiner Verwunderung die Rechten und Linken mit den Gemäßigten vereint, und dieser Hass, diese Forderung nach Veränderung, werden bereits bei jeder Gelegenheit offen geäußert.

Denke bitte nicht, dass mich jemand zu diesen Zeilen an Dich veranlasst hat. Ich habe mich bemüht, diese Empfindungen in Gesprächen mit Menschen unterschiedlicher Kreise und loyalen Personen, deren Monarchietreue und Ergebenheit außer Zweifel stehen, zu überprüfen, und meine Befürchtungen haben sich leider bestätigt.

Ich bin überzeugt, dass wir auf einem Vulkan stehen und schon der kleinste Funke, der kleinste falsche Schritt eine Katastrophe für Dich, für uns alle und für Russland auslösen kann.

Bei meiner Unerfahrenheit wage ich nicht, Dir Ratschläge zu geben, ich will niemand kritisieren. Doch mir scheint, dass Du mit einer Entscheidung, die am meisten gehassten Personen zu entlassen und sie durch ehrliche Leute zu ersetzen, denen gegenüber die Gesellschaft, und das ist jetzt ganz Russland, keine Bedenken hat, einen wirklichen Ausweg aus unserer Lage findest, und Du damit natürlich sowohl im Staatsrat als auch in der Duma Unterstützung erhältst, die darin kein Zugeständnis, sondern den einzig richtigen Ausweg aus dieser Lage im Namen des gemeinsamen Sieges sehen. Mir scheint, dass Personen, die Dich auf den entgegengesetzten Weg drängen, d. h. zum Konflikt mit der Vertretung des Landes, sich mehr um die eigene Position als um Dein und Russlands Schicksal sorgen. Halbe Maßnahmen in diesem Fall verlängern nur die Krise und vertiefen sie.

Ich bin überzeugt, dass Dir alle unsere Verwandten diese Darlegungen bestätigen können, die mit der Stimmung im Land und der Gesellschaft auch nur etwas vertraut sind. Ich befürchte, dass diese Stimmung bei Dir im Hauptquartier nicht so stark empfunden und verspürt wird, was vollkommen verständlich ist; die meisten der anreisenden Berichterstatter wahren ihre persönlichen Interessen und sagen nicht die harte Wahrheit.

Verzeih mir nochmals die offenen Worte; doch ich werde den Gedanken nicht los, dass jede Erschütterung im Innern Russlands zu einer Katastrophe im Krieg führen kann.

Deshalb habe ich mich, so schwer es mir auch fällt, aus Liebe zu Dir dazu entschlossen, Dir ohne Vorbehalt alles zu sagen, was mich beunruhigt.

Ich umarme Dich fest, teurer Nicky, wünsche Dir Gesundheit und Kraft.

Dein Dich innig liebender

Mischa.

Bestand 601/1/1310, Bl. 156-160.

9 Rasputin

Der Name Rasputin ist vielen Menschen zweifellos ein Begriff, auch wenn sie in Geschichte nicht sehr bewandert sind. Als Held Dutzender Spielfilme und Romane verkörpert er im Bewusstsein mehrerer Generationen eine ambivalente Gestalt, die teils an einen mittelalterlichen Narren, teils einen lüsternen Satyr erinnert. An diesem Mann war vieles absonderlich – sein Äußeres, seine Art sich zu kleiden und zu sprechen. Fürst Felix Jussupow, der Rasputin ums Leben brachte, erinnerte sich an ihn wie folgt: „Ich hatte unwillkürlich eine Abneigung gegen ihn, sein Äußeres hatte etwas Abstoßendes. Er war mittelgroß, untersetzt und hager, hatte sehr lange Arme. [...] Sein Gesicht mit dem verfilzten Bart war das eines gewöhnlichen Bauern, oval, mit groben unschönen Zügen und langer Nase. [...] Was auffiel, war seine Körperhaltung. Er schien sich ungezwungen zu bewegen, doch gleichzeitig drückte sein ganzer Körper eine gewisse Vorsicht, Misstrauen und Wachsamkeit aus. Aus seinen hellen, tiefsitzenden Augen blitzten Aufmerksamkeit und Argwohn."

Grigori Rasputin wurde im Januar 1869 in einer alteingesessenen Bauernfamilie im Dorf Pokrowskoje, Gouvernement Tobolsk, geboren. Die Landwirtschaft aber wurde nicht sein Fall, der unter den Landsleuten als Pferdedieb und Wüstling bekannt war. Man schlug ihn mehrmals halbtot, als er beim Stehlen erwischt wurde, doch er erholte sich stets und machte weiter wie bisher.

Noch eine Besonderheit unterschied Rasputin von anderen. Schon als Kind besaß er seherische Fähigkeiten und konnte wahrsagen. Auf dem Lande gab es für solche Wunder im Russland des 19. Jahrhunderts nur eine Erklärung – der Segen des Allmächtigen hatte das Menschenkind mit dieser heiligen Gabe bedacht. Rasputin glaubte felsenfest und leidenschaftlich an seine Berufung. Er versuchte, die Erklärung für seine

Begabung in der christlichen Lehre zu finden, die er mit der naiven Einfalt eines unwissenden, aber sehr gescheiten Menschen in sich aufnahm.

Bald schloss sich Rasputin der Sekte der Chlysten (Geißler) an, die eine aus Gedankengut der Rechtgläubigkeit, unverhohlener Erotik und Schamanentum kombinierte Religion praktizierte. Die gemeinsamen exaltierten Gebetsstunden, das sogenannte Eifern, gingen mit zügellosem Tanz einher und endeten in der Regel in Orgien. Die orthodoxe Kirche und die Behörden bekämpften die chlystische Ketzerei, konnten sie aber nicht völlig unterbinden.

Für den vitalen und unternehmungslustigen Rasputin wurde das Heimatdorf bald zu klein. Er verließ seine Familie – er war bereits verheiratet und hatte drei Kinder – und begab sich auf eine lange Wanderschaft. Rasputin unternahm Pilgerreisen zu verschiedenen Klöstern und heiligen Stätten, weilte sogar bei den Mönchen auf dem Heiligen Berg Athos in Griechenland; 1903 kam er schließlich nach Petersburg.

Hier gelang es Rasputin, das Vertrauen der Kirchenobersten zu gewinnen, die nun die Talente des aus der Provinz gekommenen Starez – wie man in Russland einen Heiligen und Einsiedler nannte – für ihre Zwecke nutzen wollten.

Wie kam es, dass eine so ungewöhnliche Persönlichkeit wie Grigori Rasputin bis in höchste Kreise der Gesellschaft gelangen konnte? In den aristokratischen Salons herrschte damals eine Vorliebe für Mystik, Spiritismus und alles Russische und Urwüchsige. Eine nicht unwesentliche Rolle spielten auch der Wunsch nach neuer Unterhaltung und der amüsante Anblick, den der ungewöhnliche Gesprächspartner in Bauernstiefeln und rotem Russenhemd, um das ein Strick gegürtet war, bot. Dieser Kleidung bediente sich damals auch eine andere Berühmtheit, die aus dem Volk stammte – der Schriftsteller Maxim Gorki.

Doch es gab einen gewichtigeren, bereits mehrfach erwähnten Grund, der Rasputin an den Zarenhof führte: Die Krankheit des Thronfolgers Zarewitsch Alexej veranlasste Alexandra Fjodorowna, die durch ihre Tochter, Großfürstin Anastasia, von den Wundern Rasputins gehört hatte, ihn zu ihrem kranken Sohn holen zu lassen.

Fjodor Dostojewski reflektiert in dem Roman „Die Brüder Karamasow" über das Wesen des Starzentums: „Was ist ein Starez? Einer der Seele und Willen eines anderen in seine Seele und in seinen Willen aufnimmt. Wer sich einen Starez erwählt, verzichtet auf seinen eigenen Willen und ordnet sich ihm in voller Selbstverleugnung und vollem Gehorsam unter. Wer dieses Gelübde ablegt, nimmt eine schwere, lange

Prüfung, eine furchtbare Lebensschule freiwillig auf sich in der Hoffnung, schließlich sich selbst zu überwinden und sich so weit beherrschen zu lernen, dass er zuletzt durch lebenslänglichen Gehorsam die vollkommene Freiheit, d. h. die Befreiung von sich selbst erlangt und dem Schicksal derer entgeht, die ihr ganzes Leben nicht zu sich selbst finden." Diese Beschreibung hilft, das Geheimnis Rasputins und die Reaktion derer, die an ihn glaubten, zu verstehen.

Am 1.November 1905 schrieb Nikolaus II. in sein Tagebuch: „Wir haben den Gottesmann Grigori aus dem Gouvernement Tobolsk kennengelernt."

In Russland standen seit Jahrhunderten heilige Mönche („Starzy") in dem Ruf, Menschen von Krankheiten und Gebrechen heilen zu können. Das Geheimnis dieser Kunst liegt in verlorengegangenen Rezepturen der Volksmedizin, in mündlich von Generation zu Generation weitergegebenen Beschwörungen, in der Kenntnis von Heilpflanzen und in handwerklichen Heilmethoden ländlicher Knocheneinrenker.

Rasputin verfügte außerdem über phänomenale psychohypnotische Fähigkeiten, an die sich noch Jahre später Augenzeugen seiner „Seancen" erinnerten. Der Einfluss von Hypnose auf den Verlauf der Hämophilie ist nicht erforscht, aber es ist bekannt, dass sich Mediziner von heute bei einigen chirurgischen Eingriffen an Blutern, wie beispielsweise beim Zähneziehen, suggestiver Methoden bedienen. So auch damals Rasputin. Nach Aussagen des Doktors der tibetischen Medizin Badmajew geschah es etwa, dass der Starez in Alexejs Zimmer ein Rad schlug, der Zarewitsch vor Staunen erstarrte und seine Schmerzen vergingen. Die Mutter des Jungen, die von den Ärzten keine Hilfe mehr erwartete, hoffte verzweifelt auf ein Wunder. Dieses Wunder war für sie Grigori Rasputin. Bei einem sehr schweren Ausbruch der Krankheit im Zarengut Spala, als die Ärzte den Jungen praktisch schon aufgegeben hatten, lächelte die vor Kummer ganz verzehrte Alexandra Fjodorowna plötzlich wieder. Auf die erstaunten Fragen nach dem Warum antwortete sie ruhig: „Die Ärzte haben zwar noch keine Besserung festgestellt, doch ich bin nicht mehr beunruhigt. Heute nacht erhielt ich ein Telegramm von Vater Grigori, das mich völlig beruhigt hat." In dem Telegramm Rasputins stand: „Gott hat Deine Tränen gesehen und Deine Gebete gehört. Mach Dir keine Sorgen. Dein Sohn wird leben."

Abends pflegte Rasputin im Schlafzimmer des Zarewitsch lange halblaut Märchen zu erzählen, er besprach die Krankheit und strich ihm über den Kopf. Der von den Schmerzen erschöpfte Knabe schlief ein,

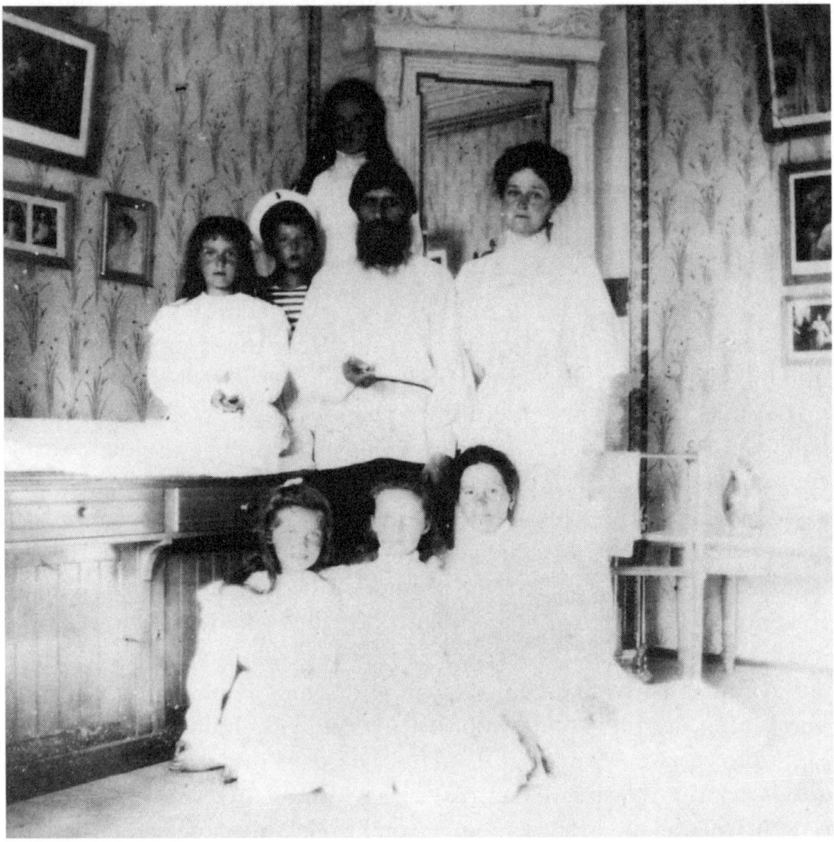

Gruppenbild in den Gemächern der Zarin: der „heilige Mönch" Grigori Rasputin im Kreis der weiblichen Familienmitglieder. Rechts neben ihm Zarin Alexandra Fjodorowna, links neben ihm Zarentochter Anastasia und Thronfolger Zarewitsch Nikolai, darüber Zarentochter Olga. Vordere Reihe von links die Zarentöchter Maria und Tatjana sowie Kinderfrau Wischnjakowa. Aufnahme von 1911.

und bald konnte Rasputin sogar per Telefon die Schmerzanfälle des Zarewitsch lindern, ihm Erleichterung und Schlaf verschaffen.

Natürlich wurden diese Heilmethoden und Wunder sehr unterschiedlich aufgenommen. Leibarzt J. S. Botkin entfernte die Zettel und Beschwörungen, die der Starez unter das Kopfkissen des Zarewitsch legte, rigoros. Der Lehrer des Thronfolgers Pierre Gilliard war der Meinung, dass Rasputin von Anna Wyrubowa über den Krankheitsverlauf informiert werde und dann am Bett des Kranken erschien, wenn die Krankheit bereits im Abklingen war.

Gerüchte – nicht selten gemischt mit zusätzlichen Erfindungen – über das Verhalten Rasputins am Zarenhof empörten die Gesellschaft immer mehr, dazu kamen noch Klatsch und Tratsch über die Liebesabenteuer des Starez. Zweifellos erlagen besonders Frauen den starken hypnotischen Fähigkeiten Rasputins. Der namhafte Psychiater W. M. Bechterow erklärte das mit der erotischen Anziehungskraft des „wilden" Mannes: „Wenn man eine Erklärung sucht, warum sich Damen der höchsten Gesellschaft dem ungeschlachtenen Bauern Rasputin hingaben, dann muss man berücksichtigen, dass es neben der gewöhnlichen noch die sexuelle Hypnose gibt, die der Starez Rasputin offensichtlich perfekt beherrschte."

Nach Aussagen des Polizei-Bezirksvorstehers Oberstleutnant Semjonow führte sich Rasputin in Moskau wie ein abscheulicher sexueller Psychopath auf. Sein schlechter Ruf war Grigori Rasputin natürlich nicht genehm, zumal auch sein Name (Rasputin: Wüstling) haüfig Anlass für Anspielung auf seinen Lebenswandel bot. 1911 ersuchte er den Zaren deshalb um die Genehmigung, seinen Familiennamen in Nowych zu ändern. „Nowy" (der Neue) hatte der kleine Zarewitsch gesagt, als er Rasputin zum erstenmal sah.

Zweifellos war der Einfluss Rasputins auf den Zaren bei weitem nicht so groß, wie häufig behauptet wird. Nikolaus II. sagte einmal über Rasputin: „Er ist nur ein guter, religiöser, aufrichtiger russischer Mensch. Nach Gesprächen mit ihm fühle ich mich immer befreit von meinen Sorgen und Zweifeln und in Frieden mit mir selbst."

Wiederholt hat Nikolaus ihn nach besonders spektakulären Skandalen aus Petersburg ausgewiesen. Aber wenn sich die Krankheit des Zarewitsch verschlimmerte, wurde Rasputin jedes Mal wieder an den Zarenhof, an das Bett des kranken Kindes, zurückgeholt.

Der Einfluss Rasputins auf Alexandra Fjodorowna war weitaus stärker. Sie war leicht beeinflussbar und neigte zu religiösem Mystizismus,

Grigori Rasputin, der Starez. Er wurde am 30. Dezember 1916 ermordet.

Zarin Alexandra Fjodorowna (rechts) mit ihren Töchtern Olga und Tatjana sowie der Hofdame Wyrubowa an der Grabstelle von Grigori Rasputin, Anfang Januar 1917.

weshalb sie Rasputin uneingeschränkt glaubte. „Unser Freund“ und „Mann Gottes“ nannte sie ihn in ihren Briefen. Auf die zahlreichen gegen Rasputin erhobenen Anschuldigungen hatte die Zarin nur eine Antwort: Heilige werden immer verleumdet. Mehr noch, wer es wagte, den Starez zu kritisieren, fiel unweigerlich bei ihr in Ungnade. Alexandra Fjodorowna entzweite sich sogar mit ihrer ältesten Schwester Jelisaweta, die die Zarin überzeugen wollte, Rasputin wegzuschicken.

Nach der Abreise des Zaren ins Hauptquartier wurde Rasputins Einfluss noch größer. Er fand nun auch Gefallen an politischen Intrigen. Dokumente belegen zweifelsfrei, dass er bei der Ablösung von Ministern, höchsten Beamten und Hierarchen der orthodoxen Kirche die Hand im Spiel hatte. Doch im Unterschied zu anderen politischen Intriganten verfolgte Rasputin keine eigennützigen Ziele, und bei der Lösung einiger prinzipieller Fragen muss man ihm sogar ein vernünftiges Agieren bescheinigen. Seine aktive, auf einen baldigen Frieden mit Deutschland gerichtete Haltung hätte den Verlauf der Weltgeschichte erheblich ändern können. Im Gespräch mit dem französischen Botschafter sagte Rasputin einmal: „Es gibt allzu viele Tote, Verwundete, Witwen, Waisen, zu viele Zerstörungen, zu viele Tränen. [...] Ich habe Dörfer, große Dörfer gesehen, in denen es nur Trauer gibt. Und die, die aus dem Krieg zurückkehren, Gott im Himmel, was ist aus ihnen geworden – Krüppel, Einarmige, Blinde! In den nächsten zwanzig Jahren wird man auf russischem Boden nur Kummer ernten.“

Im Juni 1915 versuchte Rasputin über die Zarin, Nikolaus II. davon zu überzeugen, die Einberufung der Reservisten des zweiten Aufgebots in die aktive Armee zu verhindern. Einige Historiker deuten das zwar als Versuch, den eigenen Sohn vor der Einberufung zu retten, aber dies hätte der Starez zweifellos leichter erreichen können.

Je aktiver sich Rasputin in die Politik einmischte, umso mehr Feinde machte er sich. Der Hass auf Rasputin vereinte Monarchisten, Konstitutionelle und Liberale. Auf ihn wurden Attentate verübt. Am 30. Dezember 1916 wurde Grigori Rasputin schließlich von einer Gruppe von Verschwörern ermordet, der Großfürst Dmitri Pawlowitsch, Fürst Felix Jussupow und der Monarchist Wladimir Purischkewitsch, Deputierter der Reichsduma, angehörten. Dieser Mord wurde in ganz Russland wie ein Festtag begangen. Unbekannte Menschen gratulierten sich auf den Straßen zur Befreiung von Rasputin, Zeitungen brachten enthusiastische Schlagzeilen, die Attentäter wurden wie Volkshelden gefeiert, man hegte wieder Hoffnung. Aber das Jahr 1917 stand bereits vor der Tür...

Dokumente

Grigori Rasputin an die Zarenfamilie (1905-1916)
(Briefe und Telegramme, von der Zarin in ein gesondertes Heft übertragen)

1905

Väterchen Zar!

Angekommen in dieser Stadt aus Sibirien, möchte ich Dir die Ikone des Hl. Gerechten Simeon Werchoturski des Wundertäters, der bei uns so verehrt wird, widmen, in dem Glauben, dass der Hl. Gerechte Dich alle Tage Deines Lebens behütet und Dir bei Deiner Pflicht zum Nutzen und zur Freude Deiner treuen untertänigen Söhne hilft.

6. Mai 1908 [40. Geburtstag von Nikolaus II.]

An den Zaren

Gelobt sei dieser Festtag! Gott ist gnädig, und seine große Gnade ruht auf uns. Er hat das Wunder vollbracht, uns aus der Dunkelheit geführt und das wahre Licht gezeigt. Ja, die ganze Welt freute sich, die Völker priesen die frohe Kunde Deiner Geburt vom Ende zum Ende der Welt. Tag für Tag mehrt sich Gottes Segen, alle Völker wünschen Dir ein langes Leben, der Herr möge unser Väterchen Zar immer wundersam behüten wie eine liebende Mutter ihr Kind. Ruhm und Ehre sei Gott in der Höhe, denn Gott ist allmächtig, und wir sind sein Volk.

Februar 1909

An die Hochwohlgeborenen Kinder

Liebste Kinderlein! Danke für das Andenken, die süßen Worte, das reine Herz und die Liebe für den Gottesmann. Liebt Gottes Natur, die von ihm geschaffene Erde. Auch die Gottesmutter hat sich immer für Blumen und Handarbeit interessiert.

6. Mai 1909 [41. Geburtstag von Nikolaus II.]

An den Zaren

Diesen freudenreichen Tag haben wir ungeduldig erwartet. Damals kam Freude auf, als vom Himmel die Botschaft von der Geburt des Erlösers verkündet wurde. Auch die heutige Freudenbotschaft lautet: „Uns ist in Russland der Selbstherrscher und in Christi Gesalbte geboren."

1911

An die Großfürstentochter Maria Nikolajewna

Meine kostbare Perle M.! Sage mir, wie Du mit dem Meer, mit der Natur gesprochen hast. Ich sehne mich nach Deiner aufrichtigen Seele. Bald werden wir uns sehen. Ich küsse Dich in Freundschaft.

Teure M.! Mein lieber Freund! Möge der Herr Euch helfen, das Kreuz mit Weisheit und Freude in Christi zu tragen. Wie auf dieser Erde Tag und Nacht wechseln, so ist es auch in der Welt.

Tjumen-Peterhof, 2. August 1914
[Tag der russischen Kriegserklärung]

An den Zaren

O mein Lieber, wir sind ihnen mit Liebe begegnet, doch sie haben die Schwerter gezogen und jahrelang gegen uns Übles getan. Ich bin fest überzeugt, aus eigener Erfahrung, dass dem Übeltäter jede Missetat und Tücke hundertfach heimgezahlt wird; Gottes Segen ist stark, unter seinem Schutz bleiben wir groß und mächtig.

Tjumen-Peterhof, 30. Juni 1914
[10. Geburtstag von Thronfolger Alexej]

An den Zarewitsch

Heil sei Deinem Tag und gepriesen Deine Schönheit und Weisheit, es lebe unser Jüngling und versetze unsere Feinde in Schrecken.

Tjumen-Peterhof, 17. August 1914

An die Zarin

Die Stunde der drohenden Gefahr ist gekommen, aber nicht zu fürchten. Gesegnet sei die Reise nach Moskau. Der Fuß des Kleinen [Alexej] wird gut.

Pokrowskoje-Zarenhauptquartier, 9. Sept. 1915

An den Zaren

Gerade habe ich den Sohn nach Christenart mit Brot und Salz verabschiedet und für die selbstlose Verteidigung der Heimat gesegnet. Die Tränen fließen, doch im Herzen ist Freude und Zuversicht; Gott im Himmel salbt jene, die ihr Leben Russland widmen.

Tjumen-Zarenhauptquartier, 12. Sept. 1915

An den Zaren

Der Anblick der versammelten Krieger ist erfreulich, ich habe für meine Kinder gebetet; Schutz und Fürbitte der Gottesmutter beschirme Dich und Deine Kinder.

Petrograd-Zarenhauptquartier, 4. Okt. 1915

An den Zaren

Fürchtet nicht die schreckliche Technik, Gottes Gnade ist unsere Festung. Dein Machtwort wird alle besiegen. Deine Hand ist für alle das Schwert.

Petrograd-Zarenhauptquartier, 22. Nov. 1916

An die Zarin

Alle Furcht ist nichtig, seid stark wie eine Festung. Des Menschen Wille kann Berge versetzen. Gottes Gnade ist mit Euch. Ausdauer führt zum Sieg, behauptet nur Eure Festung.

Petrograd-Zarskoje Selo, 23. Nov. 1916

An den Zaren

Wir alle sind Menschen und müssen miteinander kommunizieren. Doch von Menschen entwickelte Pläne sind keine Treppe der Vernunft. Sie sind eine Treppe, wenn die Menschen mit Sanftmut diskutieren und in ihrem Gesicht die Wahrheit leuchtet, dann ist es ehrenhaft zuzustimmen. Doch wenn in ihrem Gesicht Zwietracht und im Herzen Bosheit sind, dann ist das wie der Turmbau zu Babel. Die Vernunft gebietet dann, die eigenen Pläne zu befolgen und fremde zu missachten. Wir haben das Böse nicht zu fürchten, das Gute ist mit uns.

Petrograd-Zarskoje Selo, 23. Nov. 1916

An den Zaren

Glaubt dem Gottesmann, fürchtet Euch nicht. Ihr werdet alles heil und ganz Eurem Kleinen übergeben; wie vom Vater bekommen, so wird es auch der Sohn erhalten.

Zarskoje Selo-Zarenhauptquartier, 18. Dezember 1916

An den Zaren

Ihr gilt die besondere Verehrung unter allen wunderbar erschienenen Ikonen, weil sie die Kraft hat, Wunder zu tun, zu trösten und zu beruhigen, und Nikola der Helfer, der aus der Not befreit und alle Angriffe abwehrt, ist mit Dir. Achte nicht auf die Worte Kleingläubiger. Er segnet Dich mit seiner festen und machtvollen Hand. Es ist der Tag des Engels (Hl. Nikolaus).

Bestand 640/1/323, Bl. 5, 7, 20, 22, 38, 39, 40, 43-45, 94, 95.

Aus dem Untersuchungsbericht Nr. 13 „Dunkle Kräfte" der Ausserordentlichen Untersuchungskommission zur Ermittlung ungesetzlicher Amtshandlungen ehemaliger Minister und anderer hoher Amtspersonen. Petrograd 1917

Rasputin kam im Spätherbst 1904 nach Petersburg zum Rektor der Petersburger Geistlichen Akademie Bischof Sergij[1] mit einem Empfehlungsschreiben des inzwischen verstorbenen Vikars der Kasaner Eparchie Chrisanf[2], machte auf den damaligen inoffiziellen Beichtvater des Zaren und der Zarin Feofan[3] den Eindruck eines ehrwürdigen Starez und wurde von letzterem in den Freundeskreis von Miliza Nikolajewna eingeführt. Es lässt sich schwer sagen, inwieweit die Vermutungen einiger Zeugen zutreffen, dass Miliza Nikolajewna ahnte, welchen Einfluss Rasputin auf den Zaren und die Zarin, die nervlich labil waren und zu Mystizismus neigten, haben wird, und über Rasputin neuen Einfluss auf sie erlangen wollte. Auch wenn die Vermutung stimmte, so gingen Miliza Nikolajewnas Pläne jedoch nicht auf, denn bald nachdem die Zarenfamilie Rasputin kennengelernt hatte, war es mit ihrem Einfluss vorbei. Schwer zu sagen ist, welche Rolle Rasputin bei diesem Zerwürfnis der Zarenfamilie mit den Montenegrinerinnen spielte und ob die Wyrubowa recht hat, die hierzu folgendes aussagte: „Nachdem sich einerseits Miliza Nikolajewna als zu machtbesessen erwiesen hatte und uneingeschränkten Einfluss am Hof erlangen wollte, und andererseits die Lüge offenbar wurde, mit der diese Montenegrinerinnen vom Herrscher Geld für ihren Russland nicht wohlgesonnenen Vater Nikolai von Montenegro erpresst hatten, wobei sie dafür manchmal den Namen Rasputins ausnutzten und andeuteten, dass Rasputin dies so wolle, gingen der Herrscher und die Herrscherin auf Distanz zu ihnen. [...]" Sicher ist nur, dass mit dem schwindenden Einfluss der Montenegrinerinnen und ihrer Männer auf die Zarenfamilie der Einfluss Rasputins schnell zunahm und stärker wurde. Zar und Zarin nahmen ihn bei sich am Hofe auf und trafen sich mit ihm in dem kleinen Haus der Wyrubowa. Die Beziehungen Rasputins zur Zarenfamilie beschreiben am besten Auszüge aus Zeugenaussagen, von denen wir folgende zitieren:

1) Aussagen von Anna Alexandrowna Wyrubowa: „Er war oft bei der Zarenfamilie. [...] Der Herrscher und die Herrscherin nannten Rasputin einfach ‚Grigori', er nannte sie ‚Papa' und ‚Mama'. Bei den Begegnungen küssten sie sich, doch weder der Herrscher noch die Herrscherin küssten ihm jemals die Hand. [...] Wenn die Herrscherin oder der Thronfolger kränkelte, dann ließen sie Rasputin ans Krankenbett kommen oder baten ihn in einem Telegramm um Gebete. [...] Anfang 1916 kehrte der Herrscher unerwartet mit dem Thronfolger auf dem Weg ins Hauptquartier um, weil bei dem Thronfolger ein durch Hämophilie verursachtes unstillbares Nasenbluten eingesetzt hatte. Nach der Ankunft des Herrschers wurde sofort Rasputin gerufen. Ich war nicht dabei, aber aus Berichten des Herrschers und der Herrscherin weiß ich, dass Professor Fjodorow die Blutung nicht stoppen konnte, dann Rasputin erschien, den Thronfolger bekreuzigte, ihm über den Kopf strich und die Blutung auf wundersame Weise aufhörte. Die Ärzte, die den Thronfolger behandelten, sagten, dass der Thronfolger eine erbliche Neigung zu Blutungen infolge zu dünnwandiger Blutgefäße hat und diese niemals überwinden wird, während Rasputin sie beruhigte und behauptete, dass sich das verwachsen werde. Und tatsächlich hat sich das beim Thronfolger verwachsen. War dies etwa kein Grund, das Vertrauen und die Liebe der Eltern zu erwerben, die ihr Kind unendlich liebten? Rasputin wurde von allen Zarenkindern sehr geliebt – von den Großfürstentöchtern und dem Thronfolger. Ich erinnere mich, wie der Thronfolger weinte, als er erfuhr, dass Rasputin ermordet worden ist. ‚Papa, Papa', sagte er, ‚du musst diese Mörder bestrafen.'"

2) Aussagen des ehemaligen Innenministers Protopopow zu unterschiedlicher Zeit vor der Außerordentlichen Untersuchungskommission: „[...] Rasputin. Die Verbindung von Macht und Glauben. Ein ermächtigter Interpret ablaufender Ereignisse, ein Menschenkenner. Hatte großen Einfluß auf den Zaren, gewaltigen auf die Zarin. Nach Aussage der Zarin hat er sie gelehrt, zu glauben und zu Gott zu beten; hat sie Demut gelehrt; verschaffte ihr Ruhe und Schlaf. [...] Jeder, der Zugang zum Zaren wollte, war vom Wohlwollen der Zarin abhängig. Rasputin hatte nicht nur ihre Unterstützung, sondern genoss auch die

Verehrung der Wyrubowa und die Liebe der Zarenkinder. Die Fürsorge und Aufmerksamkeit der Zarin für ihn waren erstaunlich – sie bestickte seine seidenen Hemden; das Kreuz an seinem Hals war aus Gold, hing an einer goldenen Kette mit einem Verschluss, auf dem die Initialen des Zaren eingraviert waren. Der Umgangston Rasputins mit dem Zaren und der Zarin war freimütig und selbstsicher."

3) Aussagen von Flügeladjutant Sablin: „[...] 1908, während einer Kreuzfahrt auf der Yacht ‚Standart', als ich der Zarenfamilie näher kam, gab mir die Zarin in Gesprächen zu verstehen, dass sie Rasputin kenne. Sie sprach davon, dass es Menschen gibt, deren Gebete aufgrund ihrer asketischen Lebensweise besondere Kraft haben, und erklärte schließlich, dass es in Russland einen solchen Menschen gebe, nämlich Rasputin, und schlug mir vor, ihn kennenzulernen. [...] Dieser blinde Glaube, den sie und der Herrscher Rasputin entgegenbrachten, erklärt sich mir aus ihrer unendlichen Liebe für den Thronfolger, der an einer Krankheit litt, die bei den Ärzten als unheilbar galt. Wie ein Ertrinkender nach dem Strohhalm greift, so klammerten sie sich an den Glauben, [...] dass die Gebete Rasputins Wunder vollbringen, den kranken Thronfolger heilen und jede Sache heiligen könnten. Schließlich glaubten sie sogar fest, dass Rasputins Leben auf geheimnisvolle Weise mit der Existenz der Monarchie verbunden war. Rasputin selbst (nach Aussagen seiner Tochter) sagte wiederholt in Zarskoje Selo, ‚wenn ich nicht mehr sein werde, wird auch der Hof nicht mehr sein'. Außerdem empfand der Zar Zuneigung für Rasputin, weil dieser es als Angehöriger des einfachen Volkes geschafft hatte, über alle bürokratischen Hürden hinweg bis zu ihm vorzudringen; und die Zarin empfand eine mystische Liebe für ihn – jene Liebe, von der die Bücher von de la Motte Guyon[4] und anderer Mystiker handeln, jene Liebe, die mit der vollständigen Unterwerfung des Willens, dem Gefühl von Ruhe und Glückseligkeit in Anwesenheit des geliebten Menschen, ‚unseres Freundes', wie die Zarin Rasputin in ihren Briefen und Gesprächen mit Nahestehenden und Ministern nannte, verbunden ist. [...]

Es versteht sich von selbst, dass diese Vergötterung nicht nur jeden Gedanken an eine intime Nähe zwischen Rasputin und der Zarin abwegig erscheinen lässt, sondern sogar ausschließt; auf eine solche Nähe gibt es keinerlei Hinweis. Dafür war Rasputin zu klug, und wenn er zwischen seinen in den letzten Jahren seines Lebens gefeierten Orgien in Zarskoje Selo auftauchte, dann trug er immer die Maske des einfachen Gottesmannes. Er vermochte es, sich in der Öffentlichkeit zu verstellen, und hieraus erklären sich auch die Zweifel des Zaren und der Zarin an den Berichten von Ministern und Nahestehenden, dass Rasputin ein ausschweifendes und lasterhaftes Leben führte und den Namen des Zaren kompromittierte."

Einige dieser Diskrepanzen zwischen dem blinden Glauben des Zaren und der Zarin an Rasputin und dem Bestreben von nahestehenden Personen, ihnen die Augen zu öffnen, sind so aufschlussreich, dass es sich lohnt, sie anzuführen.

1. 1910 fuhr das Kindermädchen der Zarenkinder Maria Iwanowna Wischnjakowa auf Rat der ehemaligen Zarin für drei Wochen zusammen mit Rasputin, Sina Mandschtet, Olga Lochtina und Jelena Timofejewa[5] „zur Erholung" nach Pokrowskoje. Nachts im Dorf schlich sich Rasputin zu der Wischnjakowa ins Zimmer und schändete sie. Wieder in Petersburg, ging die Wischnjakowa zur Zarin und erzählte ihr davon sowie darüber, dass sie auf der Rückfahrt nach Petersburg nachts gesehen hatte, wie Rasputin im Abteil zusammen mit Sina Mandschtet in einem Bett lag. Doch lassen wir die Hofdame Sofja Iwanowna Tjutschewa zu Wort kommen: „Die Herrscherin hörte sich ihren Bericht an, erklärte, dass sie diesen Gerüchten nicht glaube und in ihnen das Werk dunkler Kräfte, die Rasputin schaden wollen, sehe. Sie verbot, dem Herrscher davon zu berichten. Am gleichen Tag überbrachte mir ein Kurier den Befehl des Herrschers, um 6 1/2 abends zu ihm ins Arbeitszimmer zu kommen. Als ich zur festgelegten Zeit das Arbeitszimmer des Herrschers betrat, fragte er mich: ‚Sofja Iwanowna, Sie vermuten, warum ich Sie kommen ließ. Was geschieht im Kinderzimmer?' Ich erzählte dem Herrscher alles, was geschehen war. ‚Somit glauben auch Sie nicht an die Heiligkeit Grigori Jefimowitschs?' fragte der Herrscher. Ich verneinte, worauf der Herrscher bemerkte: ‚Und was sagen Sie, wenn ich Ihnen erkläre, dass ich alle diese schweren Jahre nur dank seiner Gebete durchgestanden habe.' – ‚Sie haben sie dank der Gebete ganz Russlands durchgestanden, Eure Majestät', erwiderte ich. Der Herrscher begann zu erklären, daß er das alles für Lügen hält, er diesem Gerede über Rasputin nicht glaubt, das Gute immer verleumdet wird."
Im Ergebnis dieses Gesprächs wurde die Tjutschewa entlassen.

2. Stenogramm der Befragung des Beraters des Innenministers General Dshunkowski: „Ich erstattete dem Herrscher Bericht über Rasputin, sein Verhalten bei Jar, und unterbreitete ihm eine Aktennotiz über seinen unheilvollen Einfluss, wobei angenommen wird, dass Rasputin das Werkzeug irgendeiner Clique ist, die Russland ins Unglück stürzen will.

Ich bat den Herrscher um Erlaubnis, meine Beobachtungen fortzusetzen. Der Herrscher sagte: ‚Ich erlaube es Ihnen nicht nur, sondern ich bitte Sie sogar darum, nur müssen alle diese Berichte unter uns bleiben.' Nach einiger Zeit schrieb der Herrscher an Schtscherbatow: ‚Ich bestehe auf der unverzüglichen Entlassung von General Dshunkowski.' Ich denke, dass die Zarin ihn beeinflusst hat."

3. Stenogramm der Befragung des Ministers des Kaiserlichen Hofs Graf Frederiks: „[...] Ich habe ihm oft gesagt, er soll, um Gottes willen, Rasputin wegjagen; hierauf geruhten Seine Majestät, mir zu sagen: ‚Sie Graf, haben mir wiederholt erklärt, dass Sie auch ohne Einmischung in politische Angelegenheiten genug Aufgaben haben; deshalb beschäftigen Sie sich nicht mit dieser Frage, das ist meine Sache.'"

4. Stenogramm der Befragung des Palastkommandanten Generalmajor Wojejkow: „[...] Ich sagte dem Herrscher, dass Rasputin nach meiner Meinung und der Meinung der Gesellschaft die Aufnahme nicht verdient, worauf er kalt antwortete: ‚Wir können aufnehmen, wen wir wollen.'"

5. Großfürstin Jelisaweta Fjodorowna: „Als Gerüchte zu mir drangen, dass Rasputin nicht der ist, für den er sich ausgibt, er sich privat anders als in der Zarenfamilie verhält, warnte ich meine Schwester, doch sie sagte mir, dass sie diesen Gerüchten nicht glaubt, sie für Verleumdungen hält, die gewöhnlich heiligen Menschen nachgesagt werden. Im Dezember 1916 hatte ich die letzte Diskussion mit dem Zaren und der Zarin über Rasputin. Ich verwies darauf, dass Rasputin in der Gesellschaft Entrüstung hervorrufe und, indem er die Zarenfamilie kompromittiere, die Dynastie ins Unglück treibe. Sie antworteten mir, dass Rasputin ein großer Gottesmann sei, dass alle Gerüchte über ihn Verleumdung seien, und baten mich, diese Frage nie mehr anzuschneiden."

6. Oberpriester der Armee- und Marinegeistlichkeit Georgi Iwanowitsch Schawelski: „Ich habe mit dem Zaren am 17. März 1916 zum erstenmal über Rasputin gesprochen. Ich sagte ihm, dass Gerüchte über die Nähe Rasputins zur Zarenfamilie, über seinen gewaltigen Einfluss bei der Ernennung für höchste Regierungsämter, der Vergabe von Aufträgen und Lieferungen für die Armee im Umlauf seien, dass Gerüchte über den Verrat militärischer Geheimnisse, die ihm durch seine Nähe zur Zarenfamilie bekannt sein könnten, die Armee beunruhigten und das Prestige des Zaren untergraben. Der Zar hörte ruhig zu, ohne mich zu unterbrechen, und als ich sagte, dass Rasputin auch mit Deutschen Saufgelage veranstalte, bemerkte er nur: ‚Ich habe davon gehört.'"

1 Sergij (Iwan Nikititsch Stragorodski, 1867-1944) – Bischof, 1901-1905 Rektor der St. Petersburger Geistlichen Akademie, dann Erzbischof von Finnland. Ab 1917 Metropolit, ab 1925 Stellvertreter und ab 1937 Statthalter des Patriarchenthrons. Ab 1943 Patriarch von Moskau und ganz Russland.
2 Chrisanf (Christofer Petrowitsch Schtschetkowski, 1869-1906) – Archimandrit, Leiter der Russischen Geistlichen Mission in Korea, später Bischof von Tscheboksary und Bischof von Jelisawetgrad.
3 Feofan (W. Bystrow, geb. 1873) – Archimandrit, 1901-1909 Inspekteur der St. Petersburger Geistlichen Akademie, danach 1909-1910 ihr Rektor. Er fühlte sich persönlich schuldig, weil er Rasputin Zugang zum Zarenhof verschafft hatte, und trat entschieden gegen den „Starez" auf, woraufhin er als Bischof in das Gouvernement Taurien versetzt wurde. Später Bischof von Astrachan und Bischof von Poltawa.
4 Jeanne-Marie Guyon (geb. Bouvier de la Motte, 1648-1717) – Französische Mystikerin, forderte völlige Passivität der Seele und Vertiefung in Meditation.
6 Anhängerinnen Grigori Rasputins aus seiner engsten Umgebung.
Bestand 1467/1/479, Bl. 19-21, 23-24.

Bericht des Leiters des Innenministeriums an Zar Nikolaus II. (31. Dezember 1916)

In der Nacht zum 30. Dezember gegen 4 Uhr morgens vernahm der Polizist, der in der Nähe des Hauses Nr. 94 an der Moika auf Posten stand, das Generaladjutant Fürst Jussupow, Graf Sumarokow-Elston[1] gehört, vier Schüsse. Bald darauf wurde dieser Polizist zur Wohnung von Fürst Jussupow gerufen, wo ihm das dort anwesende Mitglied der Reichsduma Purischkewitsch[2] sagte, dass Rasputin tot sei und er, der Polizist, wenn er den Zaren und Russland liebe, schweigen solle.

Nachdem die Polizei davon Kenntnis erhalten hatte, leitete sie Maßnahmen zur Untersuchung der Umstände ein, wobei folgendes festgestellt wurde:

Am 29. Dezember gab Fürst Felix Felixowitsch Jussupow d. J. die Weisung, dass in seinem privaten Arbeitszimmer ein Teeabend für erwartete Gäste vorzubereiten sei, wofür ein Tisch für 8 Personen eingedeckt wurde. Die Gäste kamen am Seiteneingang an, der direkt zum Arbeitszimmer führt. Gewöhnlich betritt die Dienerschaft des Fürsten bei solchen geselligen Abenden niemals das Arbeitszimmer, so dass auch an diesem Abend keiner der Diener gesehen hat, wer bei dem Fürsten zu Gast war, mit Ausnahme Seiner Kaiserlichen Hoheit Fürst Dimitri Pawlowisch; dessen Anwesenheit deshalb bekannt wurde, weil

Seine Hoheit geruhte, am Haupteingang des Hauses vorzufahren.

Der bei der Untersuchung befragte Fürst Jussupow d. J. sagte aus, dass er am Abend des 29. Dezember Gäste – Großfürst Dimiitri Pawlowisch, das Mitglied der Reichsduma Purischkewitsch, einige Offiziere und Damen – eingeladen hatte, um in den gerade hergerichteten Räumen Einzug zu feiern. Der Fürst selbst kam zum Gebäude um 10 Uhr abends, Seine Kaiserliche Hoheit der Großfürst um 11 1/2 Uhr abends. Gegen 12 1/2 Uhr nachts wurde der Fürst von Grigori Jefimowitsch Rasputin-Nowych angerufen, der ihn zu den Zigeunern einlud. Fürst Jussupow lehnte die Einladung ab, weil er selbst Gäste hatte, fragte Grigori Jefimowitsch aber, von wo aus er anrufe. Letzterer lehnte es ab, den Aufenthaltsort zu nennen, doch über das Telefon hörte der Fürst Lärm und Frauenstimmen, woraus er folgerte, dass Rasputin nicht von zu Hause anrief.

Zwischen 1 1/2 - 3 Uhr nachts verabschiedete sich, nach Aussage von Fürst Jussupow, Großfürst Dimiitri Pawlowisch in Begleitung von zwei Damen. Bei ihrer Abfahrt hörte Fürst Jussupow Schüsse. Auf dem Hof sah der Fürst den Hund im Vorgarten liegen. Fürst Jussupow telefonierte mit dem Großfürsten und erfuhr von ihm, dass Seine Kaiserliche Hoheit den Hund getötet habe.

Der Fürst weigerte sich, die Namen der Offiziere und Damen, die an dem Abend seine Gäste waren, zu nennen, um ihnen Unannehmlichkeiten zu ersparen.

Außerdem wurde durch Aussagen von Verwandten und der Dienerschaft von Rasputin-Nowych ermittelt, dass Fürst Jussupow ihn gegen Mitternacht des 29. Dezember aufsuchte und beide zusammen weggefahren sind; zuvor hatte Rasputin-Nowych seinen Verwandten und der Dienerschaft gesagt, dass er an diesem Abend bei Fürst Jussupow eingeladen sei; beim Verlassen des Hauses trug Grigori Jefimowitsch ein blaues Hemd und einen Wintermantel.

Am 30. Dezember wurde auf der Großen Petrowski-Brücke (an der Kleinen Newa) tagsüber zwischen zwei Pfeilern ein Männerschuh gefunden, den die Familienangehörigen von Grigori Jefimowitsch als sein Eigentum erkannten.

Heute morgen, am 31. Dezember, wurde in der Kleinen Newa nahe der erwähnten Brücke der Leichnam von Grigori Jefimowitsch Rasputin-Nowych mit zwei Schusswunden, eine davon an der rechten Schläfe, gefunden; der Tote war mit einem blauen Hemd bekleidet, seine Füße waren gefesselt; in der Nähe der Leiche lag der Mantel des Toten.

Ich halte es für meine Pflicht, EURER KAISERLICHEN MAJESTÄT diese Angaben zu unterbreiten.

1 Felix Felixowitsch Jussupow d. J. (1887-1967) – Fürst, Graf Sumarokow-Elston, Gatte der Nichte von Zar Nikolaus II., der Fürstin Irina Alexandrowna. Nach der Ermordung Rasputins wurde er auf sein Landgut Rakitnoje im Gouvernement Kursk verbannt, wo er unter Aufsicht bis zur Februarrevolution 1917 lebte. Emigrierte 1918.

2 Wladimir Mitrofanowitsch Purischkewitsch (1870-1920) – Politiker, Gutsbesitzer aus Bessarabien. Einer der Gründer des „Bundes des russischen Volkes" (1905), nach der Spaltung bildete er den „Bund Michail des Erzengels" (1908). Deputierter der 2. bis 4. Reichsduma. Nach der Februarrevolution 1917 trat er für die Wiederherstellung der Monarchie ein. Im Oktober 1917 versuchte er, eine Verschwörung konterrevolutionärer Offiziere zu organisieren. Im Dezember 1917 wurde er vom Petrograder Revolutionstribunal verurteilt, im Mai 1918 amnestiert. Starb im Februar 1920 in Noworossisk an Flecktyphus.

Bestand 627/1/150, Bl. 5-6.

AUS DEN AUFZEICHNUNGEN VON GROSSFÜRST NIKOLAI MICHAILOWITSCH[1]

31. Dezember, abends

Ich war mir meiner Vermutung so sicher, dass ich am 30., bevor Felix einen Tag später in die Wohnung von Dmitri Pawlowitsch umzog, beim Betreten des Zimmers ausrief: „Messieurs les assassins, je vous salue."[2]

Jussupow sah ein, dass Leugnen nichts mehr half, und erzählte mir die ganze Geschichte. Er hatte Rasputin 1911 aus reiner Neugier kennengelernt, erneuerte aber die Bekanntschaft mit ihm einige Monate vor der Ermordung, im Herbst 1916. Grischka hatte ihn sofort gern, sprach viel über dies und jenes, fasste bald Zutrauen zu Jussupow und vertraute ihm schließlich voll und ganz. Sie sahen sich fast täglich, sprachen über alles, wobei Rasputin ihn ganz offen in alle seine Gedanken einweihte.

Die Wochen vergingen, und Rasputin war überzeugt, dass er seinen jungen Freund voll im Griff habe und ihn beherrsche, mit einem Wort, dass er Felix ein für allemal hypnotisiert habe. Felix spürte an sich den Strom dieses Einflusses, jedoch gleichzeitig einen gewissen inneren Widerstand seiner eigenen Natur gegen die Hypnose von Grischka. Je öfter sie sich sahen, umso widerwärtiger wurde ihm Rasputin, und er dachte mit Schrecken daran, dass andere (Alexandra Fjodorowna und der Herrscher) sich völlig in seiner Macht befanden und Russland die schlimmsten Folgen drohten. Für ihre Begegnungen hatte Jussupow eine gesonderte Wohnung im Haus seines Vaters gewählt, wo sie sich ungehindert treffen konnten und niemand sie störte. Zu dieser Zeit begeisterte sich Rasputin immer mehr für Jussupow und weihte ihn offen in seine unglaublichen Zukunftspläne ein: Ende Dezember sollte ein Separatfrieden mit Deutschland unterzeichnet werden!! Das brachte Jussupow schließlich zu dem Entschluss, ihn um jeden Preis zu beseitigen.

Als geeigneten Ort für den geplanten Mord wurde Jussupows Villa an der Moika gewählt. In der Nacht des 29. 12. sollte es passieren. Vor der Tat hat der junge Felix lange allein in der Kasaner Kathedrale gebetet. Seiner Dienerschaft erklärte er, dass bei ihm ein Trinkgelage oder ein geselliger Abend mit jungen Männern und Frauen stattfinden werde, deshalb wurde alles überflüssige Personal weggeschickt, nur im Erdgeschoss blieben einige Diener zurück, die aber nicht in Erscheinung traten. Eingeladen waren: Großfürst Dmitri Pawlowitsch, Purischkewitsch, Suchotin[3] und ein Arzt (von Purischkewitsch mitgebracht), an dessen Namen[4] ich mich nicht mehr erinnere. Für sie waren im Obergeschoss Tee und Imbiss vorbereitet, während unten im Speisezimmer, wo Rasputin und Jussupow zu zweit saßen, ein kaltes Buffet und Getränke serviert waren. Dort verbrachten die beiden etwa drei Stunden (von 12 1/2 bis 3 Uhr), bis Grischka betrunken war. Jussupow schenkte ihm ständig mit Blausäure (Zyankalilösung) versetzten Wein nach, doch zur Verwunderung Jussupows hatte dies keinerlei Wirkung auf Rasputin, was Felix fast wahnsinnig machte. Als er sah, dass sein Plan nicht klappte, sondern Rasputin nur allmählich immer betrunkener wurde, ließ er ihn allein im Speisezimmer, lief nach oben zu den anderen Verschwörern und erklärte aufgeregt: „Meine Herren, es ist unverständlich – das Gift wirkt nicht. Geben Sie mir einen Revolver, er muss erschossen werden." Dmitri Pawlowitsch hatte seinen Revolver bei sich, aber er zögerte, ihn Jussupow zu überlassen, doch der bestand darauf.

Nachdem er in das Speisezimmer zurückgekehrt war, setzte sich Jussupow ganz dicht zu Rasputin und schoss während der Unterhaltung aus nächster Nähe auf ihn. Die Kugel traf die Lunge und durchschlug die Leber. Rasputin fiel besinnungslos zu Boden und war allem Anschein nach tot. Nachdem das vollbracht war, ging Jussupow erneut nach oben und rief sie ins Speisezimmer. Der Arzt stellte bei Rasputin Agonie fest und sagte, dass er in wenigen Minuten aufhören würde zu atmen. Um keine Zeit zu verlieren, verließen Dmitri Pawlowitsch, Suchotin und der Arzt das Erdgeschoss (wobei sie vergaßen, die Tür abzuschließen), um sich um den Wagen für den Abtransport des Toten zu kümmern. Purischkewitsch, der nervös, erregt und völlig nüchtern war (keiner von ihnen hatte etwas getrunken), hielt es in dem Zimmer allein nicht mehr aus und ging mit Felix, nachdem sie die Tür zum Speisezimmer geschlossen hatten, ins Obergeschoss, um den weiteren Verlauf zu besprechen.

Die anderen waren noch nicht zurückgekehrt, als Jussupow allein das Speisezimmer betrat, in dem Rasputin bewegungslos und mit geschlossenen Augen auf dem Boden lag. Da geschah etwas völlig Unglaubliches. Als Jussupow neben dem Toten niederkniete und mit aufgelegter Hand weder Puls- noch Herzschlag feststellen konnte, begann der scheinbar Tote plötzlich zuerst das linke, dann das rechte Auge zu öffnen und mit grimmigem, hasserfülltem Blick seinen Mörder anzusehen, der vor Grauen von Rasputin zurückwich. Er hatte erst wenige Schritte gemacht, als Rasputin sich mühevoll ganz aufrichtete und wie ein wildes Tier auf Jussupow zustürzte (der hatte den Revolver oben vergessen), ihm die Schulterstücke abriss und sich mit den Händen an seiner Jacke festkrallte. Jussupow schrie auf und lief zusammen mit Rasputin zur Wendeltreppe, wo es ihm gelang, Grischka zurückzustoßen, der auf die Stufen fiel und auf allen Vieren, wie ein verwundetes Tier, heulend, fauchend und brüllend die Wendeltreppe hinaufkroch.

Jussupow lief rasch zu Purischkewitsch, um Hilfe zu holen. Als beide zur Treppe kamen, fanden sie zu ihrer Verwunderung Rasputin nicht mehr vor. Es war ihm gelungen, zur Innentür zu kriechen, sich aufzurichten und die unverschlossene Tür zum Hof zu öffnen. Purischkewitsch setzte ihm nach und feuerte zwei Schüsse auf ihn ab: Eine Kugel traf den Hinterkopf, die andere das Bein. Rasputin stürzte auf dem Hof zu Boden und kroch brüllend zu einem der Hoftore. Hier erreichte ihn Jussupow und schlug mit einem Gummiknüppel auf ihn ein, bis er sich nicht mehr rührte.

Inzwischen kamen aufgrund der Schüsse die drei anderen herbeigerannt, und der Tote wurde in den Wagen verfrachtet. Doch der Arzt, der den Wagen fahren sollte, fiel in Ohnmacht. Deshalb musste sich Dmitri Pawlowitsch ans Steuer setzen, und sie fuhren davon.

Aber zuvor ereignete sich noch eine unschöne Szene. Bevor sie den Toten fortschafften, zogen sie ihn ins Haus, und hier geschah mit Jussupow etwas Unerklärliches. Er nahm den Knüppel und begann, mit voller Wucht dem toten Grischka ins Gesicht zu schlagen, wobei er ihm die Nase brach und das ganze Gesicht verunstaltete. Die anderen, die diesen Tobsuchtsanfall miterlebten, hatten Mühe, ihn von dem Toten zurückzureißen und auf den Diwan zu bugsieren, wo er in völliger Erschöpfung dalag, während sie selbst wegfuhren. Die beiden Kammerdiener, die ihren Herrn blutüberströmt vorfanden, waren zutiefst erschrocken und brachten ihn irgendwie wieder zu Sinnen, und zwar noch rechtzeitig, denn auf dem Hof, wo jede Menge Blut war, mussten Vorbeugungsmaßnahmen getroffen werden. Der Hofhund musste erschossen werden, um die Blutspuren zu erklären; das war der vierte Schuss (der Hund wurde von einem Diener um 6 Uhr morgens im Haus erschossen und in den Schnee geworfen); dann musste Jussupow sich waschen und umziehen, denn er war blutverschmiert. Das alles wurde getan, die Kleidung verbrannt, mit Ausnahme der Schuhe, die Jussupow gern trug und die ihm zu schade waren. Dann musste der Fußboden im Speisezimmer gesäubert werden, und das alles noch in der gleichen Nacht. Ich erinnere mich nicht genau, wann der Polizist erschien, der auf die Schüsse von der Uferstraße der Moika herbeieilte, doch ihm wurde geraten zu schweigen, denn die Herren wären bei dem Gelage nur etwas ausgelassen gewesen und Dmitri Pawlowitsch hätte aus Übermut den Hund erschossen. Wie man den Toten beseitigen wollte, hatten am Vorabend Jussupow und Suchotin entschieden, nämlich von der Petrowski-Brücke.

Mit einem Wort, alle Einzelheiten des Mordes waren sorgfältig geplant gewesen außer der Möglichkeit, dass das Zyankali nicht wirkt, was ich mir einfach erklären kann, weil ich damals oft dieses Gift gegen Insekten anwendete. Die Lösung war zu schwach und wirkte zwar, aber verspätet. Verwunderlich ist nur, dass dieselbe Giftlösung einem großen alten Hund verabreicht wurde, der sofort krepierte.

Ich muss bekennen, dass sich das alles nur sehr schwer niederschreiben lässt, denn es erinnert sehr an einen Roman von Ponson du Terrail[5] oder einen mittelalterlichen Mord in Italien!!

1 Nikolai Michailowitsch (1859-1919) – Großfürst, Generaladjutant, General der Infanterie. Ehrenmitglied der Petersburger Akademie der Wissenschaften (1898), Mitglied der Académie Française (1913). Namhafter russischer Historiker, seine Werke und Abhandlungen trugen wesentlich zum Verständnis der Epoche von Zar Alexander I. bei. Seit 1909 Vorsitzender der Kaiserlichen Russischen Historischen Gesellschaft. Trotz seiner negativen Bewertung der Ermordung Grigori Rasputins durch Großfürst Dmitri Pawlowitsch und Fürst Felix Jussupow hielt der Zar ihn für einen der Inspiratoren der Verschwörung und verbannte ihn aus

Petrograd. 1918 wurde der Großfürst von den Bolschewiki verhaftet und im Januar 1919 erschossen.

2 Frz.: Ich begrüße Sie, meine Herren Attentäter!

3 A. S. Suchotin – Hauptmann.

4 Stanislaw Lasowert – polnischer Militärarzt.

5 Pouson du Terrail – französischer Schriftsteller, Autor von Abenteuer- und Kriminalromanen (am bekanntesten „Die Abenteuer Rocambols").

Nach: Krasny Archiv, Nr. 6/1931, S. 98-101.

Aus den Erinnerungen von W. N. Wojejkow

Als der Mord geschah, hielt sich der Herrscher gerade im Hauptquartier auf, zwei Tage darauf reiste er dann nach Zarskoje Selo. Ich wurde laufend über alle zu diesem Fall eingehenden Nachrichten in Kenntnis gesetzt, die ich dann an den Herrscher weitergab. Von meinem ersten Bericht über das geheimnisvolle Verschwinden Rasputins bis zum letzten Bericht über die Aufbahrung seiner Leiche in der Kapelle des Tschesmensker Armenhauses bemerkte ich bei Seiner Majestät nie große Trauer, vielmehr hatte ich den Eindruck, dass der Zar Erleichterung verspürte.

Nach der Ankunft in Zarskoje [...] ließ die Zarin mich zu sich rufen, um mit mir über die sie sehr bewegende Ermordung Rasputins zu sprechen, von der zu dieser Zeit bereits bekannt geworden war, dass die Mörder Fürst Jussupow und der Deputierte der Reichsduma W. M. Purischkewitsch waren; Mittäter war Großfürst Dmitri Pawlowitsch.

Offensichtlich hatten die Zarin beide Unglücksbotschaften gleichermaßen schockiert – einerseits der Tod des von Ihr verehrten G. J. Rasputin und andererseits der Ihnen von Großfürst Dmitri Pawlowitsch versetzte Schlag, den Ihre Majestäten von Kindheit an liebten, verwöhnten und zu dem sie das beste Verhältnis hatten. [...]

Einige Mitglieder der Zarenfamilie, insbesondere Großfürstin Maria Pawlowna d. Ä. und Großfürst Nikolai Michailowitsch, versuchten, die Meinung der höchsten Gesellschaft gegen den Herrscher – zur Verteidigung des angeblich gekränkten Großfürsten Dmitri Pawlowitsch – zu mobilisieren. Die Großfürsten trafen sich und beschlossen, Seiner Majestät einen Brief zu unterbreiten.

Nach: W. N. Wojejkow. Mit dem Zaren und ohne den Zaren. Helsingfors 1936, S. 178-179, 182-183.

Zar Nikolaus II. an seinen Onkel, Grossfürst Pawel Alexandrowitsch

Zarskoje Selo 2. Januar 1917

Lieber Onkel Pawel!

Ich kann leider den Hausarrest von Dmitri nicht aufheben, solange die Voruntersuchung nicht abgeschlossen ist. Ich habe befohlen, diese zu beschleunigen, sowie auch, mit Dmitri schonend umzugehen. Das alles ist schmerzlich und schwer, aber wer außer ihm selbst ist schuld daran, dass er durch Unvorsichtigkeit in diese Bredouille geraten ist?

Ich bete zu Gott, dass Dmitri ein reines Gewissen hat und unschuldig ist.

Herzlich Dein Nicky.

Bestand 644/1/189, Bl. 25.

Aus den Memoiren von Gräfin Olga Palej[1]

Die Herrscherin veranlasste den Zaren, die Schuldigen hart zu bestrafen; der Hauptschuldige Felix Jussupow wurde in die Provinz auf eines seiner Landgüter verbannt, während Großfürst Dmitri den Befehl erhielt, in Begleitung des Adjutanten des Herrschers Graf Kutaisow[2], des ihm zukommandierten Generals Laiming[3] und seines Kammerdieners nach Persien zu reisen. Bis zur Abreise stand Großfürst Dmitri in seinem Palast in Petrograd unter Hausarrest, und es war ihm verboten, Besuche zu machen oder zu empfangen. In der Nacht zum 5. Januar reiste er ab, niemand, nicht einmal sein Vater, durfte ihn zum Abschied umarmen. Auch unter den Verwandten des Zaren in der Stadt herrschte große Aufregung. Es wurde beschlossen, dem Herrscher ein Bittgesuch zu unterbreiten, in dem er angefleht wurde, Großfürst Dmitri nicht so hart zu bestrafen und ihn wegen seiner schlechten Gesundheit nicht nach Persien zu schicken. Das Gesuch habe ich verfasst. Diese Verbannung schien im Moment der Gipfel von Grausamkeit zu sein, aber es war der Wille Gottes, dass sie Dmitri das wertvolle Leben rettete, denn die anderen, die in Rußland geblieben waren, kamen größtenteils in den Jahren 1918/1919 durch die Bolschewiki um. Das Gesuch wurde von der griechischen Königin Olga, der Großmutter Dmitris, Großfürst Pawel und allen Mitgliedern der Zarenfamilie unterschrieben.[4] Nachdem der Herrscher das Papier gelesen hatte, schrieb er an den Rand: „Niemand hat das Recht zu töten; ich bin verwundert, dass sich Mitglieder des Hauses mit solchen Bitten an mich wenden. Nikolaus“[5], und er gab das Gesuch an Großfürst Pawel zurück.

1 Olga Walerianowna Palej - Fürstin, geborene Karnowitsch (1865-1929). In erster Ehe Pistolkors, in zweiter morganatischer Ehe seit 1902 mit Großfürst Pawel Alexandrowitsch. Auf Erlass des Zaren vom 23. Juli 1915 wurde ihr der Titel Fürstin Palej verliehen.

2 Konstantin Pawlowitsch Kutaisow – Graf, Flügeladjutant, Oberst.

3 Georgi Michailowitsch Laiming – Generalleutnant, Bevollmächtigter und Vormund bei Großfürst Dmitri Pawlowitsch.

4 Der Brief (Bestand 644/1/53) ist unterzeichnet: „Olga, Maria, Kirill, Viktoria, Boris, Andrej, Pawel, Maria, Jelisaweta, Joann, Jelena, Gawriil, Konstantin, Igor, Nikolai Michailowitsch, Sergej Michailowitsch“ – das sind: Königin Olga Konstantinowna von Griechenland (1851-1926), Großfürstin Maria Pawlowna d. Ä. (1854-1920), Großfürst Kirill Wladimirowitsch (1876-1938), Großfürstin Viktoria Fjodorowna (1876-1938), Großfürst Boris Wladimirowitsch (1877-1943), Großfürst Andrej Wladimirowitsch (1879-1956), Großfürst Pawel Alexandrowitsch (1860-erschossen 1919), Großfüstin Maria Pawlowna d. J. (1890-1958), Großfürstin Jelisaweta Fjodorowna (1864-ermordet 1918); Fürst Joann Konstantinowitsch (1886-ermordet 1918), Fürstin Jelena Petrowna (1884-1962), Fürst Gawriil Konstantinowitsch (1887-1955), Fürst Konstantin Konstantinowitsch (1890-ermordet 1918), Fürst Igor Konstantinowitsch (1894-ermordet 1918), Großfürst Nikolai Michailowitsch (1859-erschossen 1919), Großfürst Sergej Michailowitsch (1869-ermordet 1918).

5 Die Gräfin zitiert aus der Erinnerung. Nikolaus' Randbemerkung lautet im Original: „Niemand hat das Recht zu morden. Ich weiß, dass vielen das Gewissen schlägt, weil nicht allein Dmitri Pawlowitsch hierin verwickelt ist. Ich wundere mich über Euren Appell an mich. Nikolaus“ .

Nach: Februarrevolution. Memoiren. Moskau-Leningrad 1926, S. 344-345.

10 Die Abdankung

Größe und Edelsinn zeigen sich meistens im Unglück, in Momenten tödlicher Gefahr, wenn der Mensch sich nur vor dem eigenen Gewissen zu verantworten hat – einem strengeren Richter als alle irdischen Gerichte.

Das tragische Finale der Monarchie in Russland, der Romanow-Dynastie, entspricht ganz dem Ablauf der Tragödien Shakespeares mit ihrem tödlichen Ausgang und unausweichlichen Verhängnis, das jede Handlung ihrer Akteure vorbestimmt.

In tiefer Nacht, am 15. März 1917, unterzeichnete der von allen verratene und verleumdete Zar Nikolaus II. die Abdankungsurkunde. Diesem Ereignis gingen Tage verzweifelter Hoffnungen und drohender Anzeichen der bevorstehenden Katastrophe voraus.

Am 5. März war Nikolaus von Petrograd zum Hauptquartier gefahren, um Kriegspläne auszuarbeiten. Der Aufenthalt sollte nur kurz sein, doch schon unterwegs nach Mogiljow plagten den Zaren schlimme Vorahnungen. Dafür gab es berechtigte Gründe: Die Unruhen in der Garnison der Hauptstadt dauerten an, Treibstoff wurde knapp, Engpässe bei der Versorgung mit Lebensmitteln nahmen zu, so dass die Menschen bereits zu nächtlicher Stunde in endlosen Schlangen nach Brot anstanden. Auch in Zarskoje Selo herrschte gedrückte Stimmung – die Töchter, und danach auch Alexej, waren an Masern erkrankt.

Bereits am Tag nach Nikolaus' Abreise streikten in der Hauptstadt mehr als hunderttausend Arbeiter, im Zentrum fanden revolutionäre Demonstrationen unter roten Fahnen statt. Die Flamme des Aufstands griff auf Einheiten der Gardetruppen über.

Am Montag, dem 7. März, beschloss Nikolaus schließlich, nach Petrograd zurückzufahren, und begab sich am folgenden Morgen auf die Reise. Der Zarenzug passierte ungehindert Wjasma und Rshew, doch die Zufahrt zur Hauptstadt war bereits blockiert. Auf Umwegen gelangte der Zug nach Pskow. Hier traf Nikolaus den Oberbefehlshaber der Nordfront, General N. W. Russki, der ihm den Ausbruch der Revolution in Petrograd meldete. Einen ganzen Tag lang versucht er, den Zaren zur Abdankung zu überreden und „sich der Gnade der Sieger zu ergeben“. Ob sich General Russki im Oktober 1918 wohl noch an diese seine Worte erinnert hat, als ihn die Bolschewiki zur Erschießung führten...?

Den Ausschlag gaben schließlich die Telegramme der Oberbefehlshaber der Fronten, die auf der Abdankung des Zaren bestanden. Unter den ersten war das Telegramm des Oberbefehlshabers der Kaukasischen Front, Großfürst Nikolai Nikolajewitsch.

In der ersten Fassung seines Abdankungsmanifests verzichtete Nikolaus zugunsten seines Sohns unter der Regentschaft von Großfürst Michail Alexandrowitsch. Doch der Hinweis von Leibarzt Professor S. Fjodorow, dass man den Zarewitsch zweifellos von seinen Eltern trennen werde, denen höchstwahrscheinlich die Verbannung drohe, veranlasste den Zaren, seinen Entschluss zu ändern. Den nach Pskow gekommenen Vertretern der Reichsduma W. Schulgin und A. Gutschkow teilte er nunmehr mit, er habe sich entschieden, den Thron seinem dritten Bruder Michail zu übergeben. Auch in diesem Moment war Nikolaus beherrscht – kein einziger Muskel zuckte in seinem Gesicht. Nur seinem Tagebuch vertraute der Zar, zum erstenmal seit vielen Jahren, seine Gefühle an. Am späten Abend, nach Unterzeichnung der Abdankungsurkunde, schrieb er: „Ringsums Verrat, Feigheit und Täuschung.“

Historiker werden noch lange eine Antwort auf die Frage suchen, warum ein so erfahrener Politiker, wie es Nikolaus II. zweifellos war – mit diplomatischem Gefühl und Geschick bei der Entscheidungsfindung, der fast ein Vierteljahrhundert auf dem Thron regierte –, die verhängnisvollen Veränderungen in der Gesellschaft, die zu ungezähltem Leid in Russland führten, nicht wahrgenommen hat.

Vertraute des Zaren haben wiederholt versucht, auf ihn einzuwirken. Die Großfürsten Nikolai Nikolajewitsch, Alexander Michailowitsch, Nikolai Michailowitsch, der Bruder des Zaren Michail – alle waren auf ihre Weise und mit unterschiedlichen Argumenten bemüht, Nikolaus zu überzeugen, außerordentliche Maßnahmen zur Stabilisierung der Lage im Lande zu ergreifen. Doch der Zar hörte sich ihre Appelle mit höflichem Lächeln an und reagierte nicht. In den letzten zwei Jahren seiner Herrschaft war immer deutlicher geworden, dass er die akuten Probleme vor sich herschieben wollte. Nachdem er die Pflichten des Obersten Befehlshabers übernommen hatte, hielt sich der Zar meistens im Hauptquartier auf und verlor fern von der Hauptstadt zwangsläufig das Gefühl für die reale politische Situation. Die Tagebücher Nikolaus II. und seine Korrespondenz zeigen, dass er mit dem unbegreiflichen Starrsinn eines Fatalisten an ein Wunder glaubte, das auf einen Schlag alle Probleme lösen könnte.

Ein solches Wunder konnte der siegreiche Ausgang des Krieges sein. Mit dieser Variante waren nicht nur politische, sondern auch vielversprechende wirtschaftliche Hoffnungen verknüpft. Der Sieg an der deutschen Front hätte den vollständigen Sieg über die Opposition in der Reichsduma und die völlige Niederlage der von Lenin geprägten revolutionären Parteien, die auf eine Niederlage Russlands im Krieg setzten, bedeutet.

Doch das Wunder geschah nicht – Nikolaus II. fehlte ein Jahr für die Erfüllung seiner Hoffnungen...

Er hätte sich an die fahnentreuen Truppen wenden können, sich Rückhalt bei der Feldarmee holen und die Bauernschaft zum Aufstand gegen die Rebellen mobilisieren können. Nikolaus wählte einen anderen Weg. Mit seiner Abdankung versuchte er, Russland vor der Spaltung und das Volk vor den Schrecken eines Bruderkriegs zu retten. „Ich werde Gott danken, wenn Russland ohne mich glücklich wird." Das ist die Sprache eines großen Staatsmanns und Patrioten. Und es ist nicht seine Schuld, dass sich seine Worte nicht erfüllen sollten

Dokumente

Aus dem Tagebuch von Zar Nikolaus II. (1917)

11. März, Montag

In Petrograd brachen vor einigen Tagen Unruhen aus; leider waren auch Truppen daran beteiligt. Es ist ein schreckliches Gefühl, weit weg zu sein und nur sporadisch schlechte Nachrichten zu erhalten! War nur kurz zur Lagebesprechung. Habe tagsüber einen Spaziergang auf der

Chaussee nach Orscha gemacht. Die Sonne schien. Nach dem Dinner beschloss ich, umgehend nach Zarskoje Selo zu fahren, und war um 1 Uhr nachts im Zug.

12. März, Dienstag

Ging um 3 1/2 zu Bett, weil ich noch lange mit N. I. Iwanow gesprochen habe, den ich mit Truppen nach Petrograd schicke, um Ordnung zu schaffen. Habe bis 10 Uhr geschlafen. Um 5 Uhr morgens verließen wir Mogiljow. Es war sonnig und frostig. Tagsüber passierten wir Wjasma, Rshew, um 9 Uhr Michoslawl.

13. März, Mittwoch

Nachts sind wir bei Wischera umgekehrt, weil Ljuban und Tosno in den Händen von Aufständischen sind. Wir sind in Richtung Waldai, Dno nach Pskow gefahren, wo wir für die Nacht halt machten. Habe Russki gesehen. Habe mit ihm, Danilow und Sawwitsch[1] Mittag gegessen. Auch Gatschina und Luga sind besetzt. Schmach und Schande! Es ist nicht gelungen, nach Zarkoje Selo zu fahren. Aber die Gefühle und Gedanken sind die ganze Zeit dort! Wie soll die arme Alix nur allein mit all dem fertig werden? Möge uns Gott helfen!

14. März, Donnerstag

Am Morgen kam Russki und berichtete über sein langes Telefongespräch mit Rodsjanko. Nach seinen Worten ist die Lage in Petrograd so, dass die Minister in der Duma jetzt machtlos sind, denn gegen sie kämpft die sozialdemokratische Partei in Gestalt des Ausschusses der Arbeiterpartei. Meine Abdankung ist unerlässlich. Russki hat den Inhalt des Gesprächs an das Hauptquartier weitergegeben und Alexejew an alle Oberbefehlshaber. Bis 2 1/2 Uhr haben alle geantwortet. Die Quintessenz ist, dass man sich zu diesem Schritt entschließen muss, um Russland zu retten und an der Front Ruhe zu wahren. Ich stimmte zu. Aus dem Hauptquartier wurde der Entwurf eines Manifests geschickt. Am Abend kamen aus Petrograd Gutschkow[2] und Schulgin[3], mit denen ich sprach und denen ich das unterzeichnete und geänderte Manifest übergab. Um 1 Uhr verließ ich verbittert Pskow. Überall nur Verrat und Feigheit, und Täuschung!

1 Sergej Sergejewitsch Sawwitsch – General der Infanterie, zu Kriegsbeginn Kommandant der Festung Wladiwostok und Befehlshaber des 4. Sibirischen Armee-

korps. Im Mai 1915 zum Stabschef der Armeen der Südwestfront ernannt. Erhielt später den Befehl über das 16. Armeekorps.

2 Alexander Iwanowitsch Gutschkow (1862-1936) – Führer des „Verbands vom 17. Oktober" (Partei der Oktobristen). Deputierter der 3. Reichsduma und 1910-1911 ihr Vorsitzender. Mitglied des Staatsrats, 1915-1917 Vorsitzender des Zentralen Kriegsindustriekomitees. Ab März 1917 Kriegs- und Marineminister der Provisorischen Regierung der ersten Legislaturperiode.

3 Wassili Witaljewitsch Schulgin (1878-1976) – Gutsbesitzer aus dem Gouvernement Wolynien, Absolvent der Juristischen Fakultät der Universität Kiew (1900), Journalist, Schriftsteller. Monarchist, Mitglied der 4. Reichsduma. Er beteiligte sich nach dem Oktober 1917 an der Bildung der Freiwilligenarmee. Emigrierte nach dem Bürgerkrieg, wurde später 1944 in Jugoslawien verhaftet, an die UdSSR ausgeliefert, vor Gericht gestellt und zu Gefängnisstrafe verurteilt; 1956 freigelassen. Starb in Wladimir.

Bestand 601/1/265, Bl. 64-67.

Zarin Alexandra Fjodorowna an Zar Nikolaus II.

14. März 1917

Mein lieber, unschätzbarer Engel, Licht meines Lebens!

Mein Herz zerspringt bei dem Gedanken, dass Du mutterseelenallein alle diese Qualen und Aufregungen durchmachst, wir nichts von Dir wissen und Du nichts von uns weißt. Ich schicke Dir jetzt Solowjow und Gramotin, gebe jedem einen Brief mit und hoffe, dass zumindest einer Dich erreicht. Ich wollte ein Flugzeug schicken, doch alle Leute sind verschwunden. Die jungen Burschen werden Dir über alles berichten, so dass ich Dir nichts zur Lage zu schreiben brauche. Alles ist widerwärtig, und die Ereignisse überstürzen sich kolossal schnell. Aber ich glaube fest daran, und nichts erschüttert mich in diesem Glauben, dass alles gut wird. Besonders seitdem ich heute früh Dein Telegramm erhalten habe – der erste Lichtstrahl in diesem Sumpf. Da ich nicht wusste, wo Du bist, versuchte ich es schließlich über das Hauptquartier, denn Rodsjanko heuchelte, nicht zu wissen, warum man Dich festhält. Natürlich wollen sie verhindern, dass Du mich siehst, bevor Du irgendein Papier, eine Erklärung oder etwas anderes Schreckliches dieser Art unterschrieben hast. Und Du bist allein, hast keine Armee hinter Dir, bist gefangen wie die Maus in der Falle, was kannst Du tun? Es ist die allergrößte Gemeinheit und Niedertracht, einmalig in der Geschichte, seinen Herrscher festzuhalten. P.[1] kann jetzt nicht zu Dir gelangen, weil Luga von Revolutionären besetzt ist. Sie haben das Butyrski-Regiment aufgehalten, umzingelt und entwaffnet und die Verbindungsleitung unterbrochen. Vielleicht kannst Du Dich bei den Truppen in Pskow und anderswo sehen lassen und sie um Dich scharen? Wenn man Dir Zugeständnisse abnötigt, so bist Du in keinem Fall verpflichtet, sie einzuhalten, denn sie wurden auf unmoralische Weise erzwungen. Pawel[2], dem ich gehörig den Kopf gewaschen habe, weil er nichts mit der Garde unternommen hat, gibt sich jetzt alle Mühe, um uns alle auf ehrenhafte und unsinnige Art zu retten: Er hat ein idiotisches Manifest über eine Verfassung nach dem Krieg usw. verfasst.

Boris[3] ist ins Hauptquartier gefahren. Ich habe ihn noch am Morgen gesehen, am Abend ist er unter Verweis auf einen Marschbefehl des Hauptquartiers abgereist – die reinste Panik. Georgi[4] ist in Gatschina, lässt nichts von sich hören und kommt nicht. Kirill, Xenia und Mischa[5] kommen nicht aus der Stadt heraus. Deine kleine Familie ist ihres Vaters würdig. Ich informiere nach und nach die Großen und Korowa[6] über die Lage – bisher waren sie dafür zu krank, litten schrecklich unter Masern und fürchterlichem Husten. Es war sehr quälend, ihnen etwas vorzuspielen. Baby habe ich nur die halbe Wahrheit gesagt. Er hat 36,1 und ist frohen Mutes. Alle sind nur verzweifelt, dass Du nicht kommst. Lili[7] ist ein Engel, eine treue Seele, sie schläft im Schlafzimmer; Maria bei mir – wir beide im Schlafrock und mit Kopftuch.

Den ganzen Tag gebe ich Audienzen. Groten[8] ist Herr der Lage, Resin[9] die Ruhe in Person. Die Benkendorfs[10] übernachten im Haus, und Apraksin[11] schlägt sich in Zivil hierher durch. Ich habe Linewitsch[12] als Boten eingesetzt, befürchte aber, dass auch er in der Stadt verhaftet wurde. Niemand von unseren Leuten kann herkommen. Krankenschwestern, Frauen, Zivilisten und Verwundete kommen zu uns. Ich kann nur in den Winterpalast telefonieren. Ratajew[13] verhält sich hervorragend. Wir sind alle tapfer, lassen uns nicht unterkriegen, sorgen uns nur um Dich und empfinden mit Dir, heiliger Märtyrer, diese unaussprechliche Demütigung. Gott der Allmächtige möge Dir helfen! [...]

15. März 1917

Geliebter, Kostbarer, Licht meines Lebens!

[...] Nichts kann uns trennen, obwohl sie gerade das wollen und Dich nicht zu mir lassen, bis Du ihre Papiere über ministerielle Befugnisse oder eine Verfassung unterschrieben hast. Es ist ein Alptraum, dass Du vielleicht dazu gezwungen bist, weil Du die Armee nicht bei Dir hast. Aber ein solches Versprechen gilt nicht mehr, wenn die Macht wieder in Deiner Hand ist. Sie halten Dich niederträchtig gefangen, wie die Maus in der Falle – das hat es in der Geschichte noch nie gegeben. Diese Gemeinheit und Erniedrigung sind unfassbar. Boten werden Dir die Lage exakt schildern. Sie ist zu kompliziert, um darüber schreiben zu können. Ich schreibe nur kurze Briefe, die leicht zu verstecken oder zu verbrennen sind. Doch Gott der Allmächtige im Himmel liebt seinen Gottgesalbten, wird Dich retten und wieder in Deine Rechte einsetzen! Mein Glaube daran ist grenzenlos und unerschütterlich, und das gibt mir Kraft. Deine kleine Familie verhält sich Deiner würdig, ist tapfer, ruhig und gelassen. [...]

1 P. – wahrscheinlich Fürst Protopopow oder Großfürst Pawel Alexandrowitsch.
2 Pawel Alexandrowitsch – Großfürst.
3 Boris Wladimirowitsch (1877-1943) – Großfürst, Generalmajor der Suite. Im Ersten Weltkrieg zunächst Kommandeur des Atamanenregiments der Leibgarde, dann Heerführer der Kosaken im Dienst des Zaren.
4 Georgi Michailowitsch – Großfürst.
5 Kirill Wladimirowitsch – Großfürst; Xenia Alexandrowna – Großfürstin; Michail Alexandrowitsch – Großfürst.
6 Korowa (russ.: Kuh) – A. A. Wyborowa.
7 Julia Alexandrowna von Dehn, geb. Smonskaja, Gattin des Kapitäns zur See Karl Aximowitsch von Dehn.
8 Pawel Pawlowitsch Groten – Generalmajor der Suite Seiner Majestät, 1912-1915 Befehlshaber des 1. Sumsker Husarenregiments; im Oktober 1915 zum Kommandeur des Reitergrenadierregiments der Leibgarde ernannt.
9 Alexej Alexejewitsch Ressin – Generalmajor der Suite, seit August 1914 Kommandeur des Vereinten Infanterieregiments Seiner Majestät.
10 Graf Pawel Konstantinowitsch Benkendorf und seine Gattin, Gräfin Maria Sergejewna Benkendorf, ehemalige Hofdame.
11 Pjotr Nikolajewitlsch Apraksin – Flügeladjutant, Oberst der Berittenen Artillerie der Leibgarde.
12 Alexander Nikolajewitsch Linewitsch – Flügeladjutant, Oberst der Berittenen Artillerie der Leibgarde.
13 Iwan Dmitrijewitsch Ratajew – Fürst, Oberstleutnant der Garde, Polizeikommandant des Winterpalasts.

Bestand 601/1/1151, Bl. 500, 501.

Aktennotiz des Leiters der Feldkanzlei der Suite Seiner Majestät, Generalmajor K. A. Naryschkin, über die Gespräche von Zar Nikolaus II. mit den Deputierten der Reichsduma A. I. Gutschkow und W. W. Schulgin

Am 15. März 1917, gegen 10 Uhr abends, kamen das Mitglied des Staatsrats Gutschkow und das Mitglied der Reichsduma Schulgin aus Petrograd nach Pskow. Sie wurden sofort in den Salonwagen des Kaiserlichen Zugs geführt, wo sich bereits eingefunden hatten: Der Oberbefehlshaber der Armeen der Nordfront Generaladjutant Russki, der Minister des Kaiserlichen Hofs Graf Frederiks und der Leiter der Feldkanzlei der Suite Seiner Kaiserlichen Hoheit Generalmajor Naryschkin. Beim Betreten des Salonwagens begrüßte Seine Majestät gnädig die Anwesenden, bat alle, Platz zu nehmen, und war bereit, die angereisten Deputierten anzuhören.

Mitglied des Staatsrats A. I. Gutschkow: „Ich und das Mitglied der Reichsduma Schulgin sind gekommen, um zu berichten, was in diesen Tagen in Petersburg geschehen ist, und Maßnahmen zur Rettung der Lage zu beraten. Die Lage ist höchst bedrohlich: Zuerst haben sich die Arbeiter, dann die Truppen der revolutionären Bewegung angeschlossen, die Unruhen haben auf die Vorstädte übergegriffen, auch in Moskau gibt es Unruhen. Das ist nicht das Ergebnis einer Verschwörung oder eines geplanten Putsches, diese Bewegung ist durch eine Eruption entstanden und hat sofort anarchistische Züge angenommen, die Behörden sind machtlos. Ich habe den General Chabalow[1] vertretenden General Sankewitsch[2] aufgesucht und gefragt, ob es noch eine zuverlässige Einheit oder zumindest einzelne Soldaten und Unteroffiziere gibt, auf die Verlass ist. Er antwortete mir, dass das nicht der Fall sei und alle eintreffenden Einheiten sofort auf die Seite der Aufständischen überlaufen. Da zu befürchten war, dass der Aufstand anarchistischen Charakter annimmt, haben wir den sogenannten Provisorischen Ausschuss der Reichsduma gebildet und Maßnahmen eingeleitet, um den Offizieren wieder Befehlsgewalt zu geben. Ich selbst habe viele Militäreinheiten aufgesucht und Soldaten und Unteroffiziere überredet, Ruhe zu wahren. Außer uns gibt es in der Duma noch einen Ausschuss der Arbeiterpartei, und wir befinden uns unter seiner Macht und Zensur. Die Gefahr besteht, dass Petrograd in die Hände der Anarchisten fällt und wir Gemäßigte hinweggefegt werden, denn diese Bewegung greift uns bereits an. Ihre Losung ist, die soziale Republik auszurufen. Diese Bewegung ergreift die

Massen und sogar die Soldaten, denen sie Land verspricht. Die zweite Gefahr ist, dass die Bewegung auf die Front übergreift, wo die Losung lautet: Absetzung der Vorgesetzten und Wahl eigener Leute. Dort gibt es den gleichen Zündstoff, und der Brand kann übergreifen, denn es gibt keine Militäreinheit, die nicht sofort, wenn sie unter den Einfluss der Bewegung gerät, infiziert würde. Gestern kamen Vertreter des Vereinten Infanterieregiments, des Eisenbahnregiments, der Eskorte SEINER MAJESTÄT und der Palastpolizei in die Duma und erklärten, dass sie sich der Bewegung anschließen. Ihnen wurde gesagt, dass sie den ihnen befohlenen Personenschutz fortsetzen sollen. Trotzdem besteht Gefahr, denn die Massen sind jetzt bewaffnet.

Im Volk herrscht die tiefe Überzeugung, dass die Lage durch Fehler der Macht, und zwar der allerhöchsten Macht, entstanden ist, und deshalb ist eine Maßnahme erforderlich, die das Volksempfinden beruhigt. Der einzige Weg ist, die Bürde der Höchsten Führung in andere Hände zu legen. Dadurch können das monarchistische Prinzip und die Dynastie gerettet werden. Wenn IHR, EURE MAJESTÄT, erklärt, dass IHR EURE Macht EUREM kleinen Sohn übergebt, wenn IHR die Regentschaft Großfürst MICHAIL ALEXANDROWITSCH übertragt und wenn in EUREM Namen oder im Namen des Regenten der Auftrag der Regierungsbildung erteilt wird, kann Russland vielleicht gerettet werden; ich sage vielleicht, denn die Ereignisse überstürzen sich schnell. [...] Nun wohl, EURE MAJESTÄT, nur unter diesen Bedingungen kann versucht werden, die Ordnung wieder herzustellen. Das hat man mir und Schulgin übertragen, EUCH mitzuteilen. Bevor IHR eine Entscheidung trefft, solltet IHR natürlich alles gut überdenken und beten, EUCH jedoch bis spätestens morgen entscheiden, denn bereits morgen werden wir nicht mehr zu einer Beratung, wenn IHR uns darum bittet, in der Lage sein, da aggressive Handlungen der Massen zu befürchten sind."

SEINE MAJESTÄT: „Vor Ihrer Ankunft und nach dem Telefongespräch von Generaladjutant Russki mit dem Vorsitzenden der Reichsduma habe ich im Verlauf des Morgens in Ruhe überlegt und war im Namen der Rettung Russlands bereit, auf den Thron zugunsten MEINES Sohns zu verzichten, doch nachdem ich jetzt nochmals nachgedacht habe, bin ich zu dem Schluss gekommen, dass ICH aufgrund seiner Krankheit verzichten muss, denn ICH kann MICH nicht von Ihm trennen."

Mitglied des Staatsrats Gutschkow: „Wir haben damit gerechnet, dass sich die Person des kleinen Alexej Nikolajewitsch positiv auf die Machtübergabe auswirken wird."

Generaladjutant Russki: „SEINE MAJESTÄT befürchtet, dass ER bei der Thronübergabe an den Thronfolger von ihm getrennt wird."

Mitglied der Reichsduma Schulgin: „Ich kann hieraufkeine definitive Antwort geben, denn wir kamen hierher, um unseren Vorschlag zu unterbreiten."

SEINE MAJESTÄT: „Wenn ICH MEINE Zustimmung zur Abdankung gebe, muss ICH sicher sein, dass Sie sich darüber Gedanken gemacht haben, welche Auswirkung dies auf das ganze übrige Russland hat. Birgt das nicht eine gewisse Gefahr?"

Mitglied der Reichsduma Schulgin: „Ich möchte näher erklären, unter welchen Bedingungen die Reichsduma arbeiten muss. Am 26. Februar zogen Massen in die Duma ein und besetzten mit bewaffneten Soldaten die ganze rechte Seite; die linke Seite ist von Besuchern besetzt, während wir für den Ausschuss nur ganze zwei Räume zur Verfügung haben. Hierher werden alle Verhafteten gebracht, und dabei haben sie noch Glück, denn das rettet sie vor der Lynchjustiz der Massen; einige Verhaftete lassen wir sofort frei. Wir wahren den Anschein der Führung des Landes, und nur deshalb gibt es noch eine gewisse Ordnung. Unter solchen Bedingungen müssen wir arbeiten, in der Duma herrscht die Hölle, das ist ein Irrenhaus. Wir müssen entschieden gegen die linken Elemente kämpfen, und dafür brauchen wir eine Grundlage. IHR Vorschlag ist überlegenswert. Er hat den Vorzug, dass er eine Trennung ausschließt. Und wenn andererseits IHR Bruder Großfürst MICHAIL ALEXANDROWITSCH, als legitimer Monarch, gleichzeitig mit der Thronbesteigung den Eid auf die Verfassung leistet, dann trägt das zur Beruhigung bei."

Mitglied des Staatsrats Gutschkow: „Alle Arbeiter und Soldaten, die an den Unruhen beteiligt waren, sind überzeugt, dass die Wiedereinsetzung der alten Macht ihre Bestrafung nach sich zieht, deshalb ist ein vollständiger Wechsel erforderlich. Dem Volksempfinden muss ein Peitschenhieb versetzt werden, der sofort alles ändert. Ich finde, dass der Akt, zu dem IHR EUCH entschlossen habt, damit einhergehen muss, dass Fürst Lwow[3] zum Vorsitzenden des Ministerrats ernannt wird."

SEINE MAJESTÄT: „ICH möchte die Garantie haben, dass durch MEINEN Rücktritt und seinetwegen nicht unnötig Blut vergossen wird."

Mitglied der Reichsduma Schulgin: „Vielleicht wird es seitens der Elemente, die gegen die neue Ordnung kämpfen werden, Versuche geben, doch sind diese nicht zu fürchten. Ich habe diesbezüglich Informationen aus Kiew, das immer monarchistisch war; dort ist jetzt eine völlige Wende eingetreten."

Seine Majestät: „Glauben Sie nicht, dass es in den Kosakengebieten zu Unruhen kommen wird?“

Mitglied des Staatsrats Gutschkow: „Nein, Eure Majestät, die Kosaken sind vollkommen auf der Seite der neuen Ordnung. Eure Majestät, Sie lassen sich von väterlichen Gefühlen leiten. Das hat nichts mit Politik zu tun, und wir haben keine Einwände gegen Ihren Vorschlag.“

Mitglied der Reichsduma Schulgin: „Wichtig ist nur, dass in dem Akt Eurer Majestät erwähnt wird, dass Euer Nachfolger verpflichtet ist, auf die Verfassung zu schwören.“

Seine Majestät: „Brauchen Sie noch Bedenkzeit?“

Mitglied des Staatsrats Gutschkow: „Nein, ich denke, dass wir Ihren Vorschlag sofort akzeptieren können. Doch wann können Sie diesen Akt vollziehen? Hier ist ein Entwurf, der Ihnen von Nutzen sein könnte, falls Sie etwas aus ihm übernehmen möchten.“

Seine Majestät antwortete, dass der Entwurf bereits fertig sei, und zog sich in Seine Räume zurück, um eigenhändig das am Morgen ausgearbeitete Abdankungsmanifest in dem Sinne zu ändern, dass der Thron an Großfürst Michail Alexandrowitsch und nicht an Großfürst Alexej Nikolajewitsch geht. Seine Majestät befahl, das Manifest umzuschreiben, unterzeichnete es, betrat um 11 Uhr 40 den Salonwagen und übergab es Gutschkow. Die Deputierten baten, den Zusatz über den Eid des neuen Zaren auf die Verfassung einzufügen, was Seine Majestät umgehend tat. Gleichzeitig unterzeichnete Seine Majestät eigenhändig Ukase für den Regierenden Senat über die Ernennung von Fürst Lwow zum Vorsitzenden des Ministerrats und von Großfürst Nikolai Nikolajewitsch zum Obersten Befehlshaber. Um den Eindruck zu erwecken, dass der Akt nicht unter dem Druck der angereisten Deputierten vollzogen wurde, sondern Seine Majestät die Entscheidung über die Abdankung im Tagesverlauf traf, wurde auf Rat der Deputierten die Zeit der Unterzeichnung auf dem Manifest mit 3 Uhr mittags und auf den Ukasen für den Regierenden Senat mit 2 Uhr mittags vermerkt. Dabei war, neben den erwähnten Personen, noch der Stabschef der Armeen der Nordfront General Danilow anwesend, den Generaladjutant Russki hinzugezogen hatte.

Abschließend fragte das Dumamitglied Schulgin Seine Majestät nach Seinen weiteren Plänen. Seine Majestät äußerte die Absicht, für einige Tage ins Hauptquartier und vielleicht nach Kiew zu fahren, um sich von Zarenwitwe Maria Fjodorowna zu verabschieden, und dann in Zarskoje Selo bis zur Genesung der Kinder zu bleiben. Die Deputierten erklärten, dass sie alles tun würden, um SEINER MAJESTÄT die Verwirklichung SEINER weiteren Absichten zu erleichtern. Die Deputierten baten, noch ein Duplikat des Manifests für den Fall, dass ihnen etwas zustoße, zu unterschreiben, das in den Händen von General Russki bleiben solle. SEINE MAJESTÄT verabschiedete sich von den Deputierten und entließ sie, verabschiedete sich dann vom Oberbefehlshaber der Armeen der Nordfront und seinem Stabschef, umarmte sie und dankte für die Zusammenarbeit. Etwa eine Stunde später wurde das Duplikat des Manifests SEINER MAJESTÄT zur Unterzeichnung vorgelegt, wonach alle vier Unterschriften SEINER MAJESTÄT vom Minister des Kaiserlichen Hofs Graf Frederiks gegengezeichnet wurden.

1 Sergej Semjonowitsch Chabalow (1858-1924) – Generalleutnant. Ab Januar 1914 Militärgouverneur und Befehlshaber der Truppen des Gebiets Ural; ab Juni 1916 Oberkommandierender und seit Februar 1917 Befehlshaber der Truppen des Petrograder Militärbezirks. Wurde am 23. März 1917 verhaftet und in der Peter-Pauls-Festung inhaftiert. Ab 1919 in der Emigration.
2 Michail Ippolitowitsch Sankewitsch – Generalquartiermeister der Verwaltung des Generalstabs.
3 Georgi Jewgenjewitsch Lwow (1861-1925) – Fürst, Chefbevollbemächtigter der Gesamtrussischen Semstwo-Organisation für die Unterstützung kranker und verwundeter Soldaten, Mitglied des Obersten Rats zur Betreuung der Familien von Kriegsdienstleistenden; Stadtverordneter der Moskauer Duma; Premierminister der Provisorischen Regierung 1917. Nach dem Oktober 1917 emigrierte er nach Frankreich und war dort 1918-1920 Vorsitzender der Russischen Politischen Konferenz in Paris.
Bestand 601/1/2099, Bl. 1-3.

ABDANKUNGSMANIFEST VON ZAR NIKOLAUS II., 15. MÄRZ 1917

Hauptquartier
Stabschef

In dieser Zeit des großen heroischen Kampfes gegen den äußeren Feind, der seit fast drei Jahren versucht, unsere Heimat zu unterjochen, war es der Wille Gott des Herrn, Russland einer neuen schweren Prüfung zu unterziehen. Die im Volk entfachten inneren Unruhen drohen, sich unheilvoll auf die weitere intensive Kriegsführung auszuwirken. Das Schicksal Russlands, die Ehre unserer heroischen Armee, das Wohl

Russlands, die ganze Zukunft unseres teuren Vaterlands erfordern, den Krieg um jeden Preis bis zum siegreichen Ende zu führen. Der grausame Feind bietet die letzten Kräfte auf und die Stunde ist schon nicht mehr fern, da unsere heldenhafte Armee zusammen mit unseren ruhmreichen Verbündeten den Feind endgültig schlagen wird. In diesen entscheidenden Tagen im Leben Russlands hielten WIR es für UNSERE Pflicht, UNSEREM Volk die feste Einheit und den Zusammenschluss aller Kräfte des Volkes zur schnellsten Erringung des Siegs zu erleichtern, und erachten es in Übereinstimmung mit der Reichsduma für dienlich, auf den Thron des Russischen Reichs zu verzichten und der höchsten Macht zu entsagen. Da WIR UNS von UNSEREM geliebten Sohn nicht trennen wollen, übergeben WIR UNSER Erbe UNSEREM Bruder Großfürst MICHAIL ALEXANDROWITSCH und segnen Ihn zur Übernahme des Throns des Russischen Staats. WIR gebieten UNSEREM Bruder, die Staatsgeschäfte in voller und unerschütterlicher Einheit mit den Vertretern des Volks in den legislativen Institutionen auf der Grundlage zu führen, die von ihnen festgelegt wird, und diesbezüglich einen unverbrüchlichen Eid zu leisten. Im Namen der innig geliebten Heimat rufen WIR alle treuen Söhne des Vaterlands auf, ihre heilige Pflicht Ihm gegenüber zu erfüllen, dem Zaren in dieser für das ganze Volk schweren Zeit Gehorsam zu leisten und Ihm zu helfen, zusammen mit den Vertretern des Volkes, den Russischen Staat auf den Weg des Sieges, des Segens und des Ruhms zu führen. Möge Gott der Herr Russland beistehen.

NIKOLAUS

Pskow, 15. März 1917, 15 Uhr
Minister des KAISERLICHEN Hofs,
Generaladjutant Graf Frederiks

Bestand 601/1/2100-a.

ZARIN ALEXANDRA FJODOROWNA AN ZAR NIKOLAUS II.

16. März 1917

Geliebter Nicky!

[...] Die Sonne scheint, keine Wolke ist am Himmel – das bedeutet: Glauben und hoffen. Ringsum ist alles dunkel wie die Nacht, doch Gott ist allmächtig. Wir kennen seine Wege nicht, wissen nicht, wie er helfen wird, doch er vernimmt alle unsere Gebete. Ich weiß nichts vom Krieg, lebe abgeschottet von der Welt. Ständig neue wahnwitzige Nachrichten – die letzte lautete, Vater[1] habe auf den Thron, den er seit 23 Jahren innehat, verzichtet. Man könnte darüber fast den Verstand verlieren; doch ich glaube an eine lichte Zukunft noch hier auf Erden – denke daran.

Gerade war Pawel hier – er hat mir alles erzählt. Ich verstehe voll und ganz Dein Handeln, o mein Held! Ich weiß, dass Du nichts unterschreiben kannst, was Deinem bei der Krönung geleisteten Schwur widerspricht. Wir beide kennen uns sehr genau, wir brauchen keine Worte, um uns zu verstehen. Ich schwöre Dir bei meinem Leben, wir werden Dich wieder auf Deinem Thron sehen, zurückberufen von Deinem Volk und Deinen Truppen zum Ruhm Deiner Herrschaft. Du hast die Herrschaft Deines Sohns, das Land und Deine heilige Ehre gerettet (vor dem Judas Russki), und Gott selbst wird Dich hier auf Erden in Deinem Land krönen.

Ich umarme Dich fest und lasse niemals zu, Deine reine Seele zu verletzen. Ich küsse, küsse, küsse Dich, segne Dich und habe volles Verständnis für Dich.

Dein liebes Frauchen

17. März 1917

Teurer, Lieber, mein Schatz!

[...] Es war eine große Erleichterung und Freude, Deine liebe Stimme zu hören, nur war die Verbindung sehr schlecht, und alle Gespräche werden jetzt mitgehört! Und dann Dein liebes Telegramm heute morgen – ich habe Dir gestern abend gegen 9 1/2 und heute früh vor 1 Uhr telegrafiert. – Baby hat sich aus dem Bett gelehnt und bittet, Dir einen Kuss zu übermitteln. Alle vier liegen im grünen Zimmer im Dunkeln. Maria und ich schreiben, wir sehen fast nichts, denn die Vorhänge sind heruntergelassen. Erst heute morgen habe ich das Manifest und dann das andere von Mischa gelesen. Die Leute sind sehr verzweifelt – sie beten meinen Engel an. Die Truppen geraten in Bewegung. Habe keine Angst um Sunny, sie wird sich nicht rühren, sie hält sich raus. Doch ich fühle und sehe den hellen Schein der aufgehenden Sonne. Über den Mann von Ducky[2] bin ich sehr empört. Rundum werden Menschen verhaftet – natürlich Offiziere. Hier geschieht Unerhörtes – die Schützen wählen sich ihre Offiziere selbst, verhalten sich ihnen gegenüber abscheulich, grüßen nicht und rauchen ihnen ins Gesicht. Ich will nicht über alles, was hier geschieht, schreiben – das ist zu widerwärtig. N. P.[3] wurde in der Equipage verhaftet! Matrosen kommen, um die anderen zu holen.

Die Kranken oben und unten wissen nichts von Deiner Entscheidung – ich habe Angst, es ihnen zu sagen, und bisher ist es auch nicht erforderlich. Lili ist ein Engel und hilft, die Haltung zu wahren, bisher haben wir noch nie die Beherrschung verloren. Mein Lieber, mein Engel, ich wage nicht daran zu denken, was Du ertragen musst, das bringt mich um den Verstand! O Gott! Natürlich wird er Dich hundertfach für Deine Leiden belohnen. Ich kann nicht weiter darüber schreiben. Wie hat man Dich erniedrigt, als man diese beiden gemeinen Kreaturen zu Dir schickte! Ich wusste nicht, wer sie waren, bis Du es mir selbst gesagt hast. Ich habe es im Gefühl, dass sich die Armee erheben wird. [...]

Revolution in Deutschland! Wilhelm ermordet, der Sohn verwundet[4]. Dahinter steckt die Freimaurerbewegung. Jetzt hat Anastasia Fieber – 38,6, und die Flecken werden immer mehr. Olga hat Rippenfellentzündung, Korowa auch. Tatjanas Ohren haben sich gebessert. Sonnenstrahl fühlt sich wohl, ist fröhlich. Ich hätte so gern, wenn sie bei Dir wären, doch gegenwärtig können sie nicht aufstehen, und ich bezweifle auch, dass man uns irgendwohin reisen lässt. [...]

1 Gemeint ist Zar Nikolaus II.
2 Kirill Wladimirowitsch – Großfürst.
3 Nikolai Petrowitsch Sablin.
4 Hier handelte es sich um eine Falschmeldung.
Bestand 601/1/1151, Bl. 503-506.

Aus den Memoiren von Fürstin Olga Palej

Der Untergang des Zarenreichs – wir alle waren uns vollkommen bewusst, dass es sich um den Untergang handelte – offenbarte sich uns in seinem ganzen Schrecken. Wir versuchten uns vergeblich einzureden, dass Fürst Michail die Tradition fortsetzen werde. Wir wussten, dass er charakterlos ist, sich voll und ganz unter dem schlechten Einfluss seiner Gattin Frau Brassowa befindet.

Am 16. März um 11 Uhr ging der Fürst zur Herrscherin. Es klingt unwahrscheinlich, doch die arme Frau wusste noch nichts von der Abdankung ihres Mannes. Niemand aus ihrer Umgebung hatte den Mut, ihr diesen Schlag zu versetzen. Der Großfürst ging langsam zu ihr, gab ihr einen langen Handkuss und war unfähig, ein Wort zu sagen. Sein Herz drohte zu zerspringen. Die Herrscherin in der Tracht einer einfachen Krankenschwester beeindruckte ihn mit ihrer Ruhe und Abgeklärtheit. „Liebe Alisa", sagte schließlich der Fürst. „Ich möchte in dieser für Dich schweren Stunde bei Dir sein." Die Herrscherin sah ihm in die Augen. „Was ist mit Nicky?" fragte sie. „Nicky ist gesund", antwortete der Fürst, „aber sei mutig wie er: Heute, am 15. März, um 1 Uhr nachts hat er die Abdankungsurkunde für sich und Alexej unterschrieben." Die Herrscherin zuckte zusammen und senkte den Kopf, als betete sie. Dann richtete sie sich auf und sagte: „Wenn Nicky das getan hat, dann war es erforderlich. Ich glaube an Gottes Gnade, Gott wird uns nicht verlassen." Doch gleichzeitig flossen Tränen über ihre Wangen. „Ich bin nicht mehr Herrscherin", sagte sie mit traurigem Lächeln, „doch ich bleibe barmherzige Schwester. Da nunmehr Mischa Herrscher sein wird, werde ich mich meinen Kindern und dem Lazarett widmen, wir fahren auf die Krim." [...] Der Großfürst leistete ihr bis zum Frühstück Gesellschaft, fast anderthalb Stunden. Sie wollte wissen, was in der Duma geschieht, und über den Großfürsten, der vorgestern dort erschienen war, sagte sie auf Englisch: „Sogar X[1], wie schrecklich." [...]

Zu dieser Zeit befand sich Großfürst Michail im Winterpalast in Petrograd. Nur sehr wenige wissen, dass der Kommandeur der Truppen General Chabalow, als er die Volksmassen sah, die auf den Winterpalast zustürmten, dem Großfürsten vorschlug, in die Menge schießen zu lassen, wobei er auf einige noch treu ergebene Regimenter verwies. Michail lehnte entschieden ab und erklärte, dass „er nicht wünscht, auch nur einen Tropfen russischen Bluts zu vergießen". Er verließ heimlich den Palast und suchte bei seinem Freund Fürst Putjatin[2] Zuflucht. [...]

Zu Großfürst Michail, der seit 1 Uhr nachts Zar war, kamen Fürst Lwow, Gutschkow, Rodsjanko, Miljukow[3], Kerenski[4] und andere und versuchten ihn zu überreden, auf den Thron zugunsten des Volkes zu verzichten, das dann später ihn oder einen anderen erwählen werde. Nach kurzem Zaudern ließ sich der charakterlose Fürst zur Freude der Vaterlandsverräter darauf ein; und Kerenski, diese Marionette, reagierte mit einem hysterischen Anfall.

1 Großfürst Kirill Wladimirowitsch.
2 Michail Sergejewitsch Putjatin – Fürst, Generalmajor. Leiter der Schlossverwaltung von Zarskoje Selo.
3 Pawel Nikolajewitsch Miljukow (1859-1943) – Führer der Konstitutionell-De-

mokratischen Partei, namhafter Historiker, Publizist. Von März bis Mai 1917 Außenminister der Provisorischen Regierung.

4 Alexander Fjodorowitsch Kerenski (1881-1971) – Politiker, Rechtsanwalt. Von März bis Mai 1917 Justizminister, dann Kriegs- und Marineminister, vom 21. Juli bis 7. November 1917 Ministerpräsident der Provisorischen Regierung, gleichzeitig Oberster Befehlshaber (ab August 1917).

Nach: Februarrevolution. Memoiren. Moskau-Leningrad 1926, S. 354-356.

Abdankungsurkunde von Grossfürst Michail Alexandrowitsch

Mit dem Willen Meines Bruders, Mir in der Zeit des beispiellosen Kriegs und innerer Unruhen den Zarenthron von ganz Russland zu übergeben, wurde Mir eine schwere Bürde auferlegt.

Beseelt von dem vom ganzen Volk geteilten Gedanken, dass das Wohl Russlands über allem steht, bin Ich fest entschlossen, nur in dem Fall die Höchste Macht zu übernehmen, wenn es der Wille unseres großen russischen Volks ist, dem es obliegt, durch eine Volksabstimmung, über seine Vertreter in der Konstituierenden Versammlung, die Regierungsform und neuen Grundgesetze des Russischen Staats zu bestimmen.

Unter Ersuchen um Gottes Segen bitte Ich alle Bürger des Russischen Staats, sich der Provisorischen Regierung unterzuordnen, die auf Anregung der Reichsduma gebildet und der die uneingeschränkte Macht übertragen wurde, bis die in kürzester Zeit, auf der Grundlage allgemeiner, direkter, gleicher und geheimer Wahlen einberufene Konstituierende Versammlung mit ihrem Beschluss über die Regierungsform dem Willen des Volkes Ausdruck verleihen wird.

Petrograd, 16. März 1917 Michail

Bestand 601/1/2100-a.

Aus dem Tagebuch von Zar Nikolaus II. (1917)

16. März, Freitag

Habe lange und fest geschlafen. Bin weit hinter Dwinsk aufgewacht. Der Tag war sonnig und frostig. Habe mit meinen Vertrauten über den gestrigen Tag gesprochen. Habe viel über Julius Cäsar gelesen. Um 8.20

war ich in Mogiljow. Alle Offiziere des Stabs waren auf dem Bahnhof. Habe Alexejew im Waggon empfangen. Um 9 1/2 zog ich ins Gebäude um. Alexejew kam mit den neuesten Meldungen von Rodsjanko. Mischa hat abgedankt. Sein Manifest endet damit, dass in kurzer Zeit Wahlen zur Konstituierenden Versammlung durchgeführt werden. Weiß Gott, wer ihn dazu veranlasst hat, eine solche Gemeinheit zu unterschreiben! Die Unruhen in Petrograd haben aufgehört, wenn es doch so bliebe.

17. März, Sonnabend

Habe gut geschlafen. Um 10 Uhr kam der gute Alek[1]. Dann ging ich zur Lagebesprechung. Um 12 Uhr fuhr ich zum Bahnhof, um die teure Mama, die aus Kiew gekommen war, zu begrüßen. Brachte sie zu mir und hatte mit ihr und unseren Vertrauten Frühstück. Haben lange beisammen gesessen und miteinander gesprochen.

Heute erhielt ich endlich zwei Telegramme von der teuren Alix. Bin spazieren gegangen. Das Wetter war unangenehm – Frost und Schneegestöber. Nach dem Tee empfing ich Alexejew und Frederiks. Um 8 Uhr fuhr ich zum Dinner bei Mama und blieb mit ihr bis 11 Uhr zusammen.

18. März, Sonntag

Nachts war Sturm. Der Tag war klar und frostig. Um 10 Uhr fuhr ich zum Mittagsgottesdienst, Mama kam später. Wir hatten Frühstück und sie blieb bei mir bis 3 1/2. Bin im Garten spazierengegangen. Empfing nach dem Tee N. I. Iwanow, der von der Dienstreise zurück ist. Er war in Zarskoje Selo und hat Alix gesehen. Ich verabschiedete mich vom armen Grafen Frederiks und Wojejkow, deren weitere Anwesenheit hier unerwünscht ist; sie sind auf seinen Landsitz im Gouvernement Pensa gefahren. Um 8 Uhr fuhr ich zu Mama zum Dinner.

[…]

20. März, Dienstag

Erhielt zwei weitere Briefe von der teuren Alix, die zwei Offiziere der Eskorte brachten. Um 11 Uhr empfing ich Williams, Janin und Ryckel[2], alle verhalten sich sehr herzlich und mitfühlend. Hatte mit Mama Frühstück, saß bei ihr bis 2 1/2 Uhr. Empfing Coanda, Romei, Marsengo und Lontkewitsch[3]. Ging etwa eine Stunde spazieren. Das Wetter war mild, doch den ganzen Tag fiel Schnee. Nach dem Tee begann ich zu packen. Hatte mit Mama Dinner und spielte Bésique mit ihr.

21. März, Mittwoch

Der letzte Tag in Mogiljow. Um 10 1/2 Uhr unterschrieb ich den Abschiedsbefehl für die Armeen. Um 10 3/4 ging ich zum Lagezentrum, wo ich mich von allen Offizieren des Stabs und der Verwaltungen verabschiedete. Anschließend verabschiedete ich mich von den Offizieren und Kosaken der Eskorte und des Vereinten Regiments – mir schien das Herz zu brechen! Um 12 Uhr war ich bei Mama im Waggon und blieb bis 4 1/2 bei ihr. Verabschiedete mich von ihr, Sandro, Sergej, Boris und Alek. Um 4.45 fuhr ich aus Mogiljow ab, eine rührende Menschenmenge verabschiedete mich. Fuhr nach Orscha und Witebsk. Das Wetter ist frostig. Ich bin bedrückt, alles ist schmerzlich und traurig.

1 Alexander Petrowitsch – Prinz von Oldenburg.
2 Williams, Janin, Ryckel – Leiter der Militärmissionen Englands, Frankreichs und Belgiens im Hauptquartier.
3 Koanda, Romei, Marsengo, Lontkewitsch – Leiter der Militärmissionen Rumäniens, Italiens und Serbiens im Hauptquartier.

Bestand 601/1/265, Bl. 68-73.

Abschiedsappell von Zar Nikolaus II. an die Truppen

21. März 1917

Meine innig geliebten Truppen, ich wende mich zum letzten Mal an Euch.

Seit zweieinhalb Jahren leistet ihr täglich schweren Kriegsdienst.

Ich wende mich an Euch, meine heiß geliebten Truppen, mit diesem Aufruf, unsere Heimat gegen den hinterhältigen Gegner zu verteidigen. Russland ist mit seinen ruhmreichen Verbündeten durch gemeinsamen Siegeswillen vereint. Dieser beispiellose Krieg muss bis zur völligen Vernichtung der Feinde geführt werden. Wer jetzt an Frieden denkt und ihn will, ist ein Vaterlandsverräter. Ich weiß, dass jeder ehrenhafte Krieger so empfindet und denkt. Erfüllt Eure Pflicht wie bisher. Verteidigt unser großes Russland mit aller Kraft. Gehorcht Euren Kommandeuren. Jede Lockerung der Disziplin kommt nur dem Feind zugute.

Ich glaube fest, dass in Euren Herzen die grenzenlose Liebe für unser Russland nicht erloschen ist. Gott der Herr segne Euch im weiteren Kampf, der Heilige Märtyrer und Siegträger Georg führe Euch zum Sieg.

Bestand 601/1/2415, Bl. 2.

Epilog: Verhaftung, Verbannung und Ermordung der Zarenfamilie

So endete die mehr als dreihundertjährige Geschichte der Romanow-Zarendynastie. Damit hatte sich vollendet, was einige Generationen russischer Revolutionäre leidenschaftlich ersehnten – die Selbstherrschaft war gestürzt und Russland von der Monarchie befreit, die Truppen wurden ihres Eids entbunden, vom Doppeladler die Zarenkronen entfernt und die russische Trikolore durch rotes Fahnentuch ersetzt. Das bisher unbekannte Wort „Freiheit" war voller Geheimnisse, verhieß Glück für die Zukunft und Straffreiheit in der Gegenwart. Im Frühjahr 1917 war man siegestrunken. Doch die Ernüchterung ließ nicht lange auf sich warten, bis zur Machtübernahme durch die Bolschewiki blieb nur noch ein halbes Jahr.

Die Tragödie Russlands war nicht die Oktoberrevolution von 1917 an sich – immerhin haben alle zivilisierten Länder Wechsel, auch blutige, der Regierungsformen erlebt. Hier geht es vielmehr darum, dass die schließlich an die Macht gekommenen Bolschewiki den in seinem Ausmaß einmaligen Versuch unternommen haben, die gesellschaftliche Moral gewaltsam zu untergraben. Und wenn die Urheberschaft auf diesem Gebiet politischer Aktion auch den Fanatikern der Französischen Revolution zuzuschreiben ist, so vermochten doch nur Lenin und seine Anhänger, dieser Absicht eine feste ideologische Grundlage zu geben.

Die Gebote des Evangeliums, die Prophezeiungen Mohammeds und die sophistischen Lehren Buddhas wurden zu leeren Worten. Alles Gute und Humane, was sich die Menschheit im Verlaufe ihrer Geschichte zu eigen gemacht hatte, wurde ausgemerzt – Nächstenliebe, Pflichttreue, Anstand. Der Verstand stand still, Ungeheuerliches geschah. Gelehrte, Denker, Dichter, Geistliche, Millionen einfacher Menschen, die noch kurz zuvor der Stolz Russlands, die Blüte seines intellektuellen und geistigen Reichtums waren, wurden gnadenlos vernichtet. Und das erste und fast rituelle Opfer des neuen Regimes wurde die Familie Romanow.

Gleich nach der Abdankung fuhr Nikolaus ins Hauptquartier, um sich von den Truppen zu verabschieden. „Die Verzweiflung vergeht", telegrafierte er der Gemahlin und versuchte, sie zu beruhigen. Am späten Abend des 16. März kam Nikolaus in Mogiljow an. Er wurde von General Alexejew und Offizieren des Hauptquartiers begrüßt. Alle waren bestürzt, wie sehr sich sein Aussehen in den wenigen Tagen verändert hatte. Nikolaus schien um zehn Jahre gealtert. Beim Abschiedsessen versuchte der Zar wie gewohnt, ein Gespräch zu führen und Fragen zu stellen, doch offensichtlich konnte er sich nur schwer beherrschen. Am folgenden Tag kam Maria Fjodorowna aus Kiew nach Mogiljow. Die Begegnung mit der Mutter war ein weiteres schmerzliches Erlebnis für Nikolaus. Maria Fjodorowna – eine Königstochter, Gemahlin und Mutter russischer Zaren – war außerstande, sich mit dieser Katastrophe abzufinden und die Gründe zu verstehen. Nikolaus, selbst am Rande eines Nervenzusammenbruchs, musste sie beruhigen und trösten. Das war ihre letzte Begegnung.

Am 21. März, einen Tag vor der Abreise, verfasste der Zar seinen letzten, sehr emotionalen und eindringlichen Tagesbefehl an die Armee. Aber auf Beschluss der Provisorischen Regierung wurde dieser Befehl nicht verlesen, denn die einfachen, von Liebe zu Russland durchdrungenen Worte wären allzu wirkungsvoll gewesen.

Am selben Tag wurde Nikolaus auf Beschluss der Provisorischen Regierung festgenommen, um, wie es hieß, seine persönliche Sicherheit zu gewährleisten. In Begleitung von vier Mitgliedern der Reichsduma reiste er nach Zarskoje Selo. „Schwer, schmerzlich und traurig", so fasste Nikolaus diesen Tag zusammen. In Russland gab es keinen Zaren mehr, dafür den neuen politischen Gefangenen Nikolaus Romanow.

Diesmal kam der Zug pünktlich in Zarskoje Selo an. Wachsoldaten unter dem Befehl von Oberst Kobylinski, des neuen Chefs der Garnison Zarskoje Selo, vertraten sich auf dem Bahnhof die Beine. Der Herrscher verließ den Waggon und ging, ohne jemand anzublicken, schnell zum Automobil. Nur Hofmarschall Fürst Wassili Dolgorukow begleitete ihn. Die übrigen Personen der Suite des ehemaligen Zaren verließen schnell den Bahnsteig, um nicht erkannt zu werden.

Als das Automobil des Zaren den Palast erreichte, war das Tor verschlossen. Erst nach längerer Pause befahl der diensthabende Offizier träge den Soldaten: „Tor dem ehemaligen Zaren öffnen!" Als Nikolaus

Eine der ersten Aufnahmen kurz nach der Abdankung des Zaren: Nikolaus II. beim Schneeräumen auf den Wegen des Alexandrowski-Parks vor dem Palast, März 1917.

an dem Offizier vorbeiging, rauchte dieser und steckte demonstrativ die Hand in die Hosentasche. Der Zar zuckte nur mit den Achseln und erwiderte den Gruß anwesender Offiziere.

Als Alexandra Fjodorowna das Automobil hörte, stürzte sie zur Eingangstür, doch der Zar war schneller. Sie trafen sich im Kinderzimmer und fielen sich in die Arme. Und zum erstenmal nach vielen Jahren, seit dem Tod des Vaters und seiner Thronbesteigung, weinte Nikolaus.

Die Haftbedingungen in Zarskoje Selo, die Kerenski persönlich festgelegt hatte, schränkten das Leben der Zarenfamilie erheblich ein. Auf Weisung der Provisorischen Regierung wurden die Romanows und alle, die bei ihnen geblieben waren, von der Außenwelt isoliert. Die Gefangenen durften sich nur im Bereich des Palasts frei bewegen, bei Spaziergängen begleitete sie eine Wache. Besuche bei den Gefangenen waren nur mit Genehmigung Kerenskis erlaubt. Die gesamte Korrespondenz wurde streng kontrolliert.

Gleichermaßen schwer wie die Gefangenschaft traf Nikolaus der Verrat durch engste Vertraute. In Stich gelassen wurde der Zar vom Kommandeur der Kaiserlichen Eskorte Graf Grabbe, seinen vertrauten Flügeladjutanten Sablin und Mordwinow. Doktor Ostrogorski, der Petrograder Kinderarzt, der seit Jahren die Großfürstentöchter behandelt hatte, weigerte sich, die kranke Maria zu besuchen, weil „der Weg allzu schmutzig ist".

Um so wertvoller wurde die Treue derer empfunden, die das Schicksal von Nikolaus und seiner Familie teilten: Graf Benkendorf und seine Gattin, Fürst Wassili Dolgorukow, Lili Dehn, die beiden Hofdamen der Zarin Baroness Buxhoevden und Gräfin Gendrikowa, die Doktoren Botkin und Derewenko, die Lehrer Pierre Gilliard sowie Sidney Gibbs und Mademoiselle Schneider. Viele von ihnen haben später ihre Ergebenheit und Charakterfestigkeit mit dem Leben bezahlt.

Trotz der bedrückenden Gefangenschaft schien Nikolaus sich anfangs von der unglaublichen nervlichen Anspannung der zurückliegenden Jahre zu erholen. Er konnte sich nun den Luxus leisten, Romane zu lesen, lange Spaziergänge zu unternehmen und, was ihm am wichtigsten war, sich den Töchtern und dem Sohn widmen.

Die Tage vergingen, niemand wusste, wie lange die Gefangenschaft dauern würde. Vertreter der Regierung deuteten verschwommen eine mögliche Abschiebung der Familie ins Ausland an, doch die Verantwortung für eine solche Entscheidung wollten die Mitglieder der Provisorischen Regierung nicht übernehmen.

Nikolaus II. zu Besuch bei seiner erkrankten Tochter Maria Nikolajewna, April 1917.

Nikolaus II. und seine Gemahlin im Gemüsegarten von Zarskoje Selo, Frühjahr 1917.

Brennholz für den Winter: Nikolaus II. und sein Diener Schurawski (im Hintergrund) in Zarskoje Selo nach dem Fällen eines Baumes, eskortiert von Wachsoldaten. Aufnahme vom Juni 1917, zwei Monate vor der Verbannung nach Sibirien.

Im Sommer 1917 verschärfte sich die Lage im Lande, allen wurde klar, dass die Revolution zu keinen schnellen Ergebnissen führte, und das Vertrauen in die neuen Machthaber sank. Die Führer der linken Parteien machten den ehemaligen Zaren weiterhin für alle Schwierigkeiten verantwortlich und lasteten ihm die eigenen Fehler an – Unfähigkeit, den Staat zu führen, wirtschaftliches Chaos, militärische Misserfolge. Mehrmals versuchten Banden von Aufständischen und Kriminellen, Nikolaus zu ergreifen und Lynchjustiz zu üben. Um die um den ehemaligen Zaren entstandene Lage zu entschärfen, beschloss die Provisorische Regierung, die Familie Romanow aus Petrograd zu evakuieren. Nach langer Diskussion wurde die ferne sibirische Stadt Tobolsk gewählt. Zeitgenossen und Historiker sind unterschiedlicher Meinung, warum man sich gerade für Tobolsk als Verbannungsort von Nikolaus entschieden hatte. Als Hauptargument wurde angeführt, dass es weit entfernt von Großstädten lag, in denen die Arbeiter damals vom Hass auf den Zaren erfüllt waren. Unglaubwürdig ist Kerenskis Aussage, dass angeblich der besondere Komfort des Hauses in Tobolsk, in dem die Romanows untergebracht wurden, den Ausschlag gegeben hätte. Der wahre Grund der Entscheidung für Tobolsk war wohl eher die Absicht, die Gefühle der von der revolutionären Propaganda aufgewühlten Menschen zu manipulieren: Der gestürzte Zar wird nach Sibirien verbannt – dem traditionellen Verbannungsort der russischen Revolutionäre. Damit versuchte die Provisorische Regierung, im politischen Spiel Punkte zu sammeln.

Im August 1917 durchquerte Nikolaus Romanow mit Gemahlin und den Kindern, mit Gefolge und Dienerschaft sowie zahlreichem Geleitpersonal in zwei Zügen unter japanischer Flagge Russland von Petersburg nach Tjumen. Halt wurde nur auf kleinen Bahnhöfen und abgelegenen Stationen gemacht, um Geheimhaltung zu wahren und mögliche Zwischenfälle zu vermeiden. Nach fünftägiger Reise wurden die Verbannten auf den Dampfer „Rus“ verfrachtet und auf den Flüssen Tura und Tobol nach Tobolsk transportiert. Hier wurde die Familie in einem kleinen zweigeschossigen Gebäude, der ehemaligen Residenz des Gouverneurs, untergebracht.

Der Tagesablauf, der während der Gefangenschaft in Zarskoje Selo zur Gewohnheit geworden war, wurde auch in Tobolsk beibehalten. Um 8 Uhr 45 gab es Morgentee. Danach lernten die Kinder, um 1 Uhr mittags traf sich die ganze Familie zum Mittagessen. Danach hat Nikolaus gelesen, Briefe geschrieben oder mit einem Vertrauten Holz gesägt.

Abends, wenn sich die Dämmerung über die Stadt senkte, beobachteten die Kinder am Fenster die vorbeieilenden Passanten und lauschten dem Glockengeläut. An einem dieser Abende schrieb Alexej in sein Tagebuch: „Der gleiche Tag wie gestern, und ebenso langweilig." Um ihnen eine gewisse Abwechslung zu bieten, haben sich die Eltern intensiv mit den Kindern beschäftigt, russische Klassiker vorgelesen und mit ihnen kleine Theaterstücke in englischer und französischer Sprache eingeübt.

Nur wenige Monate nach der Oktoberrevolution sollten sich die Haftbedingungen der Zarenfamilie abrupt ändern. Am 2. März 1918 erhielt Oberst Kobylinski ein Telegramm aus Moskau, in dem es hieß, dass „das Volk keine Mittel für den Unterhalt der Zarenfamilie" habe. Die Sowjetmacht, so weiter, sei nur bereit, dem ehemaligen Zaren Wohnung, Heizung und Soldatenration zu gewähren – das heißt. die zwischen Kerkermeister und Gefangenen üblichen Bedingungen einzuhalten.

Am 25. April kam aus Moskau der Befehl, Tatischtschew, Dolgorukow, Gendrikowa und Schneider, die dem Zaren in die Verbannung gefolgt waren, zu verhaften. Einige Tage später traf in Tobolsk eine Abteilung Rotarmisten unter Führung von Kommissar Jakowlew ein, der die Verlegung der Gefangenen an einen anderen Ort, dessen Name noch nicht genannt wurde, verkündete.

Fünf Tage später wurden Nikolaus II., Alexandra Fjodorowna und Großfürstentochter Maria Nikolajewna nach Jekaterinburg, dem Zentrum der Bolschewiki im Ural, gebracht. Wegen der Krankheit Alexejs blieben die übrigen Kinder unter der Aufsicht von Pierre Gilliard noch in Tobolsk zurück.

Ingenieur N. Ipatjew, der Besitzer des Hauses, in dem nun der Zar gefangengehalten wurde, war tags zuvor ausquartiert worden, und um den Hof war in wenigen Stunden ein hoher Bretterzaun errichtet worden. Sofort nach Ankunft durchsuchte die Wache das persönliche Gepäck der Gefangenen und befahl ihnen, auf ihre Zimmer zu gehen. Alexandra Fjodorowna trat ans Fenster, malte eine Swastika an die Wand und setzte das Datum darunter, mit dem eine neue Zeitrechnung ihrer Haft begann: „30. April 1918".

Die in Tobolsk verbliebenen Kinder litten sehr unter der Trennung, und sobald die Schmerzen in Alexejs Bein nachgelasssen hatten, brachte man auch sie nach Jekaterinburg.

Die Aufregung und die Wegbeschwerden verschlimmerten erneut den

Gesundheitszustand des Zarewitsch. Von den Leiden des Jungen berichten die Erinnerungen eines Augenzeugen, des österreichischen Soldaten P. Meier, der in Gefangenschaft geraten und zu den Bolschewiki übergelaufen war: „Wir sahen den Thronfolger. Er lag im Bett, das rechte Knie war dick verbunden. Das war die Blutergusswunde, die nie verheilte. Der Anblick des Thronfolgers war wirklich erschütternd. Doch noch erschütternder war für mich, dass ich genau wusste, was in einigen Tagen in diesem Haus geschehen wird und dasss auch dieser kranke Knabe nicht verschont bleiben wird. [...]"

Bis zum Geburtstag von Alexej waren es noch drei Wochen. Nikolaus und Alexandra wirkten in letzter Zeit ausgeglichener. Die Familie war wieder vereint und Hoffnung auf Befreiung kam auf – der Stadt näherten sich weiße Truppen, und ein unbekannter Offizier machte in Briefen, die auf geheimnisvolle Weise durch die Wachen gelangten, immer konkretere Angaben über eine mögliche Flucht. Woher sollten sie wohl wissen, dass ihre Lebensuhr abgelaufen und ihr Tod beschlossene Sache war, die Weißen erst sechs Tage nach ihrer Ermordung in Jekaterinburg einmarschieren würden und die in ausgezeichnetem Französisch abgefassten Briefe des mutigen Offiziers eine gemeine Provokation waren, um Beweise für einen Fluchtversuch des Zaren zu erhalten?

Die Fäden des verbrecherischen Plans zur Ermordung der Zarenfamilie reichten vom provinziellen Jekaterinburg bis nach Moskau. Denn hier, in den höchsten Machtorganen der Bolschewiki, wurde der Beschluss über die physische Vernichtung aller Mitglieder der Zarenfamilie – unabhängig von Aufenthaltsort, Alter und Geschlecht – gefasst. Es besteht kein Zweifel, dass die damaligen Vorsitzenden des Rates der Volkskommissare und des Zentralen Exekutivkomitees, Wladimir I. Lenin und Jakow Swerdlow, an diesem Beschluss teilhatten. Sie waren sich der Instabilität der politischen Lage und der Ungesetzlichkeit der Macht der Bolschewiki wohl bewusst. Das zeigten deutlich die Delegierten der Konstituierenden Versammlung, von denen drei Viertel gegen die Bolschewiki auftraten. Die Konstituierende Versammlung wurde aufgelöst, und Swerdlow schickte ein verschlüsseltes Telegramm in den Ural – die Liquidierung der Romanows ist einzuleiten!

Die Ermordung von Großfürst Michail Alexandrowitsch eröffnete die Serie von an Grausamkeit beispiellosen Racheakten gegen die Zarenfamilie und wurde deshalb besonders raffiniert vorbereitet. Es wurde beschlossen, den Großfürsten und mögliche Zeugen aus seiner Umgebung zu liquidieren, indem man ihre Flucht vortäuschte.

Die Umstände des Todes von Großfürst Michail Alexandrowitsch unterlagen bis zuletzt strengster Geheimhaltung – erst vor kurzem im ehemaligen Parteiarchiv von Swerdlowsk (Jekaterinburg) gefundene Unterlagen erlauben es nun, Einzelheiten und das Datum des blutigen Verbrechens zu klären.

In den ersten Monaten nach den Februarereignissen und seiner Abdankung führte Großfürst Michail ein bescheidenes und unauffälliges Leben fernab jeder Politik. Er hatte sich mit seiner nicht standesgemäßen Gattin Natalia Brassowa in Gatschina niedergelassen und widmete den größten Teil seiner Zeit der Familie, Spaziergängen in der Natur und gelegentlichen Theaterbesuchen. Nach der Oktoberrevolution wandte sich Michail Alexandrowitsch, weil er für sich und seine Angehörigen zumindest eine gewisse Sicherheit haben wollte, an den Bevollmächtigten des Rates der Volkskommissare, Bontsch-Brujewitsch, mit der Bitte, ihm in einem Dokument zu bestätigen, dass der ehemalige Großfürst kein Feind der Sowjetmacht sei. Der Bittsteller erhielt diese Bestätigung auf dem Briefbogen des Rats der Volkskommissare, und kurz danach wurde Bürger M. A. Romanow unter Bewachung nach Perm in die Verbannung geschickt. Mit ihm fuhren Natalja Brassowa, Oberst Snamerowski, sein englischer Sekretär Johnson und zwei Diener. In Perm wurde der verbannte Großfürst in einem Hotel im Stadtzentrum untergebracht. Die Haftbedingungen wurden zunehmend verschärft, jeden Augenblick konnten die Verbannten ins Gefängnis geworfen werden. Auch der Gesundheitszustand Michails verschlechterte sich, er hatte heftigen Magenschmerzen. Der behandelnde Arzt schloss Krebs nicht aus.

Michail musste seine ganze Überredungskunst einsetzen, um seine Frau zu überzeugen, Perm zu verlassen, um die Kinder in Sicherheit zu bringen. Er versprach, bei der ersten sich bietenden Gelegenheit nachzukommen. Doch Michail war sich wohl bewusst, dass er dieses Versprechen nicht halten konnte. Im Tagebuch schrieb er: „Mit der Abreise von Natascha überfiel mich Schwermut, große Schwermut, und alles war irgendwie anders, und die Zimmer waren andere.“

Am späten Abend des 11. Juli 1918 drangen Bewaffnete in Michails Hotelzimmer ein. Das Wachpersonal, das für die Sicherheit des Großfürsten verantwortlich war, sah untätig zu.

Michail wurde aus dem Bett geholt, man warf ihm einen Mantel über und führte ihn auf die Straße; ihm folgte sein Sekretär Johnson. Sie wurden in Kutschen mit Verdeck gesetzt und schnell aus der Stadt herausgebracht. Hinter der Siedlung Motowilicha bogen die Kutschen in den

Wald ein und hielten an. Michail und Johnson wurden herausgezerrt. Revolverschüsse durchbrachen die Stille des nächtlichen Walds. Die erste Kugel verwundete den Großfürsten nur, erst mit dem zweiten Schuss in den Kopf wurde Michail getötet. Wie es zu allen Zeiten bei Banditen üblich ist, wurden die Toten beraubt, ihr Eigentum – Uhren, Ringe und Schuhe – unter den Mördern verteilt.

Es tagte schon, so dass die Verbrecher die Leichen aus Furcht vor Entdeckung in den Büschen versteckten, um sie dann in der kommenden Nacht unweit des Orts des Verbrechens zu vergraben.

Zu dieser Zeit rief einer der Organisatoren des Mordes, der Tschekist Drokin, bei der Miliz an und teilte mit, dass Unbekannte Michail Romanow entführt hätten und umgehend die Suche nach den Flüchtigen aufgenommen werden müsse. Die höllische Vernichtungsmaschinerie war in Gang gesetzt worden...

Über die Ermordung von Nikolaus II. und seiner Familie sind schon viele Bücher und Abhandlungen geschrieben worden. Es liegt dazu auch ein ganz spezielles Dokument vor, verfasst von Jakow Jurowski, dem Leiter des Erschießungskommandos: „Aktennotiz des Kommandanten des Hauses besonderer Verwendung in Jekaterinburg für den Historiker M. N. Pokrowski über die Hinrichtung der Romanows". In dieser Aktennotiz schreibt Jurowski über sich in der dritten Person, nennt sich „der Kommandant".

Gegen Mitternacht des 16. Juli 1918 mussten sich die sieben Mitglieder der Familie Nikolaus II. und vier engste Vertraute (Botkin, Charitonow, Trupp und Demidowa) in Begleitung Jurowskis in einen Raum im Souterrain begeben. Als Begründung wurde angegeben, dass eine unbekannte Bande einen Überfall plane und ein Wechsel des Aufenthaltsorts erforderlich sei. Jurowski: „Unten wurde ein Raum mit verputzter Holzwand (um Querschläger zu vermeiden) ausgewählt, aus dem alle Möbel herausgetragen wurden. Das Kommando stand im Nachbarraum bereit. Die Romanows waren vollkommen ahnungslos. [...] Nikolaus trug Alexej auf den Armen, die anderen hatten Kissen und andere kleine Dinge bei sich. Als Alexandra Fjodorowna das leere Zimmer betrat, fragte sie: ‚Was soll das, nicht mal ein Stuhl? Darf man nicht einmal mehr sitzen?' Der Kommandant befahl, zwei Stühle hereinzubringen. Nikolaus setzte Alexej auf den einen, auf den anderen setzte sich Alexandra Fjodorowna. Den übrigen befahl der Kommandant, sich nebeneinander aufzustellen. Als sie standen, wurde das Kommando hereingerufen. Der Kommandant verkündete, dass das Exekutivkomitee des Ural in Anbetracht der von ihren Verwandten in Europa forcierten Angriffe auf Sowjetrussland beschlossen habe, sie nunmehr zu erschießen. Nikolaus drehte dem Kommando den Rücken zu und blickte die Familie an, dann besann er sich und fragte den Kommandanten: ‚Was, was?' Der Kommandant wiederholte hastig seine Worte und befahl dem Kommando, Feuerbereitschaft herzustellen. Jedem einzelnen war zuvor zugewiesen worden, auf wen er zu zielen hatte, und es war befohlen, direkt ins Herz zu schießen, um allzu viel Blut zu vermeiden und kurzen Prozess zu machen. Nikolaus sagte kein weiteres Wort, drehte sich wieder zur Familie um, die anderen stammelten zusammenhangslose Worte, alles währte nur wenige Sekunden. Dann begann das Feuer, das zwei bis drei Minuten dauerte. Nikolaus wurde vom Kommandanten selbst auf der Stelle erschossen. [...] Alexej, drei seiner Schwestern und Botkin lebten noch. Sie mussten aus nächster Nähe erschossen werden. [...] Als versucht wurde, eines der Mädchen mit dem Bajonett zu erstechen, prallte das Bajonett am Korsett ab. Die ganze Prozedur der Hinrichtung, einschließlich ‚Kontrolle´ (Puls fühlen u. a.), dauerte etwa 20 Minuten. Dann wurden die Leichen hinausgeschafft und auf einen Lastwagen gelegt, auf Tücher, um keine Blutspuren zu hinterlassen. Hier wollte man sie berauben, so dass drei zuverlässige Genossen zur Bewachung der Leichen abgestellt werden mussten. [...]"

„Die Gefangenen lagen schon auf dem Boden, das Blut floss in Strömen, nur der Thronfolger saß immer noch auf dem Stuhl", schrieb A. Strekotin, ein Teilnehmer des Massakers. „Er fiel lange Zeit nicht vom Stuhl und lebte noch, dann wurde auf seinen Kopf und seine Brust geschossen, bis er vom Stuhl stürzte." Auch der kleine Spaniel Jimmy, der Liebling von Anastasia, wurde getötet.

Die Pistole des Kommandanten Jurowski wurde als historische Reliquie dem Revolutionsmuseum übergeben, wo sie wahrscheinlich heute noch in den Beständen aufbewahrt wird. Als die weißen Truppen wenige Tage später Jekaterinburg eingenommen hatten, entdeckte man in dem Raum, in dem elf Menschen ermordet worden waren, an der Wand eine Inschrift mit dem Vers Heines: „Belsazar ward aber in selbiger Nacht von seinen Knechten umgebracht".

Am 18. Juli abends tagte im Kreml der Rat der Volkskommissare unter Lenins Vorsitz. Ein Kollege von Doktor Botkin, N. Semaschko, erstattete Bericht. J. Swerdlow betrat den Saal und flüsterte Lenin etwas zu. „Genosse Swerdlow bittet ums Wort für eine Mitteilung", unterbrach der Vorsitzende den Berichterstatter. – „Ich habe folgendes bekanntzugeben. Aus Jekaterinburg kam die Nachricht, dass dort auf Beschluss des Gebietssowjets der ehemalige Zar Nikolaus erschossen wurde. Wie festgestellt wurde, wollte er fliehen. Auf der heutigen Sitzung des Gesamtrussischen Exekutivkomitees wurde beschlossen: Beschluss und Handlungsweise des Uraler Sowjets werden gebilligt." – „Fahren wir jetzt mit der Verlesung des Entwurfs des Gesundheitsgesetzes fort", schlug Lenin vor. Und N. Semaschko sprach weiter...

In der Nähe von Jekaterinburg, in der Kleinstadt Alapajewsk im Ural befanden sich seit einigen Monaten sechs weitere Mitglieder der Familie Romanow in Haft: Großfürst Sergej Michailowitsch, drei Söhne des Dichters Großfürst Konstantin Konstantinowitsch – Ioann, Konstantin und Igor –, Großfürstin Jelisaweta Fjorodorowna – eine Schwester der Zarin –, und Fürst Wladimir Palej, Sohn von Großfürst Pawel Alexandrowitsch aus morganatischer Ehe. Mit ihnen waren auch die Nonne des Martha-Marien-Klosters Warwara Jakowlewa und der Sekretär des Großfürsten Remesow inhaftiert.

Am späten Abend des 17. Juli 1918, einen Tag nach der Erschießung von Nikolaus II. und seiner Familie, brachten hiesige Bolschewiki und Tschekisten die Gefangenen von Alapajewsk aus der Stadt zu den Schächten einer stillgelegten Grube.

Über die dunkle, gähnende Öffnung eines der Schächte wurde ein Balken gelegt. Man zwang die Todgeweihten, sich darauf zu stellen und einige Schritte zu tun, dann stieß man sie hinunter. Großfürst Sergej Michailowitsch packte einen der Henkersknechte und versuchte, ihn mit sich hinabzureißen, wurde aber durch einen Kopfschuss getötet. Die übrigen erwartete ein langer qualvoller Tod, durch ihre Verletzungen oder Verdursten.

Die Mörder kamen am nächsten Tag zurück, um ihr Werk zu vollenden – sie warfen Steine, Balken und brennendes Werg in den Schacht. Doch noch einige Tage hörten hiesige Einwohner Stimmen, Psalmengesang und Gebete aus der Tiefe.

Drei Monate später traf eine Untersuchungskommission der weißgardistischen Armee Koltschaks am Ort des Verbrechens ein. Die an Schreckensbilder gewohnten Offiziere waren über die Brutalität des Verbrechens entsetzt. Als die Körper der Ermordeten nach oben geholt wurden, zeigte sich, dass der Kopf eines der jungen Männer sorgfältig mit dem Kopftuch der Großfürstin Jelisaweta Fjodorowna verbunden war. Selbst verletzt und sterbend hatte sie noch die Kraft gefunden, die Leiden des Nächsten zu lindern.

Nach diesem Verbrechen bedienten sich die Tschekisten erneut der beliebten Methode der Desinformation. In lokalen Zeitungen erschien eine Mitteilung über den „Überfall einer unbekannten Bande am Morgen des 18. Juli auf das Gebäude, in dem sich die ehemaligen Großfürsten in Haft befanden". Der folgende kurze Text lautete: „Trotz des Widerstands des Wachpersonals wurden die Fürsten entführt. Es gibt Opfer auf beiden Seiten. Ermittlungen wurden eingeleitet." Doch ziemlich bald hörten die Bolschewiki auf, ihre Verbrechen zu tarnen.

Nach der Sitzung des Rates der Volkskommissare vom September 1918 begann das Land, endgültig unter dem Zeichen des roten Terrors zu leben. „Der proletarische Zwang in allen Formen, einschließlich Erschießungen [...], ist die Methode der Formung des kommunistischen Menschen aus dem Menschenmaterial der kapitalistischen Epoche", erklärte Bucharin, einer der Führer des kommunistischen Regimes.

Allerdings brachten es einige Künstler, die sich der Gunst der neuen Machthaber erfreuten, nicht übers Herz, völlig die im Alten Testament verankerten Illusionen von Gerechtigkeit und Barmherzigkeit aufzugeben. So war Lenin sehr erstaunt, dass der namhafte proletarische Schriftsteller Maxim Gorki ihn bat, den Historiker und für seinen Liberalismus bekannten Großfürsten Nikolai Michailowitsch zu begnadigen. „Die Revolution braucht keine Historiker", bekam Gorki auf seine Bitte zu hören.

Ende Januar 1919, in tiefer Nacht, wurden vier entkleidete Personen in den Hof der Peter-Pauls-Festung geführt und vor eine Ziegelwand gestellt, Gewehre wurden durchgeladen, eine Salve abgefeuert. Der Leiter des Erschießungskommandos ging zu den Hingerichteten und erschoss aus nächster Nähe einen blutüberströmten Verwundeten. Dann wurden die Toten unter Flüchen und Ächzen auf die Ladefläche eines Lastwagens geworfen und weggebracht.

Am 31. Januar 1919 erschien in den Petrograder Zeitungen die lakonische Mitteilung: „Auf Beschluss der Außerordentlichen Kommission zur Bekämpfung von Konterrevolution und Spekulation der SKSO wurden die ehemaligen Großfürsten Romanow – Pawel Alexandrowitsch, Nikolai Michailowitsch, Dmitri Konstantinowitsch und Georgi Michailowitsch – erschossen."

In den in der Sowjetunion erschienenen historischen Darstellungen wurde auf die Gründe für die Erschießung der vier betagten Großfürsten überhaupt nicht eingegangen. Absurd benutzte man nur das übliche Argument, es sei darum gegangen, „den Händen der Konterrevolution das lebende weiße Banner zu entreißen". Um die Morde zu rechtfertigen, wurde sogar die Version von einer Rachehandlung des russischen Proletariats für die Ermordung der deutschen Arbeiterführer Karl Liebknecht und Rosa Luxemburg in Umlauf gebracht.

Die blutigen Verbrechen, denen 18 Mitglieder des Hauses Romanow zum Opfer fielen, haben eine tiefe Spur in der Seele des russischen Volkes hinterlassen. Doch auch in dieser schrecklichen Zeit fanden Menschen den Mut, gegen Gewalt und Diktatur aufzutreten. In Abhandlungen von Historikern, Artikeln von Journalisten und Predigten von Geistlichen klang immer öfter Reue an. Eine kompromisslose Verurteilung der Bolschewiki war die Predigt des Patriarchen von Moskau und ganz Russland, Metropolit Tichon, in der Kasaner Kirche am Roten Platz, die er unmittelbar nach der Ermordung von Nikolaus II. hielt und bei der er sagte:

„In diesen Tagen ist etwas Schreckliches geschehen: Der ehemalige Herrscher Nikolaus Alexandrowitsch wurde auf Beschluss des Gebietssowjets der Arbeiter- und Bauerndeputierten des Ural erschossen, und unsere oberste Regierung – das Exekutivkomitee – hat dies gebilligt und für rechtmäßig befunden. Doch unser christliches Gewissen, das sich von der Heiligen Schrift leiten lässt, kann das nicht hinnehmen. Wir müssen, wie uns die Heilige Schrift lehrt, diese Tat verurteilen, sonst kommt das Blut des Erschossenen auch über uns und nicht nur über jene, die die Tat verübten. [...] Unser Gewissen darf sich damit nicht abfinden, wir müssen das in aller Öffentlichkeit als Christen, als Söhne der Kirche erklären. Auch wenn man uns dafür Konterrevolutionäre nennt, ins Gefängnis wirft, erschießt. Wir sind bereit, dies alles in der Hoffnung zu ertragen, dass auch für uns die Worte unseres Erlösers gelten: Selig sind, die da hören die Worte Gottes und sie bewahren!"